작은 사람들의 일상사

작은 사람들의 일상사

정병욱·이유재 기획 | 권내현 외 8인 지음

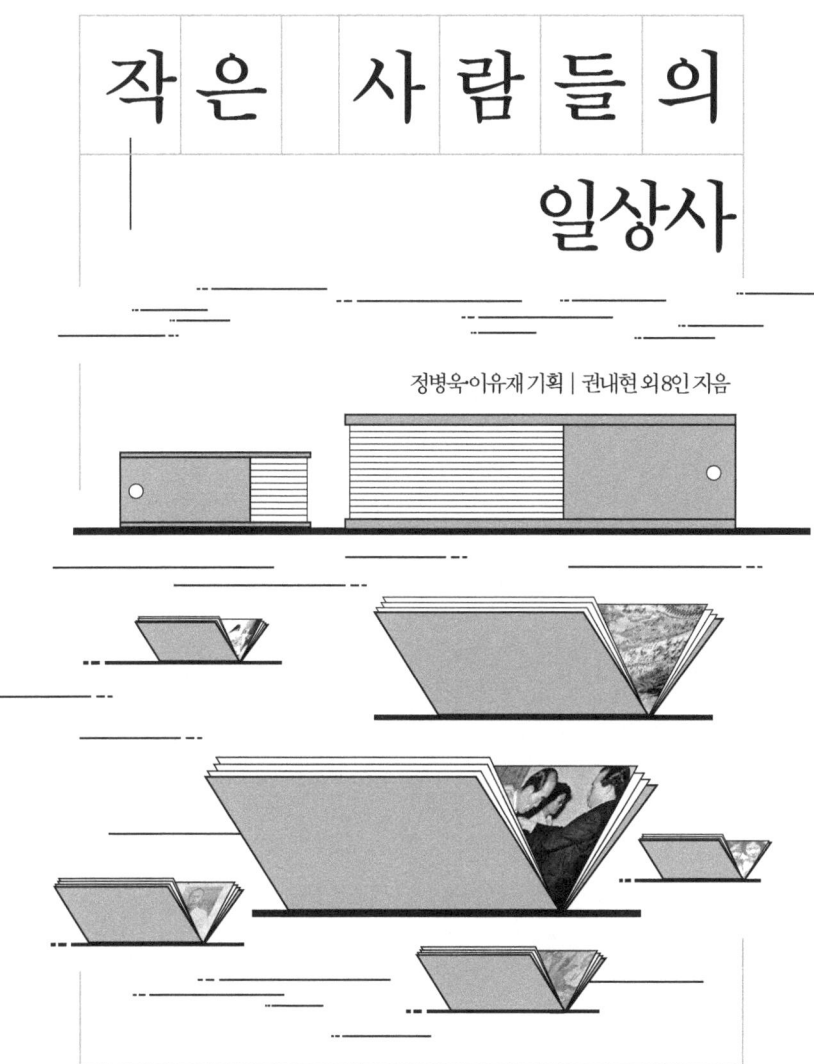

푸른역사

책을 펴내며

우리가 '일상사'를 주제로 본격적으로 공부하게 된 것은 독일 튀빙겐대 이유재와 고려대 정병욱이 한국연구재단과 독일고등교육진흥원의 2019~21년 한독 파트너십 프로그램 GEnKO에 응모하여 '한국학과 일상 개념: 한국과 독일의 초국가적 교류'란 제목으로 프로젝트를 진행하면서부터다. 원래 이 프로젝트의 목적은 한국과 독일에서 한국학 분야의 일상사를 탐구하는 젊은 연구자 양성이었다. 그런데 막상 해보니 양성에 필요한 참조 사례가 부족했다. 해서 기성학자 중에 일상사와 가까운 연구를 진행한 분을 모셔 전문가 워크숍을 진행하고 그 결과를 책으로 내서 일상사에 관심을 가진 젊은 학자들이 읽을 수 있으면 좋겠다고 생각했다. 2019년 9월 20일 고려대학교 민족문화연구원에서 열린 첫 번째 일상사 워크숍 때 이유재는 '다시 뜨는 일상사: 기획 취지, 집필 방향'이란 희망찬 제목으로 모임의 취지를 설명했다. 길지만 전문을 읽어보면 일상사 워크숍을 하게 된 맥락과 그 지향점을 읽을 수 있다.

《일상사로 보는 한국 근현대사》(2006)가 출간된 지 13년이 되었다. 그때는 일상사에 관심 있는 젊은 학자들을 중심으로 한국에 어정쩡하게 소개된 일상사 연구의 물꼬가 트이기를 바랐다. 1990년대 한국에 독일 일상사가 소개되었을 때 한쪽에서 사회사의 일부분, 다른 쪽에선 포스트모던 역사학의 일부분으로 소개되어 학자들 사이에도 혼란이 있었다. 또한 출판계에서 베스트셀러가 된 '생활사', '어떻게 살았을까' 시리즈 등은 가벼운 읽을거리로서 일상사를 오해하는 한 원인이 되기도 했다. 《일상사란 무엇인가》(알프 뤼트케 외, 2002)와 몇몇 일상사 책이 번역되면서 학술적 관심이 조금 더 구체화될 수 있었지만[1] 독일 일상사가들을 직접 만나서 이야기하고 토론할 기회가 없었다. 이를 위해 2005년 한양대 비교문화연구소에서 알프 뤼트케, 미하엘 빌트, 도로테 비얼링, 피터 램버트, 조지 이거스를 초청하여 서로 연구를 발표하고 토론하는 자리를 마련했다. 성공적으로 워크숍을 마친 뒤 모두 조금 흥분했던 분위기가 아직도 기억에 생생하다. 워크숍의 결과를 출간하자고 이상록이 제안했고, 다음 해 출간된 책이 바로 위의 《일상사로 보는 한국 근현대사》이다. 그중 글 한 편은 독일 《역사인류학Historische Anthropologie》 잡지에 번역되어 출간되었다.[2]

하지만 그 후 전개는 예상과 달랐다. 아마도 임지현의 대중독재 연구가 상당 부분 일상사의 영향 아래 구상되고, 알프 뤼트케가 한양대에 WCU(World Class University) 육성 프로그램 초빙교수로 오게 된 점과 연관이 있을 것이다. 대중의 지지로 인해 독재가 가능했다는 테제를 내세운 대중독재 연구는 박정희 정권과 관련하여 진보적 역사학계의 비판을 받게 되었고, 그 연구를 함께하는 알프 뤼트케의 위치가 그와의 접근을 어렵게 한 부분이 있었다. 뤼트케가 5년 동안 한국에 정기적으로 와서 대학원 교육과 워크숍을 제공했지만, 2005년 팀은 일상사를 중심으로 다시 모이지 못했다. 시도가 전혀 없었던 것은 아니지만, 임지현이 민중사와 민중사를 하는 사람들을 비판하면서 아쉽게도 협력은 성사되지 못했다. 올해 초(2019) 뤼트케가 별세하면서 이런 모임은 다시 이루어질 수 없게 되었다.

'민중사 후 민중사' 등 한국 역사학계에서 일상사적 취지를 고민하는 흔적은 여기저기서 보였고, 구술사, 생애사 등 방법론적으로 구체화되는 부분도 보였지만 일상사란 말은 거의 사라지고, 일상사 연구를 한다는 사람도 보기 힘들었다. 그러던 중 2013년 나는 정병욱의 《식민지 불온열전》(역사비평사)을 접하면서 놀라움을 금할 수 없었다. 정병욱은 그의 책에서 일상사란 말을 한 번도 쓰지 않고, 그전 일상사 워크숍에 참가한 적도 없었다. 하지만 나는 한국에서 이보다 더 일상사적인 책을 보지 못했다. 일상사란 말을 쓰지 않고 뛰어난 일상사적 연구가 이루어지는 것을 보고 나는 큰 희망을 보았다. 또 일본 도시샤대 이타가키 류타의 몇 편의 글을 읽고 비슷한 인상을 받았다. 그 이후 둘과 교류하면서 그들이 하는 작업이 바로 일상사라고 설득하였다. 2015년부터 튀빙겐대, 도시샤대, 고려대 사이 정기적인 모임을 시작하면서 우리는 세 개의 공동 목표를 세울 수 있었다. 1) 일상사 연구의 활성화, 2) 일상사 교재 집필, 3) 후학 양성이 그것이다. 우선 수업시간에 교재로 쓸 수 있는 일상사 책을 집필하자고 합의했고, 그래서 오늘 이 자리가 만들어졌다.

일상사 연구에서 제일 많이 오해받는 것은 일상을 하나의 영역으로 보는 것이다. 근대에 의해 파괴되는 일상(르페브르), 자본에 대항하는 일상(하루투니언), 생활세계로서 일상(하버마스) 등. 여기서 일상 개념은 항상 매우 비판적으로 적용되지만 일상 자체가 대상화되는 위험이 있다. 아니면 반대로 일상 자체가 주체화되는 위험도 있다. 어쩌면 일상사란 이름이 본능적으로 이런 독해를 가능케 하는지도 모른다. '일상의 역사'가 지시하는 것처럼 말이다. 그렇다고 해서 일상생활사로 번역했을 때 문제가 해결되는 것도 아니다. 일상생활은 무디고, 반복적이고, 루틴화된다고 이해하기 때문이다.

일상을 영역으로 이해하지 않고, 밑으로부터 시각의 하나로 이해함이 적합할 것 같다. 그중에서도 행위이론적 접근이 훨씬 더 생산적이라고 생각한다. 뤼트케를 보면 초기 인류학적 영향을 벗어나 푸코, 드세로토, 부르디외 이론의 실천적 측면에서 큰 영향을 받은 것 같다. 무엇보다 그는 권력과 지배관계에서 행위자의 매우 구체적이고 다층적인 실천에 주목한다. 다층적인 실천이란 모호함과 모순적인 것을 내포하기도 한다. 정병욱은 지배와 저항이 엉켜있는 삶에서 '불온'을 읽어낸다. 불온은 체제에 대한 순응도 내포하지만 적극적 참여는 배제한다. 그런 의미에서 불온은 모든 모호함에도 불구하고 어디까지나 저항적 성격을 깊게 내포하고 있다. 뤼트케의 아집Eigensinn 개념도 비슷하다. 아집은 오랫동안 저항과 동일시되다시피 했다. 주체 형성은 권력과 지배관계에서 항상 이루어지는데, 아집은 저항할 힘을 주고Empowerment, 최소한 권력관계에서 자기를 포기하지 않고, 자기에게 머묾 또는 자신의 시간과 공간 확보를 뜻하기도 한다. 아집은 회복탄력성의 근거이기도 하다.

그렇지만 뤼트케의 아집은 E. P. 톰슨을 연상시키는 행위Agency 개념을 거부한다. 불의에 저항함으로써 도덕적으로 옳은 위치에 있는 아집에 집착하지 않는다. 뤼트케가 나치 연구에서 보여주듯이 '아집적' 행위는 어두운 지배에 동조하며 그 자체의 일부일 수도 있기 때문이다. 뤼트케의 아집은 어두운 면이 있어서 회의적으로 보이지만, 사실 그보다 더 절망적인 것은 아집 개념이 혁명성을 상실하는 것 같기 때문이다. 헤겔이 주인과 노예 관계에서 노예가 주인이 자신을 죽일 수 있다는 공포에 떨며, 이 극적인 상황에선 노예의 신분을 벗어나서 본인도 주인이 되어야겠다고 생각하여 절대적 자유와 절대적 정신을 추구한다고 주장한다. 다만 죽을 만큼의 공포에 떨지 않고, 주인과의 관계에서 어느 정도 겁만 먹었을 때 노예는 자신의 의미, 즉 아집을 발견하지만, 그는 노예 상태에 머무는 자유만 누린다는 것이다. 헤겔은 절대정신을 추구하기 때문에 아집에는 별 관심이 없다. 반면 뤼트케는 바로 이 "노예 상태에 머무는 자유"를 누리는 노예의 아집에 관심을 두는 것이다.

문제는 아집이 얼마나 크든 간에 권력관계를 뒤집지는 못한다는 것이다. 뤼트케의 아집에는 혁명적 희망이 결여되어 있다. 그는 일상생활 자체를 끝없이 변화하는 권력관계 내에서 종속자가 감내해야 하는 긴장으로 인지하는 것 같다. 이렇게 뤼트케는 계몽주의가 추구한 해방이란 프로젝트가 현실적으로 얼마나 어려운 일인지 성찰하게 만든다. 행위이론적으로는 불온이 아집보다는 범위가 확실히 더 좁아 보인다. 하지만 불온은 혁명의 가능성을 내포하고 있다고 볼 수도 있다. 그렇기 때문에 권력자의 시각에서는 불온이 아무리 작아도 자신의 지배가 해체될 수 있다는 절대적 공포중에 시달린다.

물론 일상사 워크숍에 참여한 연구자들이 위와 같은 이유재의 '일상'과 '일상사' 개념에 동의했다고 보기는 어렵다. 오히려 참석자 각각이 생각하는 '일상'이나 '일상사'가 조금씩 달랐다고 하는 편이 사실에 가깝다. 그럼에도 워크숍이 지금까지 지속되는 이유는 무엇일까? 그것은 아마도 독일 일상사의 매력에서 찾을 수 있다. 독일 일상사는 작은 사람들이 아래로부터 '자기 삶의 조건에 규정되면서도, 그 조건을 전유하는 실천'으로서 '일상'을 강조한다. 평범하고 당연한 설명 같지만, 막상 역사 연구의 대상이 되는 사람에게 적용하여 나름의 조건과 전유를 파악하고 해석하는 것은 쉽지 않다. 그 대상이 그동안 역사를 갖지 못했던 서민이나 민중, 작은 사람들이라면 더욱 그렇다. 우리는 지금까지 그 조건들을 거시적인 근대, 자본, 국가로 보고 접근했기 때문에 개인과 그 삶에 대한 규정성을 구체적으로 파악하지 못했다. 반면 전유의 방식에서도 주어진 환경에 대한 저항 아니면 순응으로만 이해한 것은 한계이다. 인간이 인간다운 삶을 추구하는 양식은 시대별로 각자의 주어진 환경에 따라 다르게 나타날 수 있기 때문이다. 바로 이 지점에 대한 탐구 없이 역사학이 현재의 미로를 헤쳐나갈 수 있을까? 독일 일상사는 이러한 일상 탐구의 경험이 풍부하여 참조할 점이 많다.

나아가 21세기 일상사 연구는 기존의 일상사 연구를 뛰어넘어야 하는 과제를 안고 있다. 20세기 초반 프랑스와 독일 사회학자와 철학자들이 자본주의와 근대화의 비판으로서 일상 연구에 집중했다면, 1970~80년대 독일에서는 권력관계에서 종속자의 행위가 보이는 비/자율성을 부각하는 데 초점을 맞추었다. 하지만 우리가 사는 21세기 전반은 세계 곳곳의 많은 사람들이 이방인의 처지에서 끝없는 불안과 대인관계의 지속적인 긴장을 감내하며 문화적 익숙함이 허락되지 않은 채 항상 낯선 시선으로 살아가야 하는 세상이다. 인간다운 삶이란 무엇인지 다시 묻지 않을 수 없다. 아무에게도 애써 이유를 대거나 증명할 필요 없이 그냥 인간으로서 이해되고 존중받는 삶을 살 수는 없는 걸까? 역사에서 작은 사람들이 매일을 살아내려는 다층적이고 다양한 삶의 형태들은 궁극적으로 인간이 인간다운 삶을 추구하는 순간들이 쌓여서 형성된 것이다. 일상사는 근대자본으로 인해 파괴되는 일상과 권력관계에서 해방하지 못하는 행위 주체를 넘어 일상에서 인간의 존엄을 잃지 않고 인권을 확보하려는 움직임, 그런 작은 사람들의 행위에서 역사적 공감을 찾아야 할 것이다.

2019년 9월을 시작으로 2024년 7월까지 모두 다섯 차례의 일상사 워크숍이 열렸다. 각각의 일시, 장소, 발표자, 발표 주제는 이 책 끝에 제시했다. 이 책은 주로 2회와 3회 워크숍에서 발표된 글을 모았다.

권내현은 16세기 한 가장의 가출이 가문에 던진 파문을 다루었다. 친족 질서가 부계 중심으로 변화하는 시기에 상속 재산을 둘러싸고 일어난 가족·친족 사이의 갈등과 재판은 중앙 정치세력의 교체와 맞물리면서 가족의 해체로 귀결되었다. 김경숙은 18세기 사대부가 여성의 청원과 소송을 분석했다. 남편이 부재한 상황에서 대리인이 있음에도 집안을 대표하여 직접 나선 여성의 법 활동에서 억압되었던 주체성의 발현, 소송에서 이기기 위한 사회적 규범과 명분의 활용을 읽어냈다.

정병욱은 20세기 전반, 일제강점기 불경 사건과 관련된 행위자들을 다루었다. 조선 민중은 대체로 일본 천황제를 수용하지 않았지만, 권력의 말단에서 불경을 단속하는 사람, 천황의 힘을 빌려 허세를 부리거나 가족의 질병을 치료하려는 사람, 개인적 원한을 해결하려는 사람 등 다양했다. 이유재는 같은 시기 독일 수녀회의 가톨릭 여성 선교 활동과 이후 영향을 분석했다. 독일 수녀회의 선교 방법과 '문명화'의 한계, 질곡 속에서도 한국 수녀들은 새로운 활동 공간을 개척했으며, 한 평신도는 교회 내 성직자와 평신도, 남과 여의 위계질서를 비판하고 완전한 존재로서 여성의 지배적 역할을 주장했다.

소현숙은 1950~60년대 여학생에 대한 '풍기문란' 단속을 다루었다. 의무교육제 도입으로 여학생 수가 증가하면서 그들을 '정숙'과 같은 규범에 가두기 위해 학교, 경찰, 지역 사회의 광범위한 통제와 단속이 이뤄졌고, 그럼에도 여학생은 여러 일탈행위를 통해 규범을 벗어났으며 거꾸로 교사와 학교에 '풍기'와 '민주'를 요구하며 저항했다. 안승택은 1960~70년대 농촌 일기를 통해 농촌의 '일상적 사건'인 바람과 폭력을 분석했다. 농사와 관련이 깊은 자연 현상인 바람과 마을 내 인간관계, 권력관계를 보여주는 폭력을 다스리며 일상을 꾸려나가는 농민의 궁리와 에너지가 눈에 띈다.

이상록은 1970년대 새마을지도자연수원 원장과 수료생이 주고받은 편지에 나타난 일상정치를 다루었다. 새마을 지도자들의 편지는 국가 종교로서 새마을운동에 관한 신앙고백이자 고해성사였지만, 국가, 마을, 가족을 향한 인정 욕구, 사회경제적 상승 욕구와 같은 세속과 유착된 것이었다. 주윤정은 1970~80년대 형제복지원에 수용되어 폭력과 학대에 시달렸던 도시하층민 어린이의 경험을 조명했다. 그들이 겪은 감시, 학대, 폭력, 그로 인한 트라우마를 생각하면 이후 진상규명 요구는 주어진 삶의 조건인 불운에 굴복하지 않겠다는, 자신의 존엄을 지키려는 강한 의지와 '아집'이라 할 수 있다.

마지막으로 이타가키 류타는 1960년대 일본 교토 은각사 부근 조선학교와 가까운 곳에 한국중학교 건설 추진을 둘러싼 지역 사회의 대응을 다루었다. 다양한 성향의 선주민과 신주민, 지방 공공단체, 정당들이 멀리 냉전, 가까이 한일회담을 배경으로 합종연횡하며 학교 건립 공사를 막았다. 다양한 행위자가 일상적으로 교차하는 지역 사회에서 일어난 한 사건을 통해 뒤섞여 있는 냉전과 전통의 논리, 조선인 차별 의식을 확인할 수 있다.

이번 책에 실린 글들이 다 앞선 편자의 바람대로 일상을 하나의 영역으로 보지 않았다고 하기 어렵지만, 세상을 전유하는 행위자의 다층적 실천을 보여주려 한 점에선 일치한다. 행위자를 둘러싼 조건들에 대한 고찰을 통해 잘 보이지 않던 구조를 드러냈고, 행위자의 전유에 의미를 부여하며 조금씩 역사를 만들어가는 힘을 확인했다. 저마다 기존 연구에 비해 미시적 세계에 접근해서 다양한 행위자의 모습을 포착하고 그 의미를 거시적 세계와 연결하여 파악함으로써 해당 주제, 해당 시기에 관한 기존 역사상에 반격을 가하거나 균열을 내려 했다. 그 반격과 균열이 아직 미미할지 모르지만 언젠가 새로운 역사상이 나올 수 있을 것이다. 향후 일상사를 풍성하게 하는 마중물이 되기를 바란다.[3]

이 책은 독일어와 한국어로 동시에 출간된다. 그리고 한독 일상사 교류의 결과로 또 한 권의 일상사 책이 《아집과 불온》이란 제목으로 출간

될 예정이다. 이 책들이 역사 공부하는 여러 곳에서 일상사 교재는 아닐지라도 많은 참고가 될 수 있기를 바란다. 이를 계기로 한국학 분야 일상사 연구의 국제 교류가 더 심화하고, 젊은 연구자들이 일상사에 관심을 가지고 경험적 연구를 더 많이 진행하길 희망한다.

   일상사 워크숍을 함께해준 동료 여러분께 감사드린다. 또 그동안의 여정을 지원해준 튀빙겐대학교 한국학과, 고려대 민족문화연구원, 독일고등교육진흥원DAAD, 한국연구재단, 한국학중앙연구원에 감사드린다. 아울러 어려운 환경에도 출판을 맡아준 도서출판 푸른역사에 감사드린다.

2025년 3월

편자 정병욱, 이유재 씀

차례

● 책을 펴내며　005

【권내현】 1. 16세기 유연 사건과 가족 갈등 … 16

【김경숙】 2. 조선 후기 사대부가 여성의 법 활동 … 50

【정병욱】 3. 일제강점기 불경 사건과 행위자들 … 82

【이유재】 4. 속 빈 아담, 속 찬 이브: 한국 탈/식민지기 가톨릭 여성 선교 … 128

【소현숙】 5. 1950~60년대 '풍기문란' 단속과 여학생, 일탈과 저항 … 164

【안승택】 6. 두 마을 이야기: 1960~70년대 농촌의 일상생활 속 자연적·사회적 사건 … 208

【이상록】 7. 정치종교로서의 새마을운동, 신앙고백의 편지 쓰기:

　　　1970년대 새마을지도자연수원 수료생 서신을 통해 본 새마을운동의 일상정치 … 248

【주윤정】 8. 불운한 아이들: 형제복지원의 부랑아와 고아 … 306

【이타가키 류타】 9. 은각사에 그어진 38선:

　　　2차 세계대전 이후 교토의 민족학교와 지역 사회 … 342

● 주 … 393

● 초출일람 … 432

● 2019~24년 일상사 워크숍 개요 … 434

● 찾아보기 … 437

사건의 재구성

1556년 대구에 거주하던 유유柳游란 인물의 가출과 귀향, 그의 동생과 자형의 재판으로 이어진 하나의 사건은 가족과 지역 사회에 커다란 파장을 일으켰다. 조선시대 결혼한 남성의 가출은 흔한 일이 아니었다. 가출한 당사자의 정신적 고통도 컸겠지만 남은 가족은 다양한 형태의 갈등을 겪을 가능성이 컸다. 그러한 갈등은 때로는 일상을 파괴하고 가족을 해체시킬 만큼 강렬했다.

누군가는 가출한 유유를 애타게 찾았고, 누군가는 가짜를 내세워 그의 상속 재산을 노렸다. 유유의 부인은 가계 계승과 집안 운영 권한을 둘러싸고 시동생과 갈등관계에 놓였다. 이러한 갈등은 재산의 상속과도 깊이 연관되어 있었다. 16세기 조선 사회는 가계 계승에 관한 법전의 내용과 관습 사이에서 충돌이 일어나곤 했다.[1] 유유의 동생 유연柳淵은 법적으로 유리한 위치에 있었지만 집안의 재산을 마음대로 차지하려 했다는 주변 사람들의 오해를 받았다. 유유의 부인은 관습을 내세워 자신의 지위를 보장받고 싶어했다.

이러한 가족 사이의 갈등과 상속 재산에 대한 욕심은 끝내 두 차례의 재판과 가족의 해체로 이어졌다. 그 사건의 진행 과정과 전말은 이항복 李恒福의 《유연전柳淵傳》과 권득기權得己의 《이생송원록李生訟冤錄》에 비교적 자세하게 기록되어 있으며, 여러 문집이나 일기류에도 단편적으로 언급되어 있다.[2] 문학 연구자들은 《유연전》을 소설로 간주하여 문학적 특성을 분석하는 데 주력했으며, 나머지 자료에는 별다른 관심을 기울이지 않았다. 하지만 이들 자료의 기본 내용은 역사적 사실에 근거를 두고 있으며, 《조선왕조실록》에도 관련 내용이 등장한다. 다만 《유연전》과 《이생송원록》은 사건을 보는 관점에 차이가 있고 내용상의 오류나 윤색이 포함되어 최대한 객관적이고 비판적으로 두 자료를 활용하였다.

이 글에서는 관련 자료를 최대한 수합하여 유연 사건을 재구성하였다. 더불어 자료에 직접 나타나지 않는 개별 인물들의 행위 배경과 욕망을 추정하고, 당대의 제도와 관습이 사건에 미친 영향에 대해서도 살펴보았다. 증거가 충분하지 않으면 피의자의 진술에 의존했던 당시 재판의 한계 및 정치세력의 교체가 재판에 미친 영향 역시 검토하였다. 이를 통해 한 개인의 가출이라는 비일상적인 행위가 가져온 다양한 갈등의 양상을 당대의 사회 현실, 특히 상속과 관련하여 복원해보았다. 이는 가족의 일상이 제도와 관습의 영향 아래에서 어떻게 파괴될 수 있는지를 보여주려는 것이기도 하다.

I. 유유의 가출, 아버지와 아들

1556년 대구의 한 양반가에서 가출 사건이 일어났다. 주인공은 유유로 백씨 성을 가진 아내가 있었으며, 아버지는 현감을 지낸 유예원柳禮源으로 역시 생존해 있었다. 그의 조부와 증조부가 중앙 관료를 역임하여 이 집안은 지역의 어엿한 양반가의 일원이었다. 유유에게는 형인 치治와 아우 연淵이 있었는데 치는 이미 죽어 유유가 사실상의 장남이었다. 이런 집안에서 가출이란 상상하기 어려운 일이었다.

유유의 가출에 대해 아버지와 아내는 미치광이병을 앓아서라 했고 동생 유연은 집안의 변고 때문이라 했다. 유연은 형의 질병보다 가족 간의 불화를 원인으로 보았다. 1607년에 작성된 《유연전》은 유유의 가출 동기를 "결혼한 지 3년이 되도록 자식이 없자 아버지는 부부 사이가 나빠서라며 가까이 오지 못하게 했고 이 때문에 집을 나갔다"라고 하였다. 유연의 입장에서 기록된 《유연전》의 내용 모두를 신뢰할 수는 없지만 이는 유유가 부자 사이는 물론 부부 사이도 원만하지 않았음을 암시하는 대목이다.

유유는 몸이 작고 허약했으며 수염이 없고 음성은 여성같았다. 이런 신체 특성과 자식이 없다는 기록 때문에 성적인 장애가 있는 것으로 추측하기도 한다.[3] 부부 사이의 내밀한 문제는 확인하기 어려운데, 겉으로 드러난 사실은 그의 정신적 장애였다. 국가의 공식 기록인《조선왕조실록》에서도 유유가 심질心疾, 즉 마음의 병을 앓고 있었다고 서술하였다.[4] 장남이 이미 죽은 상황에서 그 아래 동생의 질병과 가출은 이 집안에 드리워진 긴 불운의 전조였다.

양반가에서 아들에 대한 아버지의 일반적인 기대는 학문적인 성취, 나아가 과거에 급제하여 관료가 되는 것이었다. 유유와 달리 동생 유연은 이러한 아버지의 기대에 부응하였다. 아버지 유예원은 을사사화에 연루되어 성주에 유배와 있던 이문건李文楗과 자주 교류하였다. 유연은 이문건에게 학문을 배우도록 한 아버지의 뜻을 받들어 수시로 그를 찾아 독서와 강론에 참여하였다. 유연과는 달리 유유는 학문에 관심이 없었고 종종 집을 떠나 돌아오지 않기도 했다.[5] 아버지는 이러한 유유를 못마땅해했다.

아들에 대한 아버지의 기대와 염원은 상속에도 반영되었다. 이문건의 일기인《묵재일기》에는 무과에 급제한 유재라는 인물의 축하연이 소개되어 있다. 축하연에는 성주 목사를 비롯한 지방 관리와 인근의 양반 여럿이 참여하였다. 과거 급제는 문과와 무과를 가리지 않고 축하받을 일이었다. 그것은 과거 급제가 그만큼 어려웠기 때문이다. 이날 유재의 아버지는 아들의 급제를 기념하여 특별히 노비 두 명을 별급別給했다.

자녀에 대한 선택적 증여였던 별급의 가장 큰 사유는 과거 급제나 관직 제수였다.⁶ 아들과 딸을 차별하지 않는 균분 상속이 일반적이었던 조선 전기에 부모들은 관행적으로 똑같은 재산을 자녀들에게 상속하였고, 미처 상속을 못하고 사망하면 자녀들은 부모의 재산을 역시 똑같이 나누어 가졌다. 그런 면에서 별급은 상속자의 의지가 반영된 선택적 상속이었다. 그 의지의 정점에 과거 급제와 관직이 있었다는 점에서 조선 사회의 지향을 읽을 수 있다. 조선시대 사람들은 전체 재산의 일부에 지나지 않았지만 자기 뜻대로 상속할 수 있는 재산을 입신양명한 아들이나 손자, 때로는 조카나 사위에게 기꺼이 내놓았던 것이다.

장남이 죽고 없는 상황에서 유예원의 기대는 두 아들에게로 향했다. 하지만 유유는 그러한 기대에 전혀 부응하지 못했다. 유연은 아직 과거 급제에 이르지는 못했지만 학문에 정진하고 있었다. 아버지의 또 다른 기대는 자녀의 출산, 특히 아들을 얻는 것이었다. 조선 전기에는 아들이 없으면 딸과 사위가 상속을 받고 집안의 제사를 이어나갈 수 있었다. 딸마저 없다면 그 역할은 조카가 대신할 수도 있었다. 반드시 아들로만 가계가 이어지고 아들이 없다면 양자를 들였던 후기의 상황과는 달랐다.

유예원의 집안은 장남 유치가 아들을 얻지 못하고 죽었지만 양자를 들이지 않았다. 후대에 같은 일이 일어났다면 반드시 양자를 들여서 유예원-유치-양자로 가계가 이어졌을 것이다. 장남이 아들 없이 죽었지만 장남의 역할은 이제 그의 동생 유유가 하면 되었다. 그런데 유유에게는 자식이 없었다. 아버지 유예원은 이 또한 불만스러웠다.

명문가 출신이었던 이문건의 집안에는 과거 급제자들이 많았다. 이문건은 이러한 집안의 전통을 잇기 위해 아들을 혹독하게 공부시켰다.

이문건에게 의지하며 살았던 두 명의 조카는 모두 과거에 급제했으나 정작 아들은 학문에 관심도 능력도 없었다. 이런 아들에 대해 이문건은 극심한 모욕과 체벌을 주고는 했다.[7] 그는 아들이 가풍을 잇지 못하는 것에 절망했고 성품이 조급하여 분노를 억제하지도 못했다.

그럼에도 이문건은 자기보다 먼저 죽은 아들이 손자를 남긴 것을 다행으로 여겼다. 그는 죽은 아들의 묘지명에 "비록 효도를 다 하지는 못했더라도 대를 이을 후손을 얻었으니 어찌 유감이 있겠는가?"라고 했던 것이다. 실제로 손자가 태어나자 "어리석은 자식이 아들을 얻어 가풍을 잇게 했네"[8]라며 기쁨을 시로 표현하기도 하였다.

기대에 부응하지 못하는 아들을 바라보는 시선은 이문건과 유예원이 닮았을지도 모른다. 하지만 유예원의 아들 유유는 학문적 성취는 물론 아들도 출산하지 못한 채 집을 나가고 말았다. 이제 아버지의 모든 기대는 유연에게로 쏠릴 수밖에 없었다. 그는 유연이 실질적으로 장남 노릇을 하고 그의 처 이씨가 현명하다는 이유로 재산을 별급하기도 했다. 장남이나 장손에 대한 별급은 16세기부터 서서히 늘어나 17세기에는 크게 증가하였다. 아들, 특히 장남에 대한 부모의 관심과 우대가 커지고 있었던 것이다. 유연은 죽거나 가출한 형들을 대신해 집안의 대소사를 처리하였다. 1561년 병을 앓던 아버지가 죽자 이문건을 방문해 묘지석에 대해 상의하는 등 상장례를 주관한 이도 유연이었다.[9]

II. 유연의 처형, 형과 동생

유유가 집을 나가고 6년의 세월이 흐른 1562년, 유연에게 뜻밖의 소식이 전해졌다. 자형姊兄 이지李禔로부터 형 유유가 해주에서 채응규蔡應珪란 이름으로 살고 있다는 편지가 온 것이다. 이지는 왕족으로 세종의 고손자였으며 화산군花山君의 서자였다. 당시의 국왕 명종은 어릴 때 이지의 집에서 지낸 적이 있어서 그를 공신에 포함하고 파격적으로 대우하였다.[10] 그는 규정에 따라 정5품에 해당하는 영令의 종친 작위를 받았으나 명종의 배려로 정3품 도정都正에 오르기도 했다.

이지의 편지를 받은 유연은 두 명의 노비를 해주로 보내 유유를 자처하는 채응규를 직접 만나보도록 했다. 형의 진위에 대한 두 노비의 판단이 달랐지만 유연은 또 다른 노비를 보내 형을 모셔오도록 하였다.[11] 하지만 채응규는 아버지 유예원의 장례를 돌보지 않아 가족을 볼 면목이 없다며 돌아오지 않았다. 그 사이 해가 바뀌어 1563년 겨울이 되었다. 어떤 마음을 먹었는지 채응규가 서울에 나타났다. 그것도 춘수라는 첩, 정백이라는 아들과 함께였다. 대구에 부인 백씨가 있었으니 춘수는 첩이고, 정백은 아들이기는 했으나 서자인 셈이었다.

채응규는 곧바로 고향 대구로 가지 않고 서울에 머물렀다. 해주에서 대구로 가자면 서울을 거쳐 갈 수밖에 없었으므로 서울에 들르는 것은 문제가 아니었다. 그런데 그는 이지의 집을 방문하였다. 물론 이지는 자형이었으므로 이 또한 겉으로는 문제될 게 없었다. 하지만 이지의 부인, 즉 유유의 누이가 죽은 지 오래되었고 평소 서로 교류가 없었던 데다 오랜 가출 이후의 방문이었으니 다소 뜻밖의 일이었다.

채응규는 이지 외에도 유유 형제의 고종사촌 매형인 심륭沈隆 등 친인척을 만났다. 그들은 얼굴 형상은 달라졌으나 과거에 대한 채응규의 기억이 정확하다며 그를 유유라고 인정하였다. 얼굴이 변한 것은 풍상과 추위, 배고픔에 시달린 때문이라고 보았다. 다음 해 1월, 대구에서 유연이 형을 만나기 위해 서울로 왔다. 그는 형의 얼굴과 체형이 달라진 것을 보고 혼란스러웠다. 하지만 채응규는 다른 인물들을 만났을 때와 마찬가지로 옛 추억을 떠올리며 자신이 진짜 형임을 확신시켜주었다. 유연은 쉽게 판단을 내리지 못했다. 그는 이지 주변의 인물들 외에 고향 사람들의 의견을 더 들어보기로 하고 채응규와 함께 대구로 내려갔다.

그런데 서울에서 대구로 가는 동안 유연은 돌아온 형을 자세하게 관찰할 수 있게 되었다. 형은 친척과 노비들에 대해 정확히 기억했지만 용모는 과거의 모습이 아니었다. 며칠간의 동행은 형에 대한 유연의 의구심을 깊게 만들었다. 마침내 유유는 채응규가 가짜라는 심증을 굳히고 그를 묶어 관아로 넘겼다.[12] 대구 부사에게 형을 사칭하는 채응규를 처벌하도록 맡긴 것이다.

대구 부사 박응천朴應川은 일단 유연의 말을 신뢰하고 채응규를 옥에 가두었다. 하지만 채응규는 자신이 유유임을 강변하였다. 외모는 달라졌으나 집안의 소소한 일이나 친구들에 대한 그의 기억은 정확했다. 지방관인 박응천이 할 수 있는 다음 처분은 친척, 친구들과의 대질 신문이었다. 그의 요구에 따라 돌아온 유유를 보기 위해 친척과 친구들이 대구 관아로 모여들었다.

그들 상당수는 유유가 아니라고 하였으나 반대 의견을 가진 이도 없지 않았다. 이때 사건을 뒤흔들 결정적인 증언이 나왔다. 결혼 첫날밤 부인의 월경으로 부부관계를 하지 못했다는 채응규의 진술을 백씨가 사실로 확인해준 것이다.[13] 이 무렵 옥에 갇힌 채응규는 질병으로 인한 고통을 호소하였고, 그의 첩 춘수는 대구 관아에 보석을 요청하였다. 대구 부사는 채응규를 옥에서 풀어주되 관아의 노비인 박석朴石의 집에 머물게 했다. 관노비로 하여금 간수 역할을 하면서 편익을 제공하도록 한 것이다.

그런데 며칠 뒤 채응규가 감쪽같이 사라지고 말았다. 채응규의 행방이 묘연해지자 첩 춘수는 유연이 박석과 모의하여 채응규, 즉 형인 유유를 죽여 흔적을 없앴다고 고발하였다. 채응규의 실종과 춘수의 고발은 이 사건의 성격을 완전히 바꾸어놓았다. 채응규가 유유인지를 판별하기 위한 사건은 채응규가 왜 사라졌는가, 유연은 정말 친형 유유를 죽였는가 하는 문제로 초점이 옮겨갔다. 채응규가 진짜 유유라고 증언한 이도 있었으므로, 유연의 친형 살해를 믿는 사람도 생겨나고 있었다.

춘수 외에 유연을 의심한 또 다른 인물은 유유의 부인 백씨였다. 사실 백씨는 이 사건에서 가장 모호한 행동을 한 장본인이었다. 유유의 진위를 가릴 수 있는 가장 가까운 가족은 동생 유연 외에는 부인 백씨뿐이었다. 백씨는 자신이 남편을 확인할 수 있는 기회를 유연이 주지 않았다고 원망하였다. 그러면서도 그녀는 관아에 억류된 채응규를 만나려고 하지 않았다. 백씨는 많은 사람들이 진짜 유유가 아니라고 증언하는 상황에서 양반의 부인인 자신이 모르는 남성과 대면할 수는 없다는 이유를 들어 확인을 거부하였다.

유연이 백씨의 확인 이전에 채응규를 포박하여 관아에 넘긴 사실과 백씨가 남편의 진위를 확인하지도 않고 유연을 원망했던 사실에서 두 사람 사이에 일정한 갈등이 있었다고 추정할 수 있다. 백씨는 관아에 갇힌 채응규를 보지도 않고 그가 말한 첫날밤에 관한 증언을 사실로 확인해주었고, 그가 사라지자 시동생 유연을 의심하였다. 남편의 진위가 판결나지 않은 상황에서 백씨는 상급 관청인 경상감영에 유연을 처벌해달라고 호소하였다. 그녀는 재물을 탐한 시동생 유연이 박석에게 뇌물을 주어 형을 죽이고 종적을 없앴다고 주장하였다. 백씨의 말이 사실이라면 유연은 재산 때문에 형을 살해한 반인륜적 범죄자가 되는 셈이었다.

춘수에 이은 백씨의 호소는 채응규의 진위 문제를 유연의 형 살인 사건으로 바꾸어놓았다. 그사이 여론은 점차 유연에게 불리해지고 있었다. 채응규가 사라지면 유연은 백씨가 말한 대로 재산 상속에서 더 유리한 위치에 설 수 있었다. 그가 사실상 장남의 지위를 얻게 되기 때문이었다. 반면 백씨의 경우 채응규를 진짜라고 증언한다고 해서 특별하게 얻는 이익이 없어 보였다. 가출한 남편이 되돌아온 것뿐이었다. 때문에 형의 귀향을 오히려 동생 유연이 바라지 않았을 것이라는 추측들이 퍼져나갔다. 이 상속 문제는 뒤에서 살펴보겠다.

채응규를 유유를 사칭한 피의자로 조사했던 사건은, 유연을 유유를 살해한 피의자로 보는 국면으로 점차 전환되었다. 유연은 채응규가 도망갔다고 항변했지만 잡히지 않았다. 채응규의 첩 춘수는 그가 살해되었다고 했지만 시체는 발견되지 않았다. 관아 밖에서는 춘수의 견해에 동의하는 백씨와 유연을 신뢰하는 그의 부인이 각각 억울함을 호소하였다. 그런데 대구부나 경상감영의 확정 판결이 나기 전에 이 사건은 중앙으로 이관되었다. 유교적 교화를 중시했던 조선은 부모나 남편 살해, 노비의 주인 살해 등을 중범죄인 강상죄綱常罪로 간주하여 엄중하게 처벌하고 있었기 때문이다.

유연은 서울로 압송되어 심문을 받았다. 강상죄는 의금부 외에 의정부와 사헌부가 합동으로 처리하는 삼성추국三省推鞫의 방식을 적용하였다. 추국은 중죄인을 심문하여 재판하는 과정으로 왕이 직접 주도하면 친국親鞫, 대신 중에 임명된 위관委官이 주도하면 정국庭鞫이라 하였다. 이 사건은 왕이 직접 친국할 사안은 아니어서 위관이 정국을 담당하게 되었는데, 당시 위관은 왕의 외척인 우의정 심통원沈通源이었다.[14]

유연의 재판은 채응규의 진위를 가리는 것이 아니라 유연의 강상죄를 조사하여 판결하는 자리였다. 유연이 강상죄 혐의로 기소된 이상 심문관들은 그 사실 여부를 집요하게 파고들 가능성이 컸다. 추국은 죄인들의 자백을 받기 위한 심문 과정이기도 했으므로 객관적인 조사를 벗어나 심문관들의 선입관이 개입될 가능성이 있었고 때로는 가혹한 고문이 동원되기도 하였다.[15] 유연에게는 매우 불리한 재판일 수 있었던 것이다.

이 재판에서 사건 관련자들은 모두 심문을 받았다. 심문과 고문이 계속되면서 유연의 노비 중에 일부가 유연이 박석을 시켜 채응규를 살해했다고 자백하였다. 시체는 금호강에 내다버려 찾을 수 없다고도 진술하였다. 이러한 자백은 춘수의 주장과 거의 일치하는 것이었다. 심문은 죄인으로 의심되는 인물로부터 주로 자백을 받는 과정이었다. 유연의 노비들이 범죄 사실을 인정한 이상 유연만 자백하면 사건은 종료될 것이었다.

하지만 유연은 자신의 죄를 쉽게 인정하지 않았고 이로 인해 고통스러운 고문이 계속 더해졌다. 심문관은 태형에 쓰는 회초리보다 크고 굵은 신장訊杖으로 유연이 자백할 때까지 볼기를 치도록 하였다. 여러 차례의 매질을 이기지 못한 유연은 결국 범죄 사실을 시인하였다. 이에 따라 그는 형을 죽인 강상죄로 능지처참되었다. 중국에서 유래된 이 가혹한 형벌은 살점을 하나하나 발라내고 나중에 팔다리를 잘라 며칠간에 걸쳐 극도의 고통을 죄인에게 주는 처형 방식이었다. 조선의 경우에는 실제 능지처참이 아닌, 수레에 죄인의 팔다리와 목을 매달아 찢어 죽이는 거열형으로 대신한 것으로 보인다. 능지처참에 비해 덜 잔인한 방식이지만 죄인에게 큰 고통을 준다는 본질은 다르지 않았다.

유연이 처형된 것은 형을 살해했다는 혐의였다. 당시 사람들은 그가 적장자의 지위를 빼앗아 재산을 차지하기 위해 형을 죽였다고 판단했다.[16] 유유의 가출 이후 유연이 실제 장남 노릇을 하였으나 형이 살아있는 한 집안을 대표할 수는 없었다. 유연이 더 많은 상속을 받고 제사를 주관하면서 집안을 이끌어가기 위해서는 형이 사라져야 했던 것이다.

자녀 간 균분 상속이 보장되었던 조선 전기에 별급 외에 별도의 재산을 더 상속받을 수 있는 길은 제사와 가계를 책임지는 승중자承重子가 되는 것이었다. 법전에서는 승중자가 다른 자녀에 비해 5분의 1을 더 상속받도록 규정하였다.[17] 다만 현실에서 자녀들은 돌아가며 제사를 지내는 윤회봉사輪廻奉祀를 따르는 경우가 많았고, 아들이 없거나 혹은 아들이 여럿 있어도 장남에게 다시 아들이 없는 경우도 있어서 장남이 불변의 승중자인 것은 아니었다.

아들 가운데에는 장남이 승중자여야 한다는 인식은 있었지만 아버지가 다른 아들을 승중자로 삼는 경우도 종종 있었다.[18] 이 경우에는 당사자들은 물론 조정에서도 치열한 논쟁이 발생하고는 했다. 장남으로 이어지는 가계 계승의 원칙인 종법宗法을 준수할 것인지 아버지의 선택을 존중할 것인지에 관한 판단이 쉽지는 않았다. 더구나 집안의 대표자가 누구여야 하느냐는 명분의 이면에는 상속 재산을 둘러싼 갈등이 잠재해 있었다. 다만 장남의 지위는 조금씩 강화되어 성종 대부터는 아버지가 불가피하게 장남 대신 다른 아들을 승중자로 삼으면 반드시 관청에 알려 확인받도록 했다.[19]

유예원은 아들 유유가 가출한 상황에서 유연을 승중자로 지목하지는 않았다. 유예원이 생전에 유연을 지목했다면 그가 장남의 자리를 차지하려 했다는 혐의를 받지는 않았을 것이다. 1529년 아산에 살던 차응참車應參은 아버지의 명을 빙자해 형을 살해하였다. 장남의 자리를 차지하기 위해 형을 살해했으므로 차응참은 유연과 마찬가지로 능지처참의 형벌을 받게 되었다.[20] 하지만 이 사건은 실체도 모호했고 살해 증거도 부족했다. 그럼에도 불구하고 이 사건 역시 가계 계승권과 재산에 대한 탈취를 목적으로 한 동생의 친형 살해로 간주되었다.

유연이 형 유유와 평소 갈등관계에 있었다는 근거는 찾기 어렵다. 오히려 유연은 형이 가출을 시도했을 때 그를 찾기 위해 수고를 아끼지 않았다. 형의 재산을 욕심냈다면 그러한 수고를 하지 않았을 것이다. 더구나 채응규를 형이라고 일시적으로 판단했을 때에는 눈물로 만남을 기뻐했다. 그런 유연이 살인 혐의를 받은 것은 채응규의 행방불명, 백씨와 춘수의 고발 때문이었다. 또한 조정의 재판관들이 유연을 의심한 것은 동생이 관련된 형의 죽음을 재산 분쟁으로 간주하는 당대의 분위기 때문이기도 했다. 이는 균분 상속에서 장자 우대 상속으로 넘어가는 시대 상황과 관련이 있었다. 더구나 장남이 자녀 없이 사망했을 경우 그 부인의 가계 내 입지나 재산 상속에서의 지위는 장남의 동생에 비해 취약하였다.

장남으로만 가계가 이어지고 장남에게 아들이 없다면 양자를 들였던 후대와는 달리 유연의 시대에 장남의 지위는 다소 유동적이었다. 장남의 유고 상황에서 동생이 장남을 대신하고 재산을 더 확보할 수 있었으므로 유연은 의심받을 수 있었다. 더욱이 유연의 재판에 참여했던 이들은 유유의 비정상적인 가출 이후 집안일을 도맡아 주관했던 이가 유연이라는 사실을 고려하지 않았다. 재산을 노린 단순 범죄로 이 사건을 한정해서 바라보았다. 증거도 충분하지 않았지만 재판을 이끈 위관 심통원은 춘수나 백씨의 말을 믿었다. 더구나 그의 친척 심륭과 종친 이지도 채응규를 유유라고 간주했다. 유연에게는 매우 불리한 재판이었던 것이다.

III. 백씨의 전략, 형수와 시동생

유유의 부인 백씨는 시동생 유연의 처형에 일조하였다. 두 사람이 일상에서 갈등관계였는지는 확인되지 않는다. 하지만 채응규의 출현과 실종 과정에서 두 사람 사이는 노골적인 대립으로 치달았다. 백씨는 어떻게 된 일인지 8년 만에 나타난 남편의 진위를 가리는 데 적극적이지 않았다. 채응규가 대구로 오기 전 백씨에게 보낸 편지도 있었으나 백씨는 그 내용에 대해서도 침묵했다.

유연 역시 채응규를 집으로 데려와 백씨와 함께 진위를 가리지 않고 그를 대구 관아로 넘겨버렸다. 유연과 백씨는 서로를 신뢰하지 않았던 것으로 보인다. 사실 유유의 가출과 죽음은 유연과 백씨 사이의 긴장과 갈등을 고조시킬 수 있는 사건이었다. 유유가 사라졌을 때 이 집안의 제사와 가계 계승 권한을 누가 행사할 것인가라는 문제가 남기 때문이었다. 그리고 그 권한은 재산 상속과 연계되어 있었다.

조선 법전에서는 장자에게 아들이 없다면 둘째 아들이, 둘째 아들도 같은 상황이라면 셋째 아들이 제사를 받들 수 있도록 하였다.[21] 이를 형망제급兄亡弟及이라고 한다. 또한 적자가 없다면 첩의 아들인 서자에게 그 권한이 넘어갔다. 따라서 장남이 친아들이나 양자 없이 죽었다면 장차 차남이 집안을 대표하여 제사를 지내고 가계를 이어나갈 수 있었다.

유연의 큰형 부부는 아들을 두지 못하고 사망하였다. 유연이 집안의 대표자가 되려면 작은형도 아들 없이 사망하는 변고가 있어야 했다. 그런데 가출한 작은형 유유는 언제든 돌아올 수 있었고 아직 젊었으므로 아들을 출산할 수도 있었다. 대구로 귀향한 채응규가 사라졌을 때 사람들이 유연을 의심한 것은 그 때문이었다.

그런데 채응규는 서자인 정백과 함께 나타났다. 서자인 정백과 유연은 어떤 상황에 마주치게 될까? 서자도 제사를 받들고 가계를 계승할 수 있었다. 하지만 서자에게로 가계가 이어지면 집안의 사회적 지위가 떨어질 수 있었고, 적자인 삼촌과 재산 분쟁이 발생하기도 하였다. 결국 조선 사회는 논란을 거치며 장남에게 서자만 있다면 차남이 집안을 대표하도록 하였다.[22] 따라서 서자 정백보다 유연이 가계 계승에서 더 우선권을 가지게 된다.

이때 유유의 부인 백씨에게는 몇 개의 선택지가 있었다. 만일 시동생 유연이 아들 없이 죽게 되면 정백이 유일한 남성 혈연자로 장차 집안을 이끌어나가게 된다. 설령 유연과 그의 아들이 집안을 대표하는 상황이 오더라도 정백에게 자신의 봉양은 물론 남편과 자신의 제사를 맡길 수 있다. 또 다른 선택지는 직접 양자를 들이는 것이다. 이 경우 백씨 사후에 가계 계승권과 관련 재산의 소유권은 양자에게로 넘어간다.

백씨는 서자 정백 대신 양자를 들일 수 있었지만 문제는 그 대상이 원칙적으로 시동생 유연의 아들이어야 한다는 점이었다.[23] 백씨와 유연의 관계가 원만하지 않았던 상황에서 그녀가 그런 선택을 할 리는 없었다. 집안의 대표권은 백씨 사후 결국 유연의 아들에게 넘어가기 때문이다. 만일 백씨가 양자를 들이지 않으면 유연이 다시 형망제급의 대상이 된다. 이러한 정황으로 볼 때 유유의 유고시에 유연이 집안을 대표하게 될 가능성이 컸다. 그렇다고 유연이 형을 살해했다고 단정할 수는 없다. 유연이 가계 계승자가 되더라도 집안의 재산을 독차지하는 것은 아니었다. 다른 자녀들에 비해 좀 더 많은 재산을 상속받을 뿐이었다. 다만 16세기는 균분 상속의 관행이 유지되는 가운데 가계 계승자의 몫이 조금씩 확대되던 시기였다.

실제 유연이 재산을 독차지하려는 마음이 있었다고 하더라도 뜻을 이루기는 어려웠다. 그에게는 형, 누이나 그들의 자녀들이 있었기 때문이다. 유연이 혹 재산을 독점한다면 그 가운데 누군가는 소송을 제기할 수도 있었다. 특정 자녀가 부모의 재산을 독점하여 소송이 제기되면 정부는 자손들이 골고루 나누어 가지도록 판결하였다.[24] 아버지의 특별한 유언이 없는 이상 유연은 자기 몫을 상속받을 뿐이었다.

유연의 큰형은 이미 죽었지만 그의 몫은 하나 남은 딸에게로 상속될 것이었다. 결혼해서 자식을 둔 유연의 세 누이도 각자의 몫을 확보할 수 있었다. 가계를 계승하는 승중자는 제사를 지내기 위한 별도의 몫을 가지지만 나머지 자녀들도 각자의 상속분을 확보할 수 있었던 것이다. 다만 유유의 부인 백씨와 시동생 유연의 관계는 상속으로 인해 더 복잡 미묘한 상황에 빠질 수가 있었다.

조선에서는 법으로 규정된 형망제급과 충돌할 수 있는 오랜 관행이 존재했다. 바로 장남의 부인을 총부冢婦라 하여 현실에서 우대했던 것이다. 총부는 집안 내 여러 며느리들에 비해 지위가 월등하게 높았다. 또한 총부는 남편이 먼저 죽은 뒤 집안의 제사를 실질적으로 주관했고, 가계 계승자를 지목할 수 있는 권한을 가지고 있었다.

중국이 일찍부터 남성 중심의 부계 친족 질서를 확립하였다면, 조선에서는 모계 친족의 영향력이 오랫동안 유지되었고 여성인 큰며느리의 역할도 컸다. 그런데 중국의 종법을 이상으로 생각했던 조선의 지배층은 처가살이의 전통을 시집살이로 바꾸고 모계 친족보다 부계 친족과의 일상적 유대를 강화하려고 하였다. 이 과정에서 총부의 권한도 논란이 될 수밖에 없었다. 유연이 살았던 16세기는 총부와 관련된 논란이 가장 많이 발생한 시기이기도 했다.

총부는 넓게는 큰며느리를 가리키지만 주로 자식 없이 죽은 큰아들의 부인을 의미했다. 장남이 아들을 남기지 못하고 죽었을 때 법전대로 차남이 가계를 이어나갈 것인지, 관습대로 총부가 남편 집안의 제사를 주관하고 가계 계승자를 지목할 것인지는 매우 미묘한 문제였다. 총부는 자신이 죽거나 양자를 들일 때까지 남편 집안의 제사를 주관할 수 있는 권한이 있었기 때문이다.

유유의 집안에서 총부는 장남 유치의 부인이었다. 하지만 유치와 그의 부인은 아버지 유예원보다 먼저 사망하였다. 그렇다면 이 집안에는 총부가 더 이상 존재하지 않는 것일까? 당대의 기록을 보면 "장남이 아들 없이 아내와 함께 죽었을 경우에는 차남의 아내가 장남의 아내를 대신해서 총부가 되어 조상의 제사를 받든다"[25]라는 내용이 있다. 이를 따른다면 장남 유치 부부가 죽은 상황에서 총부는 유유의 부인 백씨가 된다. 백씨는 유유의 유고시 집안을 이끌어갈 권한을 가지고 있었다.

하지만 이는 형망제급 규정과 모순되었다. 아마도 백씨는 총부권을 주장할 것이고, 유연은 형망제급을 내세울 것이다. 16세기의 논란은 현실에서 이런 상황이 여러 차례 발생했기 때문에 일어난 것이었다.[26] 조정의 논의는 총부권을 강화하려는 입장과 형망제급을 준수하려는 입장으로 나뉘었고 어느 한쪽이 결정적 우위에 서지는 못하였다.

형망제급으로 차남이 가계 계승자가 되면 그의 형수는 총부로서의 자격을 상실하게 된다. 차남의 부인이 총부의 지위를 이어받게 되는 것이다. 이때 죽은 장남에 대한 제사와 홀로 남은 그의 부인에 대한 대우 때문에 갈등이 일어나는 집들이 종종 있었다. 총부의 지위를 상실한 큰며느리는 제사와 관련된 상속 재산을 모두 시동생에게 넘겨야 했다. 또한 조상의 신주가 보관된 집의 소유권도 시동생에게 넘겨야 했다. 이 때문에 그녀는 거처를 옮겨야 할 수도 있었다.[27] 총부와 시동생의 갈등은 제사 주관을 명분으로 한 것이었지만 이면에는 재산 소유권의 문제가 있었던 것이다.

가출한 유유는 부모의 상장례와 제사를 돌보지 않았다. 만일 남편 유유의 부재 상황에서 백씨가 제사를 주관해왔고 유유가 자식 없이 죽었다면 백씨의 총부권은 한층 명확해질 것이다. 그런데 유예원의 죽음 이후 1564년에 유연이 처형당했던 시점까지 이 집안의 제사를 누가 주관했는지는 자료를 통해 확인하기 어렵다. 유연이 이를 주관하였고 유유가 사망했다면 유연이 형망제급에 의해 가계 계승자가 될 가능성이 컸다. 아마도 유연이 집안의 제사를 주관했을 수 있지만 형이 살아 돌아온 이상 그 권한 및 재산을 형에게 넘겨야 했다. 사람들이 유유가 동생 유연에 의해 살해되었다고 보는 이유가 여기에 있었다. 반면 백씨는 집과 승중

재산을 시동생에게 넘기지 않기 위해서는 총부가 되어야 했다. 백씨가 시동생 유연을 살인자로 고발한 이면에는 이러한 재산권의 문제가 있었다.

백씨의 입장에서 보면 오랫동안 생사를 몰랐던 남편이 돌아왔을 때 부부 사이가 좋았건 나빴건 간에 일단은 안도할 수 있었다. 남편은 자기 몫을 상속받을 뿐만 아니라 가계 계승자의 위치에 서고, 백씨 자신은 장차 총부가 될 수 있었기 때문이다. 그런데 갑자기 남편을 자처했던 채응규가 사라졌다. 다시 시작된 남편의 부재 혹은 사망은 시동생 유연에게 가계의 대표권이 넘어갈 가능성이 더 커짐을 의미했다. 유연의 태도에 따라 그녀는 집을 비워야 할 수도 있었다.

백씨는 우선 돌아온 남편의 진위를 확인하지 않는 전략을 취하였다. 진위야 어쨌든 채응규가 남편 유유이기만 하면 되었다. 굳이 진위를 확인하여 가짜를 진짜라고 증언하는 부담을 질 필요가 없었다. 하나의 안전판이었던 채응규가 사라져버렸을 때 그녀는 더 과감한 모습을 보였다. 유연을 살인자로 고발하고 한걸음 더 나아가 남편의 서자로 알려진 정백을 데려왔다. 그녀에게 채응규는 시종일관 남편 유유였던 것이다.

채응규가 유유여야 했던 그녀에게 정백은 또 다른 안전판이었다. 정백이 서자라 하더라도 이제 백씨에게는 남편의 친아들이 생겼다. 채응규의 부재와 정백이라는 존재는 백씨에게 총부의 지위를 누릴 수 있는 희망을 안겨주었다. 하지만 그녀는 정백만으로 만족하지 않았다. 그렇다고 시동생 유연을 살인자로 고발한 뒤의 일까지 백씨가 계산했는지는 알 수 없다. 하지만 그녀의 고발은 결국 유연의 처형으로 이어졌고 이로써 유연의 가계 계승권은 완전히 소멸되었다. 그녀의 바람대로 모든 일이 전개된 것인지도 모른다.

IV. 이지의 죽음, 처가 재산에 대한 관심

유연이 처형되고 여러 해가 흘렀다. 그사이 조선의 국왕은 명종에서 선조로 바뀌었다. 선조의 즉위와 함께 완전한 사림의 시대가 도래했다. 명종 대까지 사림세력은 여러 차례의 사화를 거치며 큰 피해를 입었다. 한때 유연을 가르쳤던 이문건도 사화의 직접적인 피해를 입은 인물이었다. 지방관이었던 유예원의 정치적 활동은 파악하기 어려우나 이문건과 수시로 교류하였고 아들 유연을 그에게 맡기기도 하였다. 유예원은 정치적으로 사림과 가까웠던 것이다.

유연 사건 재판의 책임자였던 심통원은 윤원형과 함께 명종 대를 대표하는 훈척勳戚이었다. 윤원형은 1565년(명종 20) 사림의 탄핵을 받아 관직을 삭탈당하고 지방으로 쫓겨났다가 죽었다.[28] 심통원은 같은 해 탄핵을 받고 사직했다가 1567년 선조의 즉위와 함께 율곡 이이 등의 탄핵을 다시 받아 결국 관직을 삭탈당했다.[29] 유연 사건 재판의 정당성에 의문을 제기할 수 있는 분위기가 만들어진 것이다. 더구나 사건의 증거가 충분하지 않다는 비판은 재판 당시에도 있었다.

유연 사건에 대한 재조사의 필요성을 제기한 인물은 사헌부 장령 정엄鄭崦이었다.30 그는 광주 출신의 사림으로 기대승, 고경명, 유희춘 등과 친분이 있었다.31 하지만 선조는 정엄의 의견을 수용하지 않았다. 유연의 재판은 이미 여러 해가 지났고, 정치적 사건이 아닌 강상죄로 처벌받은 사안이었기 때문이다. 더구나 사건의 새로운 증거가 나타나지도 않았고 당시 위관이었던 심통원은 이미 관직이 삭탈된 상태였다.

이 사건의 극적인 전환은 다시 여러 해가 흐른 뒤에 일어났다. 살아 있는 유유를 목격한 사람이 나타난 것이다. 그는 홍문관 수찬 윤국형尹國馨이었다. 윤국형이 유유를 만난 것은 일찍이 1560년(명종 15)이었다.32 그는 장인을 따라 평안도 순안의 한 산사에서 독서를 하며 머물렀다.33 이때 천유용天裕勇이라는 이름의 거지 형색을 한 사람과 같이 지냈다. 천유용은 학식이 있어 아이들을 가르치며 먹고 살았는데, 영남의 지리와 양반 사족들에 대해 아는 것이 많았다.

영남 출신으로 유연 사건을 알고 있었던 윤국형은 천유용이 유유일지도 모른다고 판단하여 그의 행적에 계속 관심을 가졌다. 실제로 유유는 가출 이후 오랫동안 평안도 지역에 머무르고 있었다. 고향 대구에서 워낙 멀리 떨어진 곳이었으므로 그에 관한 소식이 전해질 수는 없었다. 평안도까지 간 것으로 보면 유유는 고향으로 돌아갈 생각이 없었던 것 같다. 윤국형은 평안도에서 신분을 숨기고 살던 유유가 갑자기 고향으로 돌아가 동생에게 죽임을 당했다는 사실을 쉽게 받아들일 수 없었다.

마침내 윤국형은 국왕 선조에게 자신의 경험을 이야기하며 유유의 생존 가능성, 즉 유연 재판의 오류 가능성에 대해 언급하였다. 이번에는 선조도 윤국형의 요청을 받아들여 천유용이 과연 유유가 맞는지를 조사하도록 했다. 천유용이 유유라면 유유는 유연에 의해 살해된 것이 아니라는 말이 된다. 그렇다면 채응규는 가짜이며 이 사건에는 또 다른 음모가 숨어있을 수 있다는 점을 배제할 수 없게 된다.

  1580년 국왕의 명령에 따라 사헌부에서는 평안도에 공문을 보내 천유용을 잡아 서울로 압송하도록 했다. 잡혀온 천유용은 사헌부의 심문 과정에서 자신이 유유임을 자백하였다. 그는 조상의 계보와 집안의 사소한 일까지 모두 정확하게 진술하였다. 다만 동생 유연이 처형된 사실은 모르고 있었다. 유유임을 확정하기 위해 여러 사람을 불러 확인하도록 하였는데, 모두 그가 유유라는 데 이견이 없었다.

  결국 유유는 살아있었으며 채응규라는 이름으로 서울과 대구에 나타난 일도 없었다. 유연의 재판 이후 16년 만에 진짜 유유가 나타나면서 유연이 억울하게 처형되었음이 입증되었다. 잘못된 재판을 바로잡기 위해 가장 먼저 해야 할 일은 사건의 단초를 만든 가짜 유유, 즉 채응규를 잡아들이는 일이었다. 이제 사건은 채응규가 왜 가짜 유유 행세를 했는지, 그 배후에 다른 인물은 없는지로 초점이 이동할 수밖에 없었다.

  채응규를 서울로 붙잡아오는 일은 의외로 쉽게 풀렸다. 그가 여전히 해주 일대에서 활동하고 있었기 때문이다. 사헌부에서는 비밀리에 해주 관아에 공문을 보내 채응규와 춘수를 체포하도록 하였다. 해주부에서는 즉시 그들을 붙잡아 서울로 압송하였다. 그런데 도중에 채응규는 자결하고 말았다.[34] 유연 사건의 핵심 당사자인 채응규의 죽음으로 인해 모든 진실이 드러나기는 어렵게 되었다. 이제 채응규의 행적은 춘수의 입을 통해 확인해야 했다.

채응규가 죽음을 택한 것은 자신으로 인해 유연이 처형된 이상 그 자신도 살아남기 어렵다고 보았기 때문이다. 그의 죽음으로 그가 가짜 유유 행세를 한 대가로 누구로부터 어떤 경제적 이익을 얻었는지는 알 수 없게 되었다. 채응규 자신이 사건을 주도하여 처음부터 장기간 유유 행세를 하려고 했던 것인지, 아니면 누군가의 사주를 받아 잠깐 가짜 유유 노릇을 하기로 한 것인지는 이제 새롭게 규명되어야 했다. 이와 관련해서는 기록마다 차이가 있다. 우선 채응규가 유유의 친족이나 친구들마저 헷갈리게 할 정도로 유유와 주변 인물에 대해 많은 정보를 습득할 수 있었던 통로는 무엇이었을까?

유연 사건은 지역 사회에 많은 충격을 주어 여러 사람이 관련 기록을 남겼다. 16세기 영남 인물인 권응인權應仁은 채응규가 대구 근방 경산의 관속으로 유유의 여종과 혼인했다고 기록하였다.[35] 그가 유유의 여종과 혼인한 이력이 있다면 유유의 용모나 집안 사정에 대해서는 어느 정도 인지할 수 있었을 것이다. 또한 권응인은 채응규가 다른 지방을 떠돌다가 유유를 만나 함께 지냈으며, 이로 인해 유유에 관해 더 많은 것을 알게 된 것으로 보았다. 16세기 영남 출신 고상안高尙顔도 이와 유사하게 주장했다.[36]

당대 대구 인근 출신 인물들이 유유와 채응규가 같이 지낸 적이 있다고 한 것으로 보아 실제 두 사람이 인연이 있었거나 아니면 대구 인근에 그렇게 소문이 난 것으로 생각할 수 있다. 이를 사실로 받아들인다면 채응규가 가짜 유유 행세를 할 수 있었던 것은 유유와의 생활 경험에서 얻은 정보를 통해서였다. 보기에 따라서는 채응규가 처음부터 사건을 기획, 주도하였다고 볼 수 있는 여지가 있게 된다.

이지의 입장을 대변하는 《이생송원록》은 권응인의 글을 인용하여 채응규를 사건의 발단을 연 흉악한 인물로 규정하였다. 하지만 권응인은 채응규가 유유 행세를 한 것은 결국 유유의 자형 이지와의 모의를 통해서였다고 하였다. 가짜 유유 노릇이 채응규의 의도에 의한 것인지, 이지의 음모에서 시작된 것인지는 알 수 없다. 하지만 권응인과 고상안은 모두 채응규와 이지가 공모하여 유유 집안의 재산을 나누기로 한 것으로 간주하였다.

따라서 사건의 초점은 채응규가 유유에 대한 정보를 어떻게 확보하였는가, 채응규의 단독 범행인가 아니면 공모자가 있었는가로 모아졌다. 채응규가 유유와의 생활을 통해 그에 대한 정보를 얻었다는 기록과는 달리 《유연전》은 모든 것이 이지의 기획이라는 점에 초점을 맞추었다. 하지만 이지는 심문 과정에서 자신이 채응규를 찾아간 것이 아니라 채응규가 자신의 집으로 찾아왔으며, 유유가 정말 맞는지 확인하기 위해 유연을 부른 것이라 주장하였다. 채응규가 사건의 주모자라는 것이다.

그런데 춘수의 공초 내용은 완전히 달랐다. 서울로 압송된 그녀는 세 차례의 심문을 받으면서도 입을 열지 않았다. 춘수가 구체적인 진술을 한 것은 심문 관원들이 점차 이지에게 혐의를 두고 그녀를 압박하면서였다. 춘수는 채응규와 살면서 유유라는 이름을 한 번도 듣지 못했는데, 1562년 이지가 노비를 보내 채응규를 유유라 불렀다고 진술하였다. 다음 해 봄에 채응규는 서울에 머물다 돌아온 뒤 스스로를 유유라 했으며, 그해 겨울에는 자신과 채응규가 같이 서울로 가 이지 부자의 대접을 여러 차례 받았다고도 하였다. 더불어 서울에 머물던 채응규가 유유 주변의 일을 계속 익혀나갔다는 점도 진술하였다.

이는 이지가 사건을 주도하였으며 채응규는 그의 사주를 받아 유유처럼 보이도록 노력했다는 것으로 읽힌다. 이제 이지의 자백을 받는다면 사건은 종결될 수 있었다. 하지만 이지는 쉽게 자복하지 않았다. 그는 채응규를 주모자로 지목했고, 춘수의 진술은 자신에 대한 무고라고 강변하였다. 그런데 이지를 주모자로 간주한 춘수의 진술은 심문과 고문을 못 이겨 한 자백이라고 보기에는 그 내용이나 등장인물이 매우 구체적이었다.

《유연전》에 기록된 춘수의 진술에 심통원이 등장하는 것도 주목할 만한 부분이다. 춘수는 심통원의 편지를 대구 부사에게 전달했다고 진

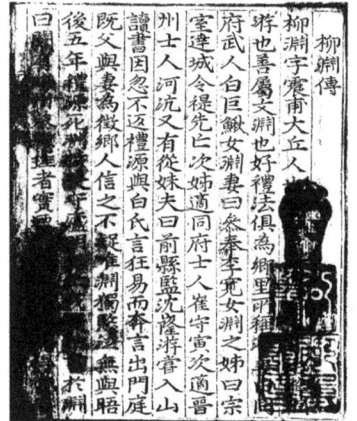

《유연전》.
이항복이 저술한 《유연전》에서는 이지가 채응규를 가짜 유유로 내세웠고 심륭과 백씨가 여기에 동조하여 유연이 억울하게 희생되었다는 관점을 드러내고 있다.

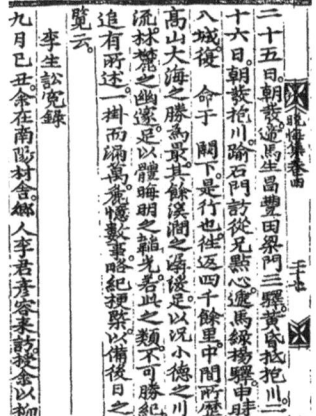

《만회집이생송원록》.
권득기의 만회집에 수록된 《이생송원록》에서는 이지가 아닌 채응규가 사건을 주도하고 백씨와 춘수가 합세하여 유연을 죽음으로 내몰았다고 보았다.

술했다. 심통원은 당시 우의정이었으므로 그의 편지는 대구 부사에게 상당한 영향력을 미칠 수 있었다. 그가 판결에 앞서 유연 사건에 이미 개입하고 있었다고 볼 수 있는 대목이다. 심통원과 심륭이 친척간이고 심륭과 이지는 인척이면서 채응규를 유유라고 주장한 대표적인 인물이었다. 심륭의 개입 여부는 드러나지 않았지만 《유연전》에서는 그도 사건에 깊숙이 관련되어 있었을 것으로 추측하였다.

이지는 쉽게 자신의 혐의를 인정하지 않다가 고문을 버텨내지 못하고 죽음을 맞이하였다.[37] 당시의 판결은 이지를 사건의 주모자로 보았다. 춘수의 진술을 대체로 인정한 판결이었다. 종친의 한 사람이자 명종과 친분이 깊어 공신으로 대우받았던 이지는 그렇게 비참한 최후를 맞았다. 선조의 즉위와 사림의 권력 장악으로 그를 비호해줄 사람도 더 이상 없었다. 더구나 억울한 인물이 최초의 재판에서 사형을 당하였고, 그 죽음에 관련된 인물들이 자결하거나 혐의를 인정한 이상, 이지를 비호할 수 있는 분위기도 아니었다.

천유용으로 살았던 진짜 유유도 처벌을 면하지 못하였다. 그 이유는 단순 가출에 있는 것이 아니라 아버지의 상장례에 참여하지 않아서였다. 물론 동생 유유의 죽음도 그의 가출에서부터 시작되었다는 점 역시 고려되었을 것이다. 유유에게는 100대의 장형과 3년의 강제 노역형인 도형이 내려졌다. 유유는 처벌 기간을 모두 채운 뒤 고향 대구로 돌아갔다가 2년 만에 죽었다. 그는 부인 백씨와는 결단코 재결합하지 않았다. 춘수는 사건의 공모자임이 인정되었으나 부녀자라는 이유로 교수형에 처해졌다.

그렇다면 이지가 이렇게 큰 사건을 일으킨 이유는 무엇일까? 우선 별급 상속의 문제가 있었다. 이지는 자신의 장인 유예원이 유연에게 좋은 땅을 별급한 것을 시기하고 있었다. 이 내용은 유연과 춘수의 공초에 동일하게 등장한다. 부모의 의지가 반영된 별급은 때로는 자녀들 사이의 갈등을 부추기기도 했다. 극단적인 사례이기는 하지만 어머니의 노비 별급에 불만을 품은 아들 가운데 한 사람이 해당 노비를 살해한 일도 있었다.[38]

별급에 대한 이지의 태도를 보면 그는 평소 처가 재산의 향배에 관심이 많았던 것으로 보인다. 균분 상속 과정에서 사위들도 처가의 상속에 참여했지만 여기에 무관심한 것을 미덕으로 여겼다. 윤사정이란 인물의 평판에는 "일찍이 처가 재산을 나누는 데 종일 잠에 취해 한마디도 하지 않았다. 문서가 만들어지자 단지 서명하고 돌아갔을 뿐이었다"[39]라는 내용이 있다. 처가의 상속에 무관심하고 본가의 상속에서 다른 형제자매들에게 양보하는 행위는 칭송 대상이 되었다.

이는 달리 보면 보통의 경우 상속에 참여한 자녀들은 철저하게 자신의 권리를 확보하려 한 것으로 이해할 수 있다. 1552년에 작성된 한 상속 문서를 보면 그 전의 상속에서 오류를 발견한 자녀의 문제 제기로 상속 내용이 몇 차례 조정되었음을 확인할 수 있다.[40] 이 문서에서 상속 대상자들은 "비록 열 번을 고치는 일이 있더라도 문제가 되지 않으니 각자 원하는 바에 따라 고쳐서 나누어 가질" 것을 천명하였다. 아들이나 딸, 나아가 친손이나 외손 모두 자신의 상속분에 오류가 생기는 일을 묵과하지 않았던 것이다.

하지만 이지는 처가 재산에 관심이 없었던 것도 아니었고 잘못된 상속을 바로잡으려는 것도 아니었다. 처가의 별급에까지 관심을 가졌던 그는 가출한 처남 유유가 다시는 돌아오지 않을 것으로 확신한 듯하다. 그는 처남 유유의 상속 몫에 관심을 가졌고 채응규와의 공모를 통해 이를 차지하려고 했다. 이지의 아들들은 《이생송원록》을 통해 아버지가 본가의 상속에서도 욕심을 내지 않았다고 했지만, 동서인 하항河沆은 이지가 재앙을 가져올 불길한 인물이라 교류하지 않았다고 하였다.[41]

  이 집안의 상속과 관련하여 논란이 된 또 다른 인물은 심륭이었다. 그는 유유의 막내 고모의 사위였다. 부부 사이에 자식이 없었던 심륭은 처가의 재산 향배에 관심이 있었다. 결혼한 여성이 자식 없이 죽으면 그녀의 재산 소유를 두고 조선 전기에는 분쟁이 종종 발생하였다.[42]

  법전에 따르면 부인이 자식 없이 일찍 죽은 상황에서 남성이 재혼하여 자식을 얻으면, 전처의 재산은 새로 얻은 자식과 전처의 친정이 1 대 4의 비율로 나누게 되어 있었다. 그런데 재혼하여 새로 얻은 자식이 전처의 제사를 맡으면 그 비율은 4 대 4로 조정되었다.[43]

  그런데 심륭은 재혼하지도 않았고 자식도 없었다. 이 경우 심륭 부인의 재산은 그녀의 친정에서 환수하거나 상속 대상자를 결정할 가능성이 컸다. 실제로 심륭의 장모 유씨는 딸에게 재산을 상속하면서 만일 자식이 없으면 그 재산을 오빠인 유예원의 아들에게 전하도록 하였다. 따라서 심륭의 부인이 죽으면 그녀의 재산은 결국 유연에게 상속될 가능성이 컸다. 이 때문에 심륭은 유연에게 우호적이지 않았다. 다만 유연 사건의 재판관 심통원의 친척이자 이지와 함께 채응규를 진짜 유유라 주장했던 심륭의 구체적인 혐의는 드러나지 않아 처벌을 받지는 않았다.

상속의 미래

가족 구성원의 가출이란 행위는 오랫동안 축적된 가족 갈등의 결과물이며, 이는 다시 남은 가족의 삶을 파괴할 수 있었다. 주인공 유유의 아버지는 큰아들이 죽은 뒤 둘째 유유가 장남 노릇을 하고 손자도 얻기를 원했다. 하지만 유유는 그런 아버지의 기대에 부응하지 못하였고 부인과의 사이도 좋지 않았다. 그는 가출이란 방식으로 위안을 얻었지만 자형 이지는 처가의 재산에 욕심을 냈고, 부인 백씨는 가계 계승과 상속을 둘러싸고 시동생과 갈등을 빚었다.

유연은 자신이 살았던 시대에 충실했던 전형적인 인물이었다. 아버지의 뜻에 따라 학문에 전념했고 형을 찾기 위해서도 노력했다. 아버지 사후에는 실질적인 장남 노릇을 하며 상장례를 주관하였고, 집안의 여러 일들을 처리하였다. 그의 억울한 죽음은 이 집안의 재산을 탐낸 이들의 욕망과 주변의 불합리한 소문, 그리고 증언에 의존한 당시 사법체계의 한계가 만들어낸 산물이었다.

백씨는 처벌을 받지는 않았지만 남편 유유와 후대의 인물로부터 많은 비난을 받았다. 하지만 그녀를 단순한 악인으로 보기는 어렵다. 형망제급과 총부권이 충돌했던 당시에 가계 계승권 및 관련 재산은 시동생 유연에게 돌아갈 가능성이 컸다. 그녀의 입장에서 그것은 남편의 가출과 함께 자신의 일상을 뒤흔들 또 하나의 사건이 될 수 있었다. 그녀는 시동생을 모함하고 남편의 서자로 알려진 아이를 데려다 키우는 전략으로 자신의 입지를 지키고자 하였다.

공신으로 대우받았으나 정치에 관여하지 못하고 무료한 일상을 보냈던 종친 이지는 처가의 재산에 관심이 많았다. 그는 가짜를 내세워 가출한 처남 유유의 재산을 탐냈다. 하지만 권력을 장악했던 훈척 관료 심통원은 이지가 아닌 유연을 강상죄로 몰아 처형했다. 이지의 재판은 훈구에서 사림으로 조선의 정치권력이 교체되면서 이루어졌다. 유연을 처형한 심통원은 권력에서 쫓겨났고, 사림이 권력의 전면에 부상하면서 과거의 오류를 바로잡았던 것이다.

유연 사건은 가출에서 시작된 가족 갈등과 해체의 과정을 잘 보여준다. 여기에는 개인의 욕망과 가족관계, 사회제도와 관습, 국가권력의 문제까지 다양한 요소가 내포되어 있다. 누군가는 일상을 충실하게 살았고, 누군가는 삶을 흔든 사건에서 자신의 욕망을 드러냈으며, 누군가는 불안한 입지를 공고하게 하고 싶어했다. 유연 사건은 매우 극단적인 사례일 수 있지만 개인, 제도, 권력이 어떤 방식으로 결합되느냐에 따라 얼마든지 발생할 수 있는 일이었다.

17세기 이후 딸은 차별받고 아들 가운데 장남이 우대받는 방식으로 상속 관행이 바뀌었다. 이때 아들이 없는 집에서는 양자를 들였다. 총부들도 자신의 입지를 지키기 위해 입양에 동의하였다. 가계 계승의 권리는 장남에게로 완전히 돌아갔고, 상속 재산도 그에게 집중되기 시작했다. 이후로 조선 사회는 가계 계승과 재산 상속을 두고 장남과 차남, 형수와 시동생이 갈등하거나 사위가 처가 재산에 관심을 표명하는 일도 사라져갔다. 유연 사건은 16세기 일상 공간에서 벌어진 가족 갈등이었다.

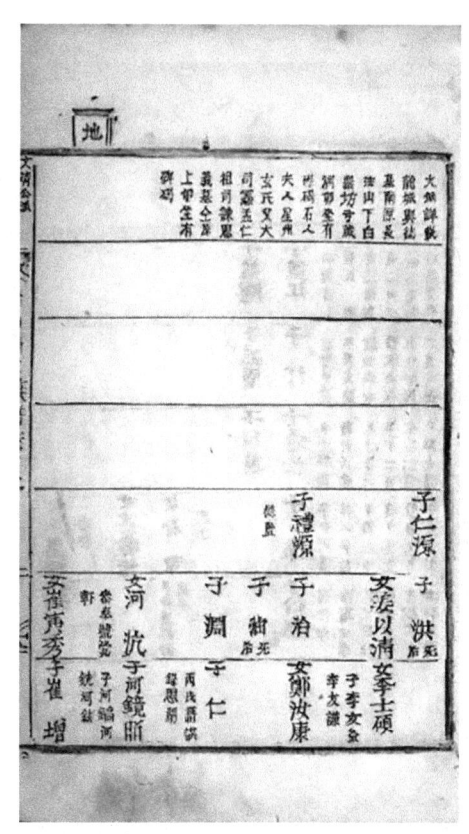

유유, 유연 집안의 족보.
그림의 아랫부분에 유예원의 아들 치, 유, 연이 차례로 기록되어 있다. 사건의 주도자로 간주된 사위 이지는 족보에서 삭제되었다.

여성을 둘러싼 법적 환경

청원·소송은 개인이나 집단이 삶의 과정에서 발생하는 갈등이나 문제를 해결하기 위해 국가 공권력에 요구하는 적극적인 법 행위이다. 그 과정에서 생산된 문서는 당대 사회적 조건 속에서 살아갔던 사람들이 직면한 사회 문제와 갈등 양상을 드러내는 물질적 매체material media이며, 국가 공권력이 개인의 요구를 처리하고 대응하는 방식을 통해 해당 사회의 특성을 살필 수 있는 주요 통로가 된다.

조선의 기본 법전인 《경국대전》에는 아래로는 담당 관청부터 위로는 국왕에 이르기까지 누구라도 청원 및 소송을 제기할 수 있는 권리가 명문화되어 있다. 성별이나 신분에 따라 청원자를 제한하지 않았고, 여성의 법 행위를 금지하는 규정도 찾을 수 없다. 대신 '사족 부녀'는 관에 직접 나와서 진술하지 않고 문서로 대신하게 했다. 또한 아들·사위·아우·조카[子壻弟姪] 등의 가족이나 소유 노비를 대리인으로 내세울 수 있도록 '허용[許]'하였다.[1] 여기에서 '허용'한다는 표현은 대리인을 내세우는 규정이 사족 여성에 대한 우대 조항임을 말해준다. 그러나 이는 유교 사회로의 재편을 지향했던 세종 대의 제한 조치[2]에서 출발한 우대 조항이었다. 이는 사대부가 여성들을 관정官庭 또는 송정訟庭에서 멀어지게 하는 법적 환경이 되었다. 사회적으로는 성리학적 이념이 일상생활 저변에 침투됨에 따라 사대부가 여성들의 친소親訴·친송親訟 활동을 곱지 않은 시선으로 보았고, 이는 법 규정과 호응하며 점차 사회 규범화해갔다.

이에 따라 조선 후기 사대부가 여성들은 자신의 명의로 청원서를 제출하거나 소송 당사자로서의 법적 지위와 법정에서 진술하는 행위를 권하지 않는 법적·사회적 환경에 둘러싸여 있었다. 이들이 관에 청원서를 제출하거나 관에 나가 진술해야 하는 상황에 처하면 관행적으로 가족이나 소유 노비가 그 역할을 대신하는 대소代訴·대송代訟이 행해졌다. 사대부가 여성은 청원이나 소송에서 전면에 나설 필요가 없었고 실제로 나서지 않았다. 현재 전하는 청원·소송 문서에서 사대부가 여성의 문서가 차지하는 비중이 매우 적은 것은 그 때문일 것이다.

이러한 사회구조 속에서 관에 직접 나가서 청원서를 제출하고 송정에서 진술하는 법 활동을 직접 수행한 사대부가 여성들이 있다. 그들은 삶을 영위하는 과정에서 가족을 대표하여 자신이 전면에 나서야 하는 상황을 회피하지 않고 적극적으로 대응하는 모습을 보여준다. 사회에서 곱지 않은 시선을 감수하며 여성들은 어떠한 이유와 명분으로 친소·친송을 선택했으며, 어떠한 방식으로 자신들의 의사를 표현했을까? 전라도 영광 지역에 세거한 영월 신씨 신정수 처 서산 유씨(1673~1737)의 친소·친송 활동은 조선 후기 사대부가 여성의 법 행위를 생생하게 보여준다.

I. 영월 신씨가 여성들의 청원·소송 활동

전라도 영광에 세거하는 영월 신씨가의 입향조는 신사귀辛斯龜이다. 그는 조선 초기 세종 대에 영광 군수를 지낸 신보안辛保安의 아들로 영광 사람 한이韓彝의 딸과 혼인하였고, 그 후손들이 현재까지 500여 년을 영광에 세거하고 있다.[3]

이 집안은 17, 18세기를 지나며 가계 계승에서 절손의 위기에 직면했다. 신응망辛應望(1595~1654)→신익진辛翊震(1624~1649)→신경륭辛慶隆(1646~1673)→신정화辛鼎和(1668~1698), 신정수辛鼎受(1671~1700)→신시갑辛始甲(1697~1743)으로 가계가 이어지며 단손單孫이나 입후入後로 겨우 절손의 위기를 넘기면서 명맥을 유지할 수 있었다([표 1] 참조). 바로 이 시기에 영월 신씨가 여성들이 전면에 나서서 정소呈訴 활동을 전개하는 모습은 매우 주목되는 현상이다. [표 2]에서 보여주듯이 17~18세기 신씨가의 정소 문서 21건 중 여성들의 것이 10건으로 적지 않은 비중을 차지하고 있다.[4]

조선시대 정소 문서인 소지所志의 첫 행에는 정소인의 거주지와 함께

[표 1] 영월 신씨가의 가계도[5]

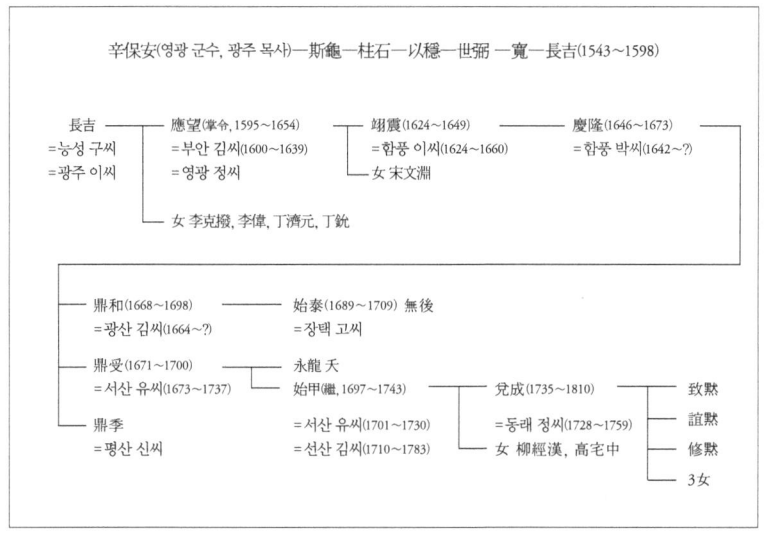

[표 2] 영월 신씨가 여성들의 정소 활동

	날짜	청원인	주장관	내용	기타
1	1658(무술). 4	고故 장령 신응망 처 정씨	겸관	상속, 노비 소송	
2	1702(임오). 2	신생원 댁 노奴 둔일	영감주(영광)	전답 소송	
3	1703(계미). 12	신생원 댁 노 둔일	영감주(영광)	전답 소송	
4	1708(무자). 10	고 신장령 댁 노 둔일, 순일 등	영감주(영광)	산송, 투장	
5	1709(기축). 12	고 학생 신정수 처 유씨	관사(영광)	산송, 금장	
6	1714(갑오). 11	고 신정수 처 유씨	관주(영광)	노비 추심	
7	1714 무렵	신응망 증손부[신정수 처 유씨]	전하(숙종)	노비 추심	상언 초본
8	1747(정묘). 1	고 신시갑 처 김씨 노 태이	영감주(영광)	선산 침해	
9	1747(정묘). 1	고 신시갑 처 김씨 노 태이	영감주(영광)	선산 침해	
10[6]	1717(강희 56). 5	신정수 처 유씨	예조	입후	예조 입안

직역, 성명을 기록하는데, 여성들은 대체로 '남편 성명+처 ○씨'의 방식으로 표기하였다. 즉, 여성임을 분명히 드러냈다. 신씨가의 여성들도 '고故 장령 신응망 처 정씨', '신정수 처 유씨', '고 신시갑 처 김씨' 등으로 소지의 첫 행에 여성임을 표기하였다. 그런데 '처+○씨'의 여성 표기 대신 '택호+노비명'을 기록한 경우들도 확인된다. [표 2] 2, 3, 4번 문서는 신정수 처 유씨의 소지이지만 '신생원 댁 노 둔일'과 '고 신장령 댁 노 둔일·순일 등'으로 표기되어 있다. 이러한 '택호+노비명'은 사대부가에서 노비를 통해 대리로 정소할 때 표기하는 방식이었다. 대리인 둔일은 1702년 신정수 처 유씨의 준호구准戶口에 등록되어 있는 신정수와 유씨 소유의 노비였다. 신정수 처 유씨가 노비 둔일을 내세워 대리 정소를 했던 것이다. 택호인 신생원 댁은 유씨의 남편 신정수를 지칭하고, 신장령은 신정수의 증조부 신응망의 관직명에서 유래한 택호이다. 당사자가 사망한 이후에도 그대로 신장령 댁을 칭하고 있는 모습은 대를 이어 관력의 영향력이 유지되는 사회적 인식과 묵시적 약속을 보여준다.

총 10건의 소지에서 신씨가 여성들은 어떤 청원을 하였을까? 신정수의 증조모인 신응망 처 정씨의 소지는 무자녀망처無子女亡妻 노비를 두고 내외손이 대립하는 상속 분쟁에 대한 내용을 담고 있다. 신정수의 며느리인 신시갑 처 김씨는 선산의 전답 문제로 노비 태이를 통해 대리 청원하였다. 고조부 신응망의 분산墳山(무덤이 있는 산)을 수호하는 산지기가 오히려 구역 내에서 밭을 개간하여 양안量案에 자신의 명의로 등록했음을 호소하며 바로잡아줄 것을 요구하였다. 신정수 처 유씨의 청원서는 전답 분쟁, 상한常漢과의 산송山訟, 족인族人과의 산송, 도망노비 추쇄, 양자 입양 등 다양한 내용들을 포괄하고 있다. 상속, 노비, 분산, 전답 등 사대부가의 소지에서 일반적으로 보이는 문제들이 신씨가 여성들의 소지에서도 그대로 나타나고 있다. 신씨가 여성들의 정소 활동은 내용적인 측면에서 남성들과 구별되는 특이성이 두드러지게 나타나지 않음을 의미한다.

그러나 내용적인 측면과는 달리 정소를 하는 시점에서는 주목할 만한 특징을 보여준다. 신응망 처 정씨의 소지 작성 시점은 1658년으로 남편 신응망이 1654년에 사망한 이후이다. 신정수 처 유씨의 소지 또한 1702~14년으로 남편 신정수가 1700년에 사망한 이후부터 신시갑을 양자로 들이기 이전에 해당한다. 신시갑 처 김씨의 소지도 1747년으로 남편 신시갑이 1743년에 사망한 이후의 시기이다. 이들 3대에 걸친 신씨가 여성들의 정소 활동이 모두 남편의 사망 이후에 집중되어 있음은 사대부가 여성들의 정소 활동의 특성을 보여준다.

사대부가 여성들에게는 비사대부가 여성들에 비해 사회적 윤리와 규범의 제약이 상대적으로 강하게 작동하였기 때문에, 청원·소송과 같은 법적 활동은 남편이나 자서제질子壻弟姪 등 집안 내 남성들에 의해 대소·대송 방식으로 행해지는 경향이 있었다. 그런데 신씨가 여성들은 남편이 사망하고 장성한 아들이 부재하였으며, 신응망 대부터 4대에 걸쳐 독자로 이어지는 가계의 특성상 가까운 친적이 부재한 상황에서 친소·친송 활동을 적극적으로 전개했던 것이다. 특히 신씨가 여성 정소의 중심에 있는 신정수 처 서산 유씨는 수년에 걸쳐 노비를 통한 대소·대송뿐만 아니라 본인의 명의로 직접 친소·친송 활동을 지속적으로 전개하였다.

II. 남편 족인과의 산송

서산 유씨는 남편 신정수(1671~1700)와 두 아들로 구성된 4인 가족이었다. 1700년에 남편과 사별한 후 두 아들을 데리고 영광 시가를 떠나 친정이 있는 광주로 옮겨가 살았다. 1702년 노비 둔일이 영광 관에 제출한 소지에서 "안 상전께서 청년과부로 의지할 곳이 없어 수년 전에 광주 본가에 가서 의지하고 있고"라고 하였고, 1708년 소지에서는 "혈혈단신의 과부댁으로 두 어린아이를 데리고 재앙을 피해 광주로 갔으므로"라고 하였다. 1702년 시점에서 여러 해 전에 광주 본가로 갔다는 것은 곧 1700년에 남편이 사망한 후 두 아들을 데리고 광주로 옮겨갔음을 뜻한다.

1702년 영광에서 발급된 유씨의 준호구에서는 30세의 유씨가 14세의 조카 수룡水龍을 데리고 영광 도내면 입석리에서 거주하는 것으로 기록되어 있다. 그러나 소지 내용에 유씨가 두 아들과 광주에서 지내는 상황을 밝히고 있으므로, 영광에는 조카 신수룡만이 살고 있었음을 알 수 있다. 신수룡(개명 신시태, 1689~1708)은 남편의 형 신정화의 외아들로 장손이었다. 그는 부모를 잃고 어린 나이였기 때문에 일시적으로 유씨의 호적에 등재되었던 것으로 파악된다.[7]

조카는 장성하여 혼인까지 하였으나[8] 1708년 봄에 결국 자식 없이 세상을 떠났다. 그해 겨울에는 유씨의 큰아들마저 요절하고 말았다.[9] 유씨는 봄에는 장손 조카를 잃고 겨울에는 또다시 아들 장례를 치러야 하는 애절한 상황에 처하였다. 설상가상으로 아들 묫자리를 정하는 과정에서 남편의 동성 족인인 신성중辛聖中과 산송으로 대립하게 되었다.[10]

사건의 발단은 유씨가 계속되는 집안의 흉사를 벗어나기 위해 시부모 분묘를 길지를 찾아 천장할 것을 시도하면서 시작되었다. 그는 길지를 찾던 중 영광과 무장 고을 사이에 있는 남편의 10대 조모 산소 근처에 쓸 만한 빈터가 있다는 말을 들었다. 다른 자손의 분묘들과도 어느 정도 거리가 있었고, 남편 선산에 자손의 묘를 쓰는 것이 당연하다고 생각했다. 그런데 때마침 추운 겨울이었기 때문에 천장을 곧바로 실행하지 못하고 봄을 기다리기로 했다. 그때 아들이 사망하여 천장지 옆에 먼저 아들 장례를 치르고자 했다. 그러나 인근에 살고있던 신성중이 자신의 증조모와 종조모 분묘가 있는 선산이라 주장하며 금장禁葬을 하고 나섰던 것이다.

이 사건에서 유씨는 사대부가 여성으로서 직접 소송과 청원 활동을 진행하는 모습을 보여준다. 유씨는 분쟁을 해결하기 위해 관의 공권력에 호소하기 전에 먼저 당사자 및 문중과의 합의를 통해 사건을 해결하려 시도했다. 분쟁이 족인과의 사이에서 일어났기 때문이다. 일차적으로 유씨는 당사자인 신성중 집을 직접 찾아가 여러 차례 애걸하며 합의를 시도하였다. 그러나 합의에 도달하지 못하자 다음 단계로 신성중가의 문장과 문중 여론을 움직여 신성중을 압박하였다. 유씨의 소지에 따르면, 자신의 두 아들을 신성중에게 보내 설득하자, 문중 사람들은 젊거나 연로하거나를 막론하고 모두들 신성중이 '터무니없다[無據]'라는 의견이었다. 유씨의 시아버지 신경륭도 신씨가의 자손으로 선산에 계장할 권리가 있었기 때문에, 문중의 여론도 신성중을 지지하지 않았던 것으로 보인다. 신성중도 문중의 중재를 계기로 다소 후퇴하였다. 이듬해 봄으로 예정되어 있던 시부모 천장은 허락하였던 것이다. 그러나 당장 치러야 하는 유씨 아들 장례는 끝까지 허락할 수 없다는 입장을 고수했기 때문에 문중의 합의 중재는 더 이상 진전되지 못하였다.

   유씨는 다음 단계로 법적 조치를 취하였다. 국가의 공권력을 통해 자신의 뜻을 관철하기 위해 관에 소지를 제출하고 본격적인 소송 활동을 전개한 것이다. 유씨는 소지에서 당시의 상황을 다음과 같이 설명하고 있다.

언문 소지[諺狀]를 갖추어 관에 정소하니, (영광 관께서) '소장에 있는 사람을 잡아와서 조사하여 처치하라'고 처분을 내렸습니다. 그날 바로 신성중에게 가서 처분을 보여주고 송변[訟卞]에 나오도록 했습니다. 그런데 외로운 과부집에 소송에 나갈 사람이 없고 시부모 분묘를 천장하는 일인데 노비 손에 맡겨두고 송변을 소홀히 할 수도 없었습니다. 이에 저는 편치 않은 형세에도 불구하고 직접 송장에 들어가려고 관아 문밖에 이르러 사람을 보내 신성중을 재촉했습니다. 그런데 신성중이 서로 미루며 송변에 나올 뜻이 없었습니다. 관의 명령을 무시하고 태연히 물러앉아 있는 모습이 시간을 지연시켜 아이의 장례를 치르지 못하게 하려는 것에 불과하니, 그의 속셈이 극히 간교합니다. 이 일의 곡직은 많은 말이 필요 없으며 신씨 문중에 이미 정해진 결론이 있습니다. 관가에서 문장과 중인을 심문한다면 성주님께서 그 실상을 판별할 수 있을 것입니다.[11]

이 인용문은 유씨가 어떻게 청원 활동을 전개했는지 그 구체적인 양상을 보여준다. 여기에서 '언문 소지'는 유씨가 영광 군수에게 소지를 제출할 때 한글로 작성했음을 말해준다. 오늘날까지 남아있는 조선시대 여성들의 소지는 한글과 한문이 모두 확인된다. 한글 소지는 여성들의 전유물로 비사족 여성들뿐만 아니라 사족 여성들도 한글 소지를 사용하였다. 한문 소지도 사족 여성과 비사족 여성들 모두 사용하였다. 여기에는 신분에 따른 어떠한 차별도 없었다. 유씨 또한 한글 또는 한문 소지를 제출할 수 있었지만, 그녀의 첫 번째 선택은 한글 소지였다. 이후 2차 소지를 제출할 때는 한문 청원서를 제출하였다. 위 인용문은 2차 소지에 포함된 내용이다. 동일한 송관에게 동일한 사안으로 청원서를 올릴 때에도 한글 소지와 한문 소지가 혼용되어 사용되고 있었다.

영광 관에서는 유씨가 소지를 제출한 당일에 바로 처분을 내려 소지의 좌측 하단에 써서 주었다. 신성중을 '잡아와서 조사해 처치하라'는 내용이었다. 오늘날 민사소송에 해당하는 사송詞訟에서는 원고가 관의 처분을 받아 피고에게 법정에 출두할 것을 요구하여 함께 법정에 서면 비로소 소송이 시작되었다. 소송이 개시되기 위해서는 유씨와 신성중이 함께 송정에 나와야 했고, 신성중을 송정에 나오게 하기 위해서는 유씨의 적극적인 소환 요구와 압박이 작동해야 했다. 때문에 유씨는 관의 처분 내용을 신성중에게 전달하여 송정에 나올 것을 요구하였다.

그런데 여기에서 가장 주목되는 부분은 유씨가 스스로 송정에 들어가서 원고로서의 법적 역할을 수행할 것을 자처했다는 점이다. 그는 과부집에 소송에 나갈 사람이 없다는 점과 시부모 천장 문제를 노비 손에 맡겨둘 수 없다는 점을 들고 있다. 전자는 소송을 대신할 남성의 부재를 명분으로 내세운 것이다. 《경국대전》에서는 사족 여성이 아들·사위·아우·조카나 노비를 내세워 대송할 수 있도록 법적으로 보장하고 있었다. 유씨는 집안에 아들·사위·아우·조카에 해당하는 남성이 없다 해도 노비를 통해 대송할 수 있었다. 유씨가 노비 둔일을 통해 대송한 문서들([표 2] 2, 3, 4번 문서)도 현재 전하고 있다. 조선 후기에 노비를 통한 대소·대송은 법 규정뿐만 아니라 당대 현실에서도 일상화되어 있었다. 그러나 유씨는 신성중과의 산송에서는 노비에게 대송시키지 않고 자신이 직접 송정에 들어갈 것을 선택하고, 그 이유에 대해서 시부모 천장 문제를 노비에게 맡겨둘 수 없기 때문이라고 했다. 효의 차원, 즉 성리학적 윤리에서 명분을 내세웠던 것이다.

이에 대해 우리는 몇 가지 측면에서 생각해볼 수 있다. 첫째는 조선 후기 소송 규정하에서, 사대부가 여성이었던 유씨가 직접 소송장에 나가 원고로서 법적 지위를 수행할 수 있도록 보장되어 있었음이 확인된다. 둘째, 유씨는 법적 권리를 행사하면서도 집안에 남성의 부재와 시부모 천장이라는 효의 윤리를 명분으로 내세우고 있다. 이는 당시 사회적 규범과 관행하에 사대부가 여성이 이해를 다투는 송정에 나서는 것을 곱지 않은 시선으로 보았기 때문에 송정에 나서기 위해서는 불가피한 상황임을 설득시켜야 했음을 보여준다. 셋째, 유씨가 내세운 남성의 부재와 효의 윤리라는 명분은 여성으로서 유씨의 행위를 제약하는 사회적 규범이 오히려 유씨가 자신의 입장과 요구를 설득력 있게 호소하기 위한 수단으로 작동하고 있음을 말해준다. 유씨는 남편 부재의 외롭고 박복한 과부의 처지임을 호소함으로써 송관에게 특별한 '보살핌'의 대상임을 어필하고, 한편으로는 이해를 다투는 사안이 아니라 효를 실현하기 위한 사안임을 강조함으로써 사회적으로 통용되는 명분을 자신의 소송 명분으로 전용轉用하고 있다.

유씨는 사회적 규범에 의해 행위와 사고가 제한되는 모습을 보여주지만, 동시에 자신의 주장과 의사를 관철시키기 위해 자신을 규제하는 사회적 규범을 전용하여 명분화하는 모습을 보여준다. 이는 사대부가의 여성이었던 유씨가 사회적 규범 내에 수동적이고 비주체적인 존재로만 남아있지 않았음을 말해준다.

유씨의 정소 활동은 일회성으로 그치지 않고 계속 이어졌다. 신성중의 회피로 소송이 시작되지 못하자 유씨는 소송 개시를 위하여 1709년 12월 18일에 재차 소지를 제출했다. 이때는 한글이 아닌 한문으로 작성된 소지를 제출했다. 그때 제출한 한문 소지가 현재까지 남아 유씨의 활동 모습을 전해주고 있다. 이 소지에서도 유씨는 자신의 처지를 재차 삼차 반복하며 표출하였다. "팔자가 기구하여 하늘에 죄를 얻어 남편 형제들이 연달아 요절하고", "쌓인 악업이 아직 몸에 있어 남은 재앙이 다 없어지지 않아", "사람 사는 집에 재앙이 고금에 얼마나 많겠습니까마는 어찌 제 남편 집안 같은 경우가 있겠습니까?"라는 표현들을 사용하며 대송할 남성의 부재와 박복한 과부의 처지를 반복적으로 드러내고 있다.[12] 이러한 표현들은 자기 주장의 명분론적 정당성과 감성적 호소력[13]을 높임으로써 송관으로부터 원하는 처분을 받아내기 위한 전략적 장치들이었다.

그렇다고 유씨가 명분론적 정당성과 감성적 호소에만 의존했던 것은 아니다. 한편으로는 피고인 신성중의 부당함을 논리적으로 지적하며 비판하고 있다. 첫째, 다음 해 봄에 있을 조부모 묘의 천장은 허락하면서 지금의 손자 장례는 막고 나서는 것이 부당하다는 주장이었다. 같

1709년 신정수 처 유씨 소지.
기축년 12월에 고 신정수 처 유씨가 영광 군수에게 제출한 청원서로 신성중의 금장이 부당함을 주장하는 내용이다. 소지의 왼쪽과 오른쪽 아랫부분에는 18일 영광 군수가 신성중과 문장을 성화같이 잡아올 것을 명하는 처분이 기록되어 있다.

은 장소에 장례를 치르는 조부모와 손자 묘에 대하여 일관되지 않은 주장의 모순을 지적하였던 것이다.

둘째, 신성중의 '사산私山'이라는 주장을 논리적으로 반박하고 있다. 신성중도 그의 증조모와 종조모를 선산에 장례를 치를 때, 다른 지손의 족장지 가까운 터에 분묘를 써서 분쟁이 발생한 적이 있었다. 그러나 그는 소송에서 승소하고 소송관이 허장許葬하여 분산을 확보할 수 있었다. 유씨는 그때 사건을 지적하며 당시 신성중의 입장이 현재 자신의 입장과 동일함을 주장하였다. 신성중 자신이 선산에 입장할 때는 사산으로 인정하지 않고 입장할 수 있었는데, 이제 와서 사산이라 주장하며 금장하는 것은 부당하다는 논리였다.

셋째, 문중 사람들이 선산에 입장하는 원칙을 제시하였다. 선산에 자손들이 입장할 때에는 다른 자손의 분묘 근처에 묘를 쓰는 것이 이미 사리에 합당하고 법에도 그러하다는 것이다. 신성중의 사산 주장을 비판하는 데서 한 단계 더 나아가 선산의 입장 원칙을 강조한 것이었다.

넷째, 관의 공증을 받은 합법성을 주장하였다. 신씨 문중 사람들이 분묘 현장에 모여 공간을 구획하여 경계를 분명히 지었고, 그 사실을 관에 신고하여 입안立案, 즉 공증 문서를 발급받았다는 것이다. 유씨는 선산에 분묘를 가지고 있는 당사자들인 문중 사람들의 합의 결과임을 관에서 확인하고 입안을 발급했음을 주장하였다. 이를 확인하기 위해 신씨 문장 및 증인에게 확인할 것을 요구하였다.

이상의 주장들을 보면, 유씨의 소지는 신성중 주장의 논리적 모순, 선산 내의 분묘 조성 원칙, 문중의 합의에 근거한 관의 공증 확보 등을 내세우며 자신의 정당성을 논리적으로 제시하고 있다. 이는 유씨의 청원서가 명분적 정당성, 감성적 호소력에만 치중되어 있지 않고, 송관을 설득하기 위한 논리적 근거와 주장 또한 펼치고 있음을 보여준다.

그렇다면 관에서는 유씨의 정소에 어떻게 대응하고 처리했을까? 유씨의 첫 번째 소지에 대해서는 소송을 진행하기 위해 신성중을 붙잡아 올 것을 처분하였다. 분쟁성 소지에 대한 관례적인 처분이었다. 두 번째 소지에 대해서는 피고 신성중과 신씨가 문장을 조사하기 위해 성화같이 잡아올 것을 면임面任에게 명하는 처분을 내렸다. 소송에 나오지 않고 버티는 신성중을 잡아오기 위해 관의 공권력을 동원한 것이다. 유씨에게 직접 신성중을 소환해오라고 처분했던 1차 청원 시에 비해 한층 강화된 처분이었다. 결국 신성중은 관에 나와 조사를 받고, "종조부 분묘와 매우 가까워 금단하고자 했으나, 그 외에는 애초에 쟁송을 야기할 생각이 없었습니다"라고 진술하며 뜻을 굽혔다.

이에 따라 영광 군수는 유씨에게 승소 판결을 내렸다. 그리고 분쟁이 다시 일어날 가능성을 차단하기 위해 신성중에게 "입장할 때에 금단하지 않겠다"는 다짐을 받았다. 이로써 유씨는 영광 관에 직접 호소하는 법적 활동을 통해 아들의 분묘를 선산에 입장할 수 있었으며, 이듬해 봄에 예정되었던 시부모 분묘의 천장도 실현할 수 있게 되었다.

III. 도망노비 추쇄와 상언·격쟁

남편 족인과의 분쟁 후 6년이 지난 1715년, 유씨는 다시 정소 활동을 재개하였다. 경상도 지역으로 도망간 노비를 추심하기 위해 도의 경계를 넘어 김해 고을까지 대리인을 보내 소송을 진행했다. 나아가 향촌의 범위를 넘어서 국왕에게 상언·격쟁을 시도하는 단계까지 추진했다.

조선 후기 사족 여성들의 상언·격쟁은 전체적인 상황이 드러나 있지 않지만, 정조 대 상언·격쟁 3,888건의 사례 중에 여성의 상언·격쟁이 405건으로 10퍼센트 정도다. 그중 사족 부녀자로 추정되는 '씨'를 칭하는 여성의 상언·격쟁은 108건이 확인된다. 청원 내용은, 씨를 칭하는 여성들은 입후 87건, 간은干恩 7건, 산송 6건, 신원伸冤 4건, 민은民隱 4건의 분포를 보였다.[14] 대부분 가계 계승 및 위선爲先과 관련된 문제에 집중된 모습이다. 이에 비해 유씨의 상언·격쟁은 도망노비 추심 문제로 민은에 해당한다. 정조 대에 겨우 4건에 불과한 매우 드문 사안이었다. 유씨가 이렇게 이례적인 상언·격쟁을 시도한 이유는 무엇일까?

전라도 영광에 세거하는 신씨 집안의 사환노비들 중에 눈썹이[嫩隱西非/臥隱西非/臥叱西非]라는 이름을 가진 여종이 있었다. 눈썹이는 1606년에[15] 경상도로 도망하여 안이[內隱伊], 안월[內隱月], 점이占伊 등 세 딸을 낳고 살았다. 시간이 지남에 따라 점점 자손들이 증가하여 경상도 내 각처에 흩어져 살고 있었다. 유씨는 문서에서 '300여 구'가 김해, 진주, 하동, 안음, 창원, 밀양, 칠원 등지에 흩어져 산 것이 100년이 다 되어 간다고 언급하고 있다.[16] 조선 후기 사족가의 도망노비 현상은 제어할 수 없는 사회적 상황으로 광범위하게 전개되었으며, 조선 후기 신분체제가 해체되어가는 현상으로 해석되고 있다. 그런데 신씨가의 도망노비 1명이 100년의 시간이 흐르면서 300여 명으로 자연 증가하는 모습은 노비 도망 이후의 양상과 파급효과를 보여준다는 점에서 매우 흥미로운 현상이다.

신씨가에서 300여 명에 달하는 대규모의 도망노비들을 추심하는 일은 재산권 확보 및 가계 운영의 측면에서 매우 중요한 과제였을 것이다. 그러나 전라도 영광에 거주하는 신씨가에서 도의 경계를 넘어 경상도 지역까지 가서 이들을 추심하는 일은 오늘날이라고 해도 엄두가 나지 않을 어려운 상황이다. 설상가상으로 김해와 진주에 살던 노비 가족들은 해당 지역의 향교나 현지인들에게 투탁해 있는 상황이었다. 김해 지역의 비婢 점이 소생들은 김해현 향교의 노비로 투탁했고, 진주 지역의 비婢 안월 소생들은 진주의 정가鄭哥 및 충주의 이가李哥 노비로 투탁하여 그들의 영향력 아래에 있었다.[17] 따라서 이들을 추심하기 위해서는 김해 향교나 정가 및 이가와의 소송을 감당할 수 있어야 했다.

신씨가에서 도망노비의 추심을 전혀 시도하지 않았던 것은 아니다.

유씨 이전에도 지속적으로 추심을 시도했다. 유씨의 남편 신정수가 살아있던 1684년(숙종 10)에 진주 지역의 비 안월 자손들을 추심하기 위해 정가 및 이가와 소송을 진행했고, 승소하여 결입안決立案을 받았다.[18] 이로써 이가에 투탁했던 노비들은 되찾았으나, 정가는 패소 후에도 노비들을 내주지 않아서 되찾지 못하고 있었다. 또한 김해 향교에 투탁한 비 점이 후손들은 추심할 엄두도 내지 못했다. 그러다가 남편은 사망했고 종친 10촌 내에 남성이 한 사람도 없어서 다시 추심을 시도하지 못하고 있었다.

남편이 사망하고 14년이 지난 1714년에 이르러 유씨는 김해 향교에 투탁한 비 점이 후손들을 추심하기 위한 본격적인 활동에 나섰다. 유씨는 집안의 오랜 숙원사업을 해결하기 위해 시댁 친척인 신천익을 대리인으로 경상도에 파견하기로 결정했다. 당시는 도망노비들의 확산과 주인에 대한 강한 저항 때문에 노비를 추심하러 떠났다가 돌아오지 못하고 행방불명되는 경우까지 종종 발생하는 상황이었다.[19] 유씨 자신이 직접 경상도 김해까지 가서 추심하는 것은 실현 가능성이 희박했다. 어찌 보면 노비 추심을 위해 사대부가 여성이 먼 길을 나서는 것 자체가 당대인의 시각에서는 오히려 현실성이 떨어지는 행위였을 것이다.

유씨는 대리인을 파견하기 위해 사전 작업을 진행하였다. 그 과정에서 관에 친소를 추진한 점이 주목된다. 먼 타 도에서 노비를 추심하기 위해서는 해당 노비들이 자신의 노비임을 명확하게 입증하는 증거 자료를 소지하고 가야 했다. 이를 위해 유씨는 1714년 11월에 노비들에 대한 소유권을 확인시켜줄 권원 문서權原文書를 영광 관에 제출하여 전준傳準을 요청했다. 전준은 원문서의 내용을 그대로 옮겨 쓰고 관인을 찍어 발급하는 관의 공증서였다.

이때 유씨가 제출한 문서는 1646년의 분재기였다. 남편의 고조할머니 이씨가 재주가 되어 자녀 3남매에게 몫을 나누어준 상속 문서였다. 《경국대전》에 의하면 부모가 자녀에게 상속한 분재기는 관의 공증이 없어도 법적 효력을 갖추었다. 1646년의 분재기도 모친이 자녀들에게 상속한 문서였기 때문에 관의 공증을 거치지 않은 백문기白文記 형태로 전하고 있었다. 이는 관에 어떠한 기록도 남아있지 않은 유일한 문서임을

[그림 1] 1714년 신정수 처 유씨 소지와 전준.[20]
갑오년 11월에 고 신정수 처 유씨가 영광 군수에게 제출한 청원서로 도망비 점이가 실려있는 분재기의 전준을 요청하는 내용이다. 배면에 분재기 내용을 기록하고 영광 군수 서명과 관인을 찍은 전준이 기록되어 있다.

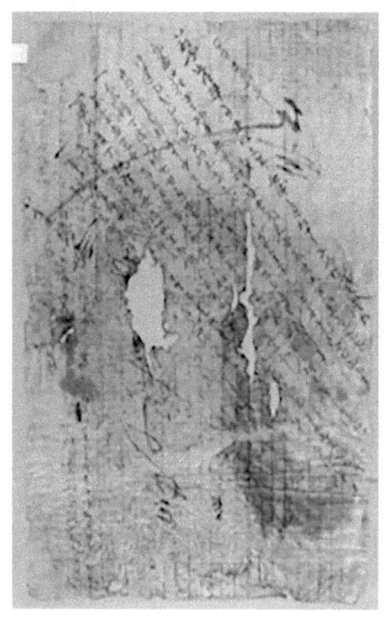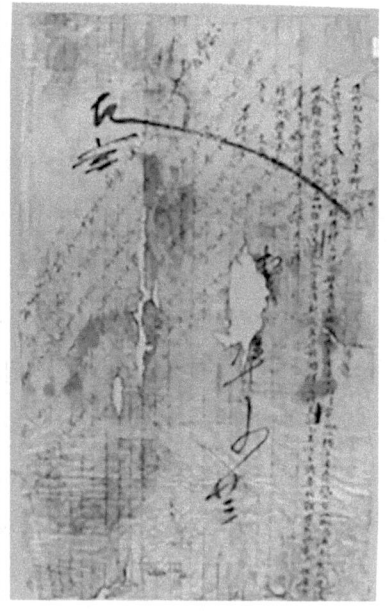

의미했다. 그런데 노비를 추심하기 위해서는 김해 향교를 대상으로 소송을 제기해야 했고, 증거 자료로 그 분재기가 필요했다. 그렇다고 유일한 문서인 분재기를 먼 타 도에 가져갈 수는 없는 상황이었다. 도중에 분실이라도 하게 되면 어디에도 기록이 없기 때문에 분재기 내용을 입증할 방법이 완전히 사라지게 된다. 분재기 원본을 대신할 수 있는 다른 방법을 찾아야 했다. 그런데 민사소송에서 증거 자료들은 관에서 발급한 관문서 또는 관에서 공증한 문서가 사문서에 비해 높은 법적 효력과 증거력을 발휘하였다. 때문에 유씨는 사적으로 사본寫本을 만드는 대신 분재기를 관에 제출하여 전준의 형태로 관의 공증을 요청하였다.

11월 23일, 영광 관에서는 유씨의 소지 뒷면에 분재기 내용을 그대로 옮겨 쓰고 관인을 찍어서 발급했다([그림 1]). 그 내용에서 말자末子 응생應生[21]의 몫 중에 '비 눈썹이'라는 이름이 명확하게 확인된다. 유씨는 소지와 소지 뒷면에 기록된 분재기 전준을 대리인인 신천익에게 들려주어 김해로 보냈다. 굳이 원문서를 보내지 않아도 되기 때문에 원문서도 보존하고 전준을 통해 소송에서 높은 증거력도 확보할 수 있었다.

유씨를 대신하여 김해로 간 신천익은 이듬해 1715년에 김해 향교에 투탁한 노비들을 추심하기 위해 김해부에 소송을 제기했다. 그러나 김해부에서는 퇴송退訟, 즉 소송을 각하해 심리하지 않았던 것으로 확인된다. 그 결과에 대해 유씨는 당시 김해 수령이 사류士流에 구애되어 '소송 기한을 넘겼다'는 이유로 퇴송했다고 주장하였다. 향교를 상대로 소송을 진행해야 했기 때문에 고을 유생들의 영향력이 작용했다는 입장이었다. 지리적으로 멀리 떨어진 타 도일 뿐만 아니라 향교라는 국가 기관을 상대로 노비를 추심하는 일이 결코 만만치 않은 상황이었던 것이다.

대리인을 보내 진행한 김해 소송에서 실패한 유씨는 노비 추심을 포기하지 않고, 도성으로 올라가 국왕에게 호소하는 상언·격쟁을 시도했다.[22] 《경국대전》의 규정에 의하면, 청원할 사안이 발생했을 때 곧바로 상언·격쟁을 할 수 있는 것은 아니었다. 지방에서는 일차적으로는 해당 고을 수령에게 청원서를 제출하고 해결되지 않으면 관찰사에게 제출했다. 수령과 관찰사 단계에서 해결되지 않으면 사헌부를 거쳐 최종 단계로 국왕에게 호소하도록 단계적인 절차가 규범화되어 있었다.[23] 청원 내용에 대해서도 담당 관청에서 해결할 수 있는 사안들은 제외하고 중차대한 사안으로 한정했다. 1557년에 4건사四件事라 하여 사형의

〈환어행렬도〉의 상언하는 모습.
정조가 어머니를 모시고 화성에서 회갑잔치를 행하고 돌아오는 그림으로 〈화성행행도병풍〉(보물1430) 8폭 중의 한 폭이다. 그림 속에서 행렬 속의 말 탄 관리에게 상언 문서를 접수하는 모습이 보인다.

형벌을 받는 경우, 부자를 분간하는 문제, 적첩을 분간하는 문제, 양천을 분간하는 문제로 제한했다.[24] 1704년 수교受敎에서는 이른바 신4건사[25]라 칭해지는 '손자가 조부모를 위한 일, 처가 남편을 위한 일, 아우가 형을 위한 일 및 지극히 원통한 경우'까지는 허용 범위를 넓혔으나, 제한 정책은 계속되었다. 특히 전답 상송은 장100을 가형하고 중한 경우에는 도형에 처하도록 엄격히 규제했다.[26] 노비를 추심하고 부채를 징수하는 등의 사안도 장100 도3년으로 규제하는 정책을 취했다.[27]

이러한 단계 설정 및 내용의 제한은 상언·격쟁이 과도하게 범람하는 현상을 방지하기 위해 취해진 규제였다. 따라서 단계를 건너뛰어 청원을 하거나, 해당 관청에서 해결할 수 있는 일을 상언·격쟁하면 '월소越訴'라 하여 접수하지 않았을 뿐만 아니라 치죄하도록 규정했다.[28]

[그림 2] 1715년 신정수 처 유씨 상언·격쟁.[29]
유씨가 숙종에게 노비 추쇄를 상언하기 위해 작성한 문서 초본. 남편 집안의 연이은 초상으로 과부만 남은 상황과 김해 소송의 억울함을 호소하는 내용이다.

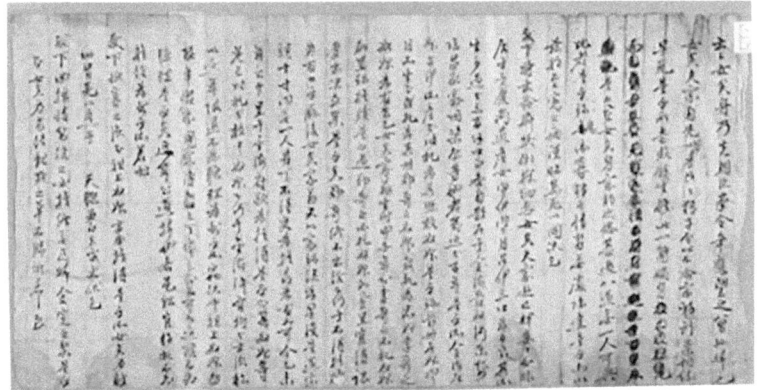

이러한 상황에서 유씨가 노비 추쇄 문제로 상언·격쟁을 시도하기 위해서는 큰 결단이 요구되는 상황이었으며 설득력 있는 명분을 갖추어야 했다. 상언·격쟁의 준비 단계에서 작성된 청원서 초본([그림 2])을 통해 이를 검토해본다.

문서 첫머리에서 유씨는 자신을 '여의몸女矣身'이라 하여 여성임을 드러내는 1인칭 용어를 사용하고, 관료인 장령 신응망의 증손부임을 밝히면서 시작하고 있다. 그리고 남편 집안이 선대부터 대대로 독자獨子일 뿐만 아니라 집안에 재앙이 계속되어 그 독자들마저 일찍 사망하고 남은 사람은 일개 과부뿐인 상황을 설명하며 이러한 남편 집안의 참혹함은 팔도를 통틀어 비할 이가 없다고 호소하였다. 또한 "전하께서 특별히 가련하게 굽어보시어 특례로 채납해"줄 것을 호소하고, "전하께서 사정을 상세히 파악해서 반드시 추심하게 해서 끝내 필부가 원통함을 품는 폐가 없게" 해줄 것을 요청했다. 영광 군수에게 제출했던 1709년 청원서처럼 국왕에게도 과부로서의 상황을 강조하며 감성적인 호소력을 높였음을 보여준다.

문서에는 노비들이 경상도 땅으로 도망가서 100년이 지나면서 300여 명으로 확대되었고, 1684년 남편의 추심 노력 및 이번 1715년 자신의 추심 이력을 상세히 설명하고 있다. 이는 그동안의 상황을 설명한다는 차원에서 이해될 수도 있지만, 그 바탕에는 정부에서 규제하고 있는 노비 추심 문제로 상언·격쟁을 하게 된 행위의 정당성과 명분을 확보하기 위한 의도가 담겨 있다. 즉, 일반적인 노비 추쇄 문제가 아니라 100년에 걸쳐 300여 명의 노비가 관련되어 있는 대규모 사건으로 지극히 원통한 일 [至冤極痛]에 해당함을 설득하기 위한 전략적 장치가 포함되어 있다. 또한 이번이 처음이 아니라 남편이 생존해 있을 때부터 장기간에 걸쳐 계속 노비 추쇄를 시도해왔으나 아직 해결되지 못하여 국왕이 아니면 달리 호소할 곳이 없는 불가피한 상황임을 강조하기 위한 장치로도 해석할 수 있다. 특히 김해 소송에서 패소할 때 '과한過限', 즉 기한이 지났다는 것이 주요 판결 이유였기 때문에, 이에 대한 해명을 위해서도 과거에 지속적으로 추쇄를 시도해왔음을 설득할 필요가 있었다.

이러한 점들을 볼 때 유씨의 상언·격쟁 시도는 당대의 정부 정책과 법 규정, 사회적 규범의 구조 속에 수동적으로 침묵한 채 있지 않고, 그 구조 내에서 자신의 권리와 이해를 확보하기 위해 적극적으로 행위하는 모습을 보여준다. 유씨의 상언·격쟁은 초본 문서만 전하고 있기 때문에 실제 실행되었는지 중도에 그쳤는지를 확인할 수 없다. 그러나 실행 여부와는 별개로 유씨가 노비 추쇄 문제로 상언·격쟁을 시도하여 문서를 작성한 단계까지 진행한 것만으로도 그의 실행력과 주체성을 확인할 수 있다.

Ⅳ. 가계 계승과 입후 청원

큰아들이 사망한 후 광주에서 피접하던 아들 영롱마저 1713년 이후 어느 시점에 사망하고 말았다.[30] 가계가 단절될 위기에 직면하여 유씨는 1717년 예조에 소지를 제출하였다. 남편의 8촌형 신만정의 둘째 아들인 21세의 신용백辛龍伯[31]을 양자로 입후하기 위해서였다. 이를 위해 유씨는 신만정과 함께 예조에 소지를 각각 제출했고, 예조에서는 국왕에게 다음과 같이 계목啓目 문서로 그 내용을 보고했다.

고 학생 신정수는 후사가 없어 그의 아내 유씨가 남편의 동성 8촌형 신만정의 둘째 아들 신용백을 입후하고자 소지를 올렸습니다. 양쪽의 호구를 취해 살펴보니 호적에 입적한 것이 확실합니다. 유씨의 소지 내에 "남편이 적처와 첩 모두에게 아들이 없이 사망하여 남편의 동성 8촌형 신만정의 둘째 아들 신용백을 계후하고자 두 집안이 동의하여 소지를 올립니다. 다른 사례에 의거해 입후해주십시오"라는 소지였습니다.……유씨의 함사緘辭에 "남편이 적처와 첩 모두에게 아들이 없이 사망하여 남편의 동성 8촌형 신만정의 둘째 아들 신용백을 계후하고자 양가에서 동의하여 소지를 제출한 것이 분명합니다"라고 하였습니다.……소지 및 함사, (신만정과 증인 문장의) 진술서에 의거하여 검토해보니,《경국대전》입후조에 "적처와 첩 모두에게 아들이 없는 자는 관에 고해 동종지자同宗支子를 세워 후사로 삼는다. 〈주: 양가 부친이 함께 명해 세우고, 부친이 사망했으면 모친이 관에 고한다〉"고 했습니다. 앞의 신용백을 신정수의 계후로 하는 것이 어떻겠습니까?[32]

계목에서 '유씨의 소지'라고 표기한 것을 보면, 소지는 유씨의 명의로 관에 제출되었음을 알 수 있다.《경국대전》〈예전〉의 규정에 따르면, 양자 입양을 위한 소지는 양쪽 집안의 아버지가 각각 제출해야 했으나 아버지가 사망한 경우에는 어머니가 대신 제출하였다. 당시 유씨의 남편은 이미 사망한 상태였기 때문에 유씨는 자신의 명의로 소지를 제출했던 것이며, 입후를 위한 유씨의 소지 제출은 법전의 규정에 따른, 즉 법적 절차에 따른 일상적인 행위였다. 유씨는 당시의 행정 시스템에 따라 자신이 거주하고 있던 전라도 영광군에 소지를 제출했을 것이다. 이를 접수한 영광 군수는 그 내용을 첨부하여 전라도 관찰사에게 공문을 보내고, 전라도 관찰사가 영광군의 공문을 첨부하여 예조로 공문을 보내고, 예조에서 국왕에게 보고하는 방식으로 처리되었다.

양자 입양을 위한 소지를 제출하면, 관에서는 양자를 들인 사실 여부와 법적 규범에 적합한지를 조사하기 위해 당사자들에게 확인하는 절차를 거쳤다. 유씨는 사대부가 여성이었기 때문에 관에 직접 출두하여 구두 진술을 하지 않아도 되는 혜택을 받았다. 관에서는 '공함公緘'이라는 공식 질문서를 유씨에게 보냈고, 유씨는 '공함답통公緘答通'이라는 문서 형태로 답변서를 작성하여 관에 제출하였다. 인용문에서 유씨의 진술 부분에 '함사'라고 표기한 것은 '공함답통의 내용'이라는 뜻으로, 유씨가 문서로 답변서를 제출했음을 드러내고 있다.

유씨는 1717년 집안의 가계 계승을 위해 신용백을 입양하는 과정에서 자신의 명의로 소지를 제출하고 답변서를 제출하는 등의 법적 행위를 하였다. 유씨의 소지가 처리되는 과정 또한 여성의 청원서라 하여 특별하게 취급되거나 차별적으로 취급되지 않고 국가의 행정 시스템에 따라 평상적으로 처리되고 있다. 유씨의 정소 활동이 특별히 독특한 행위가 아니라 법전의 규정에 따른 행위였음을 말해준다. 관의 확인 조사 과정에서 유씨가 관에 나가서 구두 진술을 하지 않고 서면으로 답변서를 보내고 있는 모습 또한 절차가 형식화되어 있는 추문推問에 대한 형식화된 대응 방식이다.

이와 함께 유씨는 남편의 대리인으로서의 법적 행위를 했다. 남편이 사망한 경우에 부인이 사망한 남편의 행위를 대리하여 양자 입양을 청원할 수 있는 권한은 《경국대전》에 법으로 보장되었고, 그 권한이 현실에서 그대로 실현되고 있는 모습을 보여주고 있다. 이는 조선시대 재산 상속에 있어서 남편이 미처 재산을 상속하지 못하고 사망한 경우에 부인이 자신의 재산뿐만 아니라 남편의 재산까지 남편을 대리해 자녀들에게 상속했던 것과 같은 맥락이다. 조선시대 이른바 '여필종부女必從夫'의 부부관계에서 법적 대리인으로서의 자격은 남편에게만 주목되어 왔지만, 이들 사례들은 남편 유고시에 부인 또한 남편의 법적 대리인으로서의 자격을 행사하고 있었음을 보여준다.

신용백을 입후한 후에 유씨는 광주 친정가를 떠나 남편 집으로 다시 돌아왔다. 계후 입안을 발급받은 후 신용백은 신시갑으로 개명했다. 유씨는 1720년에 양자 신시갑에게 약간의 전답과 노비를 별급하였는데, 그 문서에서 "남편이 사망한 후에 타향에 살다가 이제 고토古土에 돌아와보니 네가 장성하여……안도하였다"고 표현하고 있다. 1717년 입후 당시에 신시갑은 이미 21세의 성인이었으므로, 돌아와보니 장성했다는 표현은 다소 과장으로 보이지만 유씨가 신용백을 입후하여 가계를 계승시키고 3년 후인 1720년에는 영광의 남편 집으로 돌아와 있는 상황을 보여준다. 그 후 유씨는 사망하기 직전인 1735년까지 신용백의 호적에 '봉모奉母'로 계속 등재되어 있다.

규범을 활용하는 여성들

 조선 후기 성리학적 이념이 생활의 저변에 침투된 사회에서 사대부가 여성들은 자신의 명의로 청원서를 제출하거나 소송 당사자로서의 법적 지위와 법정에서 진술하는 행위를 권하지 않는 법적·사회적 환경에 둘러싸여 있었다. 그러나 영광 영월 신씨가 여성들은 법적·사회적 규범을 벗어나 적극적인 청원·소송 활동을 전개하였다. 이는 시기적으로 남편이 사망한 후에 집중되는 양상을 보이고 있어 남편이 부재한 상황에서 가족의 대표자로서 전면에 나서 법적 활동을 주체적으로 이끌었음을 말해준다.
 특히 신정수 처 유씨는 사대부가 여성들이 선호했던 대리인을 내세우는 방식뿐만 아니라 친소·친송의 방법도 적극 활용하였다. 내용의 측면에서도 남편 족인 신성중과의 산송, 도망노비 추쇄를 위한 상언·격쟁 추진, 가계 계승을 위한 신용백(신시갑)의 입후 청원 등 가호 보존, 가계 계승 및 재산권 수호에 이르기까지 다방면에 걸쳐있다. 이러한 모습은 남편의 부재로 집안을 이끌어야 하는 책임이 주어졌을 때 이를 회

피하지 않고 적극적으로 감당하는 주체적 행위자로 이해된다. 조선 후기 가부장적 가족 질서의 구조 내에서 억압되어 있던 주체적 행위자의 모습이 남편의 부재라는 비상적 상황을 계기로 표면으로 표출되었음을 의미한다.

조선 후기는 성리학적 이념이 사회 전반에 확산되고 내면화하여 여성들의 삶과 일상도 성리학적 틀 속에서 침묵하고 수동적인 형태로 이미지화되어왔다. 그러나 청원·소송의 법적 영역에서 보여주는 조선 후기 여성의 활동은 그들이 사회구조와 이념의 틀 속에 매몰되어 침묵한 존재가 아니었음을 잘 보여준다. 주어진 틀 속에서도 자신을 제약하는 사회 이념과 규범을 오히려 자신의 논리로 내세우며 전략적으로 행위하고 적극적으로 목소리를 내면서 치열하게 삶을 살아가고 있었다.

그들은 거대한 역사의 흐름 속에서 이름없는 한 개인에 불과하지만, 그들 또한 역사의 행위자들이었으며 이 여성들의 삶이 축적되어 역사의 한 축을 이루고 그 바탕 위에서 우리의 삶이 영위되고 있는 것이다.

일제강점기 불경 사건과 행위자들

【정병욱】

역사의 사각지대
I. 일본 근대 천황제 국가와 식민지 조선의 불경죄
II. '불경'한 자: 새로운 주체, 원인과 비속어
III. '불경'을 잡는 자: 검사, 경찰, 끄나풀
IV. '불경'을 활용하는 자: 허세, 민속, 투서
이기심과 저항

역사의 사각지대

이 글의 목적은 일제강점기의 불경 사건을 통해 그 시대와 민중의 삶을 이해하는 실마리를 찾는 것이다. 불경 사건에 관한 기존 연구가 많지 않지만, 공통된 시각은 천황에 대한 불경한 행위를 조선 민중의 식민 정책에 관한 인식 지표로 해석하는 것이다. 불경죄는 조선인에게 천황제 이데올로기가 수용되지 않았던 증거이며, 일본의 국체를 부정하고 일제의 동화 정책을 근저에서 뒤흔드는 요인이었다.[1] 이는 당시 불경죄를 처벌했던 일제 당국의 시각이며 그들이 남긴 자료가 말해주는 내용이기도 하다.

한편 불경을 포함한 '불온 언동', 특히 유언비어에 관한 기존 연구에 따르면 불온 언동은 식민지배에 대한 조선 민중의 불신과 비협력을 보여주지만, 동시에 이기적 측면도 강하게 보여준다. 후자는 민중이 개인의 틀을 벗어나 연대와 반전운동으로 나아가지 못하는 요인이었다고 평가된다.[2] 이는 저항이나 운동을 염두에 두고 그에 미치지 못하는 민중의 불온 언동에서 이기적 태도를 읽어낸 것이다.

따라서 일제강점기 불경 사건을 연구한다는 것은 주로 일본이나 식민지배 정책에 불평불만이 많으나 그 권력에 맞서는 저항이나 운동에 나서지 못했던 사람들에 관해 연구하는 것이다. 그러나 그들을 포착한 자료는 지배자의 시각에서 구성된 것이다. 이에 관한 연구도 대부분 지배 정책 비판이나 운동의 시각이다. 그들의 시각이 담긴 자료가 없다고 해서 그들의 곤경과 삶이 사라져도 되는가? 이 글은 이런 고민의 소산이다. 지배자 측의 자료를 다시 읽으며 기존과 다른 새로운 질문을 던지고 답해보면서, 그들의 곤경과 삶에 다가갈 수 있는 실마리를 찾아보았다. 당시 조선의, 조선인의 불경 사건은 일본의, 일본인의 그것과 비교해보면 어떤 특징이 있는가? 조선인, 민중이란 집단을 넘어서 불경한 행위를 하는 자는 구체적으로 어떤 층이며 어떤 특징이 있는가? 경찰과 검사는 어떻게 불경한 행위를 포착하고 처벌했는가? 조선인으로서 '불경'을 이용한 경우는 없었는가? '불경'에 담긴 그들의 바람은 무엇인가?

먼저 배경으로서 일본 근대 천황제 국가와 불경죄의 관계, 식민지 조선에서 불경죄의 추이를 살펴보겠다. 다음으로 불경 사건을 둘러싼 행위자를 '불경'한 자, '불경'을 잡는 자, '불경'을 활용하는 자로 나누어 자료에 나타난 각 양태를 분석해보겠다. '불경'한 자에서는 전시기에 새로 등장한 불경한 주체가 어떤 층인지 밝히고, 그들의 언동을 통해 불경의 원인, 특색을 살펴보겠다. '불경'을 잡는 자에서는 불경한 행위를 포착하는 각 단계의 모습을 살펴보겠다. 이를 통해 불경한 조선인과 맞닿아 있는 조선인을 발견할 수 있다. '불경'을 활용하는 사람들은 허세, 민속, 투서의 예를 통해 살펴보겠다. 천황제를 받아들이지 않으면서도 자신의 필요에 따라 천황제를 활용하는 모습에서 기존의 민중상과 다른 면을 발견할 수 있을 것이다. 같은 시기 일본의 불경 사건에 관한 연구, 때론 독일 나치시대의 일상 연구를 참조하면서 분석하였다. 끝으로 불경을 포함한 불온 언동을 바라보는 기존 연구 시각에 대해 생각해볼 점을 제시하겠다.

I. 일본 근대 천황제 국가와 식민지 조선의 불경죄

1 _ 일본 근대 천황제 국가와 불경죄

1910년 8월 일본이 대한제국을 강제 병합하고 조선의 통치기관으로 조선총독부를 설치하였다. 조선총독부는 1912년 4월 1일부터 〈조선형사령〉(제령 11호, 1912. 3. 18. 공포)을 시행하였는데, 제1조에 "형사에 관한 사항은 특별한 경우를 제외하고 일본 형법, 형법시행법 등에 의한다"고 했다. 이로써 일본 형법에 따라 조선인을 '불경죄'로 처벌할 수 있게 되었다. 1908년 10월 1일부터 시행된 일본 형법(법률 제15호 1907. 4. 24. 공포)에는 제2편 '죄'의 제1장에 '황실에 대한 죄' 네 가지를 규정했다. 그중 제73조, 제75조는 천황과 그 직계, 황실에 대한 위해危害를 규정한 것이고 제74조, 제76조가 불경에 관한 규정으로 다음과 같다.

제74조. 천황, 태황태후, 황태후, 황후, 황태자 또는 황태손에 대해 불

경한 행위를 한 자는 3월 이상 5년 이하의 징역에 처한다. 신궁神宮 또는 황릉에 대해 불경한 행위를 한 자도 동일하다.

제76조 황족에 대해 불경한 행위를 한 자는 2월 이상 4년 이하의 징역에 처한다.[3]

언뜻 보면 이런 규정은 일본 근대가 갖는 '전근대성', '봉건성'을 보여주는 것 같다. 조선 왕조에서도 이와 비슷한 죄가 있었다. 왕을 상징하는 전패殿牌를 훼손하는 경우 불충한 강상죄綱常罪로 엄하게 처벌하였다.[4] 그런데 일본 형법에서 '황실에 대한 죄'는 '내란'과 같은 국가 일반에 관한 죄(제2장 내란에 관한 죄, 제3장 외환에 관한 죄)와 분리되어 별도의 장에 배치되었다. 1882년 시행된 일본 최초의 '근대' 형법(《태정관 포고 제36호》, 1880. 7. 17. 공포. 이하 '구 형법'으로 줄임)에서도 제1장 '황실에 대한 죄'와 제2장 '국사國事에 관한 죄'로 분리되었다. 일본의 정치학자 와타나베 오사무渡辺治는 이와 같은 군주와 국가의 분리는 중국, 일본의 전통과 단절이며, 여전히 양자가 혼재되어 있던 당시 서구의 형법에 비해서도 '순화純化'된 것이라 평했다.

그렇다면 왜 죄의 첫머리에 두어 천황과 황실을 보호하려는 것일까? 와타나베에 의하면 일본의 근대 천황제 국가는 천황이라는 '자리[位]'에 정치권력을 일원적으로 집중하면서, 현실 국가의 운영에서 천황의 자의적 의사는 배제하는 시스템이었다. '황실에 대한 죄'는 천황을 정치권력자로서 보호하는 것이 아니라 국민의 부모처럼 이데올로기적인 권위, 정통성으로서 보호하려는 것이었다. 실제 '불경죄'는 1882년 시행되어 1947년 폐지될 때까지 천황제 질서를 이데올로기적으로 침범하

는 또는 침범했다고 여겨지는 여러 '적'에 대처하여 '활약'했다.[5]

와타나베가 주목한 주요 '적'은 사회주의, 종교집단이었다. 그런데 당시 일본 내무성 경보국 보안과가 특고경찰 사무, 즉 반국가 단체 단속에 참조하기 위해 펴낸 《특고월보特高月報》(1930~44)를 보면 줄곧 재일조선인의 운동이 포함되어 있다. 1937년부터 1939년 9월까지 일본에서 기소나 기소유예된 '불경 사건'의 '사상적 배경'을 살펴보면 사회주의(18건), '유사 종교'(13건) 다음으로 많은 것이 '조선인과 중국인에 의해 감행된 것'(12건)이었다.[6] 특고경찰이 보기에 일본 민족이 아닌 식민지 민족, 즉 '조선인'은 그 자체로 천황제의 적이 될 가능성이 큰 '사상'이었다.

국가와 분리하여 천황을 규정하는 것 자체는 순화된 형태의 근대라 하더라도 그 조문은 그렇게 보기 어렵다. 무엇보다 근대 형법의 이상인 '죄형법정주의'에 어긋났다. 일본 구 형법 제2조에 "법률에 정조正條되지 않으면 어떤 소위所爲라도 처벌할 수 없다"고 천명했지만 '불경죄'는 죄가 명확히 규정되지 않았다. 우선 '불경'이 모호하다. 어디까지가 불경이고 어디까지가 불경이 아닌가. 이거야 당시 통념에 따른다고 하더라도 범죄 요건이 엄격하지 않았다. 프랑스 법학자로 일본 형법 제정에 깊이 관여한 구스타프 보아소나드Gustave Boissonade가 원래 제시한 안은 불경을 대면 불경과 출판·연설에 의한 불경으로 나누었는데 둘 다 '공연성公然性'이란 요건이 중요했다. 즉 불경 행위는 불특정 또는 다수인이 인식할 수 있어야 한다. 그러나 구 형법에서는 대면과 출판·연설의 구분도, 공연성도 사라졌다. 범의犯意 유무, 기수旣遂와 미수未遂 구별도 없다. 또 1908년 형법에는 불경의 대상에 천황의 조상신을 모신

신궁이 추가되었는데, 나중에 종교 탄압과 전시 통제에 불경죄가 크게 활용되는 근거가 된다. 이로써 광범위한 행위를 대상으로 자의적인 법 집행이 가능해졌다.[7] 다음 예를 보자.

청명: 부산지방법원 밀양지청 검사분국
직업·성명·연령: 잡화상 광촌조웅廣村照雄 20세
사실의 개요: 이 사람은 경남 밀양 출신으로 사립학교를 졸업한 후 다시 1942년 3월 부산공립직업학교 광산과를 졸업하고 거주하던 면에서 임시 고원雇員을 거쳐 밀양 읍내 산업조합 임시 고원이 되었다가 1943년(쇼와 18) 1월 31일 퇴직했던 자이다. 1942년 6월경부터 육군사관학교 입학을 지망하여 수험 준비를 위해 열심히 공부해오던 중, 자신을 격려하고 합격을 기원하는 좌우명을 만들고자 한 나머지 1943년 1월 1일 자택에서 불경스러운 문구로 거짓으로 꿈꾼 사실을 기재하여 본인의 서재 벽에 붙였다.
처분 결과: 1943. 3. 29. 기소유예.[8]

일본 육군사관학교를 지망했다면 천황제 질서를 위협하는 자로 보기 어렵다. 정확한 내용을 확인하기 어렵지만 자신을 격려하기 위해 신년에 자기 방에 붙인 문구까지 불경죄로 적발되었다. 물론 공연성이 없기 때문인지 처벌은 기소유예에 그쳤지만, 기소유예는 '죄가 있지만 이번만은 봐주겠다'는 검사의 처분이다. 광촌조웅이 기소유예에 이르기까지 겪었을 고초를 생각하면 일벌백계 효과는 있었을지 모르겠지만, 천황제 질서를 위기에 빠트리는 자가 육군사관학교 지원자인지, 이런 행위까지 불경죄로 처벌하려는 검사인지 모르겠다.

메이지 시기(1868~1912) 일본의 불경 사건을 연구한 오마타 노리아키小股憲明에 따르면 초기 자유민권운동 탄압기에는 공연성이 없어도 처벌되었으나 1889년 '제국헌법' 발포 이후 1906년까지 공연성이 없다면 불경죄로 처벌되지 않았다. 1907년 이후 사회주의 탄압이 시작되면서 다시 편지, 일기에 쓰인 문구같이 공연성 없는 불경 행위도 처벌되었다. 이후 시기에도 불경죄는 공연성과 상관없이 적용되었다.[9] 보아소나드에게 배우고 프랑스에 유학한 일본 헌법학자 미야기 고우죠우宮城浩藏에 따르면 "고금에 없던 야만 형법"[10]인 불경죄가 공격적으로 활용되던 때에 조선은 식민지가 되었다. 천황제 질서의 수호자, 첨병에게는 역사적·문화적으로 천황제를 수용할 수 있는 토양이 없는, 독자의 문화와 언어, 관습을 가진 식민지는 도전이자 위협이었을 것이다.

2_식민지 조선의 불경 사건 추이와 규모

불경죄로 처음 처벌받은 조선인은 1914년 전라북도 부안의 최두영崔斗榮(농업·64세)이었다. 그는 일본 '천황'에게 보내는 문서에 천황을 "만고萬古의 혈수血讐 다이쇼大正"라 칭했으며, 이완용 등에게 보내는 문서에는 죄를 씻기 위해 "다이쇼의 머리를 베어 우리 천황[대한제국 황제] 앞에 바쳐라"라고 썼다. 불경죄, 그리고 보안법 제7조 위반으로 최종 징역 3년을 선고받았다.[11] 망국의 분함이랄까, '목을 베라'는 격한 말은 일본의 불경 사건에서는 보기 힘들지만 식민지 조선에선 계속 발견된다. 1939년 충청남도 온양경찰서 앞으로 다음의 내용이 쓰인 투서가 들어와 수사 중이었다. "세금은 증가하고, 의복은 색옷[色衣]으로 개정되고, 불필요한 정치가 많으니, 너희 왕의 머리를 남대문에 걸어두라. 왕은 미워하고 원망해야 할 놈이다. 일본은 급속히 망할 것이다."[12]

일제강점기에 일본 천황과 황실에 불경한 행위를 하여 검거되고 또 처벌까지 받은 자는 얼마나 될까? 불경한 행위를 한 자가 처벌받기까지 보통 경찰의 검거와 송치, 검사의 접수와 기소, 법원의 판결이란 과정을 거친다.[13] [그림 1]은 1924년부터 1943년까지 그 단계별 인원의 추이를 정리한 것이다. 직관적으로 1937년 이후 불경죄 인원이 급증했음을 알 수 있다. 전체 20개년의 35퍼센트에 해당하는 1937년 이후 7개년의 수치가 모든 항목에서 70~80퍼센트를 차지한다. 특히 1937년

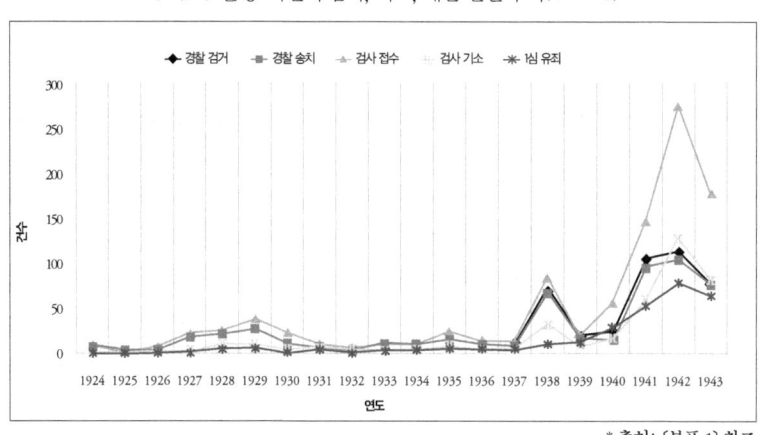

[그림 1] '불경' 사건의 검거, 기소, 재판 인원 추이(1924~43)

*출처: [부표 1] 참조

중일전쟁 발발 이후 1938년, 1941년 아시아태평양전쟁 발발 이후 1942년에 큰 폭으로 증가하였다.

식민지 조선의 불경 사건은 일본의 그것과 비교하면 어느 정도인가? 1914년 이후 '황실에 대한 죄'로 법원 1심에 계속繫屬된 피고인 수를 비교해본 것이 [그림 2]다. 눈에 띄는 1928년 일본의 높은 수치(177명)는 '유사 종교' 단체인 천리연구회天理研究會 회원이 불경죄로 대량 검거되어 기소되었기 때문이다. 와타나베 오사무에 따르면 제1차 세계대전 이후 1918년부터 1935년까지 일본은 천황제 질서가 동요한 시기였다. '적'은 전쟁 이후 대두된 조직적 혁명운동과 거대 신흥종교 단체였다. 일본 정부는 보통선거제 실시(1925)와 같은 유화책을 쓰면서 혁명운동에는 치안유지법(1925), 종교 단체에는 '불경죄'라는 강경책을

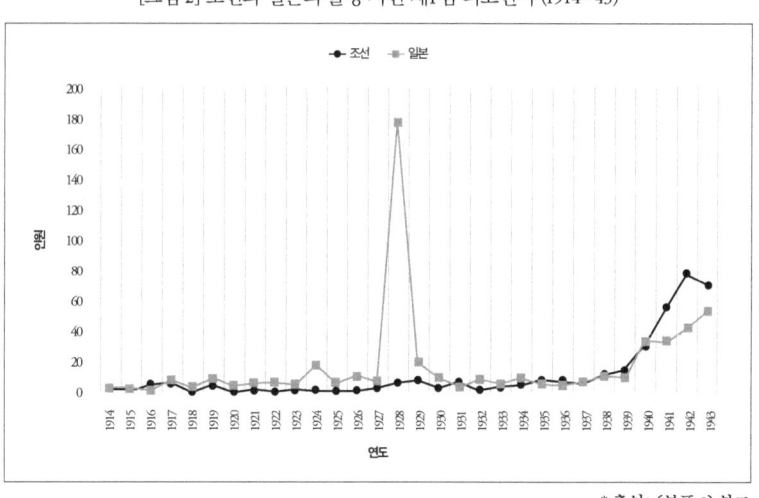

[그림 2] 조선과 일본의 불경 사건 제1심 피고인 수(1914~43)

* 출처: [부표 2] 참조

구사했다. 천황제 국가에서 천황과 다른 신을 믿는 종교 단체는 '불경'의 소지가 컸다. 1935년부터 1945년까지는 일본 정부가 총력전에 국민을 동원하는 시기였다. 1941년 개정으로 치안유지법이 개인과 종교 단체에도 발동될 수 있는 길이 열렸다. 일본 정부는 치안유지법을 발동할 수 없는 비체계적 교단이나 전쟁에 따른 불만으로 황실에 대한 반감을 표출하는 개인을 단속하기 위해 '불경죄'를 구사했다. 전시기에 불경죄는 계속 늘었는데, 특히 1943년 후반부터 1944년에 걸쳐서 '불경'이 다른 '불온 언동'에 비해서 현저히 증가했다. 불경죄 남발은 바로 천황제 국가 질서의 위기를 의미한다.[14)]

[그림 2]를 보면 1934년까지 조선에서 불경 사건 피고인 수는 일본의 그것에 비해 많지 않았다. 다만 당시 일본의 인구가 조선보다 3배가량 많았다는 점을 감안해야 한다. 또 조선에는 치안유지법을 적용하기 어려운 경우에 '보안법'(1907년 법률 제2호)이나 '정치에 관한 범죄'(1919년 제령 7호)와 같이 검경이 택할 수 있는 선택지가 일본보다 많았다. 1935년 이후는 절대 수에서도 조선의 불경 사건 피고인 수가 일본보다 많았다. 일본에서 천황제 국가가 위기에 빠졌다고 한다면 식민지 조선에서는 천황제 국가가 무너지고 있었다고 할 수 있다.

II. '불경'한 자:
새로운 주체, 원인과 비속어

조선총독부 고등법원 검사국은 불경 사건이 증가하자 간헐적으로 조사 자료를 남겼다. 그중 불경 행위자(기소 및 기소유예자)의 직업 집계를 보면 1930~36년은 22종, 1937~39년 9월은 24종, 1942년 12월~1943년 4월은 16종, 1944년은 11종으로 분류했다. 11종 중 '관공서 직원'과 '공공 단체' 직원을 하나로 합친 10종 분류에 맞춰 앞 시기 자료를 다시 정리한 뒤 비중이 높은 순으로 제시한 것이 [그림 3]이다.

우선 다양한 직업군이 눈에 띈다. '불경' 사건 범행자 직업의 다양성에 관해 검사국 수뇌부는 '불령不逞 사상'이 각 계층에 뿌리 깊게 스며들었다고 평가했다.[15] 1930~44년간 불경 행위자의 직업별 분포를 보면 농업의 비중이 32퍼센트로 가장 높았으며, 다음으로 무직 16퍼센트, 학생 10퍼센트 순이었다. 다만 당시 각 인구 대비 발생빈도는 거꾸로다. 자료에 따르면 1944년 직업별 인구 대비 발생빈도는 농업을 1로 할 때 무직 14, 학생 73이었다.[16] 인구 대비 학생층의 '불경' 행위가 가장 많이 적발되었다.

[그림 3] '불경'행위자의 직업별 인원(1930~44)

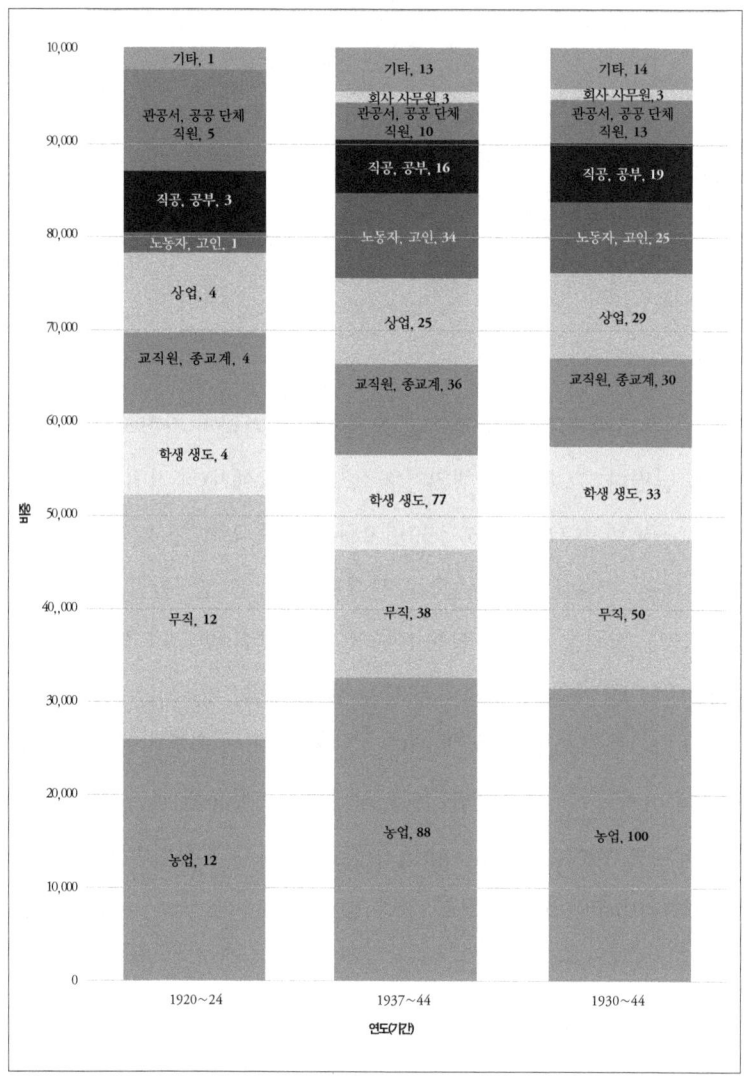

* 출처 : [부표 3] 참조

전체 추이를 보면 1930~36년에 비해 1937~44년에는 5.9배 증가했는데, 이보다 많이 증가한 직업군은 노동자/고인顧人 24배, 농업 7.3배, 학생 6.8배 순이었다. 다만 상업에 포함된 점원의 경우 1944년에 별도로 집계되지 않았지만, 이를 제외하더라도 같은 기간에 9배 증가하였다. 전쟁 이후 생산과 유통의 노동자층 불경 행위가 자주 적발되었다. 1944년 집계에는 생활 정도가 분류되었는데 상류 2인, 중류 42인, 하류 47인, 무자산無資産 2인이었다. 중·하층이 많았다.

불경 행위의 수단을 말, 문자(문서, 그림, 낙서 등), 행동(훼손, 결례 등)으로 나누어 보면, 전시기로 갈수록 문자보다는 말의 비중이 높아졌다. 1930~36년 문자가 40퍼센트였으나 1937~44년 14퍼센트로 비중이 줄었으며, 말은 같은 기간 29퍼센트에서 72퍼센트로 증가했다. 이와 연관된 것으로 보이는데, 교육 정도도 그 중심은 1930~36년 중등교육(35퍼센트), 초등교육(26퍼센트)에서 1944년 초등교육(43퍼센트), 무교육(30퍼센트)으로 이동했다(이상 [부표 4] 상단 참조). 1936년까지 집계에서 '불경'의 수단으로 문자 비중이 높은 것에 관해 검사국은 "구어[말]에 의한 것이 많겠지만 발각률과 증명률이 문서보다 적어서" 그런 것으로 추정했다. 1937~39년 9월 사이에 말의 비중이 증가한 것에 대해서는 "시국 관계상" 검거 단속에 힘쓴 결과라 했다. 시국 관계로 권력의 대민對民 접촉이 많아졌다.

왜 불경한 행위를 했던 것일까? 1941년 구마모토熊本 지방재판소 판사 하야시 겐스케林善助는 중일전쟁 이후 불온 언동 대책에 관한 보고서에서 재일조선인의 불경 언동에 관해 다음과 같이 썼다. "조선 민족이 독자의 문화, 언어, 관습을 가진 이민족인 관계상, 존황尊皇의 정신이 일본인에 비해 충분하지 않은 것은 물론인데, 게다가 저들 중에는 민족적 편견에 사로잡혀 불경의 언동을 하는 경우가 적지 않다. 저들 중 공산주의 분자가 사상상思想上 반국체적反國體的 의식을 지닌 것은 말할 필요도 없다."[17] 재일조선인에 관한 설명이지만 조선인 일반도 유사했을 것이다. 일본인과 달리 조선인에게는 천황제를 수용할 문화적·역사적 기반이 없었다. 달리 말하면 반反천황제의 소지가 다분했다. 이런 토양 위에 식민지배와 민족차별을 자양분으로 민족주의, 사회주의가 자라난 것이다. 식민지 조선에서 조사된 불경 사건의 동기를 보면 1930~36년간은 사회주의와 민족주의(민족적 편견)가 각각 24퍼센트, 17퍼센트로 1, 2위를 차지했다. 그런데 1937~39년 9월간은 종교(사교邪敎와 기독교)가 58퍼센트, 민족주의가 10퍼센트를 차지했다. 이 시기는 일제가 이재유 등을 체포한 뒤 마침내 조선에서 공산당을 궤멸시켰다고 자만하던 때였다. 이후 보안법과 개정 치안유지법(1941)으로 유사종교 탄압이 이뤄졌다.[18] 그 결과는 1944년 불경 사건의 동기에 나타난다. 조사된 항목에 사회주의는 물론이고 종교가 사라졌다. 대신 '박식자만博識自慢'이 23퍼센트로 1위, '조선 독립 희구'가 22퍼센트로 2위를 차지했다. 1944년 주요 동기 항목을 보면 이전과 달리 사상적·조직적 배경이 보이지 않는 개인의 불경 사건이 많아졌다고 할 수 있다. 달리 말하면 전쟁이 길어지자 어떤 사상적·조직적 배경 없이도 일본의 패전과 조선의 독립을 바라는 마음을 드러내는 사람들이 많아졌다(이상 [부표 4] 하단 참조).

불경의 동기를 조사한 일본 판검사 측의 시각에 갇힌다면 놓치는 것이 많다. 그들은 '범죄'자에게 원인이 있다고 전제하고 동기를 찾는다.

그러나 지배자 측에서 제공한 원인도 많다. 첫째, 천황제 국가 일본이 '천황'을 적극 선전했던 것이 계기가 된 불경 사건이 적지 않다. 와타나베의 표현을 빌리자면 대략 1910년대부터 '군주의 판로販路 확장'에 따라 천황의 노출이 많아지자 불경의 기회도 많이 생긴 것이다. 잦은 행차, 초상화·사진류의 게재나 판매, 천황을 상징하는 물체나 시설의 증가가 그것이다.[19] [그림 1]과 [부표 1]을 보면 1927~30년 경찰이 불경 사건으로 검거하여 검사국에 송치한 인원이 두 자릿수로 늘었다. 1926년 말 새로운 천황을 일본인과 식민지민에게 각인시키기 위해 선전이 강화되던 때다. 1927~30년 불경 사건 판결 사례를 보면 6인 중 3인(이 중 일본인 2인)이 잡지와 책에 실린 천황의 초상과 관련된 불경 행위로 기소되었다. 함경북도 명천의 양송암楊松岩은 음식점에 걸린 천황 사진

1931년 서대문형무소에 수감된 양송암.
양송암은 1928년 불경죄 외에도 1931년 보안법 위반,
1936년 치안유지법 위반으로 처벌받았으며, 사진은 1931년 수감 시 사진이다.

을 보고 비아냥대다가, 경상북도 안동의 유시걸柳時杰은 "천황 즉위식에 왜 기부금을 내냐"고 했다가 처벌받았다.[20] 1937년 중일전쟁 이후 늘어난 불경 사건의 다수는 궁성요배, 신사참배, 천황 초상이나 신궁대마[21] 배부 등 천황과 황실 관련 의례와 시설이 늘어남에 따라 발생한 것이다. 그리고 이런 의례와 시설이 학교에 집중되었기 때문에 학생층의 불경 사건이 많았다고 할 수 있다.

둘째, 일제의 식민지 지배 정책, 그리고 전쟁 수행 자체가 불경죄의 큰 원인이었다. 조선인은 각종 동원과 황민화 정책, 전쟁으로 인한 생활 곤란으로 불만이 쌓였으며, 그 원망과 비판은 자주 쉽게 최고책임자인 천황에게로 향했다. 몇 가지 예를 보자. 1938년 경기도 고양군 홍제외리 토막촌에 사는 일용노동자 김충이金忠易(49세)는 중일전쟁 이후 물가는 오르는데 수입이 감소하자 마을 사람들에게 "전쟁 때문에 우리는 모두 죽어버리는 것인가? 천황 폐하가 있어도 어쩔 수 없구나. 사지를 찢어버려라"라고 했다. 1939년 경상북도 고령군의 이지현李址鉉(농업·42세)은 주세酒稅를 납부할 때 "쇼와, 이 빌어먹을 놈이 들어온 후 가뭄이 계속되고 묘목이 한 그루도 자라지 않는다. 매일 전쟁만 하고 있는데도 자신의 군대를 죽이는지 다른 군대를 죽이는지 모른다. 인민은 많은 세금을 징수당하고, 장사를 해도 이익이 없다"고 했다. 같은 마을 이재성李宰城(농업·56세)도 군용 말먹이[馬糧] 공출을 협의하기 위해 모인 조선인들에게 "쇼와 이놈이 들어온 이후로 풍작이 되지 않는다"고 했다.[22] 같은 해 평안남도 중화군의 임희룡林熙龍(농업·30세)은 면화 공동판매 출하를 독려하는 면서기에게 "전쟁 때문에 면화가 필요하다면 전쟁은 중지하는 편이 좋다. 우리는 고생하고 있다. 부모가 나쁘면 자식이 고생하고, 황제가 나쁘면 국민이 고생한다. 우리나라도 현재 전쟁을 하지 않아도 되는데, 황제가 나쁘니까 전쟁하는 것이다"고 했다.[23] 천황은 '국민의 부모'라는 천황제 이데올로기로 천황제를 되받아치고 있다. 1940년 창씨 정책에 대해선 조선총독에게 다음과 같은 투서가 들어갔다. 각 '창씨개명' 옆에 필자가 뜻을 달았다.

> 수신처 및 수신자: 조선총독부 미나미 지로南次郎 총독 각하
> 개요: 평안남도 중화읍中和邑 시장 동東음식점 김명달金明達 명의로 '본인은 국수당國粹黨이 아니지만, 이렇게 창씨創氏하면 허가됩니까, 안 됩니까?'라며 다음과 같은 불경한 자구를 끝에 적어 나열한 것을 투서했다.
> 1. 천황족개살랑天皇族皆殺郞[천황족을 모두 죽일 사내]
> 2. 천황두절랑天皇頭切郞[천황 머리를 자를 사내]
> 3. 소화망태랑昭和亡太郞[쇼와를 죽일 사내]
> 4. 대화족망태랑大和族亡太郞[야마토 민족을 멸망시킬 사내]
> 5. 조선족흥태랑朝鮮族興太郞[조선 민족을 흥하게 할 사내]
> 6. 일본족개멸랑日本族皆滅郞[일본족을 모두 멸망시킬 사내][24]

조선인이 '불경'했던 근원적인 이유는 일본의 식민지배 자체였다. 애초 천황(제)을 수용할 수 있는 토양이 없는 식민지 이민족에게 그 숭배를 강요하니 자연히 반발이 생길 수밖에 없었다. 아래는 중국인의 예이지만 조선인도 다르지 않을 것이다.

청명: 관동지방법원

직업·성명·연령: 취사부炊事夫 오위맹吳緯孟 18세

사실의 개요: 해당자는 만주국 안산鞍山시 초음가初音街 2단段 21호의 소화제동소昭和製銅所 독신기숙사 계풍료啓風寮의 취사부이다. 1943년(쇼와 18) 4월 7일 계풍료의 기숙인 우에다 세이고上田正伍의 방에서 그에게 소지하고 있던 메이지 천황의 사진을 보였는데, 우에다 세이고가 해당 사진을 정중히 다루어야 한다는 뜻의 이야기를 하자, 우에다 세이고 외 2명에게 "이것이 천황인가. 나쁜 녀석이다. 죽이는 게 낫겠다. 이 자는 내 자식이다('자기보다 낮은 녀석이다'라는 의미). 이런 자는 변소에 갖다 버려도 상관없다. 조만간 이 녀석의 자식을 쿨리[苦力]로 만들어버리겠다"라고 함부로 말하였다.

처분 결과: 불경, 1943. 7. 12 징역 1년 6월[25]

조선인의 불경 사건에 자주 등장하는 비속어도 천황(제)에 대한 반감을 잘 나타낸다.

청명: 전주지방법원 검사국

직업·성명·연령: 이발업 종업원 남원일부南原一夫(본명 진기천晋基千) 38세

사실의 개요: 이 사람은 소농 출신으로 본적지(전북 임실任實) 보통학교를 졸업하고, 이후 전북 임실군 임실면 대곡리大谷里 박세린朴世麟의 집에서 고용되어 이발업에 종사하며 1941년(쇼와 16) 5월 이후 거주지 부락연맹이사장에 재직했던 자이다. 같은 해 12월 15일 거주지

임실 신사神祠에서 거행되었던 조서봉독식詔書捧讀式 및 봉고제奉告祭, 국민대회에 그 전날 구장區長이 반원을 인솔해 출석해야 한다고 권했지만 참가하지 않았다. 같은 날 부락을 지나가던 마을 사람 2명이 연맹이사장인데도 불구하고 왜 오늘 행사에 참가하지 않느냐며 힐문하자, 그들에게 앞의 궁성요배 등의 국민의례와 조서봉독식을 지칭하며 "내 일로 바쁜데 개좆을 핥아야 하겠냐"고 함부로 말하였다.
처분 결과: 1942. 2. 27, 징역 6월[26]

직접 "천황 폐하 놈"을 "개의 자지"라고 하는 불경 언사였다.[27] 또 1939년 9월 강원도 강릉군의 이학신(어업·35세)은 "동방요배를 하기보다 내 '고추'에 절하는 편이 낫다"고 했다가 불경죄로 징역 6개월을 처분받았다.[28] 일본인의 불경 사건에도 '천황 바보' 정도는 나오지만 이런 비속어 사용은 아직 보지 못했다. 일본인의 불경 사건에 황후가 '음란'하다는 정도의 언사가 나온다면 조선인은 아예 황후와 ○○를 하고 싶다고 말했다.[29]

이런 비속어, 음담패설은 어떻게 해석해야 할까? 오마타 노리아키는 1910~20년대 재미일본인 사회주의자들이 "황통皇統을 절멸시키겠다", "바보 천황" 등이 담긴 불경 문서를 일본 당국에 우송한 것에 관해, 과격한 욕지거리[雜言]나 협박적 언사로 울분을 풀 수밖에 없는, 사회주의에 대한 철저한 탄압의 당연한 귀결이라 해석했다.[30] 그렇다면 그보다 더 험한 욕설은 조선인의 울분이 더 컸다는 것을 말해준다. 일찍이 손진태는 욕설을 "개인 혹은 사회에 물질적 또는 정신적 해독, 모욕을 가한 자에 향하여 그것을 당한 개인이나 사회가 복수적으로 가하는 바 언어"로 보았다.³¹ 불경한 비속어는 일본이 조선인에 가한 물질적·정신적 해독, 모독에 대한 정신적·언어적 복수라고 할 수 있다. 상소리의 역사를 쓴 멀리사 모어는 "상소리는 사람들이 물리적 폭력을 행사하지 않고도 부정적인 감정을 표현하게 해주는 중요한 안전장치"로 보았다. "비속어는 실질적인 물리적 접촉 없이 폭력에 가까운 효과를 거두기에 가장 적합한 수단"으로 카타르시스를 제공한다고 보았다.³² 조선인은 비속어를 통해 가슴에 맺힌 응어리를 풀었을 거다. 그러나 천황에 대해 욕하는 것은 안전하지 않았다.

조선인이 천황제를 내면화하지 않았다는 증거로 불경 언동의 비속어 사용 외에도 아래에서 위를, 민民이 관官을 고발하는 불경 사건이 발생하지 않았다는 점을 들 수 있다. 오마타 노리아키는 일본에서 윗사람과 관리를 불경하다고 고발하는 '불경 공격'이 가능하고 성공적이었던 이유로 '충군忠君'의 가치가 학교 생도나 국민 일반에 널리 침투하여, 관이나 윗사람은 사회적 영향력이 큰 만큼 그 불경 행위는 더 엄격하게 규탄되어야 한다는 사회의식이 공유되었기 때문으로 보았다.³³ 조선에서도 잡지 《조선사론朝鮮私論》의 발행인 슈토 유헤이首藤雄平가 조선총독과 도서과장을 불경죄로 고소한 적이 있었지만,³⁴ 그것은 일본인끼리의 다툼이었다. 아래 조선인 사이의 사건은 일본의 '아래에서 위' 공격과 유사했지만, 결과는 달랐다.

청명: 광주지방법원 목포지청 검사분국
직업·성명·연령: 잡화상 점원 공전병택共田丙澤(본명 황점택黃點澤) 18세

사실의 개요:……1942년 4월 거주 지역(전남 영암군 영암면)의 청년훈련소 주사主事의 종용에 의해 영암면 용흥리龍興里 부락회관을 회장會場으로 해서 국어강습회를 개최하고 자진해서 강사가 되어 매일 밤 부락민에게 국어를 가르쳐왔는데, 부락 구장 겸 연맹이사장 복곡계래福谷啓來가 이것에 반대할 뿐만 아니라 부락 노인들도 이 사람의 노력을 무시하는 경향을 보이자, 이에 분개해 복곡계래 등에게 책임을 전가해 울분을 해소하고자 도모하였다. 1942년 8월 26일 밤 용흥리 부락회관 온돌방 벽에 걸려있던 천황 폐하, 황후 폐하, 황태자 전하가 같이 찍힌 사진에 갖고 있던 작은 칼로 각자의 존안尊顔에 'ㅗ' 자 모양으로 훼손을 가했다.

처분 결과: 1942. 11. 30. 징역 단기 1년 장기 2년[35]

이 '불경 공격'은 사회적 파장을 불러일으키지 못했던 것 같고, 자작극임이 드러났다. 마을의 조선인 공직자와 노인들은 일본어 보급에 따르지 않는 것으로 볼 때 천황도 순순히 공경하지 않았을 가능성이 크다. 그렇다고 대놓고 불경을 저지르면 어떤 후과가 초래될지도 잘 알았다. 시키는 대로 마을회관에 천황가의 사진을 걸어둘 뿐이었다. 면종복배面從腹背이다.[36]

III. '불경'을 잡는 자:
검사, 경찰, 끄나풀

1937년 이후 조선에서 불경 사건이 증가한 이면에는 검사의 적극적인 수사가 있었다. [부표 1]에서 증가의 정점에 달했던 1942년 수치를 1936년 수치와 비교해보면 경찰의 검거나 송치 인원도 10배 이상 증가했지만, 검사의 접수와 기소 인원도 각각 20배, 32배 증가했다. 이는 검사의 직접 수사 또는 지휘 수사가 늘었기 때문인 듯하다. 1924~36년간 검사 접수 인원/경찰 송치 인원 비율이 144퍼센트인데, 1937~43년간의 그것은 203퍼센트였다. 경찰이 검거하여 송치한 자보다 많은 인원을 검사가 직접 접수했다. 전시기로 들어서면서 사상 사건과 같은 중대 사범에 관해 '검사 중심주의', '검사 중심의 수사 일원화'가 강화되는 상황에서,[37] 경찰이 반국가적 언동을 포착하면 속히 검사에게 연락하여 검사의 지휘로 수사가 이뤄지도록 했다.[38] 애초 불경죄는 중대 사범으로 1929년 말부터 그 기소 여부는 일개 현장 검사가 결정하는 것이 아니라 고등법원 검사국 검사장의 지시를 받아 처리되었다.[39] 1937년 이후 불경죄 기소가 늘어난 것은 조선총독부 검사국 수뇌부의 의중이라 할 수 있다. 전시기 검사국 수뇌부의 보고나 훈시를 읽어보면 자주 황실의 존엄을 모독하고 국민의 국체 관념을 흔드는 불경죄가 늘어나 송구[恐懼]하다며, 엄중히 사찰하여 검거 규탄에 힘써 불경 행위를 근절시키자고 독려하였다.[40] 애쓰면 애쓸수록 불경 죄인이 늘어나고, 불경 죄인이 늘어날수록 더 송구해지는 상황이었다.

앞의 [그림 1]과 [부표 1]은 당시 검경의 수사와 기소가 갖는 문제점도 보여준다. 불경죄 기소자는 증가했으나 그에 비례하여 유죄자가 늘지 않았다. 검사 기소 인원/접수 인원 비율이 1924~36년간 28퍼센트에서 1937~43년간 43퍼센트로 높아졌지만, 제1심 법원의 유죄 인원/기소 인원은 각각 67퍼센트, 76퍼센트로 기소율만큼 늘지 않았다. 특히 아시아태평양전쟁 이후 1942~43년간 기소 인원/접수 인원 비율은 46퍼센트로 더 높아졌지만 제1심 법원의 유죄 인원/기소 인원은 68퍼센트로 1937년 이전 수준으로 낮아졌다. 이는 식민지 조선의 판사가 보기에도 당시 검경의 수사에 무리가 있었음을 말해준다. 그래서인지 검사국 수뇌부의 보고나 훈시에 불경죄 성립 요건에 관한 설명이 자주 나오며, 속이거나 까다롭게 사찰하지 않도록 주의를 주었다.[41]

검사만이 아니다. 사료에는 애쓰는 경찰도 자주 목격된다. 1940년 6월 26일 인천경찰서원이 경성역 발 인천행 17열차 3번째 차량 3등열차 변소에서 "하루빨리 천황을 죽이고 싶다"는 낙서를 발견했다. 이 열차는 대전-토성土城(경기도 개풍군) 간에도 배차되었지만, 경찰은 중학교 1, 2학년생 정도의 필적으로 볼 때 경인京仁 간 통학생의 소행으로 추단하고 인천역과 상인천역의 정기권 판매계를 통해 학생의 주소, 이름을 조사하고 학생 동향을 내사했다. 또 열차에 분승하여 약 60명의 '불량

학생'을 동행 취조한 바 대동상업학교 1년생 이인제(14세)가 소지한 노트의 필적이 이 불경 낙서 필적과 유사했다. 심문한 결과 그의 소행으로 판명되어 6월 28일 검거했다. 경찰은 범죄 사실이 명백하지만 형사 책임을 질 나이가 아니어서 '불기소 의견'으로 7월 5일 사건을 송치했다.[42]

지방에 따라서는 '민정 사찰'을 실시하여 불경, 불온 언동을 잡아내기도 했다. 1942년 2월 17일 강원도 회양군 내금강면 상소곤리上小坤里의 애국반장인 김계봉金啓鳳(농업·36세)은 자기 집에서 "민정 사찰을 위해 사복으로 방문한" 같은 면 말휘리주재소 순사 평산풍영平山豊永에게 "이 마을에서는 궁성요배는 실행하지 않고 있다. 일본인이 전쟁에 이

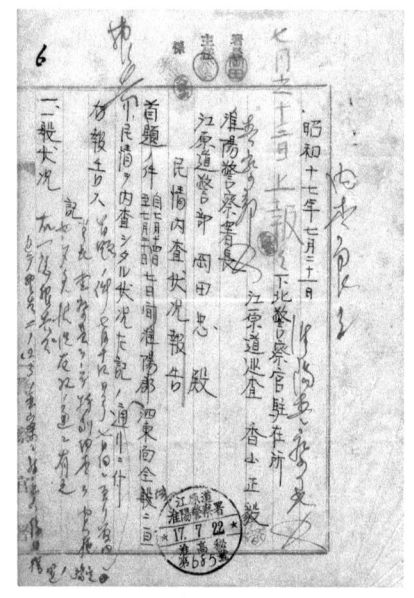

순사 향산정의의 '민정내사상황보고.'
1940년 7월 향산정의는 내사 결과를 바탕으로 '불경죄 사건'을 회양경찰서장에게 보고하고 신기성에 대해 수사했다.
동년 10월 회양경찰서장은 '기소 의견'으로 관할 검사국인 경성지방법원 검사국에 사건을 송치했다.

기기 위해 하라는 것을 누가 하겠는가?" 등을 말했다가 불경죄, 육·해군 형법 위반 등으로 징역 10개월의 처분을 받았다.[43] 이보다 이틀 전인 2월 15일 같은 면 최경삼崔景三(농업·66세)도 두세 사람에게 이웃 인제군에서 보국저금을 장려했으나 주민들이 응하지 않자 가옥을 압류하여 장전長箭 방면으로 이사하는 자가 20호나 있다고 말했다가 '안녕질서에 대한 죄', '조선임시보안령' 위반으로 징역 4개월의 처분을 받았다.[44] 해당 사건 판결문을 보면 이 얘기를 들었던 사람 중에는 '매약賣藥 행상'으로 변장하고 민정 시찰 중이던 앞의 순사 평산풍영이 있었다.[45]

같은 해 7월 15일 같은 군 하북下北주재소 순사 향산정의香山正毅는 민정 사찰 중 같은 군 사동면泗洞面 천주교 회장을 맡고 있는 평산기성

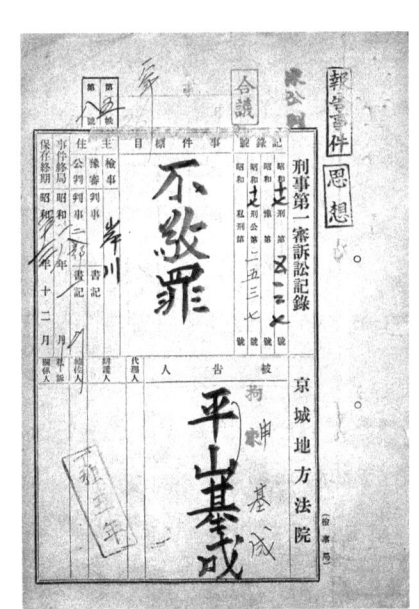

신기성 관련 형사 사건 기록 표지.
지방법원 검사국은 접수한 사건마다 관련 기록을 편철하고 보존했다. 아래 표지 우측 상단의 날인 '보고 사건', '사상'은 당시 '불경죄'가 상부(고등법원 검사국)에 보고해야 할 사안이고 '사상' 사건으로 취급되었음을 말해준다.

平山基成(본명 신기성申基成)이 "경찰이나 천주교 본부의 명에 따라 신사에 참배하고 있지만, 신사는 죽은 사람을 제사 지내는 곳으로 허령虛靈에 불과하다", "자신이 믿는 하느님이 최고이고 천황 폐하는 그다음이다"라 했다고 회양경찰서장에 보고하였다. 결국 신기성은 불경죄로 징역 6개월 처분을 받았다. 판결문에는 순사가 "사상 조사를 위해 사복으로 방문"했다지만 순사가 직접 작성한 '민정내사상황보고民情內查狀況報告'에는 "천주교도를 가장하고 방문하여 문답을 시도"했다고 밝혔다. 그는 같은 해 7월 14일부터 20일에 걸쳐 사동면 전역을 사찰했다.46 신기성의 불경 사건 같은 경우는 검찰 수뇌부도 민을 속이는 사례[網民]로 주의를 주었다.47

위의 사례들로 볼 때 회양군에서는 순사가 구역을 나눠 민정을 사찰했던 것 같다. 1년에 몇 차례 실시했는지 모르겠지만 1942년은 2월과 7월 두 차례 확인된다. 위의 두 순사는 1943년 경찰직원록에 따르면 본적이 모두 '강원'이다.48 조선인으로 간주해도 될 것이다. 비록 변장했다지만 마을 사람들이 순사인 걸 눈치채지 못했을까? 일반적으로 민정사찰 보고서에는 관헌이 지지받고 있다며 정책에 순응하는 사람들의 모습이 많이 나열되게 마련이다. 향산정의香山正毅의 보고서도 대체로 그러하지만, 매끄럽게 포장된 '평온'을 뚫고 나온 여러 '불온'을 발견할 수 있다. 산골 마을에서는 애국반상회, 궁성요배, 정오 묵념이 잘 실시되지 않았고, 전시 통제 속에 빈민의 고통과 불만이 쌓였다. 옹기 행상 김춘삼金春三(59세)은 향산정의에게 식량 배급에 관한 빈민의 불만을 토로하며 자신은 병합 당시 총을 들고 일본과 싸웠던 적이 있다, 조금도 두렵지 않다, 죽어도 좋다, 자기 같은 사람 100명이 있다면 바로 난을 일으켜 보겠다고 했다. 향산정의가 주의를 주어도 "경찰관도 두렵지 않다고 절규"했다.[49] 주민들은 순사인 걸 알고 자제했던 것 같으나 불만을 주체하기 힘든 사람도 있었다. 김춘삼은 처벌받지 않았고 신기성은 처벌받았다. 그 차이는 무엇일까? 불온이 너무 많아 다 처벌할 수 없는 상황이었던가? '일벌백계'의 '일'만이 아니라 여러 '백'을 포함한 역사상이 필요하다.

경찰이 모든 불경, 불온 언동을 스스로 인지했던 것은 아니다. 경찰이 고용한 사람이나 미지의 누군가가 경찰에게 알려주었다. 전자를 첩자, 밀정 또는 끄나풀이라 한다. 경찰 내부 자료가 없는 한 밀정이나 끄나풀을 특정하기 어렵다. 그러나 자료가 쌓이다 보면 의심이 가는 지점이 있다. 1942년 2월 28일 대천천일大川天一(목수·22세)은 황해도 사리원역 앞 평화여관에서 기차를 기다리던 중 호객 행위를 하던 김촌윤근金村允根 외 3명에게서 천주교에서 말하는 말세 및 천주에 관해 질문받고 그들에게 "말세란 세상이 망하는 것으로……이번은 불[火]의 말세이다. 말세에 이르면 나라와 나라, 인류와 인류가 서로 다투어 끝내 멸망해버리는 것이다", "천주天主는 만물의 창조자로서 인류는 원래부터 모두 그가 창조하셨으므로 세상에서 제일 위대하다, 일본의 천황 폐하보다 위대하다"고 했다가 '안녕질서에 대한 죄'와 불경죄로 징역 8개월을 처분받았다.[50] 의도된 문답에 걸려든 것 같다. 그런데 같은 자료, 즉 1941년 12월 8일 이후 1943년 4월 말까지 검사가 기소유예 이상의 처분을 했던 '불온 언동'을 모아놓은 자료를 보면 사리원역 평화여관이 여러 번 나온다. 1942년 3월 16일 가산호관佳山鎬官(무직·19세)은 이 평화여관 앞에서 호객꾼 2명에게 "이번 조선 청년 체력 검사는……전장으로 보내기 위해 시행한 것이다. 건강한 자는 국어[일본어]를 알든 모르든 상관없이 철포 쏘는 방법만 알고 있다면 채용된다. 즉 일본이 패할 때를 준비하는 것이다. '만주사변' 때는 여자도 출정했다. ……머지 않아 반도의 여성도 군대에 가게 될 것이다. 일본은 지금……이기고 있으나 장래 어떻게 될지 알 수 없다"고 말했다가 육·해군 형법 위반, 조선임시보안령 위반으로 징역 1년, 집행유예 3년 처분을 받았다.[51] 사리원 평화여관 앞 호객꾼들이 수상하지 않은가? 이 호객꾼들은 경찰관파출소에 모이기도 했다. 1941년 12월 21일 사리원역 앞 경찰관파출소 안에서 이봉린(20세)은 동료 호객꾼 4명과 잡담 중에 호객꾼들에게 자기가 "겸이포兼二浦 제일여관의 호객꾼 노릇을 하고 있을 때 병사 한 명이 도망쳐와서 숙박했는데 형사가 와서 체포해갔다, 일본 병사도 적잖이 달아나는 자가 있는 것 같다"고 말했다가 육군 형법 위반(절도와 병합)으로 징역 1년을 처분받았다.[52] 경찰은 호객꾼을 이용해 정보를 수집했던 것 같다. 1943년 1월 13일 사리원역에서 민본종식関本宗植(이발소 종업원·21세, 본명 민종식閔宗植)은 기차가 연착하자 지인 국본창옥國本昌玉에게 중국이나 만주의 부대를 일본이나 조선의 부대와 교대시키기 위해서 기차가 붐벼 늦는 것이라고 말했다가 육군 형법 위반으로 징역형(단기 6개월 장기 2년)에 처해졌다.[53] 지인이 고발한 것이 아니라면 역시 사리원역 앞 호객꾼이 엿듣고 신고했을 가능성이 크다.

 같은 불경 사건이라도 일본인보다 조선인의 처벌이 대체로 엄했다. 1941년 12월 8일 일본의 미국 진주만 공습 이후 1943년 4월 말까지 조선에서 불경죄로 징역형을 처분받은 63인을 징역 기간에 따라 구분하면 1년 이상이 43명 68퍼센트로 가장 많았고, 1년 미만이 20명 32퍼센트, 6개월 미만은 없었다 이 기준에 맞추어 1943년 1월 이후 7월까지 일본과 대만·관동주關東州[54]에서 불경죄로 징역형을 처분받은 26인을 분류해보면 일본에선 1년 미만이 9명 50퍼센트로 가장 많았고, 6개월 미만이 6명 33퍼센트, 1년 이상은 3명 17퍼센트에 불과했다. 반면 대만·관동주에서는 1년 이상이 3명 75퍼센트로 가장 많았다. 조선의 경우 불경 사건에 다른 불온 언동죄가 병합된 경우가 많아서 형량이 무거운 것일 수 있다. 확실히 불경 사건의 병합률은 조선 쪽이 30퍼센트(19/63)로 일본의 17퍼센트(3/18)보다 높았다. 그러나 병합된 경우를 제외하여도 이 추세가 바뀌지는 않는다. 징역 1년 이상의 경우 조선이 64퍼센트(28/44)로 일본의 7퍼센트(1/15)에 비해 높다. 게다가 집행유예율은 일본이 22퍼센트(4/18)로 조선의 8퍼센트(5/63)보다 높아 처분이 비교적 관대했다고 볼 수 있다. 지역만의 특성은 아니었다. 일본에서 불경죄 단독으로 징역 1년 이상의 선고를 받은 자는 조선인이었고, 대만·관동주에서 유일하게 6개월 미만의 징역형을 선고받은 자는 일본인이었다(이상 [부표 5] 참조). 많은 수의 통계가 아니고 또 사건의 개요만으로는 속단할 수 없지만 일본과 일본인에 비해 조선과 조선인, 식민지와 식민지민에 대해 '일벌백계'의 강도가 셌다고 할 수 있다. 일본인에 비해 천황제를 수용할 수 있는 역사적·문화적 토양이 없었던 식민지민의 처지에선 그야말로 '날벼락'이었다.

IV. '불경'을 활용하는 자: 허세, 민속, 투서

조선인이 내면으로 천황을 받아들이지 않았다고 해도, 천황은 현실의 최고권력자로 쓸모가 있었다. 소박하게 천황과 사적 관계를 자랑하며 자신을 과시했고, 때론 자신의 사업은 천황가도 참여하니 믿을 만하다고 했다.[55] 조선 민중은 천황을 민속적으로 전유하기도 했다. 다음의 예를 보자.

청명: 부산지방법원 검사국
직업·성명·연령: 미싱공 서원상도西原相道 41세
사실의 개요: 이 사람은 사립학교 졸업 후 농업에 종사해왔는데, 1935년 겨울 무렵 노동을 목적으로 부산으로 가서 당시 부산부 내 학림鶴林피복공장에서 미싱공으로 일했다. 그러던 중 1942년 10월 중순쯤 장남이 때마침 병명을 알 수 없는 열병에 걸려 노심초사하고 있었는데, 치유되기를 열망한 나머지 장남의 병은 집 변소의 방향이 나쁜 결과라 망령되이 판단했다. 예전에 이런 경우 '하늘의 명령'이라고 기

재된 종잇조각을 변소에 붙이면 병마가 퇴치된다는 고로古老의 얘기가 떠올라, 우리나라에서는 천황폐하가 절대 불가침의 지상지고至上至高하신 대군大君이시므로 '천황 명령'이라 기재하고 붙이면 된다고 생각해서, 같은 달 24, 25일경 한지[朝鮮紙]에 "천황 명령"이라 기재하고 집 변소의 정면과 바깥쪽 상부 벽에 붙였다.
처분 결과: 1943. 3. 15. 기소유예[56]

당시 조선의 민간신앙에 의하면 질병은 귀신의 소행이었다. 따라서 질병을 피하기 위해서는 귀신을 막아야 했고 이미 질병에 걸린 경우는 귀신을 몰아내야 했다. 여러 가지 방법이 있는데, 그중 경압법驚壓法은 귀신을 놀라게 하고 위압하여 물리치는 것이다. 사람들은 자신이 겁먹는 대상에 귀신도 겁먹는다고 생각했던 것 같다. 뱀이나 도끼 같은 것이 쓰였지만, 권력기관이나 권력자가 쓰이기도 했다. 예를 들면 말라리아에 걸렸을 때 환자의 윗옷 뒤에 관공서 기관장의 도장이 찍힌 종잇조각을 붙이거나 환자에게 경찰서의 호출장을 내민다든지, 임신부가 난산할 때 종이에 그곳 군수의 이름을 써서 물에 타서 먹게 하였다. 1924년 강원도 정선군에서는 유행성 감기가 유행하자, 주재소 순사나 보통학교 교장, 조선총독의 이름을 쓴 부적을 문에 붙여두는 집이 적지 않게 발견되었다.[57] 이런 믿음의 연장선에서 앞의 미싱공은 총독보다 높은 천황이 귀신을 물리치는 데 더 효험이 있다고 생각했을 것이다.

《조선의 귀신》의 저자 무라야마 지준村山智順은 앞의 사례에 관해 "옛날 관공서의 권력이 얼마나 절대적이었고 민심에 얼마나 공포의 대상이 되었는지, 그리고 그 기억이 지금까지도 민간의식에 잠재해 있는지 살펴볼 수 있다"고 했다.[58] 옛날 일인 듯 평하고 있으나 사례들에서 보듯이 당시 조선 민중에게 순사, 총독, 그리고 그 정점의 천황은 절대권력자이자 공포의 대상이었다.

비슷하면서 다른 사례가 있다. 1938년 1월 오사카의 기독교인 나이순羅伊順(49세)은 며느리가 출산 후 아프고 본인도 아프자, 지난해 말 자신의 반대에도 불구하고 며느리가 집에 들여온 황대신궁대마皇大神宮大麻[59] 때문이라 여겼다. 그는 조선의 가정에서 이물異物을 들이고 재앙이 있을 때, 자택 변소에 그 이물을 옮겨놓으면 재앙이 떠나간다는 미신에 따라, 신궁대마를 이물 마귀로 보고 자택 변소에 방치해두었다.[60] 당시 '신궁대마'는 천황가 시조신의 상징물로 일본 정부가 천황을 숭경하는 마음을 고취하기 위해 집 안에 모시도록 했다. 당국은 나이순의 행위를 불경으로 간주했다. 아마 나이순이 평소 기독교인으로서 신궁대마를 마귀로 간주해서 집에 들이지 않으려 했던 점, 신성한 것을 변소와 같은 곳에 방치한 점을 문제삼은 것 같다.

나이순은 당시 조선의 민간신앙의 귀신 퇴치법 중 오감법五感法, 특히 냄새에 의한 퇴치법을 쓴 것이다. 즉 귀신이 싫어하는 냄새를 피우면 귀신을 물리칠 수 있다는 믿음이다. 예를 들면 말라리아 환자를 변소에 데리고 가서 똥통에 담근다든지, 환자에게 변소에 고인 물 등 악취가 나는 것을 바르거나 마시게 하여 병마를 퇴치하려는 것이다.[61] 나이순은 신궁대마를 병에 걸리게 한 귀신으로 보고 변소의 악취를 이용하여 물리치려고 했다. 앞의 미싱공 서원상도가 귀신을 물리치려고 '천황'의 힘을 빌렸다면, 나이순은 천황의 시조신을 병을 불러오는 귀신으로 본 것이다.

일본에서 근대 천황제가 형성되는 과정을 보면 민간의 천황제 수용에는 민속적·민간신앙적 기반이 있었다. 1872년에서 1881년 사이 천황의 지방 순행 때 천황이 밟고 지나간 자갈을 가지면 집안이 안전하고 오곡이 풍요롭다는 믿음에 서로 가지려고 다투었다든지, 천황이 앉은 방석이나 기댄 기둥을 손으로 비비면 무병장수하거나 아이를 쉽게 낳는다는 믿음에 천황이 머물렀던 곳에 많은 사람이 들이닥쳤다.[62] 이것도 민중의 전유라 할 수 있다. 물론 일본과 식민지 조선의 민간신앙에서 천황의 위상은 다르다. 일본 민중에게 '천황'은 액막이[除厄] 역할도 있지만 주로 자신의 욕구와 소원을 들어주는 긍정적 존재였다. 반면에 많은 예는 아니지만—그만큼 대중적으로 수용되지 않았다는 증거이다—조선 민중에게 천황은 귀신을 물리치는 공포의 대상이고 그 시조신은 병을 불러오는 귀신으로 부정적 측면이 강했다.

1938년 김영배가 마을 청년들에게 불온한 말을 했던 집 앞뜰. 왼쪽 첫 번째가 김영배다(1939년 검사 현장 검증 사진).

검경이 불경 행위를 예의주시하자 이를 이용하여 개인적 원한을 해결하려는 시도도 심심치 않게 일어났다. 아래와 같은 불경 투서가 그런 예이다.

청명: 광주지방법원 검사국

직업·성명·연령: 전남 산업부 농무과 고원 옥강황玉岡晃 26세

사실의 개요: 매제인 최수열崔壽悦이 형사처분을 받게 할 목적으로 1942년(쇼와 17) 8월 12일 자택에서 최수열이

 1. 황후 폐하의 음부도 [내가] 돈이 있으므로 취할 수 있다,
 2. 천황 폐하도 내 돈으로 살아가고 있다,
 3. 나는 천황 폐하의 아이가 아니라 최선진崔善鎭의 자녀이다,
 4. 천황 폐하는 나의 소사小使(심부름꾼)라고 함부로 말하였고, 또
 5. 폐하의 사진을 찢어 코를 풀었다.

이러한 사실이 있다는 취지의 허위 사실을 날조하여 기재한 투서를 광주헌병분대장에게 발송하였다.

처분 결과: 공판 중

비고: 무고와 병합[63]

사료에 나오는 불경 투서 사건은 대부분 실패한 것으로 그 내용은 근거가 없는 경우가 많았다. 또 이와 같은 사건 요약만으로는 옥강황이 매제와 어떤 사이인지, 왜 투서했는지 알 수 없다. 그런데 이런 투서가 성공한 예도 있다. 경기도 안성군의 김영배는 사랑방과 집 앞뜰에서 했던 '불온 언동'으로 육·해군 형법과 보안법 위반, 징역 10개월의 처분

을 받았다. 그에 대한 수사는 '투서'로 시작되었다. 경성지방법원 검사국 앞으로 배달된 투서에는 그가 "천황과 조선총독부의 고위관료를 죽이고 권세를 획득했으면 좋겠다"고 말했다며 검사의 수사를 촉구했다. '불경' 언동이면 확실히 검사가 수사에 착수한다는 계산을 했던 것 같다.[64] 수사 결과 '불경' 혐의는 사라지고 육·해군 형법과 보안법 위반으로 처벌되었다. '불경'은 단지 불쏘시개로 이용된 것이다. 경찰은 투서자를 같은 마을 거주자로 추정했지만 수사하지 않았다. 검사국의 사건 기록과 서무 기록, 법원의 판결문 등을 통해 사건을 재구성해보면 김영배의 불경이 포함된 불온 언동을 처벌해달라고 투서한 자는 마을의 권력자로 추정되며 그 집안은 마을에서 식민지 권력에 협조하며 권력을 유지했다. 그런데 이 정도의 권력이라면 바로 고발해도 될 수 있을 것 같지만, 자신이 투서자임을 꼭꼭 숨기고 우회하여 투서했다. 드러나면 아무리 마을 권력자라도 지탄받을 수 있는 동족同族 마을이었다. 이렇게 해서라도 김영배를 벌주려는 동기는 뚜렷하진 않지만, 김영배의 경쟁, 공격으로부터 마을권력을 지켜내려 했던 것 같다. 밀고자는 식민지 지배관계를 전유하여 자신의 마을권력을 유지했다.[65]

이상과 같은 식민지배하의 투서에서는 독일 나치시대의 밀고에서 보이는 지배에 동참이나 '협력'이라는 감정적 동조[66]가 잘 포착되지는 않는다. 이는 주된 자료가 불경, 불온 언동을 부각하기 위한 목적으로 작성되었으며, 관련 행위자의 상세한 정황을 알 수 없는 개요에 불과하다는 점을 고려하면 당연하다고 할 수 있다. 그럼에도 '내면화'나 '동일시'까지는 몰라도 지배에 대한 '동조'의 흔적이 보인다.[67] 앞의 임실 신사에서 거행된 조서봉독식에 참여하지 않은 남원일부를 힐난하는 마을 사람, 일본어를 가르치면서 인정받고 싶었던 공전병택, 사리원 평화여관 앞 호객꾼, 김영배를 밀고한 마을 유지 등이 그런 예다. 가치 판단을 떠나 식민지 피지배자인 조선인에게 '동조'는 삶의 한 방편이었다. 다만 고발한 언동에 불경이나 반일의 내용을 집어넣어 신뢰성을 높이고 주의를 끄는 전술로 볼 때, 일제강점기는 피지배자의 불만이나 저항을 상수常數로 상정하는 식민지 사회였다고 할 수 있다.

이기심과 저항

역사학자 미야타 세츠코는 중일전쟁 시기 조선 민중의 '유언비어'를 분석하면서 "민중은 전쟁이 직접 자신의 생활에 관련되는 부분에서는 놀랄 정도로 예민하고 적극적인 반응을 나타내고 있"으며 이는 "총독부의 전쟁 동원 정책에 대한 비협력으로 나타나고, 결과적으로는 정책 수행에 큰 타격을 주었다. 그러나 동시에 그러한 자세는 민중이 갖고 있는 이기적 측면을 한층 강화시켜 이해를 같이하는 민중이 개인의 틀을 벗어나 횡적인 연대를 맺고 권력에 맞서는 반전운동으로까지 승화될 수 없는 저지 요인이 되기도 하였다"고 평가했다.[68] 독일 나치시대의 일상사를 연구한 데틀레프 포이케르트Detlev Peukert도 '작은 사람들'의 "소문과 '불평불만'은 포괄적인 '인민 저항'의 증표가 아니다. 그것은 오히려 여론이 여러 영역으로 파편화되었다는 증표로 읽어야 할 것이다"라고 평가했다.[69] 두 학자 모두 반전운동이나 민족해방운동, 반나치 저항운동을 염두에 두고 그에 미치지 못하는 민중의 유언비어, 불평불만에서 이기적 태도, 개인화, 파편화를 읽어냈다.

불경을 포함한 불온 언동이 곧바로 저항은 아니었다. 실제 전시기에 식민지 조선에서 민중의 큰 저항운동은 일어나지 않았다. 그러나 저항이 없었던 것은 아니다. 이기심에 기반한 소망에서도 저항의 조짐이 읽힌다. 불경 언동을 통해 알 수 있는 민중의 소박한 바람은 이랬다. 천황도 나도 인간이다. 천황이 먹으면 우리도 먹고 천황이 입으면 우리도 입으면 된다. 조선인을 차별하지 말라. 천황이 머리를 자르지 않는데 왜 우리만 머리를 잘라야 하나.[70] 의병이나 삼일운동과 같은 집단 저항의 경험도 상기되었다.[71] 노무 동원이나 식량 공출에 불만을 품은 집단 폭력이나 소요가 일어나거나 그 징후가 나타났다.[72]

근본적으로 민중의 불온 언동이나 불평불만을 '이기적'이라고 해석하기 전에 이런 질문을 던져봐야 한다. 민중의 이기심과 저항의 관계가 대립적이기만 할까? 민중의 '이기심'에 뿌리내리지 않은 저항은 누구를 위한 저항인가? 저항과 이기심을 지나치게 이분법적으로 파악하지 말고 그 상호관계에 주목해야 한다. 우선 민중의 '이기심의 세계'로 들어가 그들을 내재적으로 이해할 필요가 있다.[73] 이런 차원에서 알프 뤼트케의 '아집' 개념은 '이기의 세계'를 폭넓게 이해하는 데 도움이 될 것이다. '아집'은 무엇보다 '자기 자신을 위해' 존재하려는 행위자의 실천이다.[74] 불경을 포함한 불온 언동은 민중의 삶과 분투의 세계로 들어가기 위한 좋은 문이다.

[부표 1] 1924~43년 '불경' 사건의 검거, 기소, 재판 인원 추이 (단위 : 명, 퍼센트, 배)

연도말	경찰			검사				법원	
	검거 a	송치 b	b/a	접수 c	c/b	기소 d	d/c	1심 유죄 e	e/d
1924	7	7	100%	8	114%	0	0%	0	-
1925	2	2	100%	2	100%	0	0%	0	-
1926	4	4	100%	9	225%	0	0%	0	-
1927	18	18	100%	22	122%	3	14%	1	33%
1928	21	21	100%	26	124%	10	38%	5	50%
1929	27	27	100%	38	141%	10	26%	6	60%
1930	11	11	100%	24	218%	5	21%	2	40%
1931	6	6	100%	10	167%	5	50%	4	80%
1932	3	3	100%	6	200%	5	83%	1	20%
1933	10	10	100%	10	100%	3	30%	3	100%
1934	9	9	100%	10	111%	4	40%	4	100%
1935	15	15	100%	25	167%	8	32%	6	75%
1936	9	9	100%	14	156%	4	29%	6	150%
소계 A	142	142	100%	204	144%	57	28%	38	67%
1937	8	8	100%	13	163%	6	46%	5	83%
1938	69	67	97%	84	125%	32	38%	10	31%
1939	19	16	84%	19	119%	10	53%	13	130%
1940	25	15	60%	57	380%	18	32%	29	161%
1941	105	95	90%	147	155%	59	40%	53	90%
1942	113	104	92%	275	264%	128	47%	78	61%
1943	76	76	100%	179	236%	81	45%	65	80%
소계 B	415	381	92%	774	203%	334	43%	253	76%
합계 C	557	523	94%	978	187%	391	40%	291	74%
B/C	75%	73%		79%		85%		87%	
1942/1936	13배	12배		20배		32배		13배	
1942~43	189	180	95%	454	252%	209	46%	143	68%

* 출처: 조선총독부 편, 《조선총독부통계연보》, 해당연도판.
* 비고: 경찰_범죄건수급검거인원죄명별(검거), 범죄검거사건처분(송치), 검사수사사건인원(수리, 기소), 제1심형사죄명별재판인원(유죄: '사형'부터 '과료'까지 합계)으로 구성. 민족별 인원을 제시하지 않았지만 대부분 조선인이다. 예로 검사 기소 인원 총 391명의 민족별 구성은 조선인 376명(96퍼센트), 일본인 13명(3퍼센트), 외국인 2명(1퍼센트)이었다.

[부표 2] 1914~43년 조선과 일본의 불경 사건 제1심 피고인 수(단위 : 명)

연도	조선	일본	연도	조선	일본	연도	조선	일본
1914	1	1	1924	0	16	1934	4	8
1915	0	0	1925	0	5	1935	6	4
1916	3	0	1926	0	9	1936	6	4
1917	5	6	1927	2	6	1937	5	5
1918	0	2	1928	5	177	1938	10	9
1919	4	8	1929	7	18	1939	13	8
1920	0	3	1930	2	8	1940	30	31
1921	1	5	1931	5	3	1941	55	32
1922	0	5	1932	1	7	1942	78	41
1923	1	4	1933	3	4	1943	70	52

* 출처: 朝鮮總督府 編, 《朝鮮總督府統計年報》, 해당연도판; 渡辺治, 《(渡辺治著作集 第1卷) 天皇制国家の専制的構》, 旬報社, 2021, 125쪽(원자료는 司法省, 《刑事統計年報》 각년판).

[부표 3] 1930~44년 '불경' 행위자의 직업별 인원 추이(단위 : 명, 퍼센트, 배)

연도	농업	무직	학생, 생도	교직원, 종교인	상업	(점원)	노동자, 고인	직공, 광부	관공서, 공공단체 직원	회사 사무원	기타	합계
1930	3	2		1			1					7
1931		1			1							2
1932		1	1		1	(1)	1					4
1933	2	2	2	1	1							8
1934	1	2	1	2							1	7
1935	4	2						1	4			11
1936	2	2			1			1	1			7
소계 A	12	12	4	4	4	(1)	1	3	5	0	1	46
	26%	26%	9%	9%	9%	(2%)	2%	7%	11%	0%	2%	100%
1937	2	1		2	2	(1)		1			1	9
1938	28	5	2	16	4	(2)	2	2	1		4	64
1939.9	6	4		2	1	(1)	1	1			1	16
1941.12~1943.4	23	13	14	4	13	(5)	6	6	6	1		86
1944	29	15	11	2	5	(?)	14	6	2	2	9	95
소계 B	88	38	27	26	25	(9)	24	16	10	3	13	270
	33%	14%	10%	10%	9%	(3%)	9%	6%	4%	1%	5%	100%
합계	100	50	31	30	29	(10)	25	19	15	3	14	316
	32%	16%	10%	9%	9%	(3%)	8%	6%	5%	1%	4%	100%
B/A	7.3	3.2	6.8	6.5	6.3	9.0	24.0	5.3	2.0	-	13.0	5.9

* 출처: 高等法院檢査局思想部,〈昭和十一年及最近に於ける不敬犯罪の槪觀〉,《思想彙報》11, 1937. 6, 19~20쪽; 高等法院檢査局思想部,〈不敬罪に關する調査〉,《思想彙報》21, 1939. 12, 29~31쪽; 高等法院檢査局思想部,〈大東亞戰爭勃發後二於ケル特殊犯罪調: 造言飛語及不敬事件〉, 1943. 5, 247~248쪽(정병욱·김연옥 편역,《일제침탈사 자료총서 60) 유언비어 (1)—아시아태평양전쟁 발발과 '불온 언동'》, 동북아역사재단, 2021, 350쪽); 高等法院檢事局,〈昭和十九年に於ける半島思想情勢〉,《朝鮮檢察要報》13, 1945. 3, 22쪽.

* 비고: 위 자료의 불경 사건 인원은 기소 및 기소유예 인원이고 그중 직업 정보가 있는 자가 집계되었다.《朝鮮檢察要報》13호의 11종에 앞의 항목을 다음과 같이 포함시켰다. '학생, 생도' ⊃ 早稻田大學전문부 생도, 소학교 생도. '교직원, 종교인' ⊃ 기독교 전도사, 목사, 집사, 회장, 영수, 승려, 보통학교 훈도, 사립학교 교원, 사립고보 교사. '상업' ⊃ 잡화상, 해산물及*행상, 약종상, 금융업, 잡지판매업. '노동자,고인雇人' ⊃ 日稼노동, 도로工夫, (사설)철도 차장. '직공,광부' ⊃ 대공大工, 직인職人, 금광업, 직물업. '관공서, 공공단체 직원' ⊃ 면 기수, 농회 기수, 철도국 서기, 군 고원, 금융조합 이사, 부협의원, 읍회의원, 사방감수砂防監守. '기타' ⊃ 불상, 어업, 의사.《思想彙報》11호에서 1930~1936년간 조사 인원은 총 46명이나 1인의 직업을 2개 기입하여 직업별 인원이 47명이다. 1935년 운수 및 사리砂利 채취 판매업자이자 평양부협의원인 후지이 간조藤井干城로 판단된다. 이 표에서는 후자만 취했다.

3. 일제강점기 불경 사건과 행위자들

[부표 4] 1930~44년 '불경' 행위자의 수단, 교육 정도, 동기(단위 : 명, 퍼센트)

기간	수단				교육					
	문자	말	행동	합계	무교육	초등교육	중등교육	고등교육	불상	합
1930~36	21 40%	15 29%	16 31%	52	1 2%	12 28%	16 35%	7 15%	10 22%	46
1937~39.9	13 15%	59 66%	17 19%	89	16 18%	55 62%	8 9%	2 2%	8 9%	89
1941.12~43.4	16 16%	64 65%	18 18%	98						
1944	10 11%	79 83%	6 6%	95	28 30%	40 43%	23 25%	2 2%	0 0%	93

기간	동기										
	1위		2위		3위		4위		5위		합계
1930~36	사회주의	11 24%	민족적 편견	8 17%	부주의 우발	8 17%	기타	5 11%	취광	3 7%	46
1937~39.9	사교 신도 획득	32 36%	기독교 광신	20 22%	민족적 편견	9 10%	불상	9 10%	취광	3 3%	89
1944	박식 자만	22 23%	조선 독립 희구	21 22%	부주의 실언	9 9%	괘전 망단	9 9%	일본인 반감/근로 혐오	7 7%	95

* 출처 : [부표 3]과 동일
*비고 : '수단'의 '1941.12~43.4' 수치는 해당 시기 88건의 사건을 필자가 중복 분류하여 산출한 것이다.

[부표 5] 1930~43년 조선, 일본 대만·관동주의 불경죄 징역형 형기 비교(단위 : 명, 퍼센트)

	징역 기간						합계
	6월 미만		1년 미만		1년 이상		
조선	0	(0%)	20	(32%)	43	(68%)	63
(병합)	0		4		15		19
(집행유예)	0		3		2		5
일본	6	(33%)	9	(50%)	3	(17%)	18
(병합)	0		1		2		3
(집행유예)	1		3		0		4
대만, 관동주	1	(25%)	0	(0%)	3	(75%)	4
(병합)	0		0		1		1
(집행유예)	0		0		0		0

* 출처: 高等法院檢査局思想部, 《大東亞戰爭勃發後ニ於ケル特殊犯罪調: 造言飛語及不敬事件》, 1943. 5, 246~247쪽; 高等法院檢査局思想部, 《大東亞戰爭勃發後ニ於ケル特殊犯罪調: 保安法違反事件及內地等ニ於ケル各種言論事犯》, 1943. 8, 51~110쪽(이상 정병욱·김연옥 편역, 《(일제침탈사 자료총서 60) 유언비어 (1)—아시아태평양전쟁 발발과 '불온 언동'》, 동북아역사재단, 2021, 349쪽, 411~468쪽).

여성 선교와 식민지 근대성

1925년 11월 21일, 툿찡 포교 성 베네딕도Missionary Benedictine Sisters of Tutzing 수녀 4인이 원산에 첫발을 내디뎠다. 이듬해 보니파치우스 사우어Bonifatius Sauer 원산교구 주교는 이 수녀회의 역할에 대해 다음과 같이 말했다. "여자야말로 항상 여자의 마음으로 가는 길을 찾는다. 서로의 언어와 풍속이 하늘같이 멀리 떨어져 있어 다를지라도 말이다."[2] 그 마음의 길을 찾은 이후 가톨릭 수녀들은 한국 여성들을 "진정한 여성으로 교육"시킨다고 하였다.[3] 사우어 주교는 다음과 같이 말을 이어갔다. "내가 확신하는 것은, 우리가 한국의 젊은 여성 청년들을 성스러운 믿음으로 이끌 수 있다면 우리는 이 나라 전체를 믿음으로 이끌 수 있을 것이다. 왜냐하면 우리는 젊은 여성 청년들과 함께 그들의 미래 가족도 믿음으로 이끌 수 있기 때문이다."[4] 그리고 선교 활동의 전반적인 진전은 여성에게도 혜택을 줄 것이라고 하였다.[5] 사우어 주교는 여기서 다소 비약적이라고 할 수 있는 가설을 제시하였다. 여성이 가톨릭 신자가 될 수 있다면, 그의 가족이 가톨릭교에 입교할 것이고, 결국 나라 전체가 가톨릭교의 영향 아래 있게 된다는 것이었다. 그리고 그 시작은 바로 여성에 의한 여성을 위한 선교라고 보았다.

여성 선교는 여성에 의해 이루어져야 한다는 견해는 그 시대에 널리 퍼져 있었다. 북미 개신교 선교에서는 이미 1870년에 《여성을 위한 여성사업 Women's Work for Women》이란 잡지가 창간되었다.[6] 19세기에서 20세기로의 전환기에는 여성 선교가 구원사업에만 집중할 뿐만 아니라 문명화 사업에도 점점 더 관심을 갖기 시작했다.[7] 그러한 맥락에서 식민지 시기 한국의 여성 선교에 대한 연구도 선교에서 문명화와 근대성의 관계라는 측면을 비판적으로 부각시켰다. 강선미는 여선교사들이 서구 근대주의와 기독교 내의 가부장적 요소를 재생산했던 면도 있지만 여선교사들의 의도와는 별개로 그들에게 교육받은 조선의 여학생들은 근대적 삶의 양식과 태도를 가진 여성 주체로 서게 되었고 그 결과 한국의 근대 초기 페미니즘을 형성했다고 주장한다.[8] 최해월도 비슷한 시각에서 북미 여선교사들의 가족중심적 교육과 종교적 경건에 대한 강조가 유교의 성별 규범과 부합했다고 본다. 하지만 기독교계 신여성은 여선교사들이 제시한 가족중심적 영성의 범위를 뛰어넘으려고 하였다.[9] 이들은 개인의 자유를 표방하는 자유주의적 신여성과 여성의 해방을 표방하는 사회주의적 신여성과 구별되어 남녀평등을 표방하는 신여성 내 온건파를 형성하였다.[10] 하지만 이 세 계파의 신여성은 전통/근대의 대립 개념에서는 동일한 선상에 있었다고 볼 수 있다.[11] 신문물과 현모양처 문제에 대해서는 이견이 있었지만 어느 한 계파가 신여성운동에서 주도적이었다고 할 수는 없다.[12]

기독교 여성 선교와 신여성 관련 논의에서 지금까지 완전히 간과된 것은 가톨릭 여성 선교이다. 비록 식민지 시기 가톨릭 여성 선교에 대한 연구가 부족한 상황이지만 기존 연구들 다수가 가톨릭 여성 선교와 근대성과의 연관성에 대해서는 매우 부정적인 입장이다.[13] 이는 식민지시대 가톨릭과 근대성에 대한 전반적인 평가와 맥락을 같이한다고 볼 수 있다. 가톨릭에서 여성을 위한 여성 선교가 구체적으로 어떤 형태였는지, 여성 선교와 근대성은 어떤 관계였는지, 한국 여성신자들의 주체성과 능동성이 영성과 더불어 형성되었는지 쇠퇴했는지에 대한 연구는 여전히 미비하다.

이에 이 글에서는 툿찡 포교 성 베네딕도 원산수녀회를 중심으로 식민지 시기 가톨릭 여성 선교의 다음과 같은 세 가지 측면에 초점을 맞춘다. 첫째, 수녀회 내에서 독일 수녀들의 자아상 및 여성을 위한 여성 선교의 젠더 특수성, 둘째, 수녀회에 속한 한국 수녀들의 시각과 그들의 일상에서 나타나는 가톨릭 신앙생활의 전유, 셋째, 한 한국 평신도 여성 교리 지도자를 통해 가톨릭 신학이 어떻게 수용되었고 전파되었는지, 그의 신앙관과 활동 여지를 밝힌다.

I. 여성을 위한 여성:
툿찡 포교 성 베네딕도 원산수녀원

1_ 불안한 수녀회

독일 툿찡 포교 성 베네딕도 수녀회는 1925년에 한국에 진출했다. 1909년부터 서울에서 활동하던 포교 성 베네딕도 수도회가 1920년부터 원산교구를 선교 지역으로 지정받은 이후 사우어 주교의 요청에 응한 것이다. 식민지 시기 한국에서 툿찡 수녀회는 이미 1888년에 진출한 프랑스 샬트르 성 바오로 수녀회Sœurs de Saint-Paul de Chartres, 1926년 평양교구에 진출한 미국 메리놀 수녀회Maryknoll Sisters와 함께 한국 수녀회의 3맥을 이루고 있었다.

서양 수녀들은 위계질서상 일반적으로 신부들 밑에 자리하고 있지만 선교 지역에서는 한국 남성과 여성들보다는 우월하다고 생각했다. 이런 사고의 근거는 그들의 활동공간이 일반적으로 안방이라는 여성에게 한정된 공간을 넘어서 한국 남성들이 여성의 출입을 제약하는 장소에도 드나들 수 있었기 때문이다. 특히 죽음을 앞둔 어린아이들에게 비상세례를 줄 때는 수녀들이 부모들의 반대에도 불구하고 방에 들어가 부모의 허락 없이 몰래 세례를 주는 경우도 많았다. 현지 아이들은 이런 비밀스러운 비상세례를 위협과 위험으로 인지하기도 했다. 비상세례를 앞둔 한 여자아이는 세례를 거부하면서 사람들이 세례를 받으면 죽는다고 하는데, 자기는 살고 싶다고 했다.[14] 비상세례에 대한 이런 인식 때문에 부모들은 수녀들을 완강히 거부했다. 하지만 당시 가톨릭교는 죽을 위험에 처한 아이에게 대세를 베푸는 것은 신자들의 의무라고 교육하였다. 특히 사제와 수녀, 전교회장들에게는 더더욱 그러했다. 그러므로 수녀들은 부모들의 반대에도 불구하고 강한 의무감과 책임감으로 자신의 활동공간을 폭력적으로 확보하고 확장하는 데 주저하지 않았다. 그들의 선교사적 자아의식에서는 그들의 활동공간에 한계가 없는 것 같았다.

선교지를 선전하고 새로운 선교사를 모집하기 위해 툿찡 수녀원을 방문한 사우어 주교는 수녀로서 여선교사들은 언제 어디서 누구에게나 신부로서 남선교사들보다 능동적으로 선교할 수 있는 존재라고 말했다.[15] 그 말대로라면 수녀들은 고향에 있는 툿찡 동료들보다도 훨씬 넓은 활동공간을 가지고 있었고 선교 현장에서 문화적 헤게모니도 추가되었기 때문에 여성으로서 수녀의 사회적 위상이 혁명적으로 변화했다고 볼 수도 있다. 하지만 이들이 진정 혁명적 자아인식을 형성했을까? 선교 현장의 현실은 수녀들의 고향에서 수녀 모집을 위해 주교가 보고한 바와는 거리가 있었다.

1925년에서 1940년 사이 한국에 진출한 독일 수녀들은 총 32명이었다. 그들은 주로 독일 남부 지방의 농민가정 출신이었다. 한국으로 건너

올 때 그들의 평균 나이는 28세였는데, 아마도 대부분 한국 여행이 본인이 살던 지역과 독일을 벗어나는 첫 여행이었을 것이다. 이로 인해 한국에 도착한 후에는 새로운 환경과 문화에 적응하는 것이 매우 힘들었다. 무엇보다 음식이 맞지 않아 어려움을 겪었고 한국어 능력이 부족해 소통은 물론 활동 범위도 매우 제한되었다. 수녀들은 한국 선교를 위해 독일에서 교육받은 게 없었고, 파견 전에 한국어를 배우지도 않았다. 준비가 안 된 상태에서 한국에 왔으니 정서적·육체적 어려움이 클 수밖에 없었다. 더군다나 수녀복은 서양의 근대 의복을 대표하는 이미지가 아니었고, 한국 사람들이 의심쩍은 마음으로 옷을 만져볼 정도로 이미지 싸움에서 가톨릭 수녀들은 화려한 복장의 개신교 여선교사들에게 우위를 점하지 못했다.[16] 결과적으로 선교 초기에는 무력감과 좌절감에 시달리게 되었고 건강 문제 때문에 요양을 해야 하는 수녀들이 많았다. 가끔은 도착한 지 얼마 되지 않아 독일로 바로 돌아가는 일도 있었다.

수녀회 지도부에서는 수녀들의 이런 불안정성을 극복하기 위해 무엇보다 먼저 대외적으로 과시할 만한 수녀원을 짓기 시작했다. 독일식 건축물은 수녀들에게 객지에서 시험대에 오르는 자신감을 지켜주기도 했지만 문화적 피난처이기도 했다. 1927년 완공된 원산수녀원은 30명의 수녀를 수용할 수 있는 반지하 1층, 지상 3층과 다락방을 갖춘 서양식 붉은 벽돌 건물로 언덕 위에 지어졌다. 외형뿐만 아니라 내부구조도 독일에서는 익숙한 방식이었다. 독일식 그리고 한국식으로 나뉜 두 개의 부엌과 땔감 창고, 빨래방이 반지하에 있고 식당, 객실, 수련원 공동방 그리고 유기서원수녀들의 공동방이 1층에 있었다. 2층에는 성당과 양호실, 수녀들의 1인 침실들이 그리고 3층에는 바느질방과 수련수녀들의 침실과 유기서원수녀들의 공동침실이 있었다. 다락방은 창고 겸 장마철이나 겨울에 빨래를 너는 장소로 사용되었다. 독일 수녀들은 익숙한 생활공간을 확보함으로써 정서적 안정을 되찾으려고 했던 것이다.

　더 나아가 수녀들의 자신감을 회복하기 위해서는 수녀회가 재정적으로 안정되고 독립적이어야 했다. 수녀들이 원산 해성학교에서 음악, 바느질/뜨개질 교사로 받는 월급과 본당에서 신부들을 위해 일한 월급으로 일 년 동안의 생활비는 보장받을 수 있었다.[17] 하지만 수녀원장 마틸데 히르쉬Mathilde Hirsch 수녀는 완전한 독립성을 확보하기 위해 후원금을 모아 토지를 소유하고자 했다. 수녀회는 1931년에는 논(21,624평방미터), 밭(4,715평방미터) 그리고 314평방미터 건축 가능한 땅을 소

툿찡 포교 성 베네딕도 원산수녀원.
수녀원 건물은 원산 앞바다를 바라보며 언덕 위에 위치한 서양식 붉은 벽돌 3층 건물이었다.
이 건물에는 독일 수녀들과 한국 수녀들이 같이 살았는데, 서양 건축물은 독일 수녀들에게 근대의 표상이었을지는 몰라도 한국 수녀들에게는 여러모로 살기 불편한 집이었다.

유하게 되면서[18] 짧은 기간에 수녀회는 그 지방에서 대지주가 되었다. 사실 1939년부터 툿찡 모원과 모든 관계가 끊어졌을 때도 자립할 수 있었던 것은 이와 같이 토지를 소유했기 때문이다.[19]

더 나아가 불안정성을 극복할 수 있는 방법은 정기적이고 자립적인 노동과 활동이었다. 이미 계약 단계에서 툿찡 수녀원장인 멜라니아 폴머Melania Vollmer는 남선교사들의 '가사도우미'를 넘어 독립적인 활동 공간을 확보하는 것을 중요시하였다.[20] 그래서 확보해낸 핵심사업이 학교 교육과 소녀 교육이었다. 수녀들이 직접 선교에 나서는 것이나 본당이나 공소 설립에 가담하는 것은 계약상 언급되지 않았다. 또한 새로운 수녀원의 분원 설립 과정을 자세히 살펴보면 수녀회의 독립성도 제한적인 면이 있다. 왜냐하면 남선교사들이 본당을 설립하여 수녀들에게 도움을 요청했을 때 남선교사들의 희망과 요구에 따라 분원이 설립되었기 때문이다. 그래서 수녀들의 직접 선교는 우선순위에서 앞선 시약소, 유치원, 학교 교육을 하고 남는 자투리 시간에 이루어질 수 있었다.[21]

그럼에도 불구하고 공식적으로 간접 선교에 한정된 수녀들의 활동은 수녀들의 불안정한 위치를 극복하는 데 큰 도움을 주었다. 이는 고전적인 문명화 사명의 방법에 따라 신자들의 숫자가 늘었기 때문이라기보다, 이 간접 선교를 위한 교육과 보육 시설들이 한국 사람들에게 수요가 있었고 이로써 그들이 한국에 필요한 존재라는 것을 확인시켜 주었기 때문이다. 수녀들은 앞서 보듯 활동공간을 확장하고 능동적으로 원산 거리를 거닐고 적극적으로 자신감 있게 한국인의 안방을 들락날락한 게 아니었다. 선교 지역에서 처음부터 가지고 있던 불안감과 끊임없이 도전받는 자존감을 제도적으로 차츰 극복하는 과정에 있었다고 보는 것이 옳다. 그러면 이제 여성을 위한 여성 선교가 현실적으로 어떻게 실행되었는지를 살펴보자.

2_"그러니까 여성의 결혼으로 인해 가정이 가톨릭화된다는 보장은 없다"

독일 수녀들의 여성 선교는 사실 자투리 시간에 이루어졌다고 했는데, 이들은 여성 중에서도 어린이와 소녀에 더 집중했다. 가난한 아이들의 돌봄으로 1926년 시작한 호수천신학교에서나 1930년에 파비안 담 Fabian Damm 신부가 발족한 임마꿀라타 소녀회에서는 여성을 미래 가정주부와 어머니로서 잘 준비시키는 것이 핵심이었다. 가톨릭교에서는 현모양처란 개념을 쓰지는 않았지만 가톨릭적 신앙과 유교적 윤리의 조합을 추구하고 있었다.[22] 교육 내용은 사실상 교리수업과 가사노동이 많은 비중을 차지했다.[23] 교리수업이 중요했던 이유는 그것이 세례의 전제가 되기 때문이었다. 나이든 여성들, 특히 노인 대상 교리수업이 매우 힘들기 때문에 어린 나이에 많이 가르치는 것을 목표로 하였다. 또한 세례를 받아야 하는 이유는 세례를 받아야만 구원을 얻고, 교인이 될 수 있기 때문이다. 그래야만 앞에서 본 사우어 주교의 주장처럼 가톨릭 여성이 되어 가톨릭 가정을 만들고, 가톨릭 나라를 만든다고 생각했기 때문이다.

여성 선교의 처음 시작은 순조로워 보였다. 미사 시간에는 여성 방문자가 남성들보다 몇 배 더 많았다.[24] 하지만 이런 초기 기대는 역경에 부딪혔다. 세례를 거부할 여러 가지 이유가 드러났기 때문이다. 여성이 제사를 드릴 경우 세례가 거부되었고,[25] 신자가 아닌 남자와 약혼을 했을 경우,[26] 재혼을 한다든지 첩이 되었을 경우에도 세례가 거부되었다. 또한 남편이 비신자인 경우 남편의 허락 없이는 세례가 거부되었다. 여성이 이런 상황에 처한 것이 여성의 잘못으로 인해서가 아니라 그가 독립적으로 결정할 수 있는 처지가 아니기 때문이라는 점을 수녀들은 잘 알고 있었다.[27] 가톨릭신자의 엄마도, 가톨릭신자의 딸도 결혼과 관련해서는 자기 의지대로 결정할 권한이 상당히 제한적이었다.

하지만 수녀들은 이런 배경을 알면서도 대부분 경우에는 여성차별

시약소.
간접 선교의 일환으로 원산수녀원은 유치원, 보통학교 교육 외에 시약소를 운영했다. 이 시설들에 대한 한국 사람들의 수요는 높았다. 독일 수녀들은 현지인이 필요로 하는 시설을 제공함으로써 말도 통하지 않는 타지에서 땅에 떨어진 본인의 자존감을 회복시키는 데 도움을 받았다.

4. 속 빈 아담, 속 찬 이브

적인 결정을 내렸다. 선교를 시작한 지 일 년이 채 되지 않은 1926년 수녀원 연대기를 보면 가톨릭신자 부모를 두지 않은 여성에게는 원칙적으로 결혼 전에 세례를 주지 말라는 내용이 기록되어 있다.[28] 이유는 간단했다. 부모가 가톨릭신자가 아닐 경우 딸이 가톨릭신자가 아닌 남자에게 시집갈 위험이 크고, 그 남편은 결혼 후 가톨릭 신앙생활을 금할 수 있기 때문이라는 것이다.[29] 가톨릭 신앙생활을 지속적으로 할지 모르는 상황에서 세례를 줄 수는 없다는 논리였다. 여성 신자가 남성 비신자와 결혼해 그를 개종시킬 수 있다는 믿음은 논외로 하더라도 가톨릭 어머니로서 아이들을 양육하는 과정에서 간단한 기도문 암송 등의 종교 교육을 행할 수 있고, 또 가정 분위기를 가톨릭적인 방향으로 이끌 수 있으리라는 기대감은 남성중심적인 성별관계와 가족구조의 현실 앞에 너무나도 쉽게 무너지고 말았다. 일요일 미사에서는 여성이 남성보다 많아도 공식 신자 통계에 이런 현실이 반영되지 않은 것은 여성에게는 세례 조건이 더 까다로웠기 때문이다. 독일 수녀들이 가슴 아프게 새로 배운 것은 "그러니까 여성의 결혼으로 인해 가정이 가톨릭화된다는 보장은 없다"였다.[30]

그래서 "바로 성장하는 남자아이들에게 종교적으로 영향을 끼치는 것이 더욱 더 중요"해졌다.[31] 가톨릭 교육을 받은 여자아이들의 가톨릭식 결혼 가능성을 향상시키기 위해서는 수녀회가 소년들의 교육도 그들의 책임 영역에 포함시켜야 한다는 인식이 빨리 확산되었다. 1939년부터는 여자아이들만 받던 호수천신학교가 남자아이들도 받아들이기 시작했다. 이런 식의 결혼 정책과 결혼 후보군으로서의 청소년 교육은 일방적으로 소녀와 성인 여성을 구조적으로 차별하고 있었다. 왜냐하면 소년과 성인 남성은 조건만 갖추었다면 결혼 전에 세례를 받을 수 있었다. 또한 일반적으로 비신자 여성과의 결혼도 허가를 받았다. 물론 본인의 세례를 위해 부인의 허락을 받아올 필요가 없었다.[32]

　가톨릭 여성의 결혼을 통해 가톨릭 가정을 이룬다는 초기 선교 방법은 하나의 환상에 불과했다. 엄밀히 말하자면 한국에서 가톨릭 가정은 가톨릭 남자에 의해서만 가능했다. 남자는 '미신적 상습'을 가정에서 타파할 권력을 가지고 있었고, 가장으로서 부인과 아이들을 입교시킬 수 있는 권력 또한 가지고 있었다. 이 모든 권력은 여성에게는 주어지지 않았다. 교회가 이런 성별구조를 파악한 다음에는 여성에 대한 세례와 결혼에서 바로 이 차별구조를 그대로 재생산하였고, 기존의 가족구조를 교회 내부까지 들여왔다. 여성을 위한 여성 선교는 여성에게 더 많은 능동성을 부여하지 못했고, 오히려 여성을 차별하고 기존의 불평등한 성별관계를 강화했으며 교회 안에까지 이 구조를 끌어들여 재생산하였다. 결국 소녀 교육은 교우 가정에 시집 보낼 수 있는 인적 자원을 배출한다는 데 의의를 둘 수밖에 없었다.

II. 불편한 문명: 한국 수녀들

1_수녀원 생활

원산수녀원의 초대 원장 마틸데 히르쉬는 첫 과제로 현지인 수녀 양성을 꼽았다.[33] 그래서 수녀원을 설립한 1925년에 바로 지원자들을 받아들였다. 그 결과 1927년에는 수녀원에 한국인과 독일인이 각각 14명과 10명으로 한국인이 더 많았다. 1949년 해산 당시에는 한국인 25명, 독일인 19명, 일본인 2명, 프랑스인 1명이 수녀회에 소속되어 있었다.[34] 수녀회 가입 동기는 다양했는데 다수는 가난으로부터 벗어나고자 하는 경제적 이유가 앞섰다. 부모들은 딸을 수녀원에 보냄으로써 경제적 부담을 더는 측면도 있었다. 새로운 신자 한 명은 13세 된 딸을 수녀원에 '선물'하겠다고 할 정도였다.[35] 하지만 강제 결혼을 피하여 수녀원을 찾는 여성들도 있었고,[36] 식민지배가 침투하지 않은 공간을 찾으려는 희망을 갖고 입회하는 사람도 있었다.[37] 지원자들에 대한 정확한 통계는 없지만 그들은 주로 15~18세 사이의 청소년들이었고 지역적으로는 주로 함경도 출신이었던 것으로 파악된다.[38] 가난한 집안 출신이 많기는 했지만 일반적으로 보통학교를 졸업하고 지원했기 때문에 상대적으로 교육열은 높은 상태였다. 초기에는 입회를 위해 소속 본당의 사제가 추천서를 써주면 충분했지만, 1930년대 후반부터는 선발 기준이 더 까다로워졌다. 수련기를 중도하차하는 원인들을 처음부터 차단하기 위해서였는데, 무엇보다 건강 검진과 교육수준 외에도 부모들이 가톨릭신자인지, 사전 혼약이 없는지를 확인하였다. 히르쉬 수녀원장은 지원자들을 착하고 순진하고 신앙심이 깊으면서도 밝은 소녀들로 묘사하였다.[39]

수녀원은 독일 수녀들에게는 문화적 피난처였지만 한국 수녀들의 일상생활을 자세히 보면 놀랍게도 매우 모순적인 공간이었다. 서구 문명과 문화를 누릴 수 있는 공간이라기보다는 가난과 고된 노동, 비합리성과 삶의 질의 상실과도 연결되는 곳이었다. 침대에서 자고, 의자에 앉고, 바닥에는 마루를 깔고, 벽에는 유리창문을 두고 산다는 것 자체가 문명으로의 입주는 아니었다. 1927년에 입회한 임마리아의 회고는 다음과 같다.

임아가다(임마리아의 영세명) 지원자가 수녀원 객실에 들어섰을 때 원장 수녀님께서 반가이 맞아주셨다. 옛날 처녀인, 이 지원자가 넓은 수녀원에 들어갔을 때 어리둥절하여 관청에 잡아다 놓은 촌닭처럼 어찌할 줄을 몰랐다. 정말 딱한 입장이었다. 새로 입회한 지원자에게 수녀원 내부를 소개시켜주는 수녀님이 없었는데 아마 그것은 말이 통하지 않을 뿐 아니라, 구석구석이 모두 깨끗하지 못하여 그러셨으리라 짐작하였다. 여하튼 쓸쓸하고 구석마다 살짝살짝 스치는 찬바람만이 우

리를 맞이했다.[40]

임마리아는 수도원을 권력을 상징하는 관청과 비교하고 자신을 비하하면서 "어리둥절"하고 "어찌할 줄 모르는" 촌닭과 비교했다. "옛날 처녀"가 "정말 딱한 입장"이라는 표현은 신기한 서양 근대 건축물에서 느끼는 위화감이라고 해석하는 것이 적절할 것 같은데, 임마리아는 놀랍게도 수녀원의 첫 인상에서 "쓸쓸함"과 "찬바람"을 느꼈다. 이 첫 인상은 시간이 지나고 건물을 더 잘 알게 되면서 더 강렬해졌다. 임마리아에게는 "불편한 점이 한두 가지가 아니었다."[41] 밝은 방을 보장해주기 위해 창문이 있다는 것은 알았다. 하지만 "살을 에이는 듯한 추위"

원산수녀원 부엌.
시카고산 오븐과 서양식 요리 도구와 함께 한국 항아리/장독이 사용되고 있다. 처음에는 한국 수녀들도 그들의 식성에 맞지 않는 독일 음식을 먹어야 했지만 시간이 지나 독일 부엌과 한국 부엌이 분리되었고, 한국 수녀들은 한국 음식을 해 먹을 수 있었다.

가 있는 원산의 겨울에 "수녀원 방마다 유리문이 촘촘히" 있을 필요는 없다고 보았다. 실내가 추운 원인이 바로 그 창문들이었기 때문이었다. 또한 창문이 많다는 것은 그만큼 창문을 많이 닦아야 하는 것이기도 했다. 유리창을 깨끗이 닦는 것은 새로운 경험이기도 하지만 2층과 3층에서는 위험했다. 주방과 식당은 층이 다르기 때문에 손으로 작동하는 승강기를 사용하여 음식을 하루 서너 번 운반했는데 이는 한국 수녀들에게 "여간 힘든 일이 아니었다."[42] 부엌에 있는 수도는 밖에 있는 우물에서 호스로 물을 당겨 썼는데 그마저도 1933년부터 가능했다. 빨래방에는 수도가 없어서 밖에서 물을 길어 날라야 했다. 또한 빨래방 가마솥은 한국 수녀들에게는 너무 높이 설치되어서 두 명이 나무 발판에 올라가서 물을 부어야 했다. 겨울철과 날씨가 안 좋은 날에는 빨래를 다락방에 널었는데 임마리아는 이걸 등산과 비교할 정도로 힘들어했다. 공동침실은 침대 20대가 들어가는 넓은 공간이었고, 침대 사이 휘장으로 공간을 구분하였다. 새벽에는 세숫대야에 살얼음이 덮여 "주먹으로 헤치고 세수를" 할 정도로 침실은 추웠다. "공동실에 난로는 있었으나 언 몸을 녹일 만한 장소가 없어 수련 자매들의 손발은 동상이 들어 무척 고생을 했고, 특히 취침 시에 언 발이 녹으면 잠을 이룰 수 없어 더욱 괴로웠다. 침방에……철통 같은 난로가 있어 다소 위안은 되었으나, 그것도 취침 시간에나 불을 피웠으니 난로 가까이 있는 침대 외에는 별로 따뜻한 온기를 느낄 수 없었다."[43] 난로용 석탄을 지하에서 3층까지 운반하고 또 동산 언덕바지 낭떠러지까지 가서 재를 버려야 했기 때문에 이 또한 "여간 힘든 일이 아니었다."[44]

이런 서양의 생활양식을 한국 수녀들에게 강요하는 것은 부엌과 식단에서 정점을 찍었다. 수녀들은 아침에 빵을 먹었다. 하지만 빵은 한국인들의 입에 맞지 않았다. "아침식사 때 마시는 커피라 하는 것은 겉보리를 검은 빛이 나도록 볶은 후에 갈아서 끓이면 커피 빛깔이 되었고, 맛은 조선 약처럼" 썼다.[45] 그래서 "어떤 이는 끼니를 때우기 위해 빵 반조각을 먹고 오전 동안 일을 하고 점심식사를 하였다. 이를 1년 이상 하니 어떤 분은 입맛을 잃기도 했다."[46] 임마리아는 한약같이 쓴 가짜 커피를 마시고 결국 건강을 해치는 빵식사를 몸소 체험하면서 서양 문명의 겉치레 뒤에 숨은 모순과 균열 그리고 결점을 통찰하였다.

　독일 수녀들이 자신들을 따라하라는 듯이 강요한 생활양식은 한국 수녀들에게는 옳지 않았고 불공평했다. 하지만 한국 수녀들은 이런 공정하지 않은 점들을 지적하거나 거기에 저항하지 않았다. 그러기에는 "말이 통하지 않고 또 규칙을 모르므로 의견을 발표하지 못했다"고 임마리아는 기억했다.[47] 한국 수녀들이 스스로의 능력과 지식을 폄하하는 경향이 있지만 수도원 내에서의 순종 교육은 비판 가능성을 제거하였다. 그러니 한국 수녀들이 불만이 많더라도 독일 수녀들이 봤을 때 그들은 무엇이든 "기꺼이, 재치있게 그리고 열심히" 하는 것처럼 보였다. 이런 상황에서 비유하자면 하늘이 문제를 해결할 수밖에 없었는데, 하루는 "천주의 섭리"처럼 빵 굽는 굴집이 스스로 허물어졌다. 이를 계기로 원산 본당 김 회장이 수녀원장에게 한식에 대해 가르치고 그때부터 한국 수녀들은 독립적인 한식 부엌을 차릴 수 있었다. 1937년에 한국에 온 베르트비나 체자 수녀는 그 시절을 돌아보며 다음과 같이 비판적으로 회고했다:

그래요, 그건 처음부터 문제였어요. 나중에야 나는 인지하고 느꼈지요. 우리가 많은 것을 너무나도 독일식으로 했다는 것을. 내가 오기 전에는 더 했지요. (수녀원을) 건축할 때 이건 한국 사람들을 위해 만든 게 아니었어요.⋯⋯우리는 지나치게 독일식으로 사고했어요. 내가 지금 돌아보면, 맙소사, 우리가 얼마나 많은 것을 틀리게 했는지. 무엇보다 그 큰 수녀원. 빨래를 4층이나 들고 올라가야 했으니. 수세식 화장실 등 너무나 많아요.⋯⋯이런 고충마저 선교생활에 속한다고 생각하고 받아들였지요.[48]

한국 수녀들은 문화적으로 그리고 수도원 위계질서에 의한 이중적 헤게모니에 시달리고 있었다. 심리적 압박, 열등의식 그리고 의무감은 한국 수녀들에게는 수도원 생활에서 말로 표현하지 못할 억압이었다.[49] 서양의 문명은 생활의 질을 높이는 것이 아니었고, 그저 불편할 따름이었다. 수녀원의 독일 수녀 중심의 위계질서는 1974년 장피아 수녀가 대구 수녀원장이 될 때까지 지속되었다.

2_수녀 교육

수도원 규율과 서양 문명의 이중적 헤게모니에 노출된 수도생활에서 한국 수녀들은 어떤 수녀들로 양성되었을까? 우선 교육 과정을 살펴보자. 일제시대 베네딕도 수녀 교육은 보통 4년제였다. 첫해는 청원자로 보내고 그다음 2년은 수련자로 보내며 마지막 1년은 유기서원자로 보낸 다음 결국 종신 서원을 하게 되었다. 수업은 매일 아침식사 후 1시간 있었는데 내용은 오피치움officium(시간전례), 라틴어, 읽기, 쓰기, 산수, 노래, 풍금, 성경 이야기, 교리문답이었다.[50] 저녁 시간에는 독일어와 일본어를 배웠다.[51] 종교 교육과 언어 교육을 벗어나 바느질과 재봉 교육도 받았다.[52] 하지만 낮 시간 대부분은 청소, 빨래, 살림, 농업, 축산 같은 일상 노동과 생계를 위한 활동으로 채워졌다. 수녀원의 "일은 넘쳤고", 한국 수련자들은 "모든 일을 기꺼이" 했다. 그러다 보니 오전 1시간밖에 없는 수업조차도 여러 일 때문에 취소되는 경우가 많았다.[53] 1940년대 분원 수가 증가하자 부족한 인원을 채우기 위해 수녀원에 온

원산수녀원의 한국 수녀들.
한국 수녀들은 수적으로 우세했지만 그들은 독일 수녀들의 문화와 규율 밑에서 어려운 생활을 했다. 하지만 수녀원을 통해 전문직 교육도 받고, 독일 수녀들을 능가하는 선교 능력을 발휘하였다.

지 몇 달 안 된 청원자들을 분원으로 파견하였다. 분원에는 수녀들이 많아야 겨우 서너 명 있었는데, 거기 본당 신부 일을 도와주느라 체계적인 수녀 교육은 꿈도 꿀 수 없었다.[54] 한국에서 수련기를 보낸 게어트루트 링크Gertrud Link는 "나의 한국에서의 수련 교육은 빈곤했다고 해야 한다"라고 증언하였다.[55] 전반적으로 수녀 교육은 노동에 덮여서 정규적으로 이루어지지 못했음을 알 수 있다. 한국전쟁 후 대구에 다시 자리잡은 수녀원에서는 수련자들을 위해 오전 내내 종교수업을 했는데, 원산에서 교육받은 한국 수녀들은 이를 보고 놀라지 않을 수 없었다.

하지만 수녀원이 신경 써서 투자한 것은 능력 있는 수련자들을 교육사업과 의료/보건사업을 위한 전문가로 양성하는 것이었다. 이미 청원자 신분으로도 서울, 평양, 그리고 일본까지 유학을 보냈다. 원테레사와 고요한나는 각각 1929년과 1930년 서울에서 사범학교를 졸업하며 교사자격증을 받고 돌아와 원산 해성학교 교사로 일했다. 김심포로사는 1929년에 평양에서 4년 동안 고등학교 교육을 받았고 임안나마리아와 최살로메는 일본 오카야마사범학교岡山師範學校에서 교사자격증을 받고 1931년에 돌아왔다. 윤알리사와 장메히틸디스도 오카야마사범학교에서 유학했다. 박안나는 1931년 도쿄에서 간호사 교육을 받고 돌아왔고, 양안나와 김안나는 나고야에서 유치원 교사 교육을 받고 돌아왔다. 그렇게 해서 수녀원 건립 6년 만에 핵심사업인 학교, 치약소/병원, 유치원에 현지인 수녀 10명 정도가 전문가로서 일할 수 있었다.[56] 수녀원의 이런 교육과 전문가 양성에 대한 투자는 동시에 한국 수녀들이 사회적으로 높은 위상을 갖게 되는 효과를 거두었다. 이는 또한 수녀원에 입회하고자 하는 여성과 그의 가족에게도 긍정적 영향을 끼쳤다. 사실

원산에서 평양, 서울, 그리고 제국의 수도인 도쿄에까지 현지인을 유학 보내 교육시키는 것은 덕원에 있는 베네딕도 수도원에서조차 보기 힘들었다. 이런 수녀원의 교육 정책에서 우리는 두 가지를 읽어낼 수 있다. 첫째는 장기적으로 계획된 의도적인 영재 양성이 실천되었다. 이들은 분원에서 추가적인 노동을 해야 하는 수련자들과 달리 특권을 누렸다. 두 번째는 간접 선교를 위한 전문가 양성을 위해 투자된 시간과 자금은 직접 선교를 위한 교육과 비교할 수 없을 정도로 많았다.

수련자들의 노동강도, 분원에서의 투입, 그리고 유학은 원래 4년제인 교육 기간을 비현실적으로 만들었고, 수련자들은 종신봉헌을 하기까지 몇 년 더 기다려야 했다. 1925년에 입회한 첫 청원자들은 정규 교육 기간이 2년 지난 1931년에야 종신봉헌을 할 수 있었다. 이렇게라도 종신봉헌을 하는 사람은 소수였다. 입회자 수가 많았지만 수련 기간에 중도하차하는 비율도 매우 높았기 때문이다.[57] 자세한 통계는 없지만 몇몇 증언을 통해 대략적으로 상황을 파악할 수 있다. 1928년 4월에 박 콜롬바와 함께 청원자로 입회한 14명 중에 5명이 종신봉헌을 하였고, 1928년 10월에 입회한 6명 중에는 한 명만 성공했고, 1938년 11명과 함께 입회한 오알폰사는 유일하게 종신봉헌을 하였다.[58] 따라서 수련기를 성공적으로 마친 평균비율은 아마도 20퍼센트 미만이었을 것으로 추정된다. 독일 툿찡 수녀원에서도 수련기에 탈락하는 사람들이 많았지만 한국에서는 무엇보다 건강 문제로 탈락하는 경우가 제일 많았다. 그다음으로는 교육의 강도와 무리한 요구가 문제였다. 라틴어의 어려움도 있었지만 육체노동의 부담도 크게 작용했다. 당연히 규율이 강한 수녀원 생활 자체를 못 견디고 떠나는 사람도 많았다.[59]

3_직접 선교

수녀회 내에서 한국 수녀들이 처한 위치와 위상만으로 그들의 전반적인 활동 의의를 판단하는 것은 한계가 있다. 사실 한국 수녀들은 수녀원 밖에서는 주체적으로 직접 선교에 큰 역할을 하였다. 수련기에 접어든 임마리아는 항구도시 원산을 구석구석 돌아다니면서 영세 후보자들을 수녀원으로 인도하여 교리문답 교육을 받게 하였다. 신자들이 영세 후보자를, 영세 후보자들이 또 다른 사람들을 수녀원으로 인도하여 결국 영세 후보자 수가 크게 늘어나 교리문답 수업을 위한 공간 문제가 생길 지경이었다.

오후에는 주로 예비신자들에게 교리 시간을 주었다. 오전에는 가정방문을 다녔다. 환자 집에 위문도 가고 주일미사에 빠지는 신자들의 사정을 듣고 권면도 하였다. 영세할 예비자들이 조당(세례를 줄 수 없는 조건)이 없나를 알아 보러도 갔고 특별히 자녀들을 학생 교리반에 보내도록 충고하고 주인 양반들을 만나게 되면 신앙을 갖도록 권하기도 했다. 그런데 남자 지성인들을 위한 교리 교사가 계시지 않아 어느 장소로 교리 배우러 오라는 말을 못하였다. 오랜 세월이 지난 후 헌신자 장아네다 수녀님이 책임지고 남자들의 교리 시간을 보게 되자 관청에 다니는 젊은 남자들에게 저녁식사 후 수녀원 객실에서 교리를 가르쳐 주시고 노인 남자분들은 오시는 대로 교리를 가르쳐주셨다. 그래서 해마다 성체성사를 받는 남성 지성인들의 수가 증가되었다.[60]

한국 여성들은 수녀원 회원이 됨으로써 공공장소에서 새로운 활동 공간과 책임을 확보할 수 있었다. 임마리아가 시내와 개별 집에서 자신만만하게 활동할 수 있었던 것은 그가 사람들과 어떻게 교제해야 하는지 잘 알았기 때문이다. 학생이든, 여성이든, 남성이든, 환자든, 미사에 빠진 사람이든, 영세를 앞둔 사람이든 임마리아는 항상 그들에게 적합한 말을 알고 있었다. 영세 후보자 수의 증가는 그가 성공적으로 선교하고 있다는 증거이기도 했다. 하지만 임마리아는 선교의 성공을 본인 또는 성직자들의 덕으로 묘사하지는 않았다. 성공의 비밀에는 현지 평신도 또는 영세 후보자들의 선교 연결고리가 있었다. 또한 임마리아의 공공장소에서의 활동은 여성의 높아진 위상으로 나타나기도 했다. 한국 수녀들이 관청에 다니는 젊은 남성들을 가르치고 남성 지성인들을 성체성사까지 인도한다는 언급에는 수녀들이 남성, 성인 중산층, 지성인까지 선교 대상에 포함했으며 또한 그들이 한국 수녀들을 선생으로 인정하고 따랐음을 과시하는 것이다. 이는 동시에 독일 수녀들이 공공장소와 한국인의 사적 공간에서 직접 선교를 할 때 갖는 불안감과 대조적이었다. 무엇보다 언어 소통 문제 때문에 독일 수녀들은 직접 선교에서 임기응변적으로, 행위 연극적 또는 무언극적으로 행동했고, 한국어를 모르는 상태를 은폐하려 노력했다. 대부분은 같이 동행한 한국 수녀를 조연으로 돕든지, 상징적인 이미지 때문에 엑스트라 역할을 맡았다. 한국어를 잘 못하는 독일 수녀들은 한국 수녀들이 사람들에게 무엇을 가르치고 있는지 잘 모르면서도 사람들 앞에서 그 내용을 지지한다는 의미에서 머리를 끄덕이고 있었다.[61]

III. 창조적 전복: 한국 여성 평신도

1_ 사제화 과정과 교회에서 여성의 역할

독일 선교사들은 한국 가톨릭교회사에서 한국인에 의한 자체 선교와 평신도들의 역할이 얼마나 결정적이었는지 잘 알고 있었다. 하지만 교회의 제도화 및 외국 신부들의 등장과 함께 1840년대부터는 평신도 중심의 구조가 상당 부분 사제 중심으로 재정립되었다. 수녀회를 대체하던 미혼여성과 과부를 중심으로 운영해오던 자립적인 여성신앙공동체도 차츰 사라졌다.⁶² 그 대신 가톨릭의 여성 지도자들은 1888년 한국에 진출한 샬트르 성 바오로 수녀회로 대표되었다. 원산수녀원의 창립도 이 시기 변하는 가톨릭교회의 구조를 보여주는 한 사례이다. 이로 인해 교회 내 위계질서가 새로 확립되고 현지 사제 또는 성직자의 전문화가 추진되었지만 동시에 평신도 선교와 운동의 역동성은 많이 상실되었다.⁶³ 여성 평신도는 공소회장 그리고 1920년대 교리문답 교사로 다시 등장한다. 선교에서 평신도의 중요성을 깨달은 임마리아는 개신교와 비교하면서 가톨릭교회의 상황을 이렇게 묘사했다.

그 당시 성직자 수가 소수일 뿐 아니라 내 기억으로는 가톨릭 당국에서 평신도들에게 사도직을 이행하도록 밀어주거나 권면하는 일이 없었다고 생각한다. 그러나 프로테스탄트 편에서는 옛날부터 전도부인들뿐만 아니라, 평신자들인 가정주부들까지 열성적으로 또 자발적으로 전교 일을 하였다. 물론 가톨릭 신자들도 자발적으로 전교하는 사람이 없지는 않았겠지마는 일반적으로 볼 수 없었다.[64]

원산에서도 독일 베네딕도 수녀들과 한국 수녀들이 선교 활동을 우선적으로 책임지고 있었다. 원산에서 창립된 임마꿀라 소녀회 회칙에는 회원들의 선교가 조항으로 들어가 있었지만 현실에서는 올바른 가정주부로서의 교육이 압도적이었다. 여성 평신도들의 교회와 공소 내 직분은 회장과 교리문답 교사로 제한되었다. 사제 수가 부족하여 순회 목회가 진행되었기 때문에 사제가 없을 경우 회장이 교회와 공소사업을 책임지고 있었다. 하지만 남성들이 들어갈 수 없는 공간이 있었기 때문에 항상 여성 회장을 남성 회장 옆에 있도록 했다. 여성 회장은 소녀와 여성들에게 교리문답과 기도를 가르치고 여성 환자를 방문하고, 신앙을 버린 여성들을 찾아가 다시 회심케 하고, 필요하면 비상세례를 주는 것이 주 업무였다. 그는 결코 남성 회장과 동등하지 않았고, 남성들의 토론에 발언권이 없었으며 그들의 의견을 반박하지 못했다.[65] 1938년의 한 통계를 보면 원산교구에는 19명의 남성과 15명의 여성 순회 교리문답 교사가 채용되었다. 회장으로는 남성 85명에 여성은 겨우 18명이었다.[66] 교리문답 여교사들 중에는 과부들이 눈에 띄게 많았다. 그것은 교회가 재혼 가능성이 없는 이 사회계층을 보호하는 측면도 있었지만 과부는 결혼한 또는 자녀가 있는 여성들보다는 활동 여지가 더 자유로웠기 때문에 월 30원을 받고 교회에 교리문답 교사로 채용되기도 했다.

2_"속 빈 아담, 속 찬 이브": 전교회장 유영복

얼핏 봐서는 함흥성당에서 전교회장으로 활동한 유영복은 자녀가 있는 과부가 교회에서 생활비를 번 전형적인 사례로 보인다. 하지만 그가 남긴 문서를 살펴보면 그는 교회 안에서 평신도와 여성, 사제와 선교사에 대해 아주 특별한 생각을 가진 사람이었음을 알 수 있다.[67] 그리고 우리가 지금까지 알고 있던 가톨릭교회와 선교에서 사제화, 평신도의 주변화, 가부장성, 여성의 종속성 등이 어쩌면 그 시대 평신도들의 전복적인 사고로 인해 완전히 와전되지는 않았는지 묻게 된다.

1911년 평안남도 선천에서 태어난 유영복은 19세에 이혼남과 결혼하여 딸과 아들을 두었다. 하지만 남편은 결혼 5년 후 27세의 젊은 나이에 갑자기 죽는다. 유영복은 남편의 죽음을 그의 이혼과 재혼의 죗값이라고 생각하고 이런 죄인과 결혼한 본인도 죗값을 치러야 한다고 생각하며 양심의 가책을 느낀다. 24세 나이에 어린아이 둘을 홀로 키우면서 살아갈 사회적·경제적 기반도 없었던 유영복은 결국 자살을 시도한다. 기찻길 옆에서 자살하려고 기차를 기다리면서 마지막 기도로 "예수님 죽겠습니다"라고 하였다. "그 순간에 머리칼이 하늘로 올라가고 무섭고

죄송하고 두렵고 주위가 전부 노란빛으로 보였다. 마음이 변했다. 자신이 생겼다. 나는 죽지 않는다. 교회를 위하여 일할 수 있고 나라를 위해서도 일할 수 있다. 누구에게 의지하는 맘이 없고 용기가 생겼다."[68] 유영복은 바로 장로교회에 가서 세례를 받고 이제 교회를 위해 일해야겠다는 사명의식을 가지고 전도부인으로 교육받고자 1940년 캐나다 여선교사들이 운영하는 원산 마르다 윌슨 여성신학교에 입학한다. 하루는 신학생 11명과 함께 원산 가톨릭성당에 구경하러 갔다가 미사 때 특별한 경험을 한다. "미사 때에 신부님이 성합을 놓으시는데 성합에서 나는 빛을 보았다.……성체를 영한 사람들의 가슴에는 형광등빛같이 흰빛이 꽉 차있고 그들의 얼굴은 평화가 넘쳐 흐르고 목마른 사람은 없을 겁니다. 나는 그때 그 사람들이 예수님을 모신 사람이라고 공경하는 마음으로 존경하면서 나도 천주교 신자가 될 수 있다고 결심하였습니다." 이 경험 후 유영복은 가톨릭으로 개종한다.[69] 여전히 신학 공부에 관심이 있던 유영복은 한국에 가톨릭 여성신학교가 없었기 때문에 일본 오카야마 가톨릭 여성신학교에 입학한다. 원산 본당 탁 신부(파비안 담)의 도움으로 월 2만 원 장학금을 2년 동안 지원받아 여유롭게 유학 생활을 한다.[70] 신학교는 학생은 8명이고 선생은 7명인 작지만 집중적인 교육이 이루어지는 곳이었다. 선생들 중에는 4명의 독일 선생이 있었고, 성경 공부 외에도 역사와 사회과목이 있었다. 한국에 돌아와서는 함흥 본당 전교회장으로 일했다. 한국전쟁기에 남한으로 탈출하였고 2001년 사망할 때까지 부산, 인천, 서울에서 여러 직분으로 가톨릭교회를 위해 활동하였다. 가톨릭 개종 이후부터 개신교와 가톨릭교의 교회의 일치를 위해 에큐메니컬Ecumenical운동을 추진하였고, 1970년대는 구제사업을 위해 '겨자씨회'를 결성하였다. 작고하기 5, 6년 전부터는 북한동포돕기운동에 열심히 참여했다.[71]

유영복이 남긴 자료를 보면 그는 신학적 입장에서 교회공동체를 새로 정의하고, 교회 안에서 여성와 평신도의 역할과 의미를 혁명적으로 해석한다. 그에 따르면 "볼 수 있는 물질세계는 변한다. 변하는 것은 끝이 있다. 끝이 있으니 시작도 있다. 끝이 있고 시작이 있는 것은 자기 스스로 있을 수 없다. 타의 도움으로 살고 타의 도움으로 생겨난다. 타의 도움 없이는 살지 못한다. 스스로 살 수 없고 스스로 있을 수 없다. 타의 도움이 절대 필요하다."[72] 하느님도 '성부 성자 성령'으로서 하나의 '공동체'를 형성하듯이 신자도 하나의 공동체를 형성해야 한다. 신자의 "신앙은 개인적으로 성장할 수 없다."[73] 그래서 신자들을 "한 공동체 (협조자로) 백성으로 부르셨다." 신자들이 서로 돕는 것이 바로 "믿는 신자 단체"로서 교회이다. 그렇기 때문에 교회는 동시에 구원의 도구이다. 유영복은 교회를 다섯 가지 공동체로 정의하는데, 그것은 신앙의 공동체, 예배의 공동체, 사랑의 공동체, 선교의 공동체 그리고 희망의 공동체이다. 이 공동체에서 평신도는 오랫동안 '수동자'로 여겨졌는데 그 이유는 교회에서 오직 "성직자 수도자만을 생각했기 때문이다."[74] 하지만 "평신도 사도직 교령"으로 평신도도 "사도직에 불림을 받았다." 평신도는 그리스도 몸의 지체이기 때문에 그들의 봉사로 인해 "교회는 성장한다." 평신도는 세 가지 비유로 그리스도의 증인이 되는데 그것은 ① 빛(그리스도 안에 사는 것), ② 소금(방부제로써 인생에 맛을 이어주는 것), ③ 누룩(그리스도를 증거하는 역할)이다. 그렇기 때문에 평신도는 '선포'를 해야 하고 "이 세상에 빛과 소금과 그리스도의 증인이 된다."[75] 하느님이 동등한 성부, 성자, 성령으로 구성되는 것처럼 유영복은 공동체 회원 내에 급진적 평등을 요구한다. 평신도와 성직자 또는 수도자는 공동체 내에서 동등해야 한다. 교회 성장에서나 포교 활동에서나 대외적 대표성에서도 평신도는 성직자 뒤에 위치하지 않는다. 이런 사고는 사실 제2차 바티칸 공의회 문헌에도 자주 나오는 것이기 때문에 유영복의 생각이 1960년대 이후에 확립되었다면 공의회 문헌을 교육하는 신학자들의 영향을 받았을 확률도 높다. 다만 1960년대 이전에 유영복이 혼자 이런 생각을 발전시켰다면 매우 독창적이면서도 급진적인 생각이라고 평가할 수 있을 것이다.

이렇게 교회 내 평신도와 성직자 사이의 위계질서를 근본적으로 비판하고 그들의 동등함을 요구한 다음 유영복은 교회 내 여성과 남성의 관계를 새로 정의내린다. "교회 안에 여성의 역할. 과거, 현재, 미래"란 짧은 글에서 유영복은 본인의 여성에 대한 관점을 펼친다.

여성의 아름다움
하느님께서 창조하신 사람
불완전한 창조 그 아담 남자 속 빈 남자
속이 채워진 사람을 만드신다
속이 채워진 여성을 만드셨다
아담은 보고 좋았다
드디어 나타났다 정배 여성
아름다움 완전한 존재
아름답고 속이 찬 여성이 지배하야

세상이 바로 선다
하느님이 권한을 나누어주셨다
자식을 낳아 기르는 권한[76]

유영복에 따르면 속 빈 남자 때문에 창조는 불완전한 것이었다. 그래서 하느님은 속이 채워진 여성을 만드셨고 이 여성은 아름답고 완전한 존재였다. 이 완전한 존재가 지배해야 세상에 질서가 유지된다. 완전한 존재의 지속성과 연속성을 위해서 아이를 낳고 기르는 권한을 여성에게 준 것은 당연한 결과이다. 유영복의 창조 이야기는 아담으로 인한 불완전한 창조가 이브를 만듦으로서 비로소 완전한 창조가 되었다고 한다. 여성은 부족한 남성을 보완, 보충하는 존재가 아니라 자립적이고 독립적인 존재이다. 그렇기 때문에 불완전한 존재가 완전한 존재를 지배할 수 없고, 완전한 존재가 불완전한 존재를 지배하고, 완전한 존재가 아이를 낳아야 하고, 세상을 바로 세워야 하는 것이다. 그렇기 때문에 여성이 재생산을 위한 출산의 권한을 가지고 세상을 지배하는 것은 어떤 면에서나 논리적인 결과이다.

유영복은 복음시대에서 여성의 지배적 역할을 증명하려고 한다. "예수님은 중요한 사건을 맡기실 때에는 여성들에게 맡기셨다."[77] 사도시대에는 "여인들이 구원사업을 시작하였다." 그리고 또 한 번 결정적인 성별 차이를 언급하는데 이 시대 "남자는 액서서리만 되었다"고 주장한다. 한국 초기 가톨릭교회사에서도 교회가 박해받을 때 교우시대 여러 여인의 지혜로움을 언급한다. 성직자가 없을 때 "동정녀 과부 부인들"이 여교우촌을 형성하였다. 유영복은 그들의 덕행실천, 신심생활 그리고 영성을 부각시킨다. 유감스럽게도 서술은 여기서 끝난다. 식민지 시기 여성의 역할, 그리고 현재와 미래에 대한 유영복의 생각은 알 수 없다.

유영복에 대한 몇 개의 신문기사를 보면 그가 생전에는 여성신학자로 눈에 띈 것 같지는 않다. 교회 내 여성에 대한 관점 때문에 신학적 논쟁이나 갈등이 있었던 것 같지도 않다. 도리어 에큐메니칼운동 때문에 논쟁이 있었던 것 같다. 유영복은 열심이었지만 전체적으로 교회 내에서는 순응하는 전교회장이었던 것 같다.[78] 그렇다면 유영복은 어떻게 이런 급진적 사고를 갖고, 교회 안에서 평신도와 세례 후보자들에게 이런 내용을 가르칠 수 있었는가? 혹 1930년대부터 원산에서 활동했고 여성인 본인에게 예수님이 친림하여 계시를 주신다고 주장한 개신교 출신 유명화의 영향을 받는지 의문을 가져볼 수 있다. 또는 평신도 황테레사의 성령쇄신운동 등과의 접점을 찾아볼 수도 있다. 성모 공경의 열정이 속 찬 이브와 연결되는지도 궁금하다. 또한 1940년대 일본 유학시절에 여성신학을 접했는지도 궁금하다. 아니면 1980년 이후 한국 여성신학에서 주장한 여러 설의 영향을 받았을 수도 있다. 하지만 유영복 글 어디에도 이런 영향력을 받았다는 설을 뒷받침할 만한 증거는 찾을 수 없다. 반면 유영복의 독창적 시각이 담긴 속 빈 아담과 속 찬 이브에 대한 주장은 다른 어느 곳에서도 아직 찾아보지 못했다.

위에서 아래로, 남성에서 여성으로

"여성을 위한 여성" 선교 방법은 유럽 가톨릭 부르주아식 가족을 모델로 하고 있었다. 이 방법을 실행에 옮겼을 때 여성은 선호되지 않았고 한국 사회에 존재하던 성별 불평등은 교회의 도전을 받지 않았다. 오히려 이 방법은 성별 불평등 구조를 교회 안으로 끌어들였고 여성은 교회 안에서 차별받았다. 결국 여성을 위한 여성 선교는 남성을 통해서만 성공적일 수밖에 없는 아이러니한 상황을 만들었다.

선교와 연계되는 서양 근대성과 문명화의 담론 및 교회의 사제화와 평신도의 주변화 담론은 결국 선교사들의 시각을 재생산하는 한계를 지니고 있다. 문명화 사명은 선교사들의 자아상을 확인하고 타지에서 자신감을 회복하려는 수단이기도 했고, 현지인이 그들에게 갖는 기대를 충족시켜줘야 하는 의무이기도 했다. 하지만 선교사들이 먹고 자는 공간에 직접 들어가 같이 생활하는 한국 수녀들은 문명의 겉치레 뒤에 있는 모순들과 빈약함과 불편함을 알고 있었다.

한국 수녀 교육도 모순적이었다. 우선적으로 순종의 덕망을 가르쳤다. 그래서 서양 근대식 생활양식이 너무나 불편해도 감수해야 했다. 신학 교육은 제한적이었고, 수녀원에 노동력으로서의 헌신이 더 중요했다. 그래서 그들은 서양 근대 문명을 갈망해야 할 대상으로 여기지 않았다. 그럼에도 수녀원은 한국 여성들에게 여러 분야의 전문 직업 교육과 일반 교육을 가능케 하였다. 이는 여선교사들이 핵심사업으로 여겼던 간접 선교에 필요한 일꾼을 양성하는 일환이기도 했다. 하지만 간접 선교는 교회가 사회로부터 인정받을 수 있는 상징성 때문에 중요했지만 교회의 성장은 직접 선교에서 전도되는 사람으로 이루어졌다. 직접 선교를 책임진 한국 수녀들은 수녀원을 벗어나서 자신감 있게 새로운 활동공간을 확보했고 한국 사회 내에서 새로운 자아상을 형성했다.

신학적 측면에서는 평신도가 가장 창조적이며 혁명적이었다. 전교 회장 유영복은 기존 교회의 위계질서와 성별관계에 전적으로 도전하였다. 서양 성직자와 수녀들의 지배적인 역할과 해석 능력에도 불구하고 한국 수녀들과 여성 평신도는 교회 내에서 여성과 현지인의 역할에 대해 나름 자립적이고 독립적인 해석과 설명을 제시했다. 서양 문명의 선전과 개인의 구원을 넘어 한국 수녀들과 평신도는 신앙생활의 근거로서 공동체를 인지했고, 공동체의 의미를 중심에 두고 활동했다. 교회 안에서 남자의 역할은 유영복에 의하면 속 빈 아담같이 제한적이어야 하고, 액서서리에 그쳐야 했다. 속 찬 아름다운 이브는 완전한 존재로서 출산과 육아의 권한과 함께 세상을 바로 세우는 지배권을 갖고 있었다. 그래서 결국 처음 사우어 주교가 선언한 "여성이 가톨릭 신자가 될 수 있다면, 그럼 그의 가족이 가톨릭이 될 것이고, 결국 나라 전체가 가톨릭화된다"는 신념은 아이러니하게도 그 말의 본뜻과는 반대로 완전한 존재로서 지배적인 역할을 하는 여성상을 기반으로 두고 유영복의 사고를 따를 때 충분히 설득력이 있다.

수녀원 안과 밖에서 어린이 교육 풍경.
처음에는 여자아이들 교육에만 집중했지만 곧 미래 가톨릭 여성의 신랑감으로 남자아이들도 교육 대상으로 받아들였다.

1950~60년대 '풍기문란' 단속과 여학생, 일탈과 저항

【소현숙】

여학생들은 왜 풍기단속의 대상이 되었을까
I. 자료 소개
II. 학생풍기의 단속과 규제
III. 여학생 징계처분 실태
IV. 여학생들의 불만과 저항

여학생들은 왜 풍기단속의 대상이 되었을까

1967년 4월 2일 자 《조선일보》에는 학교에서 퇴학당한 소녀 6명의 가출 사건이 보도되었다. 서울 모 여중 3학년인 강모 양 등 6명이 "불량학생"으로 학교에서 징계를 받게 되자, 이 사실이 알려지면 부모에게 꾸중을 들을까봐 겁이 나서 가출, 새벽 5시쯤 부산으로 내려가려다가 서울역에서 경찰관들에게 적발되었다는 내용이다. 이들이 퇴학 및 무기정학 처분을 받은 까닭은 다방, 극장 등 학생 출입 금지 장소를 드나드는 "불량 행위"를 저지른 때문이었다. 극장 출입을 얼마나 했는지 이 기사만으로는 알 수 없지만, 10대에게 있을 법한 호기심의 발로에 대한 대가치고는 다소 무겁게 보인다. 오히려 여학생들의 일탈 행위에 대한 학교 측의 걱정과 초조함이 눈에 띈다.

어째서 여학생들은 이토록 경찰의 단속 대상이 되었던 것일까? 풍기단속을 명목으로 한 학생생활에 대한 감시와 처벌은 식민지 시기부터 시작되었으나,[1] 의무교육제도의 도입으로 학생 수가 비약적으로 증가한 1950~60년대에 이르러 더욱 강화되었다. 한국전쟁, 4·19혁명,

5·16군사쿠데타, 한일협상 반대운동 등 정치적 상황의 급격한 변모 및 미국 문화의 유입에 따른 문화적 변화 속에서 나라의 미래를 이끌어가야 할 중고등학생들의 동향은 사회 관심사가 되기에 충분했다. 그러나 4·19혁명에 나선 중고등학생들의 열기가 표상하듯이 학생들은 학업에 전념하리라는 어른들의 기대를 벗어나 정치 활동에 주도적으로 참여하는가 하면 영화나 펜팔과 같은 새로운 문화를 향유하는 주체로서 자신의 존재를 뚜렷하게 드러냈다. 정부와 사회는 이러한 역동적인 중고등학생들의 움직임이 체제와 규범의 경계를 넘지 않도록 규제하고자 했는데, '풍기단속'은 그 일환이었다.

권명아가 지적하듯, '풍기문란'에 대한 단속은 '부적절한 것'들에 대한 통제를 통해 대중의 정치적 주체화를 억압하고 통제하고자 한 기제였다.[2] 학생들은 스스로를 적절히 통제할 수 없는 '미숙한 존재'로서, 이들에 대한 통제는 '훈육'이라는 이름으로 손쉽게 정당화될 수 있었다. 극장을 들락거리고 음주와 끽연, 폭력, 남녀 교제, 동맹휴학, 선거운동 등에 몰두하는 중고등학생들은 자신의 본분을 잃어버린, 그야말로 좌시할 수 없는 불온한 존재들이었고, 학교는 부모와 경찰, 지역 사회와의 협력 속에서 '풍기단속'과 '생활지도'라는 명목으로 학생들의 모든 일상을 관찰하고 규율하고자 했다.

대체로 단속에 걸린 이들은 남학생이었지만, 여학생의 풍기 또한 남학생 못지않게 통제와 단속 대상이 되었다. 1954년 8월 치안국 집계에 따르면, 그해 방학이 시작된 7월 20일부터 8월 15일까지 근 한 달 동안 경찰 단속에 걸린 학생의 수는 남학생 1,812명, 여학생 928명이었다.[3] 1950년대 중고등학교 여학생 수가 남학생의 20퍼센트 남짓에 불과했다는 점을 고려한다면,[4] 1954년 시점에서 단속에 걸린 여학생이 그다지 적은 수가 아님을 알 수 있다. 신문과 잡지에는 불량소녀에 관한 기사가 자주 실렸는데, 이러한 담론들은 '불량소녀 대 순결한 소녀'라는 이분법을 강화하면서 여학생에 대한 사회적 통제의 필요성을 강변했다.[5]

  1950~60년대는 해방 이후 의무교육제도가 도입[6]되면서 여성에 대한 교육이 확대되어 상대적으로 많은 여학생들이 교육의 혜택을 받게 된 시기였다.[7] 민주주의가 교육이념으로 채택되면서 적어도 법적으로는 교육 기회에서 남녀평등이 추구되었고, 일제하에서 제도화된 학제에서의 남녀차별이 철폐되면서, 남녀에게 공통적인 교육 규정이 마련되는 등 형식적 차원에서 성차별적 요소는 많이 사라지게 되었다.[8] 그러나 의무교육제도의 확대로 인한 취학률 증가가 바로 교육의 남녀평등으로 이어졌던 것은 아니다. 여성의 취학률은 증가했으나, 여성을 가정적 존재로 인식하는 가부장적 문화와 경제적 여건 등으로 인해 교육에서의 남녀차별은 여전했고, 현모양처 양성이라는 성차별적인 여학생 교육의 목표도 건재했다.[9] 또한 분단과 독재 상황에서 강화되어간 국가안보 담론과 반공을 통한 학교 교육의 군사화는 가부장적 사회의식을 당연한 것으로 받아들이게 했다.[10]

  이처럼 여성이 대거 교육의 수혜자가 되었으나 교육의 목표와 내용은 여전히 성차별적이었던 시기에 풍기 규제의 핵심적 대상으로서 여학생이 소환되고 있었다는 사실은 무엇을 의미하는 것일까? '현모양처' 교육으로 대표되는 여학생에 대한 젠더화된 교육은 정치·사회적 격변 속에서 강화되어간 학생에 대한 통제기제와 어떻게 맞물리고 있었는가? 여학생들은 이러한 교육과 통제에 어떻게 반응했을까?

기존 연구가 대체로 교과서 내용이나 교육 정책 자료, 통계지표들을 활용하여, '현모양처'로 대표되는 여학생 교육 과정을 분석하는 데 치우쳤다면,[11] 이 글에서는 방향을 달리하여, 여학교에서의 학생지도 관련 자료들을 통해 '풍기단속'의 이름으로 행해진 여학생에 대한 일상 통제의 구체적인 실태를 살펴보고자 한다. 나아가 단속과 통제의 틈새에서 발견되는 학생들의 반응을 통해 이러한 풍기단속이 학생들에게 어떤 정동을 불러일으키고 있었는지를 살펴볼 것이다.

I. 자료 소개

이 글에서 주로 분석하는 자료는 양정여자중고등학교의 학생지도 관련 문서들이다. 양정여자중고등학교는 이천에 소재한 여학교로, 그 역사는 1903년 이천읍 소녀들을 위해 미국 감리교 여선교부가 설립한 '매일학교'로 거슬러 올라간다. 매일학교는 1910년 사립 양정여학교로 설립인가를 얻었고, 1928년 80평의 교사를 마련하고 6년제로 개편하는 등 발전해갔으나, 일제 말기 신사참배를 거부했다는 이유로 폐교되고 말았다. 이천읍의 감리교회 담임목사 김동욱은 양정여학교가 일제 당국에 적산으로 압수되어 교육 기관으로 기능할 수 없게 되자 이를 안타깝게 여기고 백방으로 노력, 1943년 이를 다시 무산아동 교육을 위한 욱旭학원으로 인가받아 어려움 속에서도 교육에 매진하였다. 해방 이후 김동욱은 '양정'이란 이름을 되찾아 1946년 10월 이천 양정여자초급중학교를 설립하였고, 한국전쟁의 와중에 교사가 소실되는 등 수난을 겪었지만, 중학교 졸업생들을 모아 다시 1951년 양정여자고등학교를 설립하였다.[12]

설립 초기 각각 30여 명 정도의 졸업생을 배출했던 양정여자중고등학교는 점차 학생 수가 증가하여 1960년 무렵에는 각각 130~150명 정도의 졸업생을 배출할 정도로 규모가 커졌다. 또 1950년대를 지나면서 교실 10개가 있는 300평에 달하는 석조 2층의 교사와 운동장, 대강당, 기숙사 등을 확보하였고, 1958년 생활관인 백합사를 준공하는 등 다양한 교육시설을 갖추고 이천 지역 일대의 여성 교육을 신장시키는 데 기여하였다.[13]

양정여중고등학교에 보관되었던 초창기 문서들은 한국전쟁 과정에서 교사와 기숙사가 폭격으로 소실되면서 유실되었다. 따라서 현재 확인할 수 있는 양정여중고등학교 자료는 전쟁 이후의 것들로, 양정여중고교에 소장되어 있다. 교직원 임명 관련 서류, 재단법인 및 학교 인가 관련 서류, 교무·학사, 학생 생활지도, 일지, 학교 경영계획서, 학교 일람, 현황 보고, 사친회 및 학생회 세입세출 예산 관련 서류, 교육계획서, 생활관 관련 서류 등 다양한 문서들이 포함되어 있다.

그중 학생지도와 관련된 서류들은 대체로 1950~60년대 전반에 작성되었는데, 이들 자료를 통해 학생들에 대한 지도 실태를 분석한다. 분석 대상 자료들을 구체적으로 살펴보면 다음과 같다. 우선 《교무관계서류철》, 《교무관계존안철》, 《학사관계서류철》 등 교무·학사 관계 문서들은 주로 학교 행사나, 행정과 관련된 내용들을 담고 있다. 《지도관계서류철》, 《훈육관계서류철》 등 생활지도 관련 서류철들은 학생들에 대한 생활지도, 문교부나 시도교육위원회 등이 내려 보낸 학생지도 관련 공문들, 그리고 교칙 위반 학생들에 대한 각종 징계 내용을 담고 있다. 흥미롭게도 학생 징계처분을 담은 문서들에는 학생들의 교칙 위반 사항에 관한 교사와 학생 간의 질의응답을 담은 청취서, 징계학생의 반성문, 증거품 등이 첨부되어 있어 교칙 위반의 정황과 당시 학생들의 생활실태 등을 구체적으로 이해하는 데 도움이 된다. 이 외에 생활지도 관련 자료로 양정여학교의 생활관인 백합사의 운영과 관련된 《백합사 생활지도관 운영개요》,《백합사 운영요강》,《백합사 지도일지》 등이 있다.

  그동안 학교 교육과 관련하여 발굴된 자료들이 주로 학적부나 교지 등으로 한정되어왔기 때문에 교육 정책이 지역의 일선 학교에서 어떤 방식으로 실행되고 관철되었는지, 학생들의 반응은 어떠했는지 구체적으로 확인하기 어려웠다. 양정여중고등학교 자료들은 문교부와 시도교육위원회에서 지시한 내용과 학교가 이를 수행한 내용, 학교 행정의 구체적인 실상, 그리고 각종 징계 내용까지도 생생하게 담겨있다. 일선 학교들이 학생들과의 대면 속에서 각종 교육행정을 펼쳐나갔던 구체적인 실태를 보여준다는 점에서 자료적 가치가 작지 않다.

II. 학생 풍기의 단속과 규제

1_'학생 풍기' 문제의 대두와 생활지도

1950년대에는 전후 복구와 사회 재건이 진행되면서, 학생들의 일탈적 행위와 소년 범죄를 염려하는 목소리가 커졌다.[14] 서울지방법원 판사 권순영은 "이토록 거리에 소년 범죄가 범람하는데 우리는 아무 대책도 강구하지 않았다. 이대로 수년만 지나가면 서울은 공포의 도시가 되고 말 것이고 이십 년 후에 이들이 성장하여 나라의 일꾼이 되는 날 민국民國의 갈 곳이 어딘가?"라고 탄식하며 대한민국의 미래를 염려했다.[15] 의무교육제도의 도입으로 비약적으로 증가한 학생들이 사회적으로 하나의 집단으로서 가시화하자, 그들에 대한 기대와 더불어 그 기대를 저버렸을 때의 실망과 걱정이 동시에 커진 것이다. 전후 복구와 사회 재건을 통해 미래를 새롭게 만들어가야 할 시점에서 사회 질서를 일탈하는 학생집단의 존재는 골칫거리이자 염려스러운 문제로 대두하고 있었다.

이러한 우려 속에서 윤리 교육과 학생 풍기 문제가 교육계의 주요 관심사가 되었다. 1950년대 '민주적인 국민의 양성'을 목표로 도입된 도의道義 교육은 이와 같은 사회적 우려를 배경으로 하였다.[16] 전후 학교교육의 체계화 과정에서 국민 형성을 위한 이념 및 윤리 교육으로서 제도화된 도의 교육은 '민주적인 국민'의 '윤리'를 위로부터 창출하려는 국가적 기획이었으며, 그 일차 대상은 학생이었다.[17] '도의'라는 말에서 알 수 있듯이, 도의 교육은 도덕이라는 이름으로 학생지도를 정당화했고, 학생들의 개성과 환경, 개개인의 능력과 욕구에 따른 합리적 지도, 민주적인 생활지도 등을 표방하였다. 그러나 실제 이루어진 생활지도 방식은 강력한 단속과 지시, 그리고 감시와 처벌이었다. 복장과 외모, 여가 및 생활에 대한 세세한 규제는 도의 교육이 민주주의적 교육가치를 전면에 내세웠지만, 실상 식민지 시기부터 행해진 학생생활에 대한 통제와 단속의 연속선상에 있음을 보여준다.[18]

학생들에 대한 생활지도는 어떤 내용을 담고 있었는가? 아래 1956년 경기도 문교사회국장이 제시한 학생들에 대한 생활지도 요령을 보자.[19]

① 불량학생 선도를 위하여 지역 상황에 적합하도록 창의적인 지도방법을 고안할 것.
② 지역단위로 기존하는 학생 교외생활 지망의 재검토 및 그의 적절한 활용에 유념함과 동시에 학교 가정, 사회 및 관계 각 기관과의 유기적인 유대를 긴밀히 하여 지도할 것.
③ 학생의 전편 입학 허가 시에는 그 사유, 소행, 성적 등을 엄격히 사정하여 신중을 기할 것.

④ 학생의 불량 폭행의 발생이 특히 야간에 많음에 조감하여 야간 외출을 단속하고 교외지도를 철저히 할 것.
⑤ 가정환경과 개성을 조사하여 평소에 개별적 지도의 만전을 기할 것. 따라서 가정방문을 수시로 실시할 것.
⑥ 흉기 소지의 단속을 위하여 수시로 복장 및 소지품의 검사를 실시할 것.
⑦ 빠—, 댄스홀, 극장 등의 출입 및 음주 끽연 행위를 철저 단속할 것.
⑧ 소위 어깨의 근절책을 수립하여 철저 단속할 것.
⑨ 지방 학생 및 타도 학생에 대한 불량학생의 집단 폭행 및 물품 약탈 행위를 특히 철저 단속 처단할 것.
⑩ 소극적인 생활지도에서 적극적인 생활봉사 활동에까지 이르도록 지도할 것.
⑪ 사상 순화를 위하여 불건전한 독서의 탐독을 막고 독서지도에 만전을 기할 것.
⑫ 건전한 정서 도야를 위해서 다각도로 연구지도할 것. 예) 음악 및 미술의 올바른 감상 지도, 화초원예 지도, 소동물 사육장 등.
⑬ 형식적 관념적 주지주의 교육을 일소하고 실천적인 생활 교육지도에 예의 노력할 것.
⑭ 신상필벌주의를 확립할 것.

위에서 드러나듯이 학생 생활지도는 광범한 사항들에 걸쳐있었다. 폭력 행위, 야간 외출, 빠·댄스홀·극장 출입, 음주, 끽연, '어깨' 등의 불량배, 물품 약탈 행위, 불건전한 도서의 탐독 등 부적절하다고 제시된 학생들의 행위는 다양했는데, 이를 단속하기 위해 학교는 가정과 지역사회와 협력해야 함을 강조하고 있다.

양정여학교의 사례를 보면, 이러한 지도지침은 학교의 실무행정을 통해서 적극적으로 실천되었다. 학교는 교내 지도에 더하여 가정과 지역 등 교외에서의 지도까지도 나섰다. 이를 교내, 가정, 학교라는 공간 구획을 따라 살펴보자.

우선 교내에서의 지도와 단속은 학내에서의 학생에 대한 관찰과 단속으로 나타났다. 양정여학교는 학생들의 학내 생활을 단속하기 위해서 〈학생관찰표〉를 작성하였다. 〈관찰표〉에는 학생에 대한 기본 정보와 더불어 '주의 요항', '훈육 사항' 등을 표기하는 란이 존재했다.[20] 이와 더불어 학도호국단의 규율부 활동을 통해 학생들이 자치적으로 학생 풍기 문제를 상호 단속하는 체제를 만들고자 하였다.[21] 학생들의 소지품 검사도 자주 시행했고, 교칙 위반자들에 대한 징계도 다양하게 이루어졌다.

학교의 통제를 벗어나는 방학은 특히 학교 당국으로서는 골치 아픈 기간이었다. 학생들을 어떻게 효율적으로 단속할 것인가가 무엇보다 큰 과제였다. 1956년 겨울방학을 맞이하여 양정여중고에서 학부형에게 보낸 서간문을 보자.

현하 빈폐된 사회환경으로 인한 그릇된 감화와 영향은 학풍 확립에 우려되는 바가 지대함에 감하여 본교로서는 이에 방지와 명랑한 교내외의 생활지도에 전념 중이오니 본 이념 달성과 도의 확립은 학부형 제위께서 절대적인 지도와 편달을 하여주시기를 앙망하나이다. 좌기

사항을 유념⋯⋯ ③ 타 지역 원거리 여행 시는 허가원을 제출하여 여행환과 할인권을 받도록 하실 것. ④ 영화와 연극 관람은 본교의 허용 지시 없이는 입장을 엄금. ⑤ 여하한 학생 단체도 학교장의 승낙 없이는 입회를 엄금. ⑥ 교과의 예습 및 복습에 태만이 없도록 규율있는 생활을 여행케 함. ⑦ 매일 매일 일기를 기록케 하여 향상되는 생활을 영위케 함. ⑧ 외출 시는 교복을 착용케 하며 특히 난색亂色 코트나 목도리·양말 등의 착용을 엄금함. ⑨ 문교 당국의 지도도 있는 바 음식점·사진관·다방·기타 오락장 등 출입을 엄금케 함. ⑩ 외출 시에는 부모의 승인을 얻어 하게 하며 출타를 명확케 하며 귀가 시간을 단속하실 것. ⑪ 수시로 소지품을 검사하시어 학생의 질적 향상 도모에 유의하여 주실 것. ⑫ 밤 9시 이후의 외출은 여하한 사정일지라도 엄금케 함(원칙적으로 야간 출입 엄금). ⑬ 학생에게 질적 저하를 초래하는 불량도서의 독서와 교우관계를 단속하실 것. ⑭ 가사를 도와 여자의 책임을 인식케 하며 생활개선에 노력케 함. ⑮ 일과표를 작성하여 규칙적인 생활을 하게 함.²²

외출시는 교복을 착용하고, 야간 외출은 금지하며, 원거리 여행을 갈 경우는 학교 당국의 허가를 받아야 하고, 사진관·음식점·영화관 등 오락장에는 출입을 불허한다. 어떤 학생 단체에도 학교장의 허락 없이는 입회가 금지되며, 불량도서의 독서, 교우관계도 단속 대상이 되고 있다. 아주 구체적이고 꼼꼼하게 단속 사항이 제시되어 있는데, 심지어 소지품까지 검사하도록 안내하고 있다. 그야말로 학부모들이 학교를 대신하여 방학 동안 학생들을 단속하는 주체가 되기를 권면하는 내용이다.

그러나 학부모나 하숙집 주인에게만 학생 단속을 맡기기에는 여전히 불안했던 듯하다. 교사는 학부모에게만 단속을 맡기지 않고 방학 중에 가정방문을 실시하였다. 학부모와의 소통을 내세웠지만, 가정방문도 학생생활에 대한 단속 활동의 연장이었다. 학교의 통제를 벗어나는 방학 기간 중 학생들이 제대로 생활하는지를 감시하는 기능을 하였다. 양정여중고의 경우 방학 중 가정방문은 연중 행사로서 1960년대까지도 꾸준히 실시되었다.[23] 집에서 통학하는 학생들의 경우에는 가정을 방문하여 학부형과 면담하였고, 하숙하는 학생의 경우에는 하숙집 주인을 통해 학생들의 동태를 살폈다. 방문 시에 면담과 더불어 일기장을 검사하고, 불온서적이 있는지를 살폈고, 가정방문 카드를 작성하였다. 1954년 〈임시가정방문계획 실시에 관한 건〉에는 가정방문 교사에게 "불온문서 색출에 특히 주의할 것"을 당부했다.[24] 이는 가정방문이 사실상 학생들의 동정을 살피고 단속하기 위한 것이었음을 알려준다.

이와 더불어 학교와 지역 사

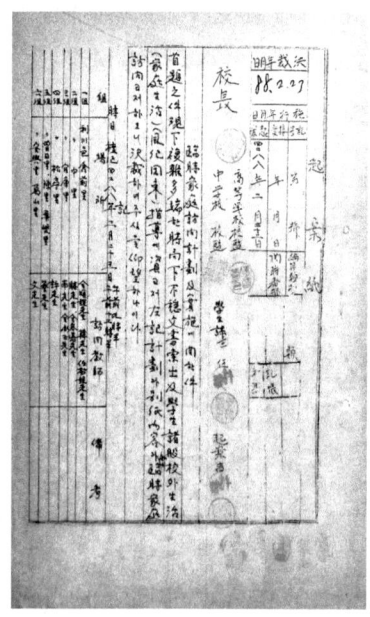

가정방문 실시 관련 공문.
방학 중에도 교사들은 학생들의 단속을 위해 가정방문을 실시하였다.

회가 공조한 학생 교외 활동 지도도 풍기단속의 중요한 부분이었다. 문교부는 끊임없이 공문을 보내 교외 활동 지도를 강화하라고 지시했다. 1954년 문교부는 각 학교장에게 첫째, 교외지도반을 조직하여 매일 방과 후에 순회 지도할 것, 둘째, 공휴일에는 교직원의 반수를 동원하여 지도에 임하게 할 것, 셋째, 학교가 많이 소재하는 지역에서는 매월 초 훈육주임회의를 개최하여 구체적인 계획을 수립하여 상호 지도 단속의 철저를 기할 것, 넷째, 상시 출결석을 조사하여 결석자에 대해서는 가정과 연락을 취하는 동시에 그 사유를 규명할 것, 다섯째, 학생 신분에 위배되는 행위가 있어 징계했을 때는 그때그때 상세히 보고할 것을 요청하였다.[25]

양정여학교 자료에 따르면 실제 지역 중고등학교 훈육주임들의 회의가 개최되었다. 1956년의 경우 7월 19일 경기도교육청 회의실에서 중고등학교 훈육주임회의가 열렸고, 이어서 9월 30일에는 이천읍 중고등학교 훈육주임회의가 남천중학교에서 개최되었다.[26] 그러나 문교부 당국의 지시와는 달리 매월 정기적으로 개최되지는 않았다. 1956년의 경우 훈육주임회의 개최와 관련된 공문은 이 두 건에 불과했다.

교외생활지도위원회의 구성은 해방 직후로 거슬러 올라간다. 서울시는 1947년 1월 학생들의 풍기를 바로잡고자 각 학교 교원은 물론 일반 사회 유지들의 협력을 얻어 학도 교외생활의 지도운동을 광범하게 전개하였고,[27] 같은 해 2월 15일 개최된 중고등학교 교장회의에서는 '학생교외생활지도위원회'를 구성하기로 했다. 이렇게 만들어진 교외활동지도위원회는 1950년대에도 계속해서 문서상에 등장한다. 1956년 문교부에서는 중고등학교 훈육주임회의를 통해서 교외생활지도반이 아직 조직되지 않은 지역에서는 초중고교 교직원 및 경찰, 기타 필요한 지역 사회 인사를 총망라하여 조직하라는 시달을 내렸다. 여기서 교외생활지도반은 교외생활지도위원회를 말하는 것으로 보이는데, 주로 극장, 다방, 유원지 등 학교에서 출입 금지한 지역을 순찰하여 학생들의 교외 활동을 지도하는 것을 목적으로 하였다.[28] 그러나 이러한 교외생활지도반의 활동이 순탄하지는 않았던 것으로 보인다. 같은 해 12월 3일 문교사회국장은 다시 공문을 발송하여, 교외생활지도위원회를 강화하여 실질적이며 강력한 위원회가 되도록 구성하고, 관계 기관(검찰청, 경찰, 신문사, 극장협회, 소년원) 등과 유기적인 연락하에 위원 선정의 신중을 기하며 수시 회의를 개최하여 지도 방안 연구 및 실천지도를 강화하라고 지시하고 있다.[29] 또, 1958년에도 문교부는 생활지도주임회의에서, 다시 1959년에는 중등고등학교 생활지도 담당자회의에서 생활지도위원회의 활동이 불철저하므로 기능을 강화하라는 지시를 거

[표 1] 소년 풍기단속 상황

연도별	단속 건수(건)	증가 비율 (%)	단속 내용				
			극장 출입	끽연	음주	흉기 소지	기타 풍기
1962	51,739	100	27,631	6,634	4,746	296	12,432
1963	70,761	+136	33,704	5,854	5,251	578	25,374
1964 10월 현재	129,670	+250	44,201	18,856	13,881	1,214	51,518

* 지도계, 〈청소년 풍기정화 기간 설정계획〉, 《지도관계서류철》, 1964.
* 기타 풍기는 불량서클 가입, 집단싸움, 불순 교우, 부녀 희롱 등임.

듭하고, 이도 모자라서 1959년 8월 14일 또 공문을 보내 기능 강화를 촉구하였다.[30]

이와 더불어 문교부는 학생 생활지도와 관련된 각종 캠페인을 실시하도록 하달했는데, 이를테면, 1957년 3월 29일 자 문교부 장관 통첩으로 4월 22일부터 5월 5일에 걸쳐 '학생 풍기정화 강조 주간'을 설정하고 학생 풍기 선도에 주력할 것을 당부하였다.[31] 이 요구를 받아 양정여중고는 포스터 표어 부착, 복장 및 소지품 검사, 좌담회 등의 내용으로 '학생 풍기정화 강조 주간' 행사를 시행하였고 이천 지역 사회인사들의 의견을 청취한 내용을 담아 문교부에 보고하였다.[32]

문교부의 거듭된 시달 속에서 학생생활에 대한 단속은 점차 강화되어갔던 것으로 보인다. 예컨대 야간통행 단속의 경우, 1957년에는 크리스마스 예배 등 교회 행사로 인해 야간통행이 불가피한 학생은 목사의 확인증까지 받아야 했다.[33] 이러한 생활에 대한 통제는 학생들의 기타 활동에 대한 통제까지 확장되었는데, 앞서 나왔듯 학교의 허락 없이 교외 집회나 단체에 가입하는 것을 금지한 것은 물론 허락 없이 신문, 잡지에 투고 또는 인쇄물을 간행하는 것도 금지했다.[34] 심지어 운동이나 오락 행사에 참석할 때도 학교 당국의 허락을 받아야만 했다.

학생 풍기단속은 도의 교육이 사라진 1960년대 이후에도 지속되었는데, 박정희 군부정권의 억압적 사회 통제가 전면화하면서 오히려 강화되어갔다. 1964년 내무부와 교육부에서 주관한 〈청소년 풍기정화 기간 설정계획〉에는 연도별 소년 풍기단속 현황이 제시되어 있는데 [표 1]이 그것이다. 이를 보면 해를 거듭할수록 단속 건수가 증가하고 있다.[35] 단속 강화가 불량 행위 수치의 증가로 나타났던 것으로 보인다.

2_정치 활동에 대한 통제

1950년대는 중고등학생을 정치적 행사에 대대적으로 동원하는 일이 빈번한 시기였다. 학생들은 수많은 행사와 관제 시위에 동원되었다. 그러나 '정치적 활동'은 위로부터의 동원에 응한 것일 때만 정당한 것으로 인정되었다. 통제를 벗어나는 순간 정치 활동은 바로 불온한 행위로 금지 대상이 되었다. 정부는 학생 동원에 대한 통제를 강화하면서 정부가 주도한 정치적 집회나 궐기대회, 데모에만 참석하고 그 외 주체가 명확하지 않은 혹은 다른 정치 단체의 집회에 참여하는 것은 규제했다.[36]

양정여학교 문서에서도 정치 활동에 대한 규제는 다양하게 나타난다. 주로 학생들의 선거운동 개입 문제 그리고 동맹휴학 등의 문제와 관련된 규제였다. 학생들의 선거운동 참여를 통제하려는 시도는 1954년 민의원 선거 때부터 나타났다. 5월 민의원 선거를 앞두고 학생들이 선거운동에 직간접적으로 관여할 것을 우려하여 문교부는 각 학교장에게 학생들이 정치운동에 관여하는 것을 엄금하도록 시달하였다.[37]

1959년 6월 〈학원사고 단속에 관한 건〉에서 문교부는 각급 학교장에게 동맹휴학이 발생하지 않도록 미연에 방지할 방안을 강구하고, 만약 동맹휴학이 발생했을 경우에는 즉시 보고할 것을 지시하였다. 이 지시에는 문교부 훈령 제60호 사본이 첨부되어 있는데, 학생들의 동맹휴학을 "교육계의 질서를 파괴하는 불미한 소행으로서 엄중 적절한 처단이 필요하다"고 하면서도 맹휴를 일으키게 된 근본 요인으로서 재단 측의 전횡과 교원인사 문제 등을 지적하고 학교 재단에 대한 감독 강화를 지

시하고 있다.[38]

1960년 3·15부정선거 직전에도 학생들의 선거 개입을 통제하는 내용을 담은 공문이 내려왔다. 3월 3일 문교부 사회국장이 각 시구 교육감과 중고등학교장에게 발송한 〈학생의 언동 단속에 대한 일〉에는 정·부통령 선거를 앞두고 "학업에 전념하여야 할 학생이 분별없이 경거망동함으로써 학생 신분에서 이탈되는 일이 없도록" 철저히 단속해줄 것을 당부하고 있다.[39] 4·19혁명 직후 학생들에 대한 단속 지시는 더욱 자주 시달되었다. 1960년 6월 9일 경기도지사는 각 교육감과 중고등학교장에게 공문을 보내어 3·15부정선거에 가담한 자, 구 정권을 배경으로 학교 경영에서 부정불법을 자행한 자에 대한 처단, 나아가 "학생으로서 정당한 이유 없이 학원의 질서를 문란케 한 자"를 학칙에 따라 처벌할 것 등의 내용을 담은 학원 정상화를 위한 긴급조치를 단행하도록 지시했다. 11일에는 문교부가 학생 폭력 행위를 엄단하라는 지시를 각 학교장에게 내려보냈다. 당국은 학생들의 시위와 폭력 행위를 "4월 순국 학생들의 의로운 혁명의 기본정신에 위배되는 행위"로 간주하고 있었다.[40]

그러나 이러한 어조는 7월 들어서 다소 완화되었다. 1960년 7월 23일 문교부 사회국장은 중고등학교장들에게 〈학생 선도에 관한 일〉이라는 공문을 보내어, 4·19 이후 실시될 예정인 총선에서 학생들의 선거운동에 대해 적절하게 통제할 것을 지시하였다. 학생들의 선거운동에 대해 참여 자체를 원천적으로 금지시켰던 이전의 어조와는 달리 "학생은 정치에서 엄정 중립을 지키도록" 지도에 만전을 다하라는 내용이었다. 이는 7월 9일 중앙선거위원회 위원장이 문교부 장관에게 학생들이 특정 후보자를 규탄하는 나머지 그 입후보자의 등록 사퇴를 강권하는 등 물의를 일으키고 있다고 지적하고 이러한 불미스러운 행위를 단속해달라는 요청에 따른 것이었다.[41]

한편, 학생들의 정치 참여에 대한 통제 문서는 1964년 한일회담 반대시위가 확산되는 가운데 다시 등장하였다. 1964년 5월 21일 문교부 장관은 각급 학교에 학생 데모가 발생하지 않도록 미연에 방지해야 하며, 만약 학교에서 데모가 발생할 경우에는 교장을 엄중 문책할 것이라 엄포를 놓고 학생 주모자는 색출하여 퇴학 처분하라고 지시하였다. 이러한 지시는 상당히 다급했던 것 같다. 공식 문서가 아닌 교육청으로부터 전화 연락을 받았다는 내용이 수기로 써 있다.[42] 이어서 계속해서 〈학원 정화 조치〉와 문제학생에 대한 퇴학과 정학 등 응분의 조치를 취할 것, '학생지도 강화 및 학원 질서 확립' 관련 지시들이 계속해서 내려왔다.[43] 정치 행사에 대한 동원은 학생들의 반발을 사기도 했다. 학생들은 교사의 허가 없이 궐기대회 현장에서 몰래 빠져나가는 '사보리'(학교 수업 등을 땡땡이 친다는 일본식 속어)로 대응하곤 하였다.[44]

양정여학교의 경우 위로부터의 공문 외에 정치 활동과 관련한 구체적인 규제나 처벌 사례는 찾아볼 수 없었다. 마산 성지여고, 부산 혜화여고 등 다른 지역에서 4·19 당시 여학생들의 정치 참여가 활발했던 점을 고려한다면, 이것을 단순히 여학생들의 정치적 무관심으로 해석하기는 어렵다. 이천 지역에서도 학생들의 데모가 있었다는 기억이 있는 만큼, 여기에 여학생들이 얼마나 참여했는지 등에 관해서는 추후 연구가 필요하다.

III. 여학생 징계 처분 실태

위로부터의 통제가 이처럼 촘촘했다면, 학생들은 어떻게 생활하고 있었을까? 여기서는 학생들의 일탈과 그에 대한 징계 관련 문서들을 통해 엄격한 통제하에서도 자신의 욕망을 드러냈던 학생들의 일상을 살펴보기로 하겠다.

학생 풍기단속의 내용은 다양했지만, 양정여중고의 경우 교칙 위반으로 징계 조치된 경우는 거의 시험 부정 행위(컨닝), 영화 관람, 남녀 교제 등의 문제 때문이었다. 간혹 학생들 간의 폭행이 문제가 된 경우도 있긴 하지만 드물다. 앞서 언급한 대로 정치적 활동과 관련해서도 특별한 보고나 징계 처분 등은 없었다. 그에 비해 시험 부정 행위는 매우 빈번하게 나타났다. 이는 양정여중고에 무감독 시험제도의 전통이 있었기 때문이다. 학교 측은 학생들의 부정 행위가 빈번하게 나타났음에도 불구하고 이 제도를 유지했고, 이에 따라 한 해에도 몇 명씩 부정 행위자 처벌이 이루어졌다. 이와 더불어 빈번하게 나타난 것이 영화 관람과 남녀 교제 문제였다.

1_영화 관람 규제와 처벌

우선 영화 관람 문제를 살펴보자. 1950년대 후반은 한국의 영화산업이 정비되고 발전했던 시기였다. 1954년 국산 영화에 대한 면세 정책 시행과 지정좌석제, 교차입장제 등이 실시되었고 영화 제작 편수가 급증하면서 관객과 극장의 숫자 또한 대폭 늘어났다.[45] 이러한 상황에서 학생들의 영화 관람도 증가했던 것으로 보인다. 그러나 학생들의 극장 출입에 대한 시선은 곱지 않았다. 변두리 극장들이 "조무래기 학생들로 꽉 차" 있는 극장가의 현실을 지적하면서 1959년 《동아일보》사설은 다음과 같이 말한다.

우리나라의 국민 오락 중에 남녀노소를 막론하고 보편화되고 가장 보급된 것이 영화가 아닌가 한다. 그중 미성년들의 영화에 대한 관심은 지대하다. 개봉 극장에서는 엄연히 미성년 입장 금지를 하고 있지만 변두리 극장은 거의 조무래기 학생들로 꽉 차 있다. 더구나 입학시험에 얽매인 학생을 제외하고는 계절의 바뀜임과 동시에 입학시험 관계 또는 봄방학 진급 등으로 마음에 공백 상태가 생기기 쉽고 또한 영화관 같은 곳으로 마음이 쏠리게 되는 것이다. 이것을 무조건 금지한다든가 방관할 것이 아니라 부모들이 섬세한 마음으로 바르게 지도해야 한다. 영화를 보면 불량아가 된다는 지론은 이제 미신과 같은 얘기다.[46]

이 사설은 미성년의 입장 금지에도 불구하고 학생들로 가득 차 있는 영화관의 실태를 볼 때 이를 무조건 금지하기보다는 부모가 함께 감상하며 지도할 것을 권하고 있다. 그러나 학교 현장에서 영화 관람은 철저한 단속 대상이었다. 1956년 6월 문교부 사회국장은 학교장에게 학생들의 영화 관람은 "건전한 발달을 저해"하고 "악영향을 초래"하므로 문교부에서 인정하거나 추천하는 것 외에는 학생 관람을 엄중 단속하라고 시달하였다.[47] 기본적으로 영화 관람 자체를 부적절한 것으로 보는 시선이다.

그러나 학생들의 영화 관람 욕구를 억지로 통제하기는 쉽지 않아 학교 측은 다른 대책을 강구하기도 했다. 예컨대, 1957년 12월 2일 개최된 이천읍 중고등학교 생활지도부장 연석회의에서는 교외생활 지도방책을 협의했는데, 매월 1회 영화를 단체관람하기로 원칙을 정하였다.[48] 그러나 이런 대책이 양정여학교에서 얼마나 실천되었는지는 알 수 없다. 영화 상영과 관련된 공문서는 확인하지 못했다. 다만, 문교부 추천 영화에 관한 문서가 수록되어 있는데, 1959년 문교부 추천 영화는 〈미와 힘의 제전〉이라는 제목의 1956년 호주 멜버른올림픽 관련 영화였다.[49] 스포츠를 좋아하면 흥미로웠겠지만, 영화를 대체할 정도였을지는 의문이다. 징계를 각오하면서도 극장에 가는 학생들이 나올 법도 했다.

아니나 다를까, 생활지도 관련 서류철들에는 극장 출입으로 학칙을 위반한 학생들에 대한 징계 처분과 관련된 자료들이 많이 포함되어 있다. 예컨대, 중3 윤ㅇ선, 오ㅇ자는 야간에 사복을 입고 이천 가설극장에서 상영 중인 〈원한의 성〉을 무단 관람하여 교칙을 위반했다는 이유로 각각 3일과 5일간 정학 처분을 당하였다.[50] 영화 〈원한의 성〉은 이만흥 감독의 작품으로 남주인공이 공산당원인 여성에게 일시 유혹되었다가 애인의 설득으로 자신의 과오를 깨닫고 다시 자유인이 되어 애인과 결혼한다는 내용의 반공계몽 영화였다.[51] 이런 반공 영화조차도 문제로 삼았음을 알 수 있다.

그렇다면, 당시 학생들은 어떤 영화를 어떻게 보고 있었을까? 이와 관련하여 흥미로운 자료가 있다. 1959년 양정여중고교 생활지도계는 학생들에게 방학 동안 야간 외출, 사복 착용, 영화관 출입 등 학칙 위반 행위가 있었는지 여부에 대해 자진신고를 하도록 했다.[52] 그 결과 중2에서 고3까지 위반자가 20명에 달했는데, 그 신고 내용을 보면 당시 학생들이 어떤 영화를 보고 어떤 분위기 속에서 영화관을 출입하고 있었는지를 엿볼 수 있다([표 2]).

[표 2]를 통해 여학생들이 관람한 영화들의 면면을 보면 다음과 같다. 〈청춘극장〉은 김래성 원작의 동명소설을 홍성기 감독이 영화화한 작품으로 김지미, 김진규 등이 출연하였다. 식민지 시기 독립운동과 강제 동원을 배경으로 남녀의 엇갈린 사랑을 다룬 작품이다.[53] 〈사랑의 탑(원제 〈사랑탑〉-인용자)〉, 〈언약〉, 〈기약 없는 이별〉은 영화가 아닌 여성국극으로 1950년대 인기를 끌었던 김진진, 김경수 자매가 주연을 맡았다.[54] 〈그 밤이 다시 오면〉은 노필이 감독한 작품으로 부모 없이 자란 자

1959년 상영되어 선풍적인 인기를 모았던 〈청춘극장〉 포스터.

[표 2] 영화 관람 위반자 조사 내용

번호	위반자 성명	학년	관람 일시	영화 제목	동기	느낌
1	곽○자	중2	8월 5일	청춘극장	어머니께서 동생들이 가는데 함께 가서 보살 피라고 하시어서 간 일이 있고 아이 보는 아이와 함께 간 일이 있음.	영화 내용도 잘 모르면서 호기심에 가게 되었음.
			8월 13일	언약		
			8월 14일	사랑의 탑		
			8월 15일	기약 없는 이별		
2	조○자	중2	8월 5일	청춘극장	친척 아줌마와 그 안집의 아주머니께서 초대권을 주셔서 함께 갔음.	어른들과 함께 갔으나 마음 졸이고 잘 못 보았음.
3	한○숙	중2	8월 5일	청춘극장	외사촌 언니가 와서 방학 동안을 묵게 되어 함께 갔음.	문화관 개관이라고 사람들이 많이 가므로 호기심에 갔었음.
4	이○명	중3	8월 5일	청춘극장	서울에서 큰언니와 작은언니가 와서 함께 갔으며 집의 위치가 극장에서 가까워 음악이 들려오고 사람이 많이 가므로 호기심에 자꾸 갔음.	가족 동반이라 다소 마음은 놓였으나 겁이 나서 내용도 잘 모르겠음.
			8월 10일	나는 고발한다		
			8월 13일	언약		
			8월 14일	사랑의 탑		
			8월 15일	기약 없는 이별		
5	이○재	중3	8월 5일	청춘극장	개관 후 오빠가 초대권을 얻어 가족 전체가 간 일이 있고 한 번은 이웃 친구와 함께 갔음.	보기는 보았으나 들어갈 때 선뜻 발이 놓이지 않아 주춤거렸으며 보는 동안도 불안하였고 그 후도 늘 불안하여 개학 후 조사한다면 양심껏 말하리라고 마음먹고 있었고 이제 신고하고 나니 그전보다 마음이 가벼워졌습니다.
			8월 14일	사랑의 탑		
			8월 15일	기약 없는 이별		

			8월 5일	청춘극장	가족 전체가 가므로 따라서 간 일이 있고 아줌마들과 아저씨와 같이 감.	규율을 어기고 갔으므로 마음이 불안하고 초조했음.
6	오○자	중3	8월 10일	나는 고발한다		
			8월 14일	사랑의 탑		
			8월 15일	기약 없는 이별		
7	장○자	중3	8월 5일	청춘극장	가족 전체가 가므로 따라갔음.	학교의 규율을 어기어 죄스럽고 불안하였음.
			8월 15일	기약 없는 이별		
8	박○자	중3	8월 15일	기약 없는 이별	가족 전체가 가므로 따라갔음.	갔다 오기는 하였으나 학교에 신고할 때까지 매우 불안하였음.
9	박○이	중3	8월 15일	기약 없는 이별	할머니께서 오셨기 때문에 할머니를 모시고 갔음.	극장에 대한 이야기를 동무들이 하는 것을 듣고 호기심에 갔으나 불안하였음.
10	이○자	고3	8월 5일	청춘극장	오빠가 관계하고 계시므로 가족 전체가 간 일도 있고 또 들어갈 기회가 많아 갔음.	새로 사온 영사기가 보고 싶어 들어갔으나 불안하였음.
			8월 10일	나는 고발한다		
			8월 13일	언약		
			8월 15일	기약 없는 이별		
11	박○자		8월 14일	사랑의 탑	가족 전체가 가게 되어 갔고 한 번은 언니와 함께 갔음.	교칙에 위반되는 줄 알면서 호기심에 갔으나 들어가면서도 마음이 놓이지 않고 걱정이 되어 양심을 속이고서는 살 수 없음을 느꼈음.
			8월 15일	기약 없는 이별		
12	이○선	고3	8월 14일	사랑의 탑	서울에서 언니가 와서 함께 갔음.	동네 어른들이 잘 되었다고들 하셔서 호기심에 갔으나 들어가고 나니 마음이 떨렸음.
			8월 15일	청춘극장		
13	최○자	고3	8월 ?일	삼인의 신부	언니와 함께 호기심에 갔었음.	교칙을 위반한다는 양심에 가책을 받아 불안하였고 초조했음.
			8월 14일	사랑의 탑		

14	주○자	고3	8월 5일	청춘극장	가족 전체가 가게 되어 호기심에 따라갔음.	막상 영화관 앞에 이르니 가슴이 두근거리고 들어간 후에도 불안하고 초조한 마음에 구경도 잘못하고 다시는 이런 일을 안 하리라고 마음 먹었음.
15	김○자	고3	8월 15일	기약 없는 이별	동리 사람들이 잘 되었다고 해서 언니와 정영숙이와 함께 갔음.	들어갈 때부터 망설여졌으며 들어가서도 마음이 졸여서 끝나기를 기다리게 되었음.
16	정○숙	고3	8월 15일	기약 없는 이별	할머니, 김민자, 인자 언니와 함께 잘 되었다는 말을 듣고 호기심에 갔음.	극장에 들어가니 모든 사람들이 나만 보는 듯하여 가슴이 두근거리고 초조하여 머리를 푹 숙이고 앉았다가 보고서 돌아와 다시는 안 그러리라고 생각했음.
17	조○자	고1	8월 7일	청춘극장	〈청춘극장〉이 잘 되었다고 여러 사람에게 듣고 극장도 새로 지어 가보고 싶던 중 가족 전부가 가게 되어 따라갔음.	가족 전체가 가서 좀 마음은 놓였으나 그래도 교칙을 위반한 것으로 가슴이 두근거려 잘 못 보았음.
18	이○수	고1	8월 17일	그 밤이 다시 오면	언니들, 사촌동생들이 놀러왔었는데 구경가면서 함께 가자고 하여 따라 갔음.	영화의 내용은 좋지 않으며 교칙을 위반하여 가슴이 두근거려 잘 보지도 못했음.
19	이○자	고1	8월 23일	애모	친구 둘이서 입장권을 사가지고 와서 자꾸 가자고 하여 거절할 수가 없어서 가게 되었음.	영화의 뜻을 모르겠고 맘만 졸여서 들어온 것에 대해 많이 후회했음.
20	김○자	고1	8월 17일	그 밤이 다시 오면	부산에서 동생이 와서 극장 구경 좀 시켜달라고 하기 때문에 어머니께서 데리고 가시어 따라 갔음.	내용도 잘 모르겠고 교칙을 위반했기 때문에 마음이 불안하여 잘 못 보았으며 다시는 안 가리라고 마음먹었음.

*생활지도부, 〈기율위반 학생 조사에 관한 일〉, 《생활지도관계서류철》, 1959.

매와 그들을 둘러싼 사람들 사이의 희비극을 다룬 영화[55]이며, 〈애모〉는 신경균이 감독하고 황정순이 주연한 작품으로, 장안의 명기 월파가 동생을 뒷바라지하며 눈물로 점철된 삶을 살았다는 내용이었다.[56] 〈삼인의 신부〉는 김수용 감독의 작품으로 김승호, 도금봉, 복혜숙 등이 출연했는데, 세 쌍둥이 청년이 큰 꿈을 안고 상경하여 취직하고 사랑하고 3인의 신부를 맞아 합동결혼식을 올리게 된다는 내용의 코미디 영화였다.[57] 마지막으로 〈나는 고발한다〉는 김묵이 감독한 작품으로 한국전쟁 때 납북된 인사들이 북한에서 노예처럼 학대당하면서 강제 노동을 한다는 내용의 반공 영화이다.[58] 이 영화는 학생들에게 단체관람을 시키기도 했는데, 경주 시내의 초중고교에서는 수업 시간을 할애하여 학생들을 강제로 단체관람시킨 일로 학부모들의 공분을 산 사례가 있었다.[59]

이상의 영화나 국극이 중고생 관람 불가였는지는 정확히 확인할 수 없으나, 1960년대에도 일류 영화관에서는 청소년 입장 불가가 꽤 단속되는 편이었지만, 2, 3류 영화관에서는 거의 규제되지 않았다. 중고생이나 미성년자 관객 없이는 영화관 운영 자체가 어렵다고 할 정도로[60] 많은 학생이 2, 3류 영화관을 통해 등급에 상관없이 영화를 관람하던 실정이었다.

[표 2]에 따르면, 여학생들은 다양한 이유로 영화관에 갔다. 호기심에 한두 번 가본 학생들도 있지만, 세 번 이상 극장을 간 학생도 5명이나 된다. 극장에 가게 된 동기와 관련해서는 대개 부모나 친척, 친구들이 가자고 해서 따라 갔다고 설명하고 있지만, 정말 그러했는지는 확인할 수 없다. 자신이 주도해서 간 것이 아니고 어른과 같이 갔음을 강조

해서 책임을 면피하고자 하는 의도도 읽힌다. 한편, 교칙 위반이기 때문에 영화를 보는 내내 마음이 불안하고 초조했다고 한 경우가 많지만, 정말 그러했는지는 알 수 없다. 반성문이라는 것을 감안해 읽을 필요가 있다.

어쨌든 징계 효과는 있었던 것으로 보인다. 1964년 11월 중3 원ㅇ자는 야간에 극장을 출입한 일로 근신 3일의 처분을 받았다. 이 징계 서류에는 원ㅇ자의 반성문이 실려있는데, "불명예스러운 곳"에 간 것을 후회하고 있다. "선생님 말씀대로 학생이 극장 근처까지 간 그 자체가 나쁘다는 것을 듣고 무척 후회를 했어요", "앞으로는 영화, 아니 극장 자체를 생각하지도 않고 가지도 않겠어요. 아주 이젠 극장 소리만 어디서 나도 고개를 저어요."[61]

그러나 극장 출입은 중징계의 사유는 아니었던 것 같다. 자진신고를 하게 했다는 사실에서도 극장 출입을 하는 학생들이 많아 일일이 무거운 징계를 하기 어려웠던 학교 측의 고민이 엿보인다.

2_남녀교제 금지와 처벌

영화 관람과 함께 풍기문란 단속에서 가장 강하게 규제했던 사안이 남녀교제 문제였다. 남학교 사례를 보지 못해서 단언할 수 없지만, 이 문제는 여학교에서 특히 강하게 문제삼았던 것 같다. 남학생과의 교제가 발각되어 징계 조치된 경우를 살펴보면, 당시 학교 측은 단순한 만남부터, 펜팔, 의남매 맺기 등 남학생과의 어떤 교류도 금지하고 이를 강력하게 단속하고 있다. 징계 조치를 적시한 문서에는 증빙 자료로 남학생에게서 받은 편지와 사진, 그리고 청취서, 전말서, 반성문 등이 첨부되어 있다. 교사가 교칙 위반 사유와 관련하여 해당 학생에게 정황을 물어보면서 작성한 청취서나 전말서는 경찰서의 취조서를 방불케 하는 내용을 담고 있다.

학생들이 주고받은 편지 내용을 보면, 학업에 대한 관심, 진로에 대한 고민, 외로움, 그리움 등의 감정 등을 토로하고 있었다. 고2 박ㅇ자는 이리농고 3학년 이ㅇ택과 '의남매'를 맺고 펜팔을 교환했는데, 압수된 편지에서 이ㅇ택은 고아인 자신의 외로움과 어머니가 없는 아쉬움을 피력하고, 농고 졸업 후 대학에 입학할지 여부 등 진로에 대한 고민을 토로하였다. 또 친구와 레코드를 틀고 놀았다는 소소한 일상을 적어놓기도 했다. 그리고 말미에는 "이 나라가 원하는 참된 일꾼이 되기를 그대도 축복하실 줄 믿으며 그대가 하신 말씀 늘 기억하여 성공의 면류관을 쓸 때까지 힘껏 노력해보겠습니다", "저는 그대가 염려하여주시는 덕택으로 아무 사고 없이 책을 적으로 삼고 매일 매일 성공의 터전을 닦기 위하여 노력하고 있습니다"며 학업에 매진할 것을 다짐하고 있다.[62] 취조서나 다름없는 청취서에 따르면, 박ㅇ자는 "양친이 다 사망하여 쓸쓸한 이ㅇ택에 동정하는 마음을 갖게 되어" 마음이 동요하였다고 한다. 이들은 대개 1주일에 한 번 편지를 주고받았고 크리스마스에 프랑수아즈 사강의 소설 《슬픔이여 안녕》과 만년필 등을 선물로 교환하였다. 오늘날의 시각으로 보면 한없이 건전한 교제로 보임에도 불구하고, 박ㅇ자는 이ㅇ택과 의남매를 맺고 편지를 교환했다는 이유만으로 2주일의 근신 처분을 당하였다.

남녀교제 문제와 관련해서 남학생과의 교제를 부모가 허락한 경우에도 학교 측이 문제삼아 징계 조치를 취하고 있는 점이 눈에 띈다. 예컨대, 1956년 4월 25일 자 〈무기정학 처분에 관한 건〉에는 남학생과의 교제로 "학교의 명예에 악영향"을 미쳤다는 이유로 고3 정○자, 정○옥에게 무기정학 처분을 내린 사례가 보인다.[63] 명절을 맞아 정○옥의 집에 놀러간 정○자는 마침 집에 놀러온 친척 오빠 이리농고 졸업반 정○석을 소개받게 되어 이후 정○자와 정○석은 여러 번 하숙집을 오가며 교제 끝에, "교제 오빠의 의"를 맺게 되었다. 정○자는 정○석을 동성동본 오빠라고 부모에게 소개하고 심지어 이틀간 집에서 재우기까지 하는 등 부모가 교제를 승낙하였다. 그러나 학교 측은 동성동본이 아니라는 사실까지 찾아내, 부모에게 허위로 친척이라고 증언하여 학생 훈육에 지장을 초래했다며 자녀 교육에 더 진력해달라고 통보하였다. 정○자는 이 일로 무려 27일간의 무기정학을 당하였다. 이 외에 크리스마스를 맞이하여 교회에서 만난 남녀 학생들이 부모도 동석한 상태에서 함께 파티를 한 일로 무기정학 처벌을 받은 사례가 있다.[64] 학교 측은 의남매 의형제를 맺지 않도록 단속해달라고

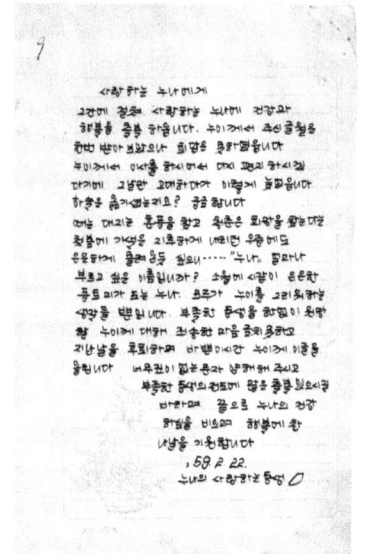

소지품 검사로 압수된 남학생으로부터 받은 편지.

부모들에게 촉구하였다.65

　남녀교제는 무조건 엄금해야 한다는 학교의 입장은 남녀공학에 대한 거부감으로 표출되기도 했다. 남녀공학제 실시에 대한 각 학교의 입장을 조사하는 조사서에 양정여고는 부정적인 입장을 피력하였다. 1953년도 《교무관계서류철》에 실린 〈고등학교에 있어서의 남녀공학제 실시에 관한 의견서 제출의 건〉을 살펴보면, 남녀공학을 실시하고 있는 미국의 경우에는 오랜 기간을 거쳐 이성과 접촉하여 이성에 대한 비판력, 판단력 등을 키울 수 있었기 때문에 무자각한 풍기상의 사고가 발생하지 않는 조건이지만, 한국의 경우 사회적 인식이 부족할 뿐만 아니라 '남녀칠세부동석'이라는 유교의 영향 등으로 남녀의 접촉은 풍기상·학습 과정상 지장만 초래할 뿐으로 "사회적 학생 자신의 인격 구성에서나 남녀관계의 착실한 인식이 있을 때까지 일시 보류"해야 한다고 주장하고 있다.66

　여학생들은 〈전말서〉에서 "조그만 어린애들같이 아주 순수한 게임만 했어요", "저희들은 난잡하게 놀지도 않았어요. 게임은 모두 학교에서 오락하던 것으로만 했어요"라며 항변하기도 했다.67 그러나 징계를 피해갈 수는 없었다.

　징계 결과는 어떠했을까. 여학생들은 반성문에서 다시는 남학생을 만나지 않을 것과 새로운 사람이 되겠다는 결심을 피력하였다. 남학생과 일기를 교환하며 교제하다 단속을 당한 이○향은 "순진한 여학생"이 되겠다고 다짐했고, 정○옥은 "과거의 모든 일은 정신병자의 암담한 백일몽이었습니다. 이제 그 악몽에서 깨어나 새로운 세계에서 새로운 정신으로 새로운 삶을 다시 이을 수 있게 되었습니다. 우리는 이제부터

본궤도를 가장 정확하게 걷는 사람이 되겠습니다"라고 다짐했다.[68] 남학생과의 교제는 '정신병'적 행위로 몰아붙여지고 있었다. 박○자는 "언제나 '여자는 항상 조신해야 돼. 너의 이름이 남의 입에서 좋지 못하게 오르내리면 네 생은 좋지 못한 거야'라고 듣기 싫도록 이러한 말씀을 나에게 들려주신 부모님의 말씀을 그만 까마득히 잊어버리고 그러한 길을 밟았으니 얼마나 나는 나쁜 사람이겠어요"라고 자책한다.[69] 이○향은 반성문 말미에, "게으른 여성이 되지 않고 부지런하고 마음 착한 여성이 되기 위해 모든 일에 충성하겠다"며 충성서약까지 하였다. 단순히 남학생과의 교제에 대한 반성을 넘어서 모든 생활 전반에 대한 반성으로 이어지고, 공부 열심히 하겠다는 다짐, 모범생으로 거듭나겠다는 다짐으로 귀결되었다.

그렇다면 이러한 다짐이 지켜졌을까. 고3 이○호는 경기공업고등학교 남학생과 의남매를 맺어 교제하다가 1958년 학교 당국에 적발된 적이 있었다. 그 후에도 여전히 교제하다가 1년 후인 1959년 소지품 검사에서 다시 학교 측에 편지가 적발되었다.[70]

풍기단속이 양정여학교에서는 주로 극장 출입과 남녀교제 문제에 집중되었던 이유는 무엇일까. 그것은 무엇보다 영화와 남녀교제 모두 성적인 위반의 문제이기 때문이었다. 양정여자중고등학교에서 생활지도 교육의 목표는 민주도의적 생활인의 양성과 여성 특성 교육의 철저 두 가지로 요약되었다. 여기서 여성 특성 교육이란 가정주부로서 갖추어야 할 기초적 지식과 기능을 모두 습득하고 부덕婦德을 함양시키는 것이었다.[71] 양정養貞의 '정貞'이 정숙한 여성을 뜻했던 것처럼 부덕에는 여전히 여성으로서의 정조를 지키는 문제가 포함되어 있었다.

여학생에 대한 젠더 규범과 섹슈얼리티에 대한 통제는 생활관 교육을 통해 구체화되었다. 생활관 교육은 가정생활에 필요한 예의범절을 가르치고, 교사와의 인격적 감화를 꾀한다는 방침을 표방했지만, 실제로는 유교적 가치관에 바탕을 둔 전통적 예절과 웃어른에 대한 존경심, 그리고 가정 내에서 여성의 역할 등을 교육했다.[72]

생활관에서 합숙하면서 여학생들은 부덕 및 가사 능력의 함양과 관련된 실질적인 교육을 받았다. 1956년 여학생 생활지도를 위한 담당 장학사 회의에서는 "부박한 허영에 급급하여 여성으로서의 본분을 망각하는 예가 허다함에 비추어 각급 학교로 하여금 생활지도관을 신설케 하고 부덕을 연마시키기 위한 방안을 심의하고 각 학교에 여학생 생활관을 만들어 부덕을 가르칠 것을 지시했다."[73] 이러한 지시에 발맞춰 1950년대 중반부터 각 여학교에 생활관이 만들어지기 시작했다.

양정여중고 생활관인 백합사는 1957년 개관했다.[74] 생활관에서는 의식주 생활관리, 기본 생활습관, 전통예절 등을 가르쳤다. 특히 가사 실습과 관련한 교육이 주가 되었다. 생활관에서의 가사 실습이 아니더라도 생활지도에서 가사노동에 대한 강조는 다양한 방식으로 나타났다. 1957년 양정여중고가 여름방학 중의 교외생활에 대해 학부모에게 당부한 내용을 보면, 외출 시 교복 착용, 야간 출입 엄금, 극장 출입 금지 등과 더불어 "가사를 도와 여자의 책임을 인식 완수케 하실 것"이 포함되어 있다.[75] 여학생들은 학교에서 배운 가사 기술을 집안에서 가사노동을 수행함으로써 발휘하고 이를 통해 여성으로서의 책임을 완성할 것을 요구받고 있었다.

생활관 교육은 가사 실습이 주가 되었지만, '여성 위생' 등을 통해 성

교육이나 남녀교제 교육도 포함하고 있었다.[76] 이러한 교육에서 여성의 성적 순결이 강조되었을 것임은 익히 짐작할 수 있다. 이처럼 부덕을 갖춘 정숙한 여성을 길러낸다는 양정여학교의 교육 목표 속에서 여학생에 대한 풍기단속은 극장 출입과 남녀교제 문제에 집중되었던 것이다.

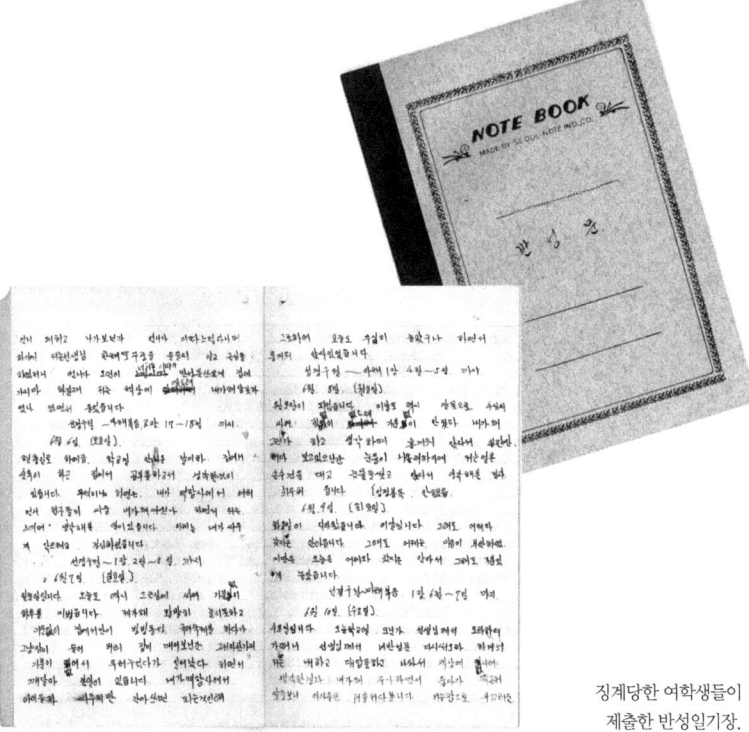

징계당한 여학생들이 제출한 반성일기장.

IV. 여학생들의 불만과 저항

그러면, 풍기단속이라는 이름으로 가해지는 일상의 통제에 대해 학생들은 어떻게 느끼고 있었을까? 아쉽게도 양정여학교 자료에서 학생들의 직접적인 불만의 목소리는 포착하기 힘들다. 여기서는 당시 발간되었던 학생 잡지들과 다른 여학교의 교지 등을 통해 학생들의 반응을 살펴보자.

풍기단속을 적극적으로 옹호하는 목소리는 찾아보기 힘들지만, 주어진 규범을 자신의 것으로 내면화한 순응적 주체의 모습은 쉽게 찾을 수 있다. 수원여고 3학년 오인숙은 졸업을 앞두고 후배들에게 "여자다워야 한다"며 다음과 같이 당부한다.

우선 말하고 싶은 것은 여자다워야 한다는 것입니다. 진부한 말입니다마는 남자가 여자 같아서는 안 되는 것처럼 여자도 남자 같아서는 안 된다는 것입니다. 남녀동등권을 주장하고 있는 요즈음 여성의 권리 주장이나 사회 진출에 반기를 들라는 것은 아닙니다. 여성의 본분을 거의 망각하고 남성화하는 것을 자랑으로 알고 있는 사람들이 너무도 많기 때문에 한심할 정도로 여성 고유의 미덕이 자취를 감추고 있다는 사실을 유감으로 생각하는 바입니다. 남자는 남자로서 여자는 여자로서의 취할 태도가 구분되어 있다는 것은 재론할 여지조차 없는 것입니다.[77]

항상 여자답게 여성미를 발휘해야 한다고 역설하는 이 여학생은 가정과 학교, 사회에서 주입한 여성다움이라는 규범을 자신의 것으로 기꺼이 받아들인다. 아마도 현모양처가 되는 것이 여성이 지향해야 할 바이고, 여성의 본분이자 미덕을 지키는 것이라는 반복된 교육 속에서 많은 여학생이 이러한 규범을 당연시하며 사회가 요구하는 '여성'으로서의 정체성을 다져나갔을 것이다. 이러한 모범생들에게 학교 측의 교육과 풍기단속은 여성으로서의 본분을 망각하지 않도록 여학생들을 계도해나가기 위한 정당한 행위로 비춰졌을 것이다.

그러나 불만의 목소리도 존재했다. 우선 학생들의 불만 대상이 된 것은 지나치게 자유를 통제하고 있는 현실이었다. 예컨대, 잡지 《학원》의 독자 투고에서 경기중 3학년 남문희는 "학생들에게도 어느 범위의 자유가 허용되어야 한다"고 주장했고,[78] 대광중학교 3학년 윤형주는 고등학생이 되면 "좋은 목적을 위한 친구 간의 클럽" 활동이나 "농촌계몽운동" 등을 하고 싶다며, "교외생활에 협력해"달라고 요청한다.[79] 학교 측은 학생들의 일상과 교외 활동은 극도로 통제했지만, 학생들은 공부에 대한 현실적 압박감을 클럽 활동이나 취미생활 등을 통해 자유롭게 발산하면서 건강하게 성장하고 싶은 욕구를 드러내었다.[80]

여학생들은 여성에게만 강요되는 가사노동에 대해서도 불만을 피력했다. 수원여고 고3 한경자는 〈분주한 여름방학〉이라는 글에서 방학숙제도 하지 못하고 설거지, 다림질 등으로 바쁜 여학생의 방학 중 일상을 묘사하면서 다음과 같이 쓰고 있다.

손 하나 까딱 않고 여전히 쓱 입고 나섰다가 어느새 똘똘 말아 혹 내던지는 인정머리 없고 뻔뻔한 오빠나 동생의 행동을 보면 아주 속에서 분이 울컥 솟아 절로 짜증이 나오고 원망스럽다. 어쩌면 이렇게도 우리 가정의 여자들이란 집안 모든 일에 정신을 잃고 쩔쩔매며 그 속에 파묻혀버려야 한단 말인가. 제아무리 남녀동등이라 하여 남자는 남자의 할 일, 여자는 여자의 할 일을 서로 다하고 도우므로써 그 존재를 살려나갈 수 있다고들 부르짖고 있지만 도대체 집안 시중에 시달려 한시도 편안히 쉴 여유조차 가질 수 없는 여자들에게 '지식을 넓혀라. 수양을 닦으라. 남자들에게 지지 말라'고 말은 하지만 정말 나에겐 이해가 안 된다.[81]

남녀동등이라고 떠들지만, 여성에게만 집안일을 강요하는 불합리한 현실을 비판하고 있다.

한편, 새로운 문화의 향유 주체로서 자신을 긍정하고 추구하는 여학생들의 스스로에 대한 인식도 엿보인다. 서울예고 2학년 이옥주는 "새로운 것을 알아야 하고 배우며 또 앞으로 이 새로운 사회를 세워나가야 할 우리가 새로운 문화를 받아들이지 않으면 누가 할 것인가?"라고 질문하며 "눈을 뜨시고 좀 자녀 교육을 위해 개방적인 생각을 가지"라고 기성세대를 향해 촉구한다. 그리고 학생들이 보고 배울 것 없는 사회를 지적하면서 "우리는 우리 스스로의 판단으로 하자"며 학생의 일을 본인이 결정할 수 있는 자율권을 주장하였다.[82] 기성세대에게 여학생들은 미숙한, 통제 대상에 불과했지만, 이들은 기성세대의 한계를 비판적으로 인식하며 스스로 자율적으로 판단해나가고자 하는 욕망을 드러냈다.

1950년대 학교의 비민주적 운영과 교사들의 무능을 비판하며 동맹휴학에 나서는 학생들이 나올 수 있었던 것은[83] 이러한 불만과 욕구가 바탕에 놓여있었던 것은 아닐까. 1950년대 후반 중고생들의 맹휴는 대체로 학교 재단의 비리나 교장의 독단적인 인사, 교사들의 무능이 그 주요한 원인이었다. 그러나 정치적 활동을 포함한 학생들의 일상에 대한 통제 또한 맹휴의 발단이 되었다. 나아가 학생 풍기에 대한 강조는 반대급부로 교사들의 풍기문란에 대한 학생들의 비판으로 이어지기도 했다. 예컨대 1960년 5월 4·19 직후 일어난 진해여고의 동맹휴학에서 학생들은 "부정선거에 관여한 교장 교감 교직원은 물러가라", "파벌 직원을 제거하고 신성한 민주학원을 이룩하라"는 요구 조건과 함께 "3·15부정선거를 규탄하고 일어선 여학생들을 구타하고 퇴학 문제를 논의한 교장 교감은 물러가라", "축첩 교장은 물러가라"고 요구하였다. 학생들의 정치 활동을 폭력으로 통제하는 교장, 교감에 대한 반발과 더불어, 축첩한 교장은 교사로서의 '풍기'를 위반한, 자격이 없는 자이므로 물러나야 한다고 주장함으로써 자신들이 받았던 통제를 되갚아주는 방식으로 저항하고 있었던 것이다.[84] 군부독재의 억압적 통제가 강화되어간 1960년대 이후에는 동맹휴학 등 학생들의 적극적 저항 행위는 점차 찾아보기 힘들게 되었다. 그러나 학생들에게 요구되었던 풍기를 교사와 기성세대도 지킬 것을 요구하며 되돌려주는 방식의 소극적 저항은 지속되었던 것으로 보인다. 풍문여고 학생 채명은 학년이 올라갈수록 교사에 대한 존경심은 반비례하여 낮아진다면서 교재 비용을 부풀리고 치맛바람에 좌우되는 교사들의 존재를 비판하고, "학생들로 하여금 실망하게 하고 존경의 염이 달아나게 하는 짓은 하지 말아주세요"라고 호소하고 있다.[85]

이처럼, 여학생들은 새로운 국가에 걸맞은 새로운 사회와 문화를 만들어가고 향유하고자 하는 주체로서 스스로를 자리매김하면서 '풍기단속'의 이름으로 가해지는 일상에 대한 통제에 저항감을 느꼈다. 국가와 학교가 강요한 비정치적 주체, 부덕을 갖춘 여성이라는 젠더 역할, 그리고 일상에 대한 숨막히는 통제에 대한 불만은 1950년대 동맹휴학과 1960년대 4·19의 함성,[86] 한일협상 반대운동의 열기로 분출되고 이어졌다.

일상사를 통해 여학생들의 행위성을 새롭게 이해하기

'풍기단속'을 통해 규범에서 일탈하는 여학생들의 행위를 규제하고 처벌하는 일련의 과정은 여학생들이 사회가 부과한 규범을 내면화해가는 데서 중요한 역할을 했을 것이다. 거듭된 단속과 규제 속에서 여학생들은 자신의 생활을 스스로 점검하고 단속하는 순화된 주체성을 내면화해갔을 것임은 상상하기 어렵지 않다. 그렇지만 풍기단속의 효과가 기꺼이 현모양처가 되려는 여성 주체성의 형성으로 귀결되었다고 단정할 수 있을까? 여학생들이 남긴 반성문에서 보이는 자신의 행위에 대한 온갖 변명과 핑계, 그리고 앞으로는 규범을 잘 따르겠다는 약속을 곧이곧대로 믿어도 될까?

학생지도 자료에 수록된 반성문을 토대로 여학생들이 처벌과 반성을 통해 규범을 따르는 주체로 순치되었다고 설명하는 것은 다소 단순한 이해일 것이다. 앞서 남학생과의 교제가 적발되었지만 학교 당국의 감시를 피해 남학생과 편지 교환을 지속한 사례에서 보듯, 여학생들은 반성문을 쓰고 순응하며 학교가 원하는 주체로 스스로를 다져나가면서도 끊임없이 불만을 제기하고 학교 당국과 교사의 눈을 피해 규범의 경계를 넘나들며 작은 일탈을 시도하고 있었다. 이러한 작은 행위들 속에서 자신의 생활을 스스로의 방식으로 전유하려는 의지와 행동양식을 엿볼 수 있는데, 이것이 바로 일상사가 주목하는 '아집'이라 할 수 있을 것이다. 알프 뤼트케가 말했듯이, 일상사는 행위자들이 "어떤 방식으로 객체이자 동시에 주체였는지를 또는 그렇게 될 수 있었는지를 보여주기" 위한 것이며, "인간들이 그들의 세계를 전유하는 형식들"에 관심을 갖는 것이다.[87] 이때 자신의 세계를 전유하는 주체를 "자율적"인 존재들로 이해해서는 곤란하다. 이들은 주어진 통치구조와 사회적 관계들 안에서 영향을 받는 존재들로서 끊임없이 제도와 규범의 테두리를 의식하며 직면하는 현실과 고투하는 존재들이다. 이 '작은 사람들'의 일상적인 행위와 실천들이 결국 일상을 변화시키고 사회를 변화시키는 잠재력의 기반이 되었음을 발견하는 데 일상사의 의의가 있을 것이다.

여학생들의 일탈들은 여성 교육사의 측면에서 보면 그저 '주변적인 현상들'에 지나지 않을 수도 있다. 그러나 학교의 강압과 통제에 대한 불만, 새로운 사회와 자기 삶의 주체로 당당히 나서고 싶은 욕구에서 비롯한 이들의 행위를 단순히 '일탈'로만 간주할 것이 아니라 새로운 문화적 실천과 사회적 관계 속에서 자기 나름의 자유를 꿈꿨던 '아집'으로 독해해보는 것은 어떨까.

66

국가와 학교가 강요한 비정치적 주체, 부덕을 갖춘 여성이라는 젠더 역할, 그리고 일상에 대한 숨막히는 통제에 대한 불만은 1950년대 동맹휴학과 1960년대 4·19의 함성, 한일협상 반대운동의 열기로 분출되고 이어졌다.

99

두 마을 이야기:
1960~70년대 농촌의 일상생활 속 자연적·사회적 사건

【안승택】

일상 속 사건으로 일상 다시 보기
I. 일상 중의 일상에서 일상 속 사건으로

일상 속 사건으로 일상 다시 보기

사건과 일상은 사건과 구조, 구조와 행위, 사건과 행위만큼이나 역사학의 인식론과 방법론 면에서 중요한 개념적 대립쌍이다. 일상사 연구에서는 더욱 그럴 수밖에 없다. 그런데 역사학 일반에서 일상의 대립 개념으로서 사건을 말할 때, 이는 어떤 거대한 사건, 즉 정치적으로나 경제적으로, 혹은 국가나 민족, 문명 등의 차원에서 결정적인 영향을 미친 현상들을 가리키는 경향이 있지 않은가 한다. 이는 역사학계에서 사회사, 구조사, 심성사, 미시사, 일상사 등이 제기될 때, 그 대립 개념으로서 '구시대적'인 역사학의 표지처럼 사용된 사건사라는 범주가, 그처럼 거대하면서도 국가적·민족적·문명적으로 결정적인 일들을 다룬다고 이해된 탓도 있을 것이다.

이러한 사정은 구조사나 심성사에 대한 비판으로서, 행위가 자리한 정치적 맥락의 중요성을 부각하는 논의—이를테면 정치사의 복원이라고 불릴 만한—가 제기되었을 때도 크게 다르지 않았던 것으로 보인다. 가령 '반란이 책이라는 도구를 가지고 의사소통했다는 사실'을 강조한 단턴Robert Darnton을 비판하며, 샤르띠에Roger Chartier가 "사건이 가지는 급진성과 환원 불가능한 독창성을 복원시키고, 다른 한편으로 그 사건에 대해 생각할 수 있게 만든, 은폐되고 역설적인 지속성을 확인하는 것이 필요하다"라고 적었을 때,[1] 독서라는 일상 속의 행위와 상호작용하며 그와 개념적으로 대립하는 사건이란 정치적 대사건, 즉 프랑스혁명을 가리킨다.

이처럼 일상의 대립물로서 사건이 국가적·민족적·문명적 대사건만을 가리킨다고 이해할 때, 그런 사건들이 일어나지 않는 세계인 우리의 일상은 사건과 무관한 범주라고 인식되는 경향이 있다. 가령 메딕Hans Medick은 이런 경향을 '중심통합적 시각'이라 부르고, 교역 자본주의의 역동성과 일상 물질문화의 부동성을 대비한 브로델의 작업도 그 한 예라고 보았다.[2] 그의 대안은 반복적인 자기 진행이 아닌, 역사적 생활 현실 속에 보이는 행위-해석 연관으로서의 일상사, 물질적으로 구체화된 생활 상황들과 그 변화가 각인된 것으로서의 일상사였다. 그리고 이는 전체 사회적 변화·전환 과정의 '내부'를 재구성하는 작업으로 의미 부여되었다.[3] 이런 인식을 전제로 샤르띠에로 돌아가면, 그의 관심은 일상과 사건의 역동적 상호작용이긴 했으나, 사건의 독창성과 일상의 지속성을 대비하며 일상을 '지루한 반복'이라는는 틀에 가두는 일이기도 했다.

물론 정치적 대사건 연구자의 인식은 그처럼 '중심통합적'이어도 무방할지 모른다. 그러나 그것이 업이 아닌 이들의 사건 인식까지 그럴 필요는 없다. 만일 일상의 대립적 개념으로서 사건에 대한 우리 세계의 지배적 인식이 그러하다면, 이는 다시 일상과 일상사에 대한 인식에도 영향을 미치게 된다. "일상사의 경향을 표방하는 일부 역사가에게 일상이란 의식주처럼 가장 기본적인 물질적 삶의 형태로서, 매일매일 반복되고 지루하게 계속되며 별다른 성찰 없이도 일어나는 행위들로 이뤄진다"면,[4] 이는 사건과 완전히 무관한 것으로 일상을 규정하는 일이 된다. 그러나 일상이란 곧 매일같이 지루하게 반복되는 것이라는 생각을 그대로 받아들이기는 어렵다.

그런데 그 대안으로서 일상을 매우 유동적이고 역동하는 세계로 파악하고, 일상사의 핵심을 매일의 일상을 통해 사람들이 자신의 삶을 살아가는 실천과 생활방식을 밝혀내는 것이라 규정하면[5] 어떨까. 이 글의 입장에서 보면, 매일매일의 일상이 아니면서 국가적·민족적·문명적인 사건도 아닌, 일상 속의 사건이라고 하지 않을 수 없는 현상들을 다룰 인식론적·방법론적인 여지가 협소하거나 모호해질 우려가 있다. '매일의 일상'을 유동하고 역동하는 세계로 포착한다는 것이, 반복되는 일상의 본성이 유동이자 역동이란 것인지, 반복되는 측면 외에 유동하고 역동하는 측면이 광의의 일상 안에 있다는 것인지 애매하기 때문이다. 이 점을 명확히 하기 위해, 일상사의 연구 대상인 일상에는 일상 중의 일상이라고 부를 수 있는 것과 일상 속의 사건이라 부를 수 있는 것이 함께 있다는 입장을 택할 수 있지 않을까 한다. 그렇다면 일상 중의 일상과 일상 속 사건의 관계를 추적하는 일이 일상사의 과제 중 하나가 될 수 있겠다. 일상의 변화와 그 요인, 이에 대한 행위자의 역할과 반응 등은 일상사의 주요 주제 중 하나이기 때문이다.[6] 앞서 인용한 메딕의 표현을 빌리면, 이는 전체 사회가 변화·전환하는 과정의 '내부'를 재구성하는 작업이 될 것이다.

가령 우리가 종종 만나는, 자연재해라는 사건을 생각해보자. 때로 아주 강한 풍랑이 닥쳐 바닷가 마을의 가옥과 피난 온 선박들을 부숴버리고, 앞이 안 보이거나 눈을 뜨고 있기 어려울 만큼 세찬 눈, 비를 퍼붓는다. 달걀만 한 우박 덩어리가 쏟아져 여름내 가꾼 작물과 수백 년 묵은 고목을 걸레짝처럼 찢어놓기도 한다. 오뉴월의 서리는 보기 쉽지 않아도, 춘삼월의 눈사태는 종종 만난다. 이 중 어떤 것은 진정 유례없는 성격을 지녀서, 역사나 전설상의 독창적인 사건이 된다. 그러나 이들 또한 두 번째 되풀이될 때부터는 이미 참조 지점을 갖는 주기적·규칙적 패턴의 일부가 되어, 재앙적 사건이라는 성격을 잃기 시작한다. 찾아오는 빈도가 이보다 잦은 것들, 2, 3년이나 5년, 10년 주기의 사건들은 이미 재앙이라고 하기 어렵다.[7] 이런 상황에서 재앙적 사건부터 거의 해마다 반복되는 일들까지, 사건과 일상의 경계가 명확히 나눠지지 않지만, 그렇기에 그 관계는 더욱 탐구해볼 만하다.

　사회적 사건이라면 어떨까. 혼인은 개인의 일생 수준에서는 일대 사건이지만, 사회구조의 수준에서는 그저 재생산 메커니즘의 일부일 뿐이다. 그렇게 구조적으로 재생산되는 마을공동체는 다시 사회 전체의 구조적 안정을 지탱하는 존재로 여겨져왔다. 그러나 거기에도 물꼬나 땔감, 혹은 위계나 연애를 둘러싼 사건이 일어나, 마을들 사이는 물론 마을 내 사회관계조차 파탄을 맞고 때론 원한의 수렁에 빠지기도 한다. 석전石戰놀이나 두레 노동, 혹은 투전판 와중에 벌어지던, 때론 피가 낭자해지던 패싸움 역시 우리 '전통문화'의 일부이며, 가방에 손도끼나 체인을 넣고 역전을 어슬렁거리던 1950~70년대의 중고생들은 지금 우리 사회의 '어르신'이 되어 있다. 거기서 흠씬 두들겨 패거나 맞는 일이 어떤 이들에게는 가공할 사건이지만 어떤 이에게는 또 일상이었다.

이 모든 일이 함께 우리의 일상, 즉 전체 사회의 변화·전환의 '내면'을 구성하는 방식이 곧 우리의 탐구 과제인 셈이다.

이상과 같은 문제의식을 바탕으로 이 글은 일상 중의 일상과 일상 속 사건의 관계에 대해 하나의 설명을 시도한다. 그리고 르페브르의 논의에 기대어, 그렇게 설명된 내용을 삶의 리듬에 관한 이야기로서 재정리할 것이다. 그 자료로 삼은 것은 1959~79년 기간의《평택 대곡일기》와 1969~76년 기간의《임실 창평일기》이다.[8] 이 설명은 가능한 하나의 해석이므로 다른 설명의 여지 역시 전혀 부정되지 않는다. 일상이란 무엇인지에 관해 더 많은 논의가 이루어지고, 이를 통해서 일상의 풍요로움에 대한 인식이 깊고 넓어지는 계기가 되기를 기대한다.

우선《평택 대곡일기》에는 불어오는 향向과 양과 때에 따라 가뭄이나 비를 부르기도 하고 저수된 물을 말리기도 하는 바람에 대한, 기록자 신권식(1929년생)의 지식, 생각, 느낌이 다량으로 기록되어 있다. 이를 통해 농사일과 이들 자연현상의 관계가 잘 드러난다. 이 일기가 기록된 현장인 평택시 청북면 고잔리는 보한재保閑齋 신숙주申叔舟(1417~1475)의 후예로 일대의 유력 성씨인 고령신씨 문충공파의 동성마을이며, 기록자인 신권식 역시 그 후손 중 한 명이다. 이 마을이 위치한 평택평야는 경기 지역의 주요 곡창지대 중 하나이지만, 안정된 논농사 지대로서의 역사는 그리 길지 않다. 1973년 아산만 방조제 완공에 이르기까지 진행된 간척을 통해 저습지들이 장기적으로 수리 불안전의 경작지로, 이어 다시 수리안전답으로 바뀌어왔기 때문이다. 고잔리 역시 1973년 이전까지는 2, 3년 주기로 찾아오는 상습적 가뭄에 시달렸고, 홍수 및 방조제 붕괴에 따른 범람의 피해나, 가뭄·사리[大潮]·강풍 시

특히 위협이 되는 염해鹽害에도 자주 시달렸다. 일기 속 기상 현상의 기록은 이런 자연환경을 배경으로 한다.

한편 《임실 창평일기》에는 1960~70년대 농촌에 빈발하던 폭력 사태의 기록이 상세하다. 이 일기의 기록자인 최내우(1923년생)가 일생을 보낸 현장인 임실군 신평면 창인리는 임실읍과 약 6킬로미터, 전북의 중심도시인 전주에서 약 26킬로미터 떨어진 마을이다. 창인리는 임실향약을 기초하고 현감에게 그 실시를 건의한 인물인 만류당萬流堂 이득환 李得奐(1601~1655)이 병자호란 후 전주에서 제자들을 이끌고 들어와 처음 정착한 곳이라고 전한다. 그러나 만류당은 곧 이웃한 대리大里로 강학의 터전을 옮겼고, 창인리는 전형적인 각성바지 마을로 남은 가운데, 대리의 유력 성씨인 삭녕최씨가 이 마을에서도 큰 영향력을 행사해왔다. 이 일대는 진안고원의 남서 방면 주변부 구릉지로, 임실 읍내로 흘러내려온 임실천이 마을 바로 앞에서 섬진강 본류에 합류한다. 이 합류점을 중심으로 펼쳐지는 천변 평탄지에는 논이 발달했는데, 이러한 지형은 우기에 하천 범람과 교통 두절을 겪는 요인도 되었다. 따라서 현재 4차선으로 확장된 마을 앞 국도를 통해 임실, 전주와 연결되기 전인 1970년대까지, 창인리는 마을 뒤쪽으로 난 산길을 통해 임실 읍내에 왕래해야 하는, 상대적으로 고립된 마을이었다. 즉, 군 중심부에 가까우면서도 상대적으로 외진 곳이라는 사회환경이 이 일기의 공간 배경이 된다.

I. 일상 중의 일상에서 일상 속 사건으로

1_매일의 기상 징후에 의한 자연적 사건의 구성

앞서 적은 것처럼,《평택 대곡일기》를 보면 자연현상에 대한 다양한 기록과 표현이 매일의 날씨에 대한 기록과 함께 나타나고 있음이 인상적이다. 기상 상태를 확인하고 예측하는 일은 신권식의 당연한 일과이면서 몸에 밴 습관이 되어 있으며, 이는 농사가 날씨와 떼려야 뗄 수 없는 관계에 놓여있음을 반영한 결과다.[9] 이 '뗄 수 없음'이 나타나는 가장 기본적인 양상은, 제반 기상 현상이 신권식의 생업인 농사와 관련하여 의미가 부여된다는 점이다.

우선 용어들부터 보면, 가령 강수량을 재는 단위는 쟁기의 보습이 땅에 들어갈 만큼의 양을 뜻하는 '보지락'이 사용되며, 장마 중에서 비가 오지 않는 '건장마'와 구름만 끼고 비가 오지 않는 '구름장마'가 구별된다. 이것이 농사에 필요한 비를 기다리는 농민의식의 반영인 점은, 이들 용어가 우려의 표현과 함께 나타나는 점을 통해 확인할 수 있다. 또

기다리던 끝에 내리는 비는 '적우適雨', '감우甘雨'나 '단비', '약비[藥-]' 등으로 표현되며, 때로는 '곡식이 내렸다'라는 상당히 문학적인 표현이 사용되기도 한다. 반면 이미 충분히 물이 있는 상태에서 바라지 않는 비가 내리기도 하는데, 이런 경우 불필요할 때 내리는 비를 가리키는 '객수客水', 때는 적절하나 필요 이상으로 내리는 비를 가리키는 '여비[餘-]' 등의 용어가 사용된다.

이들 용어가 신권식 개인이 만들어낸 말이 아닌 점은 고잔리 농민들이 서로 같은 표현을 써서 이야기하는 상황을 적은 일기 기록을 통해서 확인된다. 가령 "오늘도 종일토록 오락가락 비는 나리였다. 사람마다 만나면 '아이 참. 얼마나 올까여. 어제 저녁은 왜뚝에 뛰여 다니느라고 한심도 못 잤지. 올해는 왜 이리 객수가 많아' 등의 화제가 오간다(59. 8. 27)"는 것은 비를 걱정하면서 나눈 얘기다. 반면 "조반에 마실을 가보니 사람들이 입이 벙글벙글. 약비여, 곡식이 나리였어, 등 모두 비 오는 인사다. 제아무리 살랴고 지랄해도 자연조건에 의해 사는 것이 인간 아닌가(60. 3. 20)"라는 기록은 비를 반기는 대화이다. 살아 꿈틀대는 표현들에 대한 기록으로서도 인상적이거니와, 농민들이 일상적 대화를 통해 이들 용어를 공유하고 또 전승하고 있음도 확인할 수 있다.

이런 공유와 전승의 양상은 낱말뿐 아니라 속담이나 사자성어의 형태로도 나타난다. 속담은 '봄비가

원문 입력 후 해제하여 간행한 출판본 《평택 대곡일기》와 《임실 창평일기》.

6. 두 마을 이야기

잦으면 맏며느리 손이 커진다'나 '소나기는 쇠등을 다툰다' 등이, 사자성어로는 아침 일찍 내리는 비는 금방 그친다는 뜻으로 쓰인 '조우지단 早雨之短' 등이 대표적이다.[10] 이 중 조우지단을 예로 들면, "식전에 일어나니 비가 몇 방울 시작햇으나 조우지단은 병법에도 잇다는데 올 듯하지 않다.……오후에는 볏이 낫으니 기다리던 비는 멀리 가버리였다(62. 5. 27)"거나, "초하루 차 식전 비의 비도 적을 뿐 아니라 가물 중조라고 생각하니 불안하다. 병법에도 조우지지만이라고 했으니……우리는 조금만 더 나리여 주었으면 농꼴 논을 해 심을 텐데(68. 5. 27)" 하는 식이다. 그런데 이를 잘 들여다보면, '조우지단'은 단지 날씨의 객관적 기록이나 수사적 표현을 위한 수단이 아니며, 오히려 이후의 기상 예측 혹은 작업계획을 위한 경험적 근거처럼도 사용됨을 알 수 있다. 이를 일상생활을 지탱하는 민속지식folk knowledge 혹은 토착지식indigenous knowledge이라고 부를 수 있을 것이다.

 물론 이런 토착지식은 맞을 수도, 틀릴 수도 있었다. 그러나 틀린다고 해서 바로 그 지적 권위를 잃는 것은 아니었다. 가령 '찔레꽃머리에 비가 안 온다'라는 말은 '백일홍 핀 지 백일이면 서리가 내린다'와 함께, 《평택 대곡일기》에서 가장 자주 나타나는 속담 형태의 토착지식이다. 그런데 1974년 5월 하순, '찔레꽃머리', 즉 초여름의 찔레꽃 피는 무렵임에도 불구하고 오래 비가 내렸다. 신권식은 이에 대해 "찔레꽃머리에 가문다는 것은 기상 통례인데 금년엔 장마가 들었으니 이상기온은 또 가물지나 않을까 걱정이다(74. 5. 25)"라고 적고 있다. 이처럼 토착지식이 늘 적중하지는 않는다. 그러나 이런 생각은 그저 초자연적인 믿음이 아니라 오랜 체험으로 입증되어 상식화된 경험적 지식이었고, 오늘날 근대적인 과학지식이 그렇듯이, 이에 어긋나는 일은 오히려 기상이변의 징조로 이해되었다고 할 수 있다.

이처럼 토착지식이 경험적 지식으로서 일상생활에서의 예측이나 계획을 위한 지적 근거로 활용되는 흥미로운 사례가 바람을 통해 비나 가뭄을 예측하는 경우이다. 《평택 대곡일기》를 살피면, 바람이 많이 불어 무언가 날아갔다거나, 더운 날에 시원했다, 혹은 그저 바람이 많이 불거나 불지 않는다는 식으로, 비나 가뭄과 상관없이, 농민이 아닌 이들도 적을 수 있는 서술도 자주 나온다. 그러나 이조차도 일의 강도나 난도를 높이거나 낮추는 것이라는 점에서 농사 작업과 긴밀히 연관된 것들이거니와, 실은 이 수준을 넘어선 보다 의미심장한 기록들이 관찰된다. 크게 보아 두 종류이다.

하나는 봄철에 이리저리 어지럽게 혹은 너무나 강하게 부는 바람을 그해 농사의 어려움을 예고하는 하나의 불안한 징조로 여기는 경우이다. 이때 가장 많이 쓰이는 표현이 '풍산하다'는 것이다. "풍산한 날씨다. 매일같이 일기가 흠악하여 불안하다(67. 4. 5)"거나, "날씨는 참으로 풍산한 날씨다. 오후엔 개였으나 날씨가 차거워 금년 농사에 만은 지장을 초래할 것 같고(76. 5. 5)"가 그러한 예이다. 국어사전에서 '풍산風散하다'라는 말은 바람이 불어 우박이 이리저리 흩어지다, 전하여 뭔가 엉망으로 깨져 사방으로 날아 흩어진다는 뜻을 가진 '풍비박산하다'의 준말로 정의된다. 그러나 벌판에 부는 바람은 어떤 방향에서 반대편 방향으로 부는 것이므로 그 자체가 흩어질 수 없으니,[11] 여기에서는 음산한 바람이 이리저리 어지럽게 분다는 뜻이다. 그런데 일기에서 신권식은 이를 어지럽게 부는 바람이나 스산한 날씨라는, 당장의 기상 상태를 가리키는 표면적 의미를 넘어, 일 년 농사를 망치는 불길한 징조로 인식한다.

두 번째는 특정한 바람이 구체적·직접적이며 즉각적인 결과를 수반한다고 보는 경우이다. 특정한 바람이 가뭄이나 홍수를 몰고 오거나, 실제로 저수지나 논에 고인 물을 말리는 작용을 한다는 서술들이다. 이를 보면, '누가 물을 따라서 가기라도 한 듯' 논에서 물이 줄어드는데, 이웃에 사는 물도둑이 아니라 하늘에서 부는 바람이 '범인'으로 지목된다. "물이 따라가는 것 같이 줄어든다. 바람이 심히 부니까 죽죽 당기여 올라간다(60. 5. 11)"거나, "풍산한 날씨로 물 모금이나 있는 것을 말려든다. 오늘 하루 바람으로 물이 벗석 줄었다. 불안해 죽겠다(68. 5. 13)"라는 식이다. 그리고 이는 '하루 바람에 물이 버썩 줄었다'고 할 정도로 급격하고 강력한 것일 수 있었다. 게다가 동남풍이 비를 부른다거나 물을 말리는 동·서풍이 계속 불어 가뭄이 예상된다는 식으로, 구체적으로 풍향에 따라 서로 다른 결과를 예상하기도 했다.[12]

김천 농민 권순덕의 《아포일기》 원본.

이러한 감각이 신권식만의 것이 아니라는 점은, 직선거리로 150킬로미터, 도로 상으로는 200킬로미터 이상 떨어진 곳에서, 서로 만난 적도 없는 사이인 경북 김천 농민 권순덕(1944년생)의 《아포일기》(1969~2000)를 통해서도 확인된다. 그 역시 봄철의 거세고 어지러운 바람을 일 년 내 가뭄 징조로 보고,[13] 대단한 바람이 불어와 콩 심은 것, 모내기한 것, 아직 옮겨 심지 않은 모 등 작물들의 잎을 하얗게 말린다고[14] 적고 있기 때문이다. 또한 왕한석의 《한국의 언어 민속지》 각 편을 보면, 농어촌 불문 거의 모든 고장에서 맑은 날씨와 궂은 날씨나 가뭄과 호우 등을 부르는(혹은 예측케 하는) 바람 구분법이 확인된다. 특히 경기 강화 지역에서는 북동풍이 불면 샘물도 마르고 북서풍이 불면 논바닥이 갈라진다고 했고,[15] 부산 동래에서는 북서풍이 불면 아이들 간까지 말린다고 했다.[16] 특정 바람이 비나 가뭄을 부르고 고인 물도 말린다는 생각 역시 평택의 농민에 한정된 것이 아님을 알 수 있다.

1959년 8월 말, 신권식은 장마 끝에 너무 많은 비를 걱정하며, "비 오는 것이 큰 걱정이다. 바람만 잘못 부러도 신경을 쓰게 된다. 우순풍조 이것이다(59. 8. 29)"라고 적었다. 바람에도 농사에도 무감·무지한 채 살아가는 이들에게는, 비와 바람과 불안이 연결되는 이 논리 전개에 대해 심정은 이해가지만 미신이나 기우라고 생각하거나, 내적으로 상관없는 현상이 우연히 나란히 적혔다고 여기거나, 아니면 농민의 불안한 처지에 막연히 공감하고 만다. 그러나 1959년 8월 29일에 적힌 위세 문장은 그것들 간의 명확한 논리적 인과관계, 그리고 농민 사회의 일상 속에서 형성, 전승되는 토착지식이라는 경험적 근거 위에 쓰인 기록이다. '우순풍조', 즉 '비와 바람이 별 탈 없이 고르다'라는 농민의 희망을 담은 표현은, 그저 좋은 말들을 나열한 미사여구가 아니라, 그 반대편에 '바람이 잘못 불어 비나 가뭄으로 재해를 입는' 암담하고도 불안한 세계와 대립하며 싸우는 표상이다. 논리적으로나 과학적으로 연관관계가 없어 보이는 비와 바람과 불안은, 그저 막연한 노심초사에 의해서가 아니라, 구체적으로 바람의 향과 양과 때까지 모두 살피는 면밀한 경험적 관찰에 의해 일상 속에서 연결되어 있었다고 할 수 있다.

2_일상 속에 깃든 폭력이라는 사회적 사건들

글머리에서 민속놀이나 공동노동 와중의 패싸움도 우리 '전통문화'의 한 부분이고 가방에 손도끼나 체인을 넣고 역전을 어슬렁거리던 옛 청소년들이 지금 한국 사회의 '어르신'이 되어 있다고 적었지만, 이와 관련하여 《임실 창평일기》는 매우 흥미로운 자료이다. 무엇보다도 한 마을에서 빈발하던 폭력 사건의 양상이 잘 드러나기 때문이다. 이 일기에서 직접 완력을 써서 상대에게 상해를 입힌 경우만 세더라도 한 해에 적게는 3건(1973년)부터 많게는 13건(1971년)에 이른다. 여기에 멱살잡이처럼 물리적 상해 직전까지 간 경우, 피아 간의 가해 상황이 분명하지 않지만 완력이 행사되었을 개연성이 큰 경우,[17] 이 글에서 농민의 폭력이라는 범주로 함께 다루는 성폭력이나 응징폭력의 경우 등까지 포함하면, 그 수는 더욱 늘어난다.

폭력 양상 역시 대단히 다양하였다. 우선 그 가해/피해의 정도를 보면, '뺨을 때렸다'거나 '한주먹 먹였다'는 식의 비교적 가벼운 구타도 있지만, 상황에 따라 그 정도가 심한 경우도 적지 않았다. 여럿이 집단으로 폭행하거나(69. 1. 29), 괭이로 때리는가 하면(71. 6. 29), 집단 폭행으로 한 번 수술에 이어 70만 원짜리 재수술을 하고도 얼마가 더 들지 모를 정도로 다치는 일도 있었다(74. 10. 21). 심지어 "중교생을 목전에 낫으로 찍엇는데 우수右手가 병신이 되(72. 7. 13)"는 심각한 상해를 입히기도 했다.

폭력의 실제 상황에서 맞닥뜨린 가해/피해 당사자 간의 관계 역시 다양하였다. 익히 짐작할 수 있듯이, 가장 기본이 되는 것은 집단이든 개인이든 또는 어른이든 아이든 동년배 남성들 간에 행사되는 폭력이다. 그러나 이외에도 머슴 사는 남성이 주인집 젊은 며느리에게 맞거나(75. 12. 6) 반대로 머슴 사는 남성이 동네 산의 산주山主를 때리기도 한다(75. 8. 8). 한마을에 사는 여성과 남성이 서로 싸워 상처를 내기도 하며(71. 7. 19), 성인 남성이 딸뻘의 동네 여아를 때려 입원시키고 괴로워하는 일도 있다(75. 4. 20). 심지어 친사돈 간에 싸움이 벌어져 구경할 만했다거나(72. 7. 9), 종중 곡식의 결산일에 집안사람 간에 도적놈이라며 멱살을 붙들고 시비한 기록도 있다(72. 1. 19).

기록이 많지는 않았지만, 부모 자식 관계에서도 폭력 행위가 나타나지 않았을 리 없다. 부모가 자식에게, 손위 형제가 동생에게 휘두르는 폭력이 존재함은 물론이고, 아들이나 조카가 부모나 아저씨에게 맞서는 경우도 종종 눈에 띈다. 어른들 술자리에 뛰어들어 "큰아버지 그리 마시요, 찌찌하게 돈 있으면 몇 푼이나 된야면서 모조리 죽여버리겠다고" 협박을 하는가 하면(76. 1. 17), 휘발유통을 들고 와 온 식구를 불태워 죽이겠다고 부모를 위협하기도 한다(70. 8. 7). 물론 아들에게 맞는 어머니도 있다(71. 3. 21). 직접 물리적 폭력을 행사하지 않더라도 배후에 깔린 폭력의 힘이 부자관계, 부부관계를 규정하며 폭력 논리로 휘감아들이는 경우도 보인다. 아버지에게 집을 나가라고 하는 한편 시아버지를 편드는 자기 처를 보면서 "언제부터 아버지하고 정이 들엇야 하면서 씹도 별 여주워라(69. 8. 3)"고 폭언을 퍼붓는 경우, 그 현장에서 완력이 행사되 었는지와 상관없이 이를 폭력 행위가 아니라고 하기는 어렵다.

이 폭력 사태의 아수라장에 관공서 공무원들이라고 빠질 수 없었다. 부정 임산물을 반출하다 적발된 농민이 산림계 직원에게 뺨을 맞는가 하면(70. 8. 4), 경찰이 도둑질 혐의가 있는 아이의 부모를 구타하여 피를 흘리고 이가 흔들리는 부상을 입히자, 맞은 이의 동생이 "순사 목아지를 땐다"며 울분을 터뜨리는 경우도 있었다(74. 9. 26). 이 사례에서 면사무소 직원이나 파출소 순경의 폭력 행위 못지않게 폭행당한 이의 울분의 표현—"모가지를 떼다"—도 폭력성에 절어 있다는 점 역시 간과할 수 없다.

이에 비하면 부부싸움 중에 일어나는 남성의 폭력에 대한 기록은 눈에 띄지 않는 편이다. 사회적으로 너무나 만연한 일이어서 별도로 기록할 만하지 않았기 때문인지도 모른다. 사태가 그와 같다면 부모가 자식을, 오빠가 누이를 때린 기록과 같은 것이 많이 남아있지 않은 점도 같은 논리의 귀결일 것이다. 반면 부부싸움은 했지만 '손질'은 일절 하지 않았다거나(71. 9. 12), 동네 부인이 술만 먹으면 남편을 줄로 묶어서 팬다고(75. 10. 4) 적은 것은, 역시 그만큼 이례적이기에 기록되었으리라는 점에서 같은 사정의 이면에 해당한다.

성폭력의 기록 역시 빠지지 않았다. 《임실 창평일기》 기록자인 최내우가 해방 전후 상황을 회고하며 적은 《월파유고》에는 빨치산으로 입산한 주민의 부인들을 지서에 잡아두고 경관들이 밤마다 조사를 핑계로 젊은 부인을 불러냈다는 기록이 남아있다. 최내우는 같이 수감당했던 나이 많은 여성들의 하소연을 듣고 이런 일은 있을 수 없다며 그 부인을 석방하도록 담판을 지어 풀려나게 했다(《월파유고》, 99~102쪽). 일제 말기에 일본으로 남편을 떠나보낸 젊은 부인이 먹을 것을 얻기 위해 성적으로 마을 이장을 상대하다가, 해방과 함께 남편이 돌아오자 마을 이장과의 사이에 낳은 아이를 재에 묻어 죽인 일(《월파유고》, 21~23쪽)과 함께, 처참한 시대가 낳은, 위력에 의한 성적 유린의 어이없는 현장에 대한 기록이다.

당연한 이야기이지만, 전쟁이 끝났다고 해서 이와 같은 성폭력의 역사까지 끝날 리 없었다. 동네 청년들이 인근 마을의 처녀 4명의 "정조를 행실"내거나(69. 4. 9), 같은 동네 사람의 집에 침입하여 어린 딸에게 "불량한 짓"을 하기도 했다(75. 8. 23). 한마을 안에 살면서 이런 성범죄를 되풀이 저지르는 인물도 있다. 1969년 24세의 오태천은 금품을 주고 12세의 여아와 성관계를 맺었는데, 이로 인해 아이는 항문과 자궁 사이가 찢어지는 상처를 입었다(69. 3. 8). 처음에 주민들은 오태천을 마을에서 쫓아낸다며 들고일어섰는데, 이 일이 형사 사건화하자 어이없게도 그는 오히려 마을 사람들의 도움과 방조로 도주할 수 있었다. 그런 오태천은 전국 지명수배를 받은 끝에 결국 남원에서 검거되었는데(69. 3. 19), 5년이 지난 1974년에는 다시금 같은 마을 주민의 처를 강간하려다가 발각되어 또 도주하고 있었다.

이에 비하면 여공들의 숙소에 침입해 걸어둔 속옷을 찢어놓거나(75.

9. 1), 아이들 오락회에서 같이 놀던 소녀의 옷을 벗기는(70. 9. 17) 정도는 그야말로 아이들의 장난처럼 보인다. 그러나 이 역시 1960~70년대 농촌에 만연했던 폭력적 성문화의 일부임은 분명하다. 만연한 혼외정사나 사생아 출산, 그리고 이와 관련한 스캔들은 한편으로 이러한 폭력적 성문화의 일단 또는 배경처럼도 생각된다. 그러나 남편 외도 문제로 서로 싸우는 동네 아낙들을 말리던 최내우가 "성인이 연애해서 그리 잘못은 안인데 하고 우솜(69. 3. 25)"이라 적었듯이, 혼외정사 등 폭력을 수반하지 않은 성적 일탈과 성폭력 사이의 차이는 당대 농민들의 인식에서도 명백했다.

마지막으로 지적해야 할 또 다른 중요한 폭력의 양상은 일종의 응징폭력이라 부를 수 있는 것들이다. 앞서 언급한 젊은이들의 오락회에서 자기 딸의 옷을 벗긴 사실을 안 부모가 옷을 벗긴 동네 아이를 찾아와 때린다거나(70. 9. 17), 시비 끝에 사죄하러 온 이의 "보태기를 2, 3차 때리고 용서해(75. 1. 1)"주는 식의 폭력이다. 마지막 사례에서 짐작되듯이, 이는 실질적이고 비이성적인 폭력 행사라기보다 다분히 형식적이고 심지어 의례적ritual인 행동처럼 보이기도 한다. 전후좌우 맥락을 들여다보면 이러한 응징폭력은 명예나 체면의 손상에 대한 보복 혹은 대상代償의 성격을 지닌 것으로도 보인다. 성적 일탈 일반과 성폭력을 같은 지평에서 사고할 수 없듯이, 이런 응징폭력과 공격성이 노골적인 선제적 폭력 일반을 동일선상에서 사고할 수 없음도 분명하다. 그러나 이에 대한 관찰은 1960~70년대 농촌 사회에 만연했던 폭력의 본성을 일정하게 조명해주는 면이 있으므로, 뒤에서 다시 검토하기로 한다.

II. 일상 속 사건에서
다시 일상 중의 일상으로

1_일상에 재각인되는 자연적 사건의 기억

앞 절에서 확인한 '바람과 물의 고갈을 연결하는 사고방식'은 농업이나 자연과 유리된 채 일상을 살아가는 사람들에게는 논리로든 정서로든 접속이 쉽지 않은 세계이다. 어쩌면 이를 전근대적 사고라고 일축할 수도 있다. 그러나 이는 잘못된 설명이다. 《평택 대곡일기》 기록자 신권식은 '근대'에 태어나 '현대'를 살아간, 철저하게 '근대적'인 인간이기 때문이다. 그는 열성적으로 잡지와 책을 읽으면서 교양을 쌓고, 신문과 라디오를 통해 정보를 수집하는 '계몽인'이며, 부동산에 큰 관심을 가지고 간척 농지와 도시 주택에 투자하는 '경제인'이기도 했다. 뤼트케는 이런 양상을 동시대성 내에 존재하는 불균등 변화의 징표들로 보면서, 변화의 불균등함과 실천의 다의성을 연관시킴으로써 분석과 해석을 체계적으로 탈중심화해야 한다고 주장했다.[18] 이를 지침 삼아 한번 설명을 시도해봄 직하지 않을까?

이 설명은 우선 그런 사고방식이 생산, 재생산되는 과정에서 시작할 수 있을 것이다. 앞서 자연현상을 가리키는 농민의 용어 분화가 농사작업과 밀접히 관련되어 있음을 언급하면서, 그 용어들이 농민의 일상적 대화를 통해 공유, 전승되고 있었다고 적은 바 있다. 이런 공유와 전승은 단지 특정 용어나 속담에 국한되지 않고, 일상을 채우는 지식 활동 전반에 걸쳐 이루어지고 있었다.

1960년 봄은 4월 10일에 비가 내려 대풍이 기대되었지만, 이후 한 달 남짓 비가 오지 않아 극심한 가뭄에 시달렸다. 5월 들어 걱정이 더욱 커지면서, 신권식은 이에 대한 불안과 우려를 일기에 상세히 적어두었다. 그 한가운데 있던 5월 초, 그는 "전일 바람 끝에 비가 안 네리면 여러 날 비는 안 올 것이라고덜 말하고 있다(60. 5. 5)"라면서 사람들이 근심을 나누는 상황을 기록했다. 이런 궁지 속에서 12일에 종일 바람이 불자 그는 "사람의 간장을 태우는 이 바람. 소란스럽고 진정을 못할 이 심정"이라 애타하면서도, "이 바람 끝에 비가 와야지 그냥 들면 참말로 보다리 끄디여야 될 지경이다. 대지구명大地救命은 어디에 있는가?"라며 그 바람에 간절한 일말의 기대를 걸었다(60. 5. 12). 그런데 이튿날 실제로 종일 비가 내렸다. 이후 며칠 일기는 기쁨과 반가움, 활력과 생기로 가득한데, 흥미로운 것은 농민들이 나누는 대화들이다.

식전 비라 얼마나 올까 했으나……종일 나리였다. 기다리고, 기다리고, 바라고 바라든 비. 메마른 대지 우에 물이 나리니 온 초목이 생기를 내고 사람들의 거름이 가분가분 하고 우슴소리가 난다.……생명수다. 저녁에도 나리였다. 식전 비라 없이 여기였더니 제법 많이 나리였다(60. 5. 13).

 식전에 물고에서 사람 소리가 나서 나가 보니 들에 사람이 옹기중기 하고 있다.……물은 아논에 벌창이 되엿다. 논뚜랑이 잘 안 보일 지경이다. 비는 참 많이 왔다. 말에 의하면 두 보지락 가깝게 왔다 한다(60. 5. 14).

 가뭄이 이어지면 가무는 대로, 비가 내리면 비 오는 대로, 사람들은 옹기종기 모여 지식과 정보를 교환하고 희망과 걱정을 나누며, 이를 바탕으로 기상을 예측하면서 농사를 계획했다. 그중 어떤 것(13일의 조우 지단)은 어긋났고, 어떤 것(12일의 비를 부르는 바람)은 적중했다. 그리고 5월 5일 사람들에게 들은 "이 바람 끝에 비가 안 오면 며칠간 비가 안 올 것이라고 한다"라는 전문(傳聞)이, 12일에는 스스로 지닌 토착지식으로서 적혀있기도 하다. 이 변화가 실제 5일과 12일 사이에 일어난 것이 아니라고 해도, 언젠가 들은 이야기가 어느 순간 자신의 지식으로 변환되었음은 분명하다. 12일의 강우 이후 이는 경험적 지식으로서 더욱 확고한 지위를 갖게 되었을 것이다.
 이렇게 집단의 이야기를 통해 공유된 정보가 일정한 시간을 거쳐 자신의 것으로 습득되는 과정은 《평택 대곡일기》에서 보다 긴 시간적 경과를 거쳐 나타나기도 한다. 1965년은 유례가 드문 가뭄이 닥친 해였는데, 4월 중순에 가물던 중 며칠째 황사 바람이 불어 걱정거리가 되고 있었다. 이에 신권식은 "오늘도 마찬가지의 날씨로 연속되니 큰일이다 일정의 소화 14년도가 이리 가물었다는데 그때와 같은 흉년이 온다면 나라의 구급은 어려울 것이다.……아주 심상치 않은 해다"라고 적었다. 여기에서 말하는 소화昭和 14년(1939) 가뭄은 유례없는 대가뭄으로서 지금도 농민들 사이에 '칠년대한七年大旱' 또는 '칠년 가뭄'이라고 회자되는, 일제 말기부터 해방 직후에 걸친 기록적 한발이 시작된 해였다. 신권식은 같은 해 6월에도 "참으로 가무는 해다. 소화 14년가 가물엇다 하것만 금년엔 비하면 아무것도 아니라고들 한다(65. 6. 7)"라고 들은 바로서 칠년대한의 사실에 대해 적고 있었다.

흥미로운 것은 1978년 봄 큰 가뭄이 닥쳤을 때 신권식이 "현재 60년 내의 가뭄이라 한다. 내가 알기론 소화 14년 후는 없다. 앞으로 20일만 더 가물면 농사일은 끝장(78. 5. 16)"이라고 적은 점이다. 즉, 1960년대 중반에는 분명히 '들은 이야기'였던 1939년의 대가뭄이, 70년대 후반에는 체험적 지식처럼 기록되어 있다. 1929년생인 신권식이 1939년 대가뭄의 참혹상 중 일부 인상적인 장면을 기억할 수는 있다. 그러나 연령상 그 기억은 가뭄들 사이의 비교, 특히 농사에 미친 영향을 평가할 정도로 전면적이고 상세한 것이기는 어렵다. 이런 사정에서 1960년대에 그 정보는 '들은 이야기'로 기록되었을 것이다. 그런데 1978년에는 "내가 알기로는"이라는 말머리와 함께, 60년 만의 가뭄이라는 정부 공식 발표와 마주 놓일 정도의 단언으로 적혔다. 결국 이는 '들은 이야기'가 어느새 '경험 주체'인 그가 '스스로 알고 있는 지식'으로 전환(실은 착종)되었음을 말해주는 것이 아닐까.

이는 한편 토착지식이라는 지식체계가 지닌 경험적 근거의 불안정함, 또는 신빙성의 결여 상태를 보여준다. 그러나 다른 한편 토착지식이 지닌 역동성과 경험적 발전의 방식을 보여준다고 이해할 수 있다. 토착지식이 나름의 지적 권위와 지식체계로서의 힘을 가질 수 있는 까

닮은 무엇일까. 무엇보다도 그것들이 이를테면 '민간적 과학과 민간적 역사의 총체'로 존재하면서, 과거의 어떤 순간에 만들어져 그 결정結晶으로서 고정되는 것이 아니라, 근대적 과학과 역사가 그러하듯이 현장에서 경험된 새로운 사실이 거듭 더해짐으로써 갱신되어가기 때문일 것이다. 1939년 이전과 그 이후의 사이에서 농사 현장의 가뭄에 대한 농민적 지식체계는 큰 발전을 이루었다. 반면 이 칠년대한을 언급한 어떤 공식적 과학지식도 존재하지 않는다면, 어느 쪽이 경험적 지식으로서 사실에 더 부합하고, 농사에 도움이 될까. 선뜻 공식적 과학지식이라고 말하기 어렵다면, 이는 일상사라는 문제의식의 중요성을 일깨워 주는 것이기도 하다. 일상사는 무엇보다도 기존 학술 활동의 구획을 "절단해내는" 일이며, 이제껏 오래되거나 배척당했던 목소리들이 "자신들의" 역사를 화두로 끄집어낼 기회를 확대하는 일이기 때문이다.[19]

이처럼 농사 현장 속의 사건에 대한 직접 경험이 경험적 지식으로 발전하여 다시 일상으로 정착하는 사례를 《평택 대곡일기》에서 더 찾을 수 있다. 1962년에도 한창 모내기철에 비가 오지 않았다. 그중에 신권식은 샘에서 두레박으로 물을 푸면서 "작년만 해도 하로만 고이면 260여 두래박이 고이는데 금년엔 160정도바게 안 고인다(62. 5. 21)"라고 적었다. 하루 만에 샘에 고이는 물의 양을 두레박질로 물을 퍼올린 십 단위 횟수까지 기억하면서, 그해 가뭄의 정도를 헤아리고 있던 것이다. 1962년의 경험이 다시 그 후 기후 측정, 기상 예측, 농사계획과 관련하여 새로운 참조 지점이 됨은 물론이다. 앞서 언급한 1965년의 가뭄 역시 마찬가지다. 1968년에 다시 가뭄이 닥치자 그는 65년의 가뭄 당시에 자신의 농토가 말라붙던 상황에 대한 기억을 토대로, 적어도 대곡리에서는 68년 가뭄이 65년 가뭄보다 심각함을 정부 발표에 앞서, 정부 발표가 절대로 미치지 못할 방식으로 확인하고 있다.

날씨가 이토록 가무는 해는 별로 없다. 65년도에도 80년 만에 가물이 왔노라고 했으나 우리 집으로는 65년도에는 앞 5두락은 아직가지 물이 많았으나 금년엔 농꼴 밭원도 다 심지도 못했으려니와 물이 말라가는 논이 많다. 농꼴 공장도 4, 5일 더 못갈 것 같다. 큰일이다. 농꼴 밭원은 죽어가니 참으로 한발이 극심한 해이다. 할먼님 돌아가시든 해에 가물이 극심했것만, 금년에 우리 집은 더욱 한발이 심한 편이다. 오늘이 할먼님 재사인데 65년도의 한발이 회상된다(68. 6. 6).

이 기록에서는 65년 가뭄 때 작고한 조모의 기일(음력 5월 12일)을 맞아 그 상례 무렵의 가뭄 정도를 기억해내는 방식이 흥미롭다. 토착지식이 민간적 과학과 민간적 역사의 총체로 존재한다는 사실을 아주 잘 보여주는 사례이다. 이외에도 그는 "입동이 내일 모래인지 서리가 매일 나리더니……입동 전에 보리가 나야 된다는데 아직 보리가 나지 않았으니 걱정지사(60. 11. 5)"라거나, "내일이 단오일이라 비가 오늘내일 안 오면 더 가물 것이라고 한다(64. 6. 13)"라고 기록한 후 이튿날 비가 오자 흐뭇한 느낌을 적기도 했다. 일상 속 사건들에 대한 경험이 누적되면서, 비로소 일상 중의 일상이라고 부를 만한 것이 위기를 해소하고 일상으로 남아있을 수 있게 된 일이라고 할 것이다.

2 _ 폭력 사건에 의한 일상의 위기 해소와 재일상화

앞서 자연적 사건에 대한 토착지식과 관련해 동시대성 내에 존재하는 불균등 변화의 존재 상태에 대해 '비동시대적인 듯 보이는 것들의 동시대성'을 생각할 필요가 있다고 썼는데, 이 점은 폭력이라는 사회적 사건에 관해서도 적용된다. 뤼트케Alf Lüdtke는 이와 관련하여 다음과 같이 적었다.

> 구타를 '사소한 폭력'으로 여긴 것은 1920년대와 1930년대뿐만이 아니었다.……구타는 어느 정도 형식을 갖추어 '이루어졌다.'……(이는) '거의 무의식적인 반응'이었다. 간단하게 손목을 이용해 바로 때릴 수도……팔을 크게 돌려서 칠 수도 있었다. 맞는 사람에게는 '어안이 벙벙하고 고통스러웠거나' 혹은 '가볍기도' 했다. 따귀는 일련의 정치체제나 경제성장의 변동과 위기와 관련이 있는 것이 아니라, '장기지속'에 속하는 일이다.……독일(서독)은 1960년대 후반에 이르러서야 비로소 이 '사소한 폭력'을 사실상 문명화하는 과정을 밟기 시작했다.[20]

이는 매우 흥미로운 서술인데, 다소간 오해를 일으킬 소지도 있다. '따귀' 자체는 비문명적이고 (문명의 대립물이 야만이라면) 야만적인 현상이라고, 그 야만성이 전근대에서 근대와 현대로 이어지고 있다고도 여길 수 있기 때문이다. 이 글의 입장은 그조차도 (다른 종류의) 대단히 '문명적'인 현상이라는 점을 분명히 해야 한다는 것이다.

응징폭력에 대해 적으며 언급한 것처럼, 《임실 창평일기》에 적힌 폭력의 많은 부분은 인격적 모욕이나 명예 훼손과 같이 개인의 존엄이 손상되었다고 여기는 순간에 발생했다. 가령, 1968년 12월 최남련은 김상옥의 논을 쌀 15가마에 샀는데, 이웃인 안승묵은 최남련에게 김상옥이 관련 절차를 다 마치거든 쌀을 주라고 조언했다. 그 후 김상옥이 절차를 진행하지 않고 안승묵에 대한 뒷얘기를 하고 돌아다니자, 안승묵은 김상옥을 찾아가 뺨을 때렸고 이에 김상옥은 잘못을 사과하였다. 1969년 3월 23일, 안승묵은 김상옥의 사과에도 불구하고 분이 풀리지 않은 듯 사람들이 모인 자리에서 "김상옥에서 창피를 보았다"며 분개했다.

같은 해 5월 25일, 방문 중이던 처남이 최완우와 정철상에게 뺨을 맞았다기에 최내우는 두 사람을 찾았는데, 둘 다 만나지 못하자 다음 날 자기 집으로 찾아오란 말을 남긴 뒤 귀가했다. 그날 밤 최내우는 "처남을 때린 것이 곧 나를 때린 편이 된다"라고 분해하면서 잠들지 못했다. 다음 날 일찍 찾아온 정철상의 이야기를 들으니, 실은 싸움을 건 것도 때린 것도 자기 처남이 먼저였고, 정철상 등은 맞서 때린 것에 불과하였다. 이에 최내우는 엉뚱하게도 "왜 너희들 계 모임 하는데 계원도 아닌 처남을 데려가서 때리기까지 했냐"며 정철상의 귀싸대기를 2, 3차례 때렸고, 정철상은 잘못했으니 용서해달라고 사정했다. 이어 최내우는 집에 찾아온 최완우에게 따졌는데, 집안 간임을 감안했는지 직접 폭력으로 응징하지는 않았다. 그러나 역시 "왜 때릴 때 말로는 사돈 간이라면서 때렸냐"는, 다소 엉뚱해 보이는 구실을 들어 최완우를 비난하였고, 이에 최완우는 바로 잘못했다며 용서를 구했다.

1975년 12월 6일 최내우의 며느리는 머슴살이하던 한남련이 "최내우 며느리가 자기 돈 5,000원을 주지 않는다"는 이야기를 하고 다닌다는 사실을 알고 화를 내며 그의 뺨을 때렸다. 최내우의 차남은 한남련을 데리고 동네 주점으로 가서 사람들 앞에서 해명했고, 이어서 최내우는 한남련에게 남은 임금을 정산해준 뒤 다시는 내 집에 오지 말라고 하였다. 이에 한남련은 이 동네에 남아도 괜찮겠냐고 물었고, 알아서 하라는 최내우에게 거듭 동네에 살아도 아무 말을 않겠냐며 다짐을 요구했다. 이에 최내우는 "이놈 네가 내게 다짐을 받을 필요는 없지 안나" 하며 뺨을 때렸고, 한남련은 다시 잘못했다고 빌었으나 최내우는 사과를 받아들이지 않았다.

이들 사례에서 폭력은 구설 등으로 자기 명예가 훼손되었다고 생각되는 순간 이를 바로잡는 수단으로 동원되는데, 주로 당사자들에게는 누가 옳고 그른지 분명한 반면 제삼자에게 흑백이 명확하지 않은 상황에서 이를 바로잡기 위해 사용된다고 할 수 있다. 이때 제삼자들은 남의 싸움에 개입하기보다 단순한 구경꾼에 머무는 경향이 있는데, 명예가 손상되었다고 느끼는 쪽에서는 폭력을 행사함으로써 구경꾼들에게 자신의 명예 손상을 호소하는 양상으로 진행된다. 따라서 폭력은 그 외의 수단으로 자신의 명예―조금 더 일상적인 용어로는 체면―를 지킬 수 없다고 생각될 때 이를 자기 힘으로 지켜내는 마지막 방법이라고 할 수 있다. 두 번째 사례의 경우 폭력에 대한 응징으로서의 폭력이란 점에서 조금 달리 보이기도 하지만, 결국 최내우가 이에 응징폭력을 휘두르게 된 것은 애초의 구타를 단순히 처남에 대한 구타가 아니라 자신의 명예에 대한 도전으로 간주하였기 때문이다. 역시 단순히 폭력에 대한 대응이 아니라 명예의 훼손에 대한 응징이라고 이해할 수 있다.

1975년 4월 최성걸과 정현일·엄만영 사이, 그리고 최내우와 임택준

처 사이에 거의 동시적으로 일어난 폭력 사태는 이런 응징폭력이 어떠한 정당성을 지니고 농촌 사회에서 통용되는지 잘 보여준다. 사건은 최내우의 아들인 성걸이 정현일의 아이를 때려 코피가 터지면서 병원에 실어다준 사건에서 비롯되었다. 그런데 이 모습을 본 임택준의 처는 최내우 면전에서 "이장 힘을 믿고 되[뒤]가 돈독하니가 그런다면서 동서로 단니면서 소리첫다." 이에 화가 난 최내우는 임택준 처의 "먹둔가지를 잡아 땅에 떠드렷다. 가라쟁이를 찌저버린다고 햇드니 덤벼들엇다. 병원에 갈 폭 잡고 때리다가 말기기에 참맛다." 이튿날 아침 최내우는 정현일 집을 찾아 내외에게 사과하고, 성걸이가 엄만영의 처와 딸도 때렸다는 것을 알고는 다시 엄만영의 집을 찾아 사과하였다(4. 19~20). 이어서 엄만영의 처와 딸도 입원시키고 입원비와 식사대를 입금한 후 "마음이 괴로왓다(4. 22)"고 적었다. 반면 자신이 폭행한 임택준의 처에 대해서는 괴로워하기는커녕 어떤 형식적인 사과나 위로는 물론 걱정의 표현도 하지 않았고, 그런 뜻에 대해서도 기록하지 않았다. 오히려 최내우가 이처럼 꿈쩍도 하지 않는 가운데, 20여 일 지난 후 임택준 부부가 최내우를 찾아와 미안한 마음을 표현하여야 했다(5. 14).

이 사례에서는 폭력의 정도가 과도했던 감이 없지 않지만, 그 외의 많은 경우 응징폭력은 양적으로나 질적으로 심각하지 않은 수준으로도 충분했던 것으로 보인다. 모든 사례에서 한 대 혹은 두세 대의 뺨 때리기 정도로도 응징 주체의 명예를 훼손한 쪽이 바로 사과하고 용서를 구하는 자세로 돌변하기 때문이다. 이처럼 폭력성이 오히려 절제되는 듯이 보이는 점이 이런 응징폭력들이 다분히 형식적이고 의례적인 행위들로 보이는 이유이기도 하다. 이것이 형식적·의례적이라 함은 그 폭력 행위가 일정하게 문화적 논리에 기반함을 뜻할 것이다.[21] 즉 '한두 대의 뺨 때리기'가 의도하는 것은 때리는 자와 맞는 자 사이의 정상적인 사회 질서, 가령, 양자 간의 위계관계 같은 것을 환기하는 일이라고 할 수 있다. 만일 체면 손상에 대해 절제되지 않은 무차별적인 폭력으로 응징했다면, 그 폭력은 정상적인 사회 질서를 환기하는 데 실패하고, 질서 복구 역시 어려워지거나 다른 질서로 이행해야 했을 것이다. 그리고 아마 그 일의 절제성 강조가 응징폭력을 행사한 주체들이 사태 봉합 이후에도 분이 풀리지 않는 이유이다. 그럼에도 응징폭력이 마을의 사회적 질서를 환기하고 복구하는 것일 수 있었던 이유는, 그것이 무분별하고 무차별적인 선제 폭력과 다른 폭력이기 때문이다. 물론 어느 쪽이든 물리적 폭력임에는 차이가 없고, 따라서 어느 한 편을 지적으로 신비화할 필요는 없다. 그러나 양자 간에 내적인 논리나 사회적 연원은 다른 데 있었으며, 그 논리와 연원의 차이가 응징폭력이 지닌 유용성의 중요한 내력內力을 이룰 것이다.

이렇게 정당한 질서를 위반한(혹은 위반했다고 여겨진) 인물로부터 명예 손상 행위에 대한 반성과 사과를 이끌어내는 데에서 응징폭력이 지니는 유용성으로 인하여, 사람들은 도처에서 이런 식의 폭력을 사용하게 되는 것으로 보인다.[22] 폭력에 의한 응징 논리가 사회적 확장성을 갖게 되는 것이다. 1970년대에 도박이 큰 사회 문제가 된 상황에서 주야로 도박이 성행하여 시범부락 지정이 취소될 위기에 처할 정도였던 창인리에서(79. 2. 18), 도박을 근절하려던 마을 유지들은 불시로 도박판에 난입하여 화투 방석을 걷어차고 있었다(71. 5. 24; 11. 15). 흥미로운 점은 마을 유지들만 그럴 수 있었던 것은 아니라는 점이다. 최내우의 아들 성혁은 그 자신이 도박판에 자주 가담하고, 이로 인해 부친으로부터도 여러 차례 경고를 듣는 처지였다(70. 1. 12; 1. 15; 74. 1. 16; 3. 30). 그런데도 동네 아주머니들의 부추김을 받아 20여 명이 모인 도박판을 습격하고는, 촛불을 켠 병을 들고 "이놈들 다 패 죽인다"면서 "도박 말라"고 외치고, 자신보다 훨씬 나이가 많은 김병일의 목을 잡고 흔들며 대중 앞에서 모욕을 주는가 하면, 다른 도박꾼들의 목을 잡아 방에서 끌어내는 등 일대 활극을 벌였다(72. 1. 31).

응징폭력이 명예 손상을 둘러싼 갈등과 관련하여 판단을 내리지 못하는 제삼자들 앞에서 일 대 일로 문제를 해결하는 마지막 방식이듯, 폭력은 마을 전체의 논의 구도 혹은 정치적인 역관계상의 일정한 흐름에 대해 개인이 저항하는 효과적 또는 최종적 수단이 되기도 했다. 1971년에는 소류지 공사 청부업자의 선정 및 새마을 가꾸기 사업의 시멘트 사용처 등의 문제로 마을에 갈등이 생겼는데, 최내우는 술상을 걷어차고 의견이 충돌한 상대를 침으로써 분위기를 반전시키려 했다(71. 3. 31). 이듬해에는 어른들 앞에서 이장이 담배를 피운다는 이유로 이장 앞의 상을 걷어참으로써 엄준상은 대중 앞에서 이장에게 모욕을 주었고, 최내우는 이 일이 이장을 공격하려는 정치적 목적으로 이루어진 일이라고 이해했다(72. 2. 14). 이러한 폭력의 사용은 마을에서 진행되는 논의의 구도 혹은 정상적인 정치 질서를 뒤집어엎고 대세를 반전시키거나, 최소한 자신에게 불리하지 않게 일을 진행하려는 기획이라 할 수 있다. 이런 폭력은 마을의 정상적 정치 질서와 논의 구도 밖에 있음이 분명하다. 그러나 그 외부에서 내부를 향해 압력을 행사하는 수단이 되고 있었다. 그렇다면 마을의 정상적인 사회정치 질서 내부에 있지 않다는 점에서 선제 폭력과 응징폭력은 유사해 보인다. 둘 사이의 차이를 찾는다면, 전자는 완전히 그 바깥에 있고 후자는 그 안과 밖 사이의 경계지대에 존재한다고 할 수 있지 않을까.

같은 측면의 연장선상에서, 폭력에 의한 문제 해결은 마을의 공식적 조직이나 논의체계가 일일이 개입하기 어려운 개인적 관계에서 비공식적 방식으로 문제를 해결하는 수단도 되었다. 가령 마을의 정구복이 공무원인 최내우의 아들 성효를 상대로 "국가에서 보급한 종자가 실패했으니 종자 값을 봐달라"고 하자, 최내우가 "주먹으로 한 방 먹인 일"이 있었다(73. 9. 9). 이 역시 아들을 상대로 비정상적인 거래를 시도한 데에 대한 응징으로서 폭력이라는 비공식적인 방식으로 문제 해결을 시도한 것으로 이해할 수 있다. 같은 맥락에서 "용산리 황동원 장자와 물대문에[때문에] 시비햇는데 두워 번 때리 주웟다(70. 6. 26)"라고 적은 기

《임실 창평일기》의 주인공 최내우의 관촌보통학교 졸업사진(1940).

록 역시, 아들뻘인 이웃 마을 청년과의 물꼬 싸움으로 기존의 인간관계가 분쟁화하자, 체면의 손상에 대한 응징폭력이 유력한 관계 정립/재정립의 수단이 되었음을 보여준다.

1960~70년대 농촌에 폭력이 만연했다고 할 때, 적어도 《임실 창평일기》 기록을 볼 경우 촌락 사회의 질서 전체가 폭력에 의해 돌아가고 있었음을 의미하지는 않는 것 같다. 이 점이 폭력이 만연한 사회에서조차 폭력은 일상 자체가 아니라 하나의 사건인 이유일 것이다. 그러나 그 질서가 위기에 처하거나, 각 행위자 특히 사회적 위계관계 상위에 속한 행위자의 이익에 부합하지 않는 방식으로 그 질서가 움직여나갈 때, 이를 되돌리거나 전복하기 위한 목적으로 폭력들이 사용되고 있었던 것으로 보인다. 이 점이 일상 중의 일상이 일상 속 사건들에 의존하여 운영되는 이유일 것이며, 그런 의미에서 사건의 중요성에 주목하면서도 사건들이란 결국 일상을 회복하는 데 복무하는 것이라고 이해되어야 하는 이유이기도 하다. 또한 그럼에도 일상 중의 일상과 일상 속 사건 자체를 완전히 같은 것이라고 간주하지 않고 서로 분리해서 다뤄야 하는 이유이기도 할 것이다.

일상 속 사건의 재일상화와 그 너머

뤼트케는 일상사를 소개하는 글의 서두에서 일상사의 기본 구상을 '반복되는 것의 지배'와 '세계의 전유(와 변화) 형식'의 둘로 나누고, 후자가 그가 가는 길인 점을 분명히 했다. 이때 인간이 전유하는 세계는 인간의 행위 조건으로서 인간에게 주어지는 것이자 인간이 생산하는 것이고, 그 과정은 애초부터 다의적으로 주어진 것들이 인간 전유를 통해 다시 미세한 차이를 보이면서 변화하는 일이라고 설명된다.[23] 일상의 본질이 인간 전유(의 형식이)라고 상정하는 그의 입장은 다른 인터뷰에서도 확인된다. 한국에는 일상을 혼돈으로 이해하는 의견도 있다며 일상의 개념에 관해 묻자 뤼트케는 혼돈으로서의 일상은 틀리지 않은 파악이고, 그것을 통제불능이라 보는 것이 한 독법일 수는 있다면서도, 그에 대해 다음과 같이 논평한다.

> 물론 어떤 상황에서도 인간들의 행동은 항상 현실 통찰에 필요한 나름의 특정한 척도를 만들어낼 줄 알고, 그렇게 하고자 노력하는 특징

이 있는 것으로 보입니다.……현실에 제압되지 않기 위해서 말입니다. 현실의 특정 부분을 전유하는 그와 같은 과정은 항상 새로운 것이고, 새롭게 추구되는 것이라고 생각합니다.……이렇듯 일상에는 혼란과 통제 불가능성으로의 강력한 진입이자 침투……(가 나타나는) 것으로 보입니다. 다시 말해 그것은 분명 혼돈을 제어하는 영속적 시도입니다. 즉 사람들이 살아있는 한 계속 진행되는 시도입니다. 일상 개념과 관련해서 보면 그것은 분명 반복적인 것과 관련 있습니다. 그 시도가 항상 반복적 과정이기 때문입니다. 하지만 그것이 이루어지는 구체적 방식과 양상은 완전히 새로운 것입니다. 그런 한 그것은 동일한 것은 아니지요.[24]

이 논의에서도 핵심은 일상의 본질이 전유라는 인간 실천에 있다는 점이다. 그런데 '지루한 반복'과 '통제불능의 혼돈' 모두가 이 전유라는 인간 실천의 대립물인 점에 주목해야 한다. 이 설명만을 놓고 보면, 혼돈도 반복도 일상의 한 모습이기는 하지만, 그 본질이라기보다는 대상물이거나 결과물이며, 말하자면 혼돈은 전유됨으로써 반복처럼 보이게 되고, 그런데 그것들이 똑같아 보이는 것은 그것이 새로워졌기 때문이라는 것이 그 취지로 보인다.

이 글은 뤼트케의 이런 취지에 부응하여, 혼돈의 세계를 전유해 반복의 세계로 전환하려는 인간 실천, 그리고 이 실천들을 통해 나날이 새로워지는 세계의 다의성·가변성을 드러내려는 기획이었다고 할 수 있다. 아울러 그 기록에 담긴 농민들의 유쾌함, 활달함과 이지적인 면모, 희망과 불안, 기쁨과 슬픔, 노여움과 즐거움, 고투와 좌절 등이 함께 독자들에게 전달되었기를 바란다.

  그런데 인간 실천으로서의 전유가 이처럼 삶의 희로애락과 고투로 가득하다는 점은 일상이란 무엇보다도 인간의 궁리, 노력, 싸움, 놀이 등 사람과 삶 그 자체의 힘과 에너지에 의해 이뤄지는 것이라는 점을 생각하게 한다. 즉 일상이 변하지 않는 무언가로 여겨진다면, 그것은 사람들이 각고의 궁리와 노력을 통해, 어떤 일로 맞서거나 달래며 때로 다투고 때로 놀잇감으로 삼음으로써, 사건들을 일상 안에 다시 가두는 데 성공했기 때문일 것이다. 이에 대해 만일 우리가 일상 자체가 본성적으로 위기를 해소해내는 힘을 가진 데 따른 결과라고 여기면서 인간 에너지에 대한 고려를 멈춘다면, 우리는 일상에 대한 일종의 물신주의 fetishism에 빠질 공산이 크다.

  뒤집어 생각해보면, 일상이 어떤 힘을 지닌다면, 그 힘이란 사건을 없던 일로 만들어서 해소해버리는 힘이 아니라, 사건조차 일상의 일부라고 믿도록 만드는 힘, 당사자와 관찰자들 모두가 그것이 위기가 아니거나 적어도 주기적으로 반복되는 위기라는 믿음을 갖게 하는 힘, 그래서 질서가 복구될 수 있고 그래도 좋다는 믿음을 갖게 하는 힘이 아닐까. 그런 의미에서 인간은 일상의 힘에 의지해서 살아가는 존재일 것이다. 그렇다면 사건이 일상에 (긴박하고도 숨가쁘게 하는) 리듬을 부여하는 것인 동시에, 일상이 사건에 (느슨하고 숨을 돌릴 수 있는) 리듬을 부여하는 것이기도 하다. 양자가 맺는 상호의존성은 그저 연동으로 결합해 있다는 것 이상의 심오한 수준에 존재하는 것으로 보인다. 그리고 그 와중에 만들어지는, 생활 현장의 인간적 경험들이 '민간적인 과학과 민간적인 역사의 총체'로서 우리가 토착지식이라고 부를 만한 어떤 것들로 현장에서 만들어져 축적된다는 점도 이 글에서 확인되지 않았나 생각한다.

위에서 에너지 이야기를 살짝 끼워넣어 일상 중 일상과 일상 속 사건이 서로를 규정하는 와중에 만들어지는 긴박하거나 느슨한 리듬들에 대해 적은 것은, 물론 르페브르의 《리듬 분석》을 염두에 둔 것이다. 미처 완성되지 않은 것으로 보이는 이 저술에서 르페브르는 악마와 하느님, 선과 악, 빛과 어둠, 내재적인 것과 초월적인 것, 삶과 죽음, 전과 후 등 이항 대립에 의존한 이원 분석, 그리고 정과 반이 합에 도달해 하나가 된다는 헤겔식의 변증법에 반대하면서, 정-반-합, 경제-사회-정치, 시간-공간-에너지, 멜로디-하모니-리듬 등이 끝내 구별되는 상태로 존재하는 삼원 분석으로서 변증법을 이해할 필요성을 제기했다.[25] 뤼트케 역시 앞서의 '혼돈의 전유'에 대한 설명에 이어 '전유와 제압의 나선형 과정'을 언급했다. 그가 이 대목에서 변증법의 나선형 발전 과정을 떠올린 점은 분명하기에, 일상의 변증법에 대한 르페브르식 설명의 참조는 억지 연결이 아니라고 믿는다.

삼원 변증법에 관한 르페브르의 분석 지침이 무언지는 상당히 모호하다. 그럼에도 무언가를 찾아내본다면 다음과 같은 두 가지를 생각할 수 있을 것 같다. 첫째, 르페브르는 시간과 공간을 활성화하고 연결하면서 모순관계에 빠트리는 것이 (시간-공간-에너지 삼항관계의 한 축인) 에너지인데, 시간-공간-에너지를 하나로 연결하는 것이 다시 (멜로디-하모니-리듬 삼항관계의 한 축인) 리듬이라고 적는다.[26] 이로 미루어 여러 삼항 대립은 서로 개입하고 침투하는 관계에 있다고 할 수 있다. 둘째, 그는 미디어가 시간과 공간의 거리를 소멸시켜 단일한 현재를 증폭시키지만, 거기 드러난(창으로 내다보이는) 대상들은 저마다의 리듬이 있을 뿐만 아니라 또 저마다 복수의 리듬을 지니고 있어서, 관찰을 계속하면 대상을 다多리듬적으로 보게 된다고 했다. 따라서 리듬 분석의 목적은 각 리듬을 다시 여럿으로 분리해냄으로써 무엇이 '자연'에서 왔으며 무엇이 후천적이거나 관례적이거나 정밀하게 만들어진 것인지 이해하는 데 있다는 것이다.[27] 이로 미루어 삼원 분석의 또 다른 관건은 삼항 대립관계를 찾아내는 것뿐 아니라 그 각각의 항목을 다시 복수의 항목들로 분해해내는 작업공정에도 달린 것으로 보인다.

범주 간의 대립을 이항관계가 아닌 삼항관계로 파악할 것, 여러 삼항 대립을 서로 개입하고 침투하는 관계로 다룰 것, 대립하는 삼원 항목을 각기 다시 복수의 항목들로 분해할 것 등을 르페브르의 분석 지침으로 간주하고 이 글에서 다룬 두 마을의 이야기를 들여다보면 어떨까. 우선 평택 대곡 마을과 임실 창평 마을이라는 공간, 그 두 마을의 1960~70년대라는 시간을 각기 활성화하고 시간과 공간을 연결함으로써 모순관계에 빠트리는 것은 무엇보다도 그렇게 연결된 시공간을 살아가는 인간들의 삶의 힘, 에너지라고 할 수 있겠다. 또 인간이 에너지를 쓰며 삶에 분투하는 가운데 일상이라는 이름으로 하는 일이 전유의 실천이라면, 이 에너지는 일상이 결부된 삼항 변증법에도 개입, 침투하는 존재일 것이다. 여기서 일상이 결부된 삼항관계가 일상과 일상 중의 일상, 그리고 일상 속 사건으로 이루어진 점을 우리는 이 글에서 보았다고 할 수 있을까? 그렇다면 이를 삼항관계로 인식하는 일의 의의는 일상 중의 일상과 일상 속 사건의 대립이 일상으로 하나가 되어서 해소되지 않고 서로 끝내 구별되는 관계인 점, 즉 삼자가 서로 다르다는 점을 인식하는 데 있다. 바꾸어 말하면, 일상 중 일상과 구별되는 일상 속 사건이

다시 일상의 안에 들어앉게 될 때, 그 일상은 일상 중 일상과도, 일상 속 사건과도, 그 두 가지를 합한 것과도 구별된다.

 그렇다면 이제 우리는 이 글의 들머리에서 언급한 사건과 일상의 이항 대립관계에 대해 무언가 할 수 있는 이야기들을 갖게 되지 않았나 생각된다. 브로델과 샤르띠에가 빠지고 만 함정, 즉 일상과 사건이 이루는 다층적인 전체 사회의 상, 그 여러 층위 간의 상호작용에 주목하는 역동적 변화의 상을 잡아내려 했음에도 일상을 지속성과 불변성의 세계로 파악하는 데 그친 것은, 사건과 일상이라는 이항 대립을 인식론적 기초로 사용했던 일과 관련이 없을까? 이항 대립의 정태적인 범주들에서 삼항 대립의 동태적인 범주들로 분석 틀을 변환함으로써, 그리고 그 삼항관계들을 한편으로 그 각 항목 안에서 다의적인 것으로 분해하고, 다른 한편 여러 삼항관계들 간의 개입·침투의 지점을 설정함으로써, 우리는 고전적인 사회사나 문화 연구의 '구조적 시각'과 구별되는 일상사의 새로운 영역을 발견하게 되지 않을까? 그렇다면 빈번히 구사되는 (혁명적) 사건과 (반복적) 일상이라는 이항 대립이 맺는 관계성을 이해하는 일은, 이 글에서 다룬 일상–일상 중 일상–일상 속 사건의 삼항 대립 등을 더해가며 그 삼항관계들이 서로 개입하고 침투하는 지점들을 확인하는 작업으로 이어져야 할 것이다. 이것이 사회의 역사나 문화의 역사를 보는 일과 구별되는, 일상의 역사를 보는 일의 한 방법이 될 것으로 기대한다.

 이에 대해서는 더 이상의 언급이 이 글의 구조 안에서는 불가능한 만큼, 참조 지점의 인용을 통해 이 글의 위치와 향후 방향성에 대해 생각의 발판을 만들어두기로 하겠다. 앞서 인용한 '따귀의 장기지속성'에 대한 서술에 바로 이어서 뤼트케는 다음과 같이 적고 있다.

그렇지만 따귀의 의식儀式은 일상적인 '사소한 폭력'을 보존시켜 결국 지배체제를 폭력으로 유지하는 형태로, 심지어 근대의 '문명 단절'이라고 일컬을 만한 '무절제의' 폭력으로 확대될 수 있었다.……이것은 사소한 것만을 의미하지 않았다. 여기에서 한편으로 중요한 것은 아마도 '위대한 전체', 곧 지배체제의 유지였을 것이다. 그렇지만 다른 한편으로 모든 따귀는 구체적으로 항상 더 강력해질, 다시 말해 '사소한' 폭력이 더 큰 폭력으로 넘어갈 가능성을 포함하고 있었다. 따귀는 결코 종착점이 아니었다. 더 이상의 것이 결코 없을 수 없었다.[28]

이러한 뤼트케의 지적을 이 글의 맥락에서 음미하면, 일상 중 일상과 일상 속 사건과 일상 사이의 삼항 대립 외에, 일상 중 일상과 일상 속 사건과 사건 간의 삼항 대립에도 주목해야 함을 말해주는 것일 수 있겠다. 그렇다면 후자의 삼항 대립을 찾아내고 그 두 삼항 대립 간의 관계를 설명하는 일이, 사건과 일상이라는 이항 대립의 정태적 성격을 에너지와 결부시킴으로써 다시 움직이도록 하는 방법이 될 수도 있을 것이다. 이 점까지 염두에 둘 때, 일상 중의 일상과 일상 속 사건의 관계를 추적하려던, 이 글에서 과제 삼은 일의 향후 방향성도 그 모습이 드러나지 않는가 한다. 그 과제의 본질은 일상과 사건, 혹은 일상 중 일상과 일상 속 사건을 구별하고 그 관계를 논하는 일 자체일 수 없다. 그것은 그중 어딘가에 머물지 않고 그 모든 것을 관통해나가는 에너지, 그리고 그에 의해 연결되는 수많은 삼항 변증들을 찾아내는 일일 것이다. 그렇다면 이 일을 가장 잘 해낼 수 있다는 점, 그 연결고리들을 찾을 수 있는 지평에 시야를 두도록 한다는 점이야말로 일상사가 가진 힘이 아닐까.

정치종교로서의 새마을운동, 신앙고백의 편지 쓰기:
1970년대 새마을지도자연수원 수료생 서신을 통해 본 새마을운동의 일상정치

【이상록】

새마을운동의 종교성
I. 새마을운동의 목회자 김준
II. 종교인들의 새마을 교육 경험
III. 편지 쓰기: 신앙고백의 의미와 행위 전략

새마을운동의 종교성

1971년 7월 30일 중앙청 제1회의실에서는 박정희 대통령 주재로 서울시장, 부산시장 및 전국 도지사, 각 부처 장관이 참석한 지방장관회의가 개최되었다. 이날은 박정희가 1971년 대선에서 신민당 김대중 후보에게 신승을 거두고, 제7대 대통령에 취임한 지 30일째 되는 날이었다. 이날 회의에서 박정희 대통령은 '농촌 근대화 완수'와 '도시민과 농어민의 소득상 불균형 해소'를 정책 목표로 제시하면서 새마을가꾸기운동의 중요성을 강조했다. 그런데 이 자리에서 박정희는 "이 사업의 목표를 경제적인 측면보다 주민들의 정신개발이라는 측면에 두고 이를 더 중시하고 있다"면서 '정신개발'을 새마을운동의 목표로 설명했다.[1] 농촌 근대화와 소득 불균형 해소를 추진하는데 왜 박정희는 '정신개발'을 강조한 것일까?

박정희는 각종 연설에서 새마을운동을 언급할 때마다 새마을운동이 '정신혁명'임을 주장했다. 그 대표적인 사례는 1972년 '5·16민족상' 시상식 연설에서 박정희가 "새마을운동은 안정의 그늘에서 싹트는 안일과 타성의 병폐를 배격하며 성장의 이면에서 활개치는 낭비와 사치를 퇴치하는 정신혁명"이라고 규정한 것이다.[2] 1970년 '새마을 가꾸기 사업'이라는 명칭으로 시작된 새마을운동은 애초에 농촌 지역 환경개선 사업이나 농가 소득증대 사업과 같은 물질적 차원의 개발사업이었다. 그런데 박정희는 근대화·산업화의 폐해를 극복하기 위한 '정신혁명' 프로젝트로서 새마을운동을 끌고 가려고 했다. 그는 새마을운동을 통해 안일과 타성에 젖어 소비와 사치를 일삼는 주체의 정신을 개조하여 '근면·자조·협동'을 실천할 수 있는 노동의 주체, 개발의 주체로 만드는 것을 바로 '정신혁명'이라 명명했다.

나아가 박정희는 '근면·자조·협동'의 새마을 정신을 국정國政의 모든 분야와 국민생활 전반에 불어넣으려고 했으며, 이를 '조국 근대화의 행동철학'으로 승화시키고 싶어했다.[3] 농민, 더 나아가 주부, 학생, 도시민 등 각계각층 사람들의 정신을 개조하려는 이 원대한 구상은 인간 본연의 이기심을 넘어서는 것을 목표로 했기에 새마을운동은 일종의 세속종교적 면모를 지니고 있었다.

이탈리아 파시즘과 정치종교 연구 권위자인 에밀리오 젠틸레Emilio Gentile는 다음과 같은 경우 근대의 정치운동이 세속종교가 된다고 설명했다. ① 정치운동이 삶의 의미와 인간 존재의 궁극적인 목적을 규정할 때, ② 이러한 운동에 가담한 모든 구성원들이 반드시 준수해야 할 공공의 도덕적 계율을 만들 때, ③ 이러한 운동이 역사와 현실을 해석하는 데 있어 신화적이고 상징적인 극화劇化에 근본적인 중요성을 부여하고, 그리하여 민족, 국가, 혹은 정당으로 구현되고 모든 인류의 재생적 힘으로 찬양되는 '선민'과 긴밀히 결합된 그들만의 '신성한 역사

sacred history'를 만들 때다.[4] 새마을운동의 경우 젠틸레의 설명에 대체로 부합한다고 볼 수 있다. 다만, ③과 관련하여 '신화적이고 상징적인 극화'의 양상은 보이지 않았지만, 박정희가 새마을운동을 '민족약진운동', '국난극복의 원동력' 등 숭고한 사업으로 끊임없이 명명한 것을 포함하여 지배 엘리트들은 새마을운동을 민족의 발전·번영과 직결시키며 신성화하고 있었다.

1975년 11월 미국의 《뉴스위크Newsweek》 지는 박정희 대통령이 새마을운동을 '일종의 국가종교a state religion'로 만들고자 한다는 내용의 기사를 냈다. 한국 언론은 이 기사를 "대도시의 엘리트를 참여시킬 것을 추진함에 따라 박정희 대통령은 새마을운동을 일종의 정신혁명과 국민종교로 만들기로 결심한 것 같다"라는 내용으로 보도했다.[5] 당시 《경향신문》 사설은 《뉴스위크》의 이 보도에 대해 새마을운동이 "개발도상국에서 성공한 하나의 시범"으로 "국제적 관심"을 모으게 된 사례로 자랑스럽게 거론했으나 이는 명백한 아전인수식 해석이었다.[6] 《뉴스위크》 아시아판 편집자 리차드 M. 스미스Richard M. Simth는 새마을운동이 도시로 확대되면서 그 정치적 성격이 노골화되는 것을 비판하는 내용으로 이 기사를 서울에서 작성했다.[7] 그는 이 기사에서 새마을지도자연수원(이하 '연수원') 연수 풍경을 묘사하면서 이런 일이 중국의 5·7간부학교나 북한의 수용소, 또는 공산세계에서의 세뇌 조직 같은 곳에서나 있을 수 있는 것인데, 놀랍게도 남한에서 일어나고 있음을 환기시켰다. 이 기사에서 '국가종교'는 긍정적인 의미가 아니라 부정적인 의미를 함축하고 있다. 스미스는 새마을운동에서 개인숭배가 싹트고 있다는 비판자들의 의견을 소개했고, 박정희 대통령의 유신개헌 등에 대한 저항을 위축시키기 위한 의도로 도시새마을운동 연수가 진행되고 있다고 평가하기도 했다. 그는 새마을운동의 정치성과 개인숭배를 비판하기 위한 하나의 레토릭으로 '국가종교'라는 말을 사용했지만, 새마을운동의 종교성을 간파한 그의 지적은 날카로웠다.

필자는 이 글에서 새마을운동이 종교적 특성을 갖고 수행되어왔음을 주장하고자 한다. 이는 특히 새마을운동의 핵심 활동인자인 새마을지도자들을 교육·훈련시켰던 연수원 연수 과정에서 도드라지게 나타나는데, 필자는 이를 정치종교라는 차원에서 분석해보려 한다. 여기에 활용할 주 자료는 연수원 교육 수료생들이 연수원 김준 원장 앞으로 보낸 편지들이다. 새마을지도자들과 김준 원장이 주고받은 편지들은 새마을운동의 공적 활동과 연결된 내용이지만 기본적으로는 개인의 내밀함을 드러내는 자료이다. 편지 쓰기는 개인의 일상생활과 사적인 감정을 타인과 공유하려는 적극적인 소통 행위이다.[8] 이들의 편지에는 공식 기록물에서 찾을 수 없는 새마을지도자들의 일상적 활동과 고민들이 담겨있다. 새마을지도자들의 고집스러운 태도와 견결한 의지, 이를 반영한 행위와 마을 단위 관계의 일상성을 담고 있다는 점에서 편지는 매우 중요한 일상사 연구의 사료가 된다. 새마을운동중앙회가 구축한 새마을운동아카이브에는 약 5,000여 건의 '서신' 자료들이 공개되어 있다.[9]

필자는 이 많은 편지들을 보면서 두 가지 의문이 들었다. 첫번째 의문은 왜 이렇게 많은 수료생들이 김준 원장에게 편지를 보냈을까였다. 이 점은 편지 주고받기가 연수원 '사후 교육'의 일환으로 시행되었다는 사실을 확인함으로써 해소되었다.《새마을 교육 40년사》에 따르면, 연수원은 정규 과정을 마친 모든 수료생에게 그간의 노고를 위로하고 격려하기 위해 수료 후 1개월이 지나면 김준 원장 명의의 서신을 발송했다. 이 편지에는 또 한 통의 편지가 첨부되었는데, 연수 과정 중 교육생이 자기 자신에게 또는 자기와 가까운 어느 대상에게 썼던 것이었다. 연수원은 이 편지를 발송해 수료생이 연수 교육 당시를 회상하게 하고 동기를 다시 부여하여 현장 활동의 지속적인 정진을 당부하는 효과를 기대했다.[10] 《새마을 교육 40년사》에는 따로 언급이 없지만 새마을운동아카이브 서신철에 있는 편지는 연수 과정 중에 보낸 서신이 아니라, 연수가 끝나고 각자 거주 마을로 복귀한 후에 보낸 서신이었다. 연수 중에 쓴 편지든, 연수 후에 쓴 편지든 모두 연수원의 사후 교육 활동의 일환이었다. 더욱 중요한 사실은 동일 인물의 편지가 여러 차례 발송되는 경우가 적지 않았다는 점이다. 이는 수료생의 편지가 단순히 사후 교육의 차원으로만 발송되지 않았음을 의미한다. 수료생들의 편지 중에는 연수가 끝난 뒤 수개월 또는 1년 이상이 지난 후 자신의 생활과 마음가짐의 변화를 연수 경험과 연결시켜 보낸 것들도 적지 않다. 즉 수료생들이 의무적으로 보내야 하는 편지만 있었던 것이 아니라, 새마을지도자들이 자발적으로 자신의 활동이나 감정을 전달하기 위해 쓴 편지도 많았던 것이다. 이 사실은 이 편지 작성자들의 행위 주체성과 관련해 중요한 의미를 갖는다.

두 번째 의문은 좀 더 어려운 문제인데, '왜 거의 모든 수료생들이 편지에서 공통적으로 연수원 생활의 감격을 언급하고 김준 원장에게 감사와 존경의 표현을 강력하게 표명하는 것일까' 하는 점이었다. 수료생들의 편지 사연은 매우 다양하지만 공통적으로 등장하는 서사는 연수원 교육 경험에 대해 "인생에서 처음 탄생한 것 같은 느낌"을 받았다거나 김준 원장이 강조한 것처럼 "참숯과 백탄이 되리라"는 다짐 등이다. 물론 편지들 가운데에는 사후 교육의 일환으로 의무화되어 있었기 때문에 억지로 글을 쓴 경우도 없지 않을 것이다. 하지만 대부분의 편지에서 두드러지게 느껴지는 점은 교육생들이 마지못해 썼다기보다는 진심을 다해 새마을지도자 연수 교육을 통해 자신이 어떻게 변했는지를 고백하고 김준 원장에게 감사를 표하고 있다는 것이다. 이 편지들은 새마을운동에 대한 일종의 간증이자, 신앙고백이라고 말할 수 있다.

이 글의 II장에서 주로 다룬 자료들은 연수원이나 내무부 등 새마을 교육을 주관했던 기관들이 직접 생산하거나 편집한 것들이다. 이러한 자료들에는 연수원 생활의 일상과 연수 전후의 일상이 담겨있기도 하지만, 여기에는 일정한 전형성이 있다. 즉 새마을운동의 의미를 절대시하고, 새마을 교육의 효과를 긍정 일색으로 평가하는 시선이 깔린 것이다. 새마을 교육 이전 마을 주민들의 일상은 부정 일색으로 묘사되고, 새마을 교육 이후의 일상은 '근면·자조·협동'을 주민들이 자발적으로 실천하는 '아름다운 모습'으로 채색된다. 이는 사태의 진실을 일정하게 반영하기도 하지만 동시에 '전형적 일상' 밖에 놓인 다른 차원의 일상성을 은폐하는 효과를 발휘하기도 한다. 예를 들면 마지못해 동원되어 나온 주민들의 일상, 주민들 사이의 내부 갈등과 불신, 새마을지도자의 이기적 태도, 미시권력의 억압적 동원 양상 등은 새마을 교육의 효과에 대한 전형적 서사에 의해 은폐된다.

이 글의 III장에서 주로 다룬 연수원 수료생들의 편지는 사후 교육의 일환이라는 점에서 이러한 전형성으로부터 완전히 자유롭지 못한 측면이 있다. 그러나 다른 자료들과 달리 새마을지도자들의 다채로운 욕망이 편지에는 담겨있다. 아울러 편지 작성자가 자신의 욕망을 드러내기 위해 전형적 서사와 다르게 작동하고 있는 새마을운동의 일상성을 부각시킨 경우도 있다.

  우선 왕래 편지들의 종교성을 이해하기 위해 김준이라는 인물을 통해 새마을지도자 교육에 종교적 코드가 작동한 배경부터 살펴보도록 하자.

I. 새마을운동의 목회자 김준

1970년대 연수 교육에서 가장 상징적인 인물은 1972년부터 새마을지도자연수원 원장을 역임한 김준이었다. 그는 일반적으로 "새마을지도자의 리더십 육성을 통하여 1970년대 새마을운동의 성공에 커다란 기여를 하였던" 인물로 평가받는다.[11] 새마을운동이 성공이었는지 아니었는지, 연수원장 김준이 성공에 기여를 했다는 평가가 사실인지 아닌지는 이 글의 관심 대상이 아니다. 필자가 김준에 대해 주목하는 이유는 편지에서 드러나는 수료생들의 격정적인 반응 때문이다. 새마을지도자 연수를 마친 수료생들이 김준 원장에게 보낸 수많은 편지에는 김준 원장을 향한 뜨거운 존경심과 자신의 지난날에 대한 참회의 고백 및 김준의 가르침대로 거듭나는 삶을 살겠다는 다짐들이 담겨있다. 수료생들은 편지에서 김준 원장을 "아버지, 형님" 등 유사 가족관계로 상정해 부르기도 했고, "선생님, 우주대학 학장"과 같은 교육자의 지위로 부르기도 했으며, "전도사, 교주"와 같은 종교적 유비를 담아 칭하기도 했다. 이러한 호칭에는 수료생들의 김준 원장을 향한 친근감, 존경심이 담겨있음은 물론이며, 일부 교육생들의 편지 내용을 통해 수료생들이 김준 원장을 새마을운동이라는 세속종교로 안내하는 목회자처럼 느꼈음을 유추해볼 수 있기도 하다. 1974년 6월에 경남 합천의 새마을지도자 추○우가 김준 원장에게 보낸 아래의 편지를 살펴보자.

> 김준 원장님 저는 15년의 교직 이후 "이곳을 거쳐 나가는 자여 조국은 너를 믿노라"라는 민주공화당 중앙훈련원을 수료하고 새마을운동과 더불어 오늘에 이르고 있읍니다. 김준 원장님께서 새마을운동을 신앙으로 하자고 가르쳐주지 않았읍니까. 그렇다면 김준 원장님은 새마을운동의 전도사요, 연수원 수료생은 세례받은 새마을운동의 집사일 것입니다. 저는 또 이렇게 말씀드리고 싶습니다. 연수원 수료생은 새마을운동의 핵이요 씨앗이다.
> 그리하여 이 씨앗은 바위틈에 심거나 수분 하나 없는 모래밭에 심어도 또는 엄동설한 꽁꽁 언 땅에 심어도 튼튼히 싹터 충실한 열매를 맺어 후손들께 길이 빛내야 될 줄로 생각됩니다. 저는 아침 명상 시간에 예수나 공자 같은 분들을 두고 명상하지 않습니다. 새마을운동의 교주이신 김준 원장님을 두고 명상하며 그날 일에 임합니다.[12]

이 편지의 작성자는 김준 원장이 새마을운동을 신앙으로 하자고 가르쳤음을 환기시키면서 김준 원장이 새마을운동의 전도사이고, 연수원 수료생은 세례받은 집사이자, 새마을운동의 핵이라고 의미를 부여했다. 더 나아가 그는 아침 명상 시간에 예수나 공자를 두고 명상하지 않는다면서 명상의 대상이 "새마을운동 교주"인 김준 원장이라고 고백했다. 물론 이 같은 종교적 비유가 곧바로 새마을운동의 종교성을 증명하는 것이라고는 볼 수 없다. 하지만 이 같은 종교적 비유가 사용될 수 있었던 배경에는 김준 원장의 교육 내용 속에 새마을운동을 신앙으로 삼자고 한 것이 놓여있음을 주목해야 한다.

1926년 전남 영광에서 태어난 김준은 장로인 아버지와 권사인 어머니 밑에서 유아세례를 받고 기독교적 분위기 속에서 어린 시절을 보냈다. 그는 1944년 이리농림학교 임학과를 졸업하고, 1949년 서울대학교 농과대학을 졸업했다. 졸업 후 1951년에 전남대학교 농과대학 교수가 되었으나, 1955년 무렵 교수직을 사임하고 농촌운동에 뛰어들었다. 그는 서울대 시절 은사인 류달영의 책《새 역사를 위하여: 덴마크의 교육과 협동조합》을 감명깊게 읽었다고 한다. 그가 교수직을 내려놓고 농촌운동에 투신한 계기는 동광원東光院 정인세의 설교를 듣고 가슴이 뜨거워지는 경험을 한 때문이었다.[13] 기독교 수도공동체였던 동광원은 이현필이 세운 곳으로 금욕과 청빈의 자세를 강조했으며, 기독교 신앙에 기반한 이웃사랑과 근면한 노동생활을 중시했다. 함석헌의 스승인 다석 류영모는 이현필과의 친분으로 동광원에서 자주 강의를 하곤 했다. 류영모는 "피땀을 흘리면서 일하는 것은 나의 십자가를 지고 예수를 따라 사는 것"이라며 농사를 신앙처럼 받들었는데, 마음밭[心田]을 갈기 위해 농사에 전념해야 한다는 류영모의 사상은 김준에게도 큰 영향을 주었다. 김준은 동광원에서 몸소 한센병 환자들의 수발을 들었을 만큼 낮은 자세로 생활했다.[14] 예수의 정신으로 이웃사랑을 실천했던 그의 동광원 생활은 1970년대 연수원 교육과도 연결된다.

1960년대 들어 김준은 재건국민운동 중앙교육원 교수와 농협대학교수를 역임했다. 1971년경 박정희는 새마을운동의 성공을 위해 지도자 양성의 필요성을 느끼고 독농가연수원 원장 후보를 물색하도록 지시했다. 농협대학 교수였던 김준은 새마을지도자 양성을 위한 교육 과정을 짜서 올렸는데, 박정희는 이 자료를 마음에 들어하며 후보자 중 김준을 원장으로 직접 선택했다고 한다.[15] 그는 1972년에 연수원의 전신인 독농가연수원(경기도 고양군 농협대학 내에 위치) 원장이 되었고, 연수원(1973년 5월 31일 개칭) 초대 원장으로 새마을지도자 양성에 참여하게 되었다.

재건국민운동 중앙교육원 교수시절 그는 향토개발에 앞서 마음밭부터 갈아야 한다고 주장했다. 그는 약육강식과 적자생존, 우승열패 등 생존경쟁의 원리에 의해 작동해온 근대적 사회구조하에서 상호보완 작용과 협동체의 유기적 일환으로서만 존립할 수 있는 농업과 농민이 무시당했다고 지적했다. 류영모의 영향으로 인해 김준은 함석헌의 '씨올사상'과 유사하게 생명의 운동성을 전체와 개체 사이의 관계 속에서 설명한다. 그는 생명주의적 사유를 통해 전체와 '나'의 유기적 조화관계 속에서 공동생명체를 구성할 것을 강조했다. 이 공동생명체는 '나'의 희생과 봉사를 통해 발전하고, 협동을 통해 공동 목표를 이루어가야 한다고 그는 주장했다. 이 지점에서 그는 협동을 종교적 차원으로 비약시키는데, 공동체가 협동을 이루기 위해 필요한 공동의 목표는 바로 '절대자의 사랑', 우주정신, 세계 이상理想이라는 것이다. 그는 심전개발의 방법을 개척정신과 근로정신의 확보에서 구했다.[16] 나아가 쿠데타로 집권한 군부가 추진한 재건국민운동을 국가·민족과 개인을 일체화하는 과정으로 설명했고, '절대자의 사랑'을 끌어들여 국민됨의 윤리를 세속종교의 차원으로 제시하려 했다.

그의 농촌개발 철학은 '농심農心사상'으로 요약된다. 재건국민운동 시절의 생각을 그대로 이어 김준은 새마을운동을 '정신혁명운동'으로 규정했다. 그는 "새마음을 되찾는 정신혁명운동"의 방법으로 "농민의 마음이며 생명을 가꾸어가며 농사짓는 마음"을 의미하는 농심을 갖는 것으로 제시했다. 그는 농심의 특징으로 "콩 심으면 콩나고, 팥 심으면 팥난다"는 말과 같이 원인과 결과가 분명한 인과율의 원리로 설명했다. 또한 성실한 실천, 강인한 인내력과 왕성한 생명력, 겸손해지는 마음, 적극적인 생산성, 근면과 자조 및 협동의 정신 등을 농심의 특징으로 거론했다.[17] 김준은 생명주의 철학을 새마을운동과 접속시키면서 "생명과 발전을 창조하는 적극적 생산성"을 강조하여 생산성주의로 해석하기도 했고, "생명 생성 발전의 원초적 질서인 자조 협동"과 같은 표현을 써서 새마을운동의 기본정신을 생명주의의 발로로 주장하기도 했다.[18] 그는 "민족의 번영과 국가의 보위의 길이요, 생명 발전운동"이라고 하여 민족주의·발전주의·생명주의를 접합시켜 새마을운동을 설명했다.[19] 1970년대 새마을운동 단계에서 그는 '농민의 마음'을 '조국 근대화' 대열에서 스스로 헌신하는 자세나, '민족적 일대 약진운동'인 새마을운동을 위해 보다 많은 땀을 흘릴 것을 결의하는 것 등에서 찾았다.

김준이 생명주의에 기반한 농촌공동체운동의 정신을 국가주의와 생산력주의로 전유하는 과정에서 적극적으로 끌어들인 것이 바로 기독교 교리였다. 그는 예수 그리스도가 "나는 길이요, 진리요, 생명이다"라고 한 것을 그대로 차용하여 "새마을운동은 우리가 땅 위에서 잘 사는 구체적인 길이요, 진리의 길이란 확고한 신념으로 성실한 마음으로 땀 흘려 부지런히 일을 합시다"라고 새마을운동에 적용했다.[20] 또한 "예수 그리스도는 하늘 아버지의 뜻에 절대 복종함으로써 이웃을 사랑했고 그의 뜻에 따라 십자가에 달려 다 이루었다"면서 '나'만을 위하는 삶이 아니라 이웃을 사랑하고 보다 많은 사람을 위하고 사랑하는 삶을 살아야 한다고 강조했다.[21] 그리고 '보다 많은 사람에 대한 사랑'은 곧 "진정한 공동운명체"인 국가의 영원한 발전을 위해 몸바쳐 일하는 것, 즉 새마을운동을 통해 실천할 수 있다고 설명했다.[22] 더 나아가 새마을운동이 하나의 세속종교임을 다음과 같이 밝히기도 했다.

> 새마을운동의 핵核이 되고자 영원히 변하지 않는 숯으로 변하신 동지 여러분!
> 기독교가 천국 건설의 신앙운동이라면 우리 박 대통령 각하께서 창도하신 새마을운동은 조국 근대화를 통한 민족 중흥의 민족적 신앙운동입니다. 예수가 하늘 나라에 가는 길이요, 진리요, 생명이라면, 대통령께서 제창하신 새마을정신, 즉 근면·자조·협동이 정신혁명의 근원이요, 지도자 여러분이 피땀 흘려 이룩한 새마을의 엄청난 업적, 이 방법이 곧 민족중흥에의 길이요, 여러분의 부지런하고 성실한 그 생활 모습이 곧 진리요, 여러분이 이웃을 위하여 마을과 나라를 위하여 피와 땀을 흘리는 희생봉사가 바로 생명이요 사랑입니다.
> 그러므로 박 대통령 각하께서는 새마을 신앙의 종주宗主이시며, 여러분은 빛나는 민족적 신앙운동의 포교사요, 전도사요, 순교자이십니다. 오늘 탄생하는 우리 마음의 보금자리인 "새마을운동"을 우리 포교사들의 교리서로 마음의 샘터로 삼아 '하면 된다'는 우리의 신념을

온 겨레의 신념으로 기필코 성취하고야 말겠다는 조국 근대화에 박 대통령 각하의 굳은 집념을 우리 모두의 신앙으로 승화시켜 우리 민족의 위대성을 아낌없이 발휘하여 찬란한 중흥의 역사를 우렁차게 창조해나갈 것을 여러분과 같이 다짐하면서, 여러분의 건투와 행복을 축원합니다.[23]

김준은 새마을운동을 기독교에 비견될 만한 '신앙운동'이라 단정하고, 대통령 박정희를 새마을 신앙의 종주로, 새마을지도자들을 신앙운동의 포교사·전도사·순교자로 각각 규정했다. 박정희 개인이 신앙의 대상이 되는 것은 아니었으나, 박정희를 종주로 삼는 위계구조 안에서 신앙의 대상이자 종교적 실천 그 자체인 새마을운동을 통해 새마을지도자들은 대통령과 직접 신앙적으로 연결되어 있다고 느낄 수 있었다.

김준은 1976년 순복음중앙교회에서 발간하는 책자에서 교회가 새마을운동에 참여해야 할 이유로 기독교인이 추구하는 영혼의 풍요와 새마을운동의 목표가 연결된다고 주장했다. 그는 국가·민족과 개인이 맺는 관계를 '공동생명체'라는 이름으로 설명했는데, 이 공동생명체 개념은 앞서 말한 것처럼 종교적인 것이었다. "내 속에 예수 그리스도가 있고, 내가 예수 그리스도 안에 있으면 나는 우주의 주인으로서 만물을 다스려 풍요를 누릴 수 있습니다"와 같은 식으로 전체(또는 절대자)와 개체의 관계를 통합하려 했다.[24] 이를 바꾸면 "내 속에 조국과 민족의 번영이 있고, 내가 국가와 민족 안에 있으면 나는 우주의 주인으로서 만물을 다스려 풍요를 누릴 수 있습니다"와 같이 세속화된 민족/국가주의의 언설이 되며, 이때 새마을운동은 나와 국가의 동시적 번영 발전을 기약할 수 있는 현실적인 실천 방안이 되는 것이었다. 그는 이를 생명의 창조 과정으로 설명했다. "이웃을 사랑하라"는 예수의 가르침은 "자기 자신의 이익보다 이웃과 국가를 생각하는 운동을 적극 전개하라"는 것으로 바뀌게 되었다.[25] 또한 그는 눈앞의 자기 이익만을 쫓는 태도나 이기적이고 본능적 사랑에서 벗어나 "온유하고 겸손하고 자랑하지 아니하고, 교만하지 아니하고, 성내지 아니하고, 자기 유익만을 구하지 아니하고, 오래 참고 바라는 참사랑의 경지"에 올라야 한다고 주장했는데, 〈고린도전서〉 13장(4-7)에 나오는 아가페에 대한 설명을 통해 사랑의 실천을 강조했다.[26]

예수 그리스도가 실천한 아가페의 정신을 새마을운동과 직결시키는 그의 주장은 유신 이데올로기의 아전인수식 종교 활용으로 해석될 수 있다. 하지만 그의 생각과 실천은 앙상한 국가주의나 생산력주의로 환원될 수 있는 것만은 아니었다. 이데올로기 차원으로만 보면, 김준이 연수원 수료생들로부터 왜 그렇게 격렬한 호응과 존경을 받았는지 알 수 없다. 김준의 기독교적 공동체주의는 오랜 세월 경험을 통해 형성해 온 신념체계였으며, 낮은 자들을 위한 실천을 강조하고 있다는 특색을 갖고 있다. 그는 낮은 자들의 고난을 외면하지 않고 그들을 어루만지고 위로하면서 농촌개발에의 참여를 독려하곤 했다. 그는 새마을지도자들에게 "기독 성자가 그 제자들의 발을 씻어주신 것처럼 바로 낮은 곳, 그늘진 곳, 궂은 곳에서 남에게 봉사하라는 교훈"대로 행할 것을 당부했는데,[27] 연수생들은 연수원장 김준이 낮은 곳에서 봉사하는 성직자와 같았다고 느끼곤 했다. 김준의 종교적 아우라는 그의 일상적 행위와 실천으로부터 나왔다.

II. 종교인들의 새마을 교육 경험

새마을지도자연수원의 전신인 독농가연수원은 1972년 1월 31일 독농가를 대상으로 첫 교육을 실시하였고, 1972년 7월에는 새마을지도자 과정을 신설하여 새마을지도자들을 대상으로 하는 연수 과정을 운영하기 시작했다. 독농가연수원은 1973년 3월부터 농협 조합장 등을 대상으로 하는 교육을 실시하여 농촌새마을운동과 농협운동을 연계하는 프로그램을 시작했다. 1973년 5월 독농가연수원이 새마을지도자연수원으로 개칭된 이후에는 마을 단위의 여성 지도자들을 대상으로 한 '부녀지도자반 교육'을 실시하였고, 도·시·군 새마을과장과 부녀아동복지과장 등 공무원을 대상으로 하는 교육을 실시했다. 그 밖에도 경제단체간부반, 농수산단체간부반, 고급공무원반, 새마을교육요원반, 대학교수반, 대학생간부반 등 다양한 직군들을 대상으로 하는 프로그램들을 개설하여 운영했다.[28]

연수원 프로그램의 핵심은 합숙 교육이었다. 남성으로 구성된 새마을지도자과정의 경우 처음에는 13박 14일로 운영했으나 1973년 7월부터는 10박 11일로 합숙 교육을 실시했다. 부녀지도자반은 6박 7일로 교육 과정을 운영했다. 농촌 지도자들이 한 장소에 모여 1~2주간 공동생활을 하는 것은 특별한 경험이었다. 특히 여성 지도자들의 경우 농사일, 가사노동과 시부모 봉양, 육아 등으로 '바깥 활동'이 통제되는 경우가 많았는데, 일주일간의 합숙 교육을 통해 이들은 해방감을 느끼곤 했다. 부녀회장들의 연수에 대한 역사학자 김영미의 해석처럼 "여성들은 국가라는 거대한 힘을 이용하여 자신의 삶을 억눌러온 가부장제로부터 탈출을 시도"했고, 여성들의 탈출 시도는 한시적인 것이었지만 그 해방감은 격렬했다.[29]

    교육생은 입교하면 등록하고 분임반을 배정받아 연수복으로 옷을 갈아입는다. 그 뒤 자기 소개를 하고, 설문지에 연수를 통해 원하는 바 등을 작성한다. 학습은 크게 '강의식 교육, 참여식 교육, 생활 교육' 세 가지로 구성되었다. 이 가운데 중요한 것은 참여식 교육이었는데, '분임토의 및 발표, 성공사례 발표, 우수마을 견학' 등의 활동을 통해 교육생들은 자신들의 자율성을 존중받는 분위기 속에서 토론하고, 공동의 의사결정 과정을 경험하며, 발표 내용에 대해 연수원 측으로부터 피드백을 받는 특별한 체험을 하게 된다. 아침 6시에 기상해서 분임별로 점호를 하고, 저녁 분임토의 후 점호를 하고 오후 10시에 취침하는 생활 패턴은 군대 내무반 생활과 유사했다. 이렇게 규율 잡힌 군사문화에 대해 1970년대 당시 사람들, 특히 농촌 출신의 지도자들은 군대식 질서 정연함과 일사불란함을 아름다울 뿐만 아니라 바람직한 것으로 여기는 경향이 있었다. 생활은 군대식으로 하면서도, 분임토의는 참가자들의 자율성을 존중하는 분위기였기 때문에 학습자들은 자신들이 바람직하다고 생각하는 군사문화와 병영 속의 민주주의를 동시에 체험하는 느낌을 받곤 했다.

강의식 교육에도 소위 거물급 인사들을 강사로 초빙했다. 김현옥 내무부 장관이 연수 중인 새마을지도자들과 '대화의 시간'을 갖기도 했고, 이규호 문교부 장관이 '새역사 창조를 위한 국민의 자세'에 대해 강연을 하기도 했으며, 대통령 특별보좌관인 남덕우·박종홍·박진환·임방현이 각각 한국 경제, 국민교육헌장, 농촌 문제, 유신 과업을 주제로 강연을 했다. 그 밖에도 류달영 서울대 교수, 선우휘 《조선일보》 논설

새마을부녀지도자 연수 과정 교육생활.
1976년 10월 새마을지도자연수원에서 실시되었던 제30기(통산 제83기) 새마을 부녀지도자교육 하루 일과 흐름을 보여주는 사진이다. 아침 점호와 구보로 하루를 시작하는 군사주의적 합숙생활 속에서도 여성 지도자들은 분임토의와 발표, 체육대회 참여와 응원, 연수생 간의 친목 도모 등을 통해 가정이라는 울타리에서 벗어난 해방감을 느끼곤 했다.

고문, 김형석 연세대 교수 등 저명인사들도 강사로 참여했다. 특이한 점은 종교인들도 포함되었다는 점이다. 순복음교회 조용기 목사와 중앙침례교회 김장환 목사, 소망교회 곽선희 목사, 한국조계종 포교원 허성열 스님이 '참되게 사는 길'을, 원불교 박정훈 교화부장이 '마음 공부'를, 가나안농군학교장 김용기 장로가 '이렇게 살 때가 아닌가'를 주제로 각각 강의했다.[30] 서울 은성장로교회 엄두섭 목사도 특강 강사로 참여했는데, 그는 김준에게 큰 영향을 끼친 동광원 창설자 이현필의 전기를 썼다.[31] 엄 목사의 강의 내용이 확인되지는 않지만, 아마도 '맨발의 성자' 이현필의 삶을 통해 낮은 자들을 위해 봉사하는 삶이 얼마나 성스럽고 가치있는 일인지를 역설했을 것으로 추정된다. 엄두섭 목사를 강사로 초빙한 것은 김준의 의지가 반영된 섭외로 보인다.

서울대 교수 류달영은 '새 역사의 창조'라는 강연에서 새마을운동은 단순히 농민들만 잘 살자는 운동이 아니라 "우리나라의 새 역사를 우리 손으로 창조하는 큰 과업"이라며, 이 과업의 성공을 위해서는 국민 각자의 이기심에서 벗어나, 자기 고향, 나라, 민족을 먼저 생각하며 노력하는 태도를 갖춰야 한다고 주장했다.[32] 이 같은 강연은 새마을지도자들로 하여금 자신들이 맡고 있는 새마을사업이 단순한 환경미화사업이 아니라, "새역사 창조의 기본운동"이며, 자신들은 "하늘이 맡긴 임무"를 행하는 귀중한 존재임을 자각할 수 있도록 유도했다. 개인에 따른 편차는 있지만, 이 같은 교육 내용은 새마을지도자들로 하여금 일종의 과잉된 자의식을 갖게 하는 효과를 낳았을 것이다.

대통령 특별보좌관들의 강연은 새마을운동이 대통령 박정희의 조국 근대화에의 의지와 얼마나 부합되는가를 알려주고 전달하는 의미를 지녔다. 임방현은 '10월유신과 우리의 좌표'라는 강연을 통해 새마을운동은 자력으로 잘 사는 나라를 건설하겠다는 민족 주체성의 발양이라면서 박정희의 '5·16정신'이 국민생활 저변으로 확산 토착화되는 것이라고 의미부여했다. 더 나아가 그는 새마을운동이 "한국 민주주의의 산 실습장이요 기지"라고 밝혔고, 유신 이데올로기였던 한국적 민주주의와 결부해 새마을운동에 참여하는 농민들이 '유신 과업'의 실천자임을 강조했다.[33] 연수원 사회지도자반 2기 수료생 중 한 명은 "정부의 장·차관과 대학 총·학장, 농촌의 새마을지도자들과 대학생들이 차별없이 행동하고 생활한 것을 매우 기쁘게 생각하며, 이것이 바로 한국적 민주주의의 실천도장이라고 생각한다. 이 이상의 민주주의가 또 어디 있겠는가"라는 소감문을 남기기도 했다.[34]

가나안농군학교 김용기 장로는 '이렇게 살 때가 아닌갸'라는 강연에서 "음식 한 끼에 반드시 4시간씩 일하고 먹자"와 같은 노동윤리와 "억지로 못 살지 말고 억지로 잘 살도록 하자"는 등 의지주의와 발전주의를 강조하는 이야기들을 이어갔다. 그는 새마을지도자들에게 개신교 신앙생활을 권유하기도 했는데, "모든 일을 반석 같은 신앙생활로써 이끌어 나아가는 인물이 되자"거나 "만유의 구세주 그리스도를 중심 삼아 살자"와 같은 메시지를 강연의 말미에 배치하였다.[35] 김용기 장로의 종교적 발언이 교육생들을 특정 종교로 유인하도록 만들려는 것이었다고 단정짓기는 어렵다. 새마을지도자 연수 과정 강사 중에는 개신교 목사나 장로뿐만 아니라, 불교와 원불교 소속 종교인들도 있었음에 비추어 보더라도 특정 종교의 선교 목적으로 새마을지도자 연수가 기획되거나 진행된 것은 아니었다. 김용기의 종교적 발언을 포함하여 종교인들의 새마을지도자 연수 과정에서의 강연 취지는 새마을운동에 종교성을 불어넣기 위한 것으로 해석되어야 할 것이다.

감리교신학대학장 윤성범은 새마을지도자 연수 과정을 마치고 나서 새마을운동에서 종교운동과 유사한 점들을 많이 발견할 수 있었다고 밝혔다. 앞에서 살펴본 것처럼 김준 원장은 새마을운동을 일종의 '신앙운동'으로 만들고자 했다.

> 근면·자조·협동의 새마을정신을 국민정신혁명운동으로 승화시켜 우리 새마을지도자의 영원히 변치 않는 신앙으로 심화하여 우리의 이상이요, 신앙이요, 생활로 실천히는 진국민운동으로, 신앙운동으로 생명운동으로, 끊임없이 꾸준히 가속화해 나갑시다. 기독교 신앙운동이 세계적 종교로 인류의 평화와 번영에 크게 이바지해왔다면 우리의 새마을 신앙운동은 빈곤과 부조리를 쫓아내어 민족의 총화와 번영을 도모하는 국민정신혁명이요, 거족적 복지국가 건설의 민족지상의 국민운동인 것입니다.[36]
>
> 우리 새마을지도자들이야말로 유신 과업 수행의 선구자요, 민족의 향도요, '새마을 신앙운동'의 순교자입니다.[37]

김준은 새마을운동을 마을 길을 넓히고 지붕을 개량하는 개선사업이나 물질적 차원의 근대화운동으로 설명하기보다는 '정신혁명운동'이나 '신앙운동'으로 규정하곤 했다. '신앙운동'이라고 했을 때 그 핵심은 새마을운동을 신성화하는 것과 그 신성성에 대한 믿음을 여러 사람에게 전도하는 것이었다. 기독교 수양공동체인 동광원에서의 경험에 매료되었던 그는 새마을운동에 종교성을 부여하려 했고, '민족의 번영'을 신성화하면서 새마을운동에 자발적·능동적으로 헌신할 주체를 만들기 위해 종교적 언어와 의례를 차용하여 새마을운동을 숭배하도록 하고 지도자들의 헌신을 고귀한 것으로 높였다.

종교인들은 새마을 교육 강사로 참여하기만 한 것이 아니라, 교육생으로 참여하기도 했다. 이와 관련해 흥미로운 자료가 있는데, 1977년 내무부에서 간행한 《종교와 새마을운동》이라는 책자이다. 당시 내무부장관 김치열은 발간사에서 많은 종교인들이 새마을 교육을 이수하여 새마을사업에 몸소 참여하거나, 선도하는 등 훌륭한 사례들이 적지 않아 이를 역사에 기리고자 이 책을 간행한다고 했다.

이 책에는 새마을 교육을 수료한 종교인들의 소감문이 수록되어 있다.[38] 부산 대청교회 이성배 목사는 동회장으로부터 새마을 교육 연수를 요청받고 불만스러웠으나, 새마을 교육이 도대체 어떻게 하는 교육인지 궁금해 참여하게 되었다고 했다. 입소 첫날은 서먹서먹하고 단체생활에 적응하기 어려웠지만, 건전가요를 부르면서 새마을 교육에 대한 비판적 태도가 새마을 교육에 대한 동화로 바뀌기 시작했다고 말했다. 또한 그는 성공사례 발표를 들으면서 이를 기독교 신자들이 신앙 경험을 간증하는 것처럼 느꼈다고 밝혔다. 특강, 분임토의, 현장 견학 등을 마치고 그는 연수 교육을 함께한 동료 목사들과 새마을운동을 각 교회에서 실천하자고 다짐했다고 한다.[39]

춘천 효신교회 방지각 목사는 '새마을운동과 성직자의 역할'에 대한 분임토의를 통해 교회와 새마을운동의 관계에 대해 깊이 생각할 계기를 갖게 되었다고 소감을 밝혔다. 그는 교회가 능동적으로 참여하여 지역 새마을운동에서 주도적인 역할을 해야 하며, 성직자들은 주민들의 정신적인 계도를 맡는 방식으로 새마을운동에 참여해야 한다고 결론지었다. 아울러 새마을지도자들의 희생정신을 세상을 구하기 위해 십자가를 짊어진 예수의 정신에 비유하였다.[40]

새마을 교육 과정을 수료한 개신교 목사들은 새마을운동과 기독교 정신의 실천을 동일한 것으로 간주하곤 했다. 목사들은 기독교에서 추구하는 이웃사랑의 정신이 곧 새마을운동의 협동정신과 동일한 것이라고 설명하기도 했고, 새마을운동을 범국민적 신앙운동으로 추진해야 한다고 주장하기도 했다.

종교인이 다하지 못한 생활혁명이 바로 여기 새마을연수원에 있다. 겉치레에만 그쳤던 나의 생활이 아니었나 하고 몹시도 부끄럽다 회개한다.
보이지 않은 영적 움직임은 모른다 해도 적어도 정신적인 새 사람이 되는 이 크고 위대한 힘의 원천이 여기 있다.
교회에서 말하는 Retreat(묵상)의 은혜로운 힘이 새마을연수원에 있다. 하늘에 순종하고 겸손한 자세 절조있는 인간이 되어야겠지 않느냐고 크게 느끼고 간다.[41]

연수원 사회지도자반 제17기 교육생인 어느 목사는 연수원 수료 감상을 이 같은 회개의 말로 남겼다. 그는 연수원에서 종교인이 다하지 못한 생활혁명을 발견하고, 묵상의 은혜로운 힘을 경험했다고 밝혔다. 이와 같은 종교적 체험의 고백은 비단 종교인들만의 것이 아니었다.

III. 편지 쓰기:
신앙고백의 의미와 행위 전략

1_신앙고백: 새마을 교육에 대한 응답

새마을지도자연수원 수료생들이 연수원으로 보낸 편지의 수신자는 대부분 김준 원장이었다. 사후 교육 일환으로 사실상 의무화된 것이었기 때문에 연수 경험을 긍정적으로 표현하고 감사의 뜻을 밝히는 것은 의례적인 편지의 패턴이다. 그런데 수료생들의 편지에 나타나는 연수 경험에 대한 감상이나 원장에 대한 감사 표현은 의례적인 차원을 넘어서는 것들이 대부분이다. 연수원에서 받은 교육 내용이 평생 경험해보지 못한 특별한 가르침이었다고 고백하거나 김준 원장의 강연을 들으면서 눈물을 흘렸다는 이야기들이 매우 많은 편지에서 공통적으로 나타난다.

제가 20년간 객지생활에 남은 것이란 불필요한 버릇 많이 남고 누구 한 사람 저의 단점을 지적하여주는 자 없어 제멋대로 되었습니다. 이번 교육을 통해 많은 것을 배우고 선생님의 말씀 한마디 한마디가 저에게는 눈시울이 뜨거워 올 때가 많았읍니다. 이 교육을 통해 가장 삶의 생애를 느꼈읍니다.
더욱 원장 선생님에게 부탁드리고 싶은 것은 11월간 짧은 기간이나마 이 ○○의 단점을 지적하셔서 꼭 서신으로 가르쳐주시면 필히 수정하여 타인의 모범이 되어 명예로운 지도자가 되겠읍니다.
……

연수원 교육을 마치고 집에 돌아와 우연히도 부면장님과 이장님과 몇 분을 모시고 좌담 끝에 제가 교육한 것을 몇 가지만 2시간 정도로 이야기하여 드렸더니 무척 감탄하시고 많이 선전 좀 하라고 부면장님께서 말씀하시더군요. 이장님께서 나는 그런 줄도 모르고 교육 가지 말라고 하였군 하며 웃어 보였읍니다.……

1973년 11월 19일 당진에서 최○호 올림[42]

이 편지처럼 많은 새마을지도자들은 교육 경험을 눈시울이 뜨거워지는 감동이었다고 고백했고, 지난날의 자신을 반성하는 계기가 되었으며 새로운 인간으로 거듭나겠다고 다짐하곤 했다. 충남 당진의 새마을지도자 최씨는 마을로 돌아가서 부면장과 이장에게 교육 내용을 이야기했고, 부면장에게 새마을 교육 선전을 독려받은 사실과 새마을 교육을 보내지 않으려 했던 자신을 반성하는 이장의 발언 등을 미담으로 소개했다. 이러한 편지 내용은 앞서 어느 목사가 말한 것과 같은 일종의 종교적 간증에 가까웠다.

저는 원장 선생님과 작별하며 차를 타고 떠나는 순간 눈물이 앞을 가

려 한편 부끄럽기도 하고 해서 원장님께 인사 말씀 바로 못하며 떠나
왔읍니다. 저는 하루에도 한번은 꼭 생각합니다. 언제나 저는 아버님
같이 생각하겠읍니다. 저의 조그마한 생각이지만 새마을운동이란 생
각으로 새정신으로 추석을 간소하게 지냈읍니다. 그래서 남편에게 정
말이야말로 새마을 새정신이란 말을 들을 때 마음 한 구석에 흐뭇하
게 여겼읍니다.
언제나 원장님께서 하신 말씀 잊지 않고 참숯이 되기까지 힘껏 노력
하겠읍니다.……저는 인생에 처음 탄생한 것 같은 느낌을 느꼈읍니
다. 인간에 삶을 찾았는 것 같았습니다. 용기가 새로이 주어진 것 같
았읍니다. 언제나 말씀하신 용광로가 되겠읍니다.
      1974년 10월 9일 부녀지도자반 11기생 김○주[43]

새마을지도자 연수를 마치고 버스에 오른 교육생들은 감격의 눈물
을 흘리곤 했다. 김준 원장을 '아버님'같이 생각하겠다는 수료생 김○
주는 김준 원장에게 자신의 연수 경험을 "인생에 처음 탄생한 것 같은
느낌"이라고 고백했다. 그는 김준 원장이 강조한 '참숯'과 '용광로'가
되어 새로운 주체로 거듭날 것임을 다짐했다.

이번 1박 2일의 재연수 교육은 저를 완전히 새마을종교의 전도사로
임명해 주신 것으로 제 자신이 굳게 믿으면서 앞으로 꾸준히 새마을
교리(농심의 뜻)를 전도하는 성실한 역군이 되겠습니다.……
      1979년 11월 22일 김○선 올림[44]

1979년에 재연수 교육을 받은 서울 영등포의 새마을지도자 김○선은 연수원 교육 수료의 의미를 "새마을종교의 전도사로 임명"받은 것으로 인식했다. 많은 새마을지도자들은 연수원의 교육 속에 종교성이 있음을 인지하고 있었고, 다양한 언어로 자신이 연수를 통해 종교적으로 감화되었음을 고백했다. 김○선은 연수원 교육 이전에는 새마을운동을 단순한 환경개선운동으로 파악하고 있었지만, 교육 과정을 수료한 뒤에는 새마을운동이 '민족 중흥의 지름길', '생명운동', '우리의 운명을 개선하는 참 길'임을 깨닫게 되었다고 고백했다.

수원역에 내려서 택시를 타고 연수원 앞을 당도하니 6년 전에 보던 그 눈에 익은 흐르는 강줄기와 전에 보던 십층 건물은 변함이 없더군요. 너무나도 감격해서 저도 모르는 사이에 눈물이 주르륵 흐르는 사이에 현관 앞에 당도했는데 택시에서 내려서 대번 원장 선생님이 어디에 계시나 하고 두리번 거리고 살폈지만 알 수가 없더군요. 찻 속을 달릴 때부터 원장님을 뵈올 것을 생각하니까 기쁜 마음이 용솟음치는 이 마음 항상 원장님이 보고싶었는데 정말로 뜻밖에 원했던 꿈이 드디어 이루어진 것이 하나님의 은총이 이루어진 줄 압니다. 제눈에는 눈물이 소리없이 흐르는 순간 원장님이 말씀을 하실 때 박 대통령 말씀을 하시면서 목이 메이신채 말씀을 하시는 것을 보고 저는 목이 메이고 가슴이 터지는듯 소리없이 목놓아 울면서 다시금 생각을 한즉 이것이 생시가 아니고 꿈인가 생각을 했읍니다.

1979년 11월 23일 부녀지도자반 제7기 이○옥[45]

강원도 횡성의 부녀지도자 이○옥은 5년 만에 새마을지도자 연수 교육을 다시 받게 되었다. 그는 1974년 첫 연수를 마치고 김준 원장에게 보낸 편지에서 "참다운 교육을 여러 선생님들과 재미있게 진행된 것이 참 영광으로 생각한다"며 연수 내용이 무척 마음에 들었지만 "정신 교육이 좀 더 이루어졌으면 하는 생각"이 들기도 했다고 소감을 밝혔다.[46] 1979년 재연수를 신청한 그는 교육 참석 통보를 받고 설레는 마음에 밤잠을 이루지 못했다고 고백했다. 경기도 수원에 위치한 연수원에 도착한 그는 감격의 눈물을 흘렸다. 연수원에서 김준 원장을 다시 만난 순간의 감정을 그는 "꿈이 드디어 이루어진 것", "하나님의 은총이 이루어진" 것이라고 표현했다. '하나님의 은총'이라는 표현을 빼고 생각해보더라도 새마을지도자 연수 교육과 김준 원장에 대한 그의 태도는 일종의 종교적 신앙고백이었다고 볼 수 있다. 이는 단순히 김준이라는 개인에 대한 숭배가 아니라, 새마을운동의 종교성에 대한 응답이었다. 또한 새마을지도자 연수 교육이 일종의 세속종교적 요소를 활용하여 교육생들을 새로운 주체로 만들고자 하는 목표 아래 진행되었고, 교육생들이 이러한 새마을지도자 연수의 종교적 성격에 깊이 감화되고 있었음을 교육생들의 편지를 통해 알 수 있다.

2_ 새로운 여성 주체성에 대한 자각

새마을지도자 연수 교육에 가장 격렬히 반응한 주체들은 바로 여성이었다. 농업노동의 영역 이외에는 가정이라는 울타리 밖을 벗어나기 어려웠던 여성들은 새마을지도자 연수와 새마을운동을 통해 공적公的 영역에서 사회 활동을 하면서 해방감과 성취감을 느끼곤 했다.

스스로 일하며 일하는 나 자신이 여자로서 이렇게 힘이 있고 여자들도 앞장 서 일할 수 있다는 자신감을 가지고 옛날에 문밖 출입을 모르던 부녀자와 비교도 해봅니다. 옛날 그 시절이 얼마나 부끄럽고 못난 여성관이었다는 것을 새삼 서럽게 느껴봅니다. 원장님 앞으로 더 힘을 가지고 일할 수 있게 지금보다 새로운 것 좀 더 발전적인 것을 회시하셔서 지도교육에 지침이 되게 하실 교재 있으시면 더욱 감사하겠습니다.
1973년 11월 10일 이○순 올림[47]

다사다난한 가정이란 테두리를 벗어나서 교육생활 1주일간, 그 소감은 무어라고 표시해야 좋을지 모르겠읍니다.
현대 교육의 많은 수련을 쌓았으며 마치 학창시절 같은 기분이 되살았읍니다. 나라에서 또 영부인께서 그만큼 베풀어 주신 성의를 무한히 감사드립니다. 무식한 한 주부였지만 힘과 마음을 다하여 더욱 열을 발휘하겠읍니다.
항상 가정과 부락이란 좁은 사회에서 움직이다가 교육으로 인하여 훌륭한 여성이 얼마나 많았고 또 현재 나라에서 여성의 지위 향상을 어느 정도 받들어 줌에 대하여 그 영광이야말로 누구에게 감사해야될지 모르겠읍니다.
무식한 농촌생활 경제적인 타격 속 무의미하게 살아오다 이 교육을 받고보니 삶의 보람을 절실히 느꼈고 또 용기와 의욕을 찾았읍니다. 이 못난 한 여자를 나라에서 선생님께서 우대해주신 데 대해서 정말 고마웠읍니다.

1973년 8월 8일 허○선 올림[48]

여성 지도자들은 연수 교육 이후 가정 밖 출입금지를 당연시했던 수동적 여성상을 "부끄럽고 못난 여성관"이었다고 반성하면서 "여자들도 앞장서 일할 수 있다는 자신감"을 얻게 되었음을 고백했다. 새마을지도자 연수를 통해 "나라에서 여성의 지위향상을 어느 정도 받들어 줌"을 느낄 수 있었다며 감사를 표하기도 했다. 이처럼 여성들은 연수원 교육을 통해 여성이라는 이유로 차별받지 않고 오히려 우대받았다고 감격해했다.

부산시 새마을부녀지도자 김○주는 연수원 교육을 마치고 추석을 간소하게 지내는 것을 실천하여 남편에게 칭찬을 받은 사실을 말했고, 가족들과 건전가요를 부르며 하루 일과를 시작하는 생활을 하고 있다고 밝혔다.[49] 이 편지에 대해 김준 원장은 아래와 같은 답신을 보냈다.

김○주 여사께,

……모래 위에 집을 짓는 무모한 일을 하는 우리들이 되어선 안되겠지요. 반드시 반석 위에 집을 지을 줄 아는 현명함이 있어야 될 줄 압니다.

가족끼리 건전가요를 부르고 추석을 간소화하여 보내는 여사의 모든 일이 우리의 염원인 잘살기 운동에 단단한 반석을 이루는 일이라 생각됩니다. 여성이 해야 하는 일은 무엇보다 가정에서의 작은 일부터 소홀히 하지 않는 것이 큰 일을 할 수 있는 원천이 될 것입니다.
여사의 빈틈없는 처사에 본인과 교관들은 든든한 마음입니다. 더욱이 본인을 아버지로 여겨주신다니 더욱 고맙고 힘껏 도와 드리겠습니다.……

1974년 10월 15일 새마을지도자연수원 원장 김준[50]

앞서 밝힌 것처럼 연수원 수료생들이 김준 원장 앞으로 편지를 쓴 것은 '사후 교육'의 일환이었다. 새마을운동아카이브의 '수료생 서신철'에는 누락된 경우가 많긴 하지만, 서신철 안에 수료생이 보낸 수신 편지와 김준 원장이 보내는 회신 편지가 함께 등록되어 있는 경우도 적지 않다. 수료생들의 서신에 대해 김준 원장은 일일이 답신을 했던 것으로 보인다. 그 답신의 특징은 수료생 편지의 핵심 메시지가 무엇이었는지를 언급함으로써 자신이 편지를 직접 다 읽었음을 드러내고, 수료생의 노고를 치하하면서 칭찬과 격려의 메시지를 꼭 담았다는 점이다. 앞의 편지에서처럼 김준은 여성들이 해나가는 "가정에서의 작은 일"에 대해서도 "큰일을 할 수 있는 원천"이라고 의미 부여하면서 여성들의 새마을운동 참여를 독려하였다.

여성들은 부녀회를 통해 절미저축, 새마을구판장 설치, 탁아소 설치, 소득증대사업 등에서 성과를 내고 있음을 자랑스럽게 보고하기도 했다.[51] 전남 여수시 경호동 새마을지도자 여○덕은 가난한 어촌마을의 여성들이 학교를 건립해 문맹 추방에 앞장섰고, 석화 양식으로 여성들이 소득증대사업에서 성과를 내고 있음을 알렸다.[52]

이처럼 여성들은 매우 적극적으로 새마을운동에 참여했지만, 그 과정에서 마을 내 남성들의 반발과 비난, 모함과 협박에 시달리기도 했다. 그런데 편지에서 여성들은 남성들의 이 같은 태도로 인해 고통받았음을 전하고 있으면서도 그것을 감내하며 열심히 일하고 있음을 강조하고 있다. 그보다도 새마을부녀지도자들이 참을 수 없었던 경우는 자신들이 공적 활동을 통해 추구하던 자긍심이 훼손되고, 인정욕구가 꺾이는 상황에 놓이는 것이었다.

경남 사천의 새마을부녀지도자 정○자는 내무부로부터 대통령 표창 대상으로 선정되었다는 통보를 받고 온 동네에 소문을 냈으나 전국새마을지도자대회 직전까지 면에서도, 군에서도 이 사실을 인지하지 못한 채 상을 "아마 받지 않을 것"이라고 답변해준 데 대해 격분했다.[53] 그녀는 김준 원장에게 자신이 이렇게 중상모략을 당하면서 일하는 것이 다 여성이기 때문인 것 같다고 토로했다. 그녀는 편지 말미에서 "역시 여자는 자기 가정이나 잘 꾸려나가는 것이 옳은 처사구나 하고 제 나름대로 생각해집니다"라고 자조적인 어조로 이야기했는데, 이것은 문장 그대로 자신의 생각이 바뀌었음을 말하는 것은 아니었다. 이는 체념을 가장한 항의의 전략언어였다. 그녀는 새마을지도자 연수 과정에서 여성의 공적 참여가 바람직하다고 배웠지만, 막상 새마을운동 과정에서 여성들이 성과를 내면 여자라는 이유로 제대로 인정받지 못하고 보상에서도 배제되고 있음을 항의하였다.

새마을지도자 교육에서는 여성들의 능동적이고 주체적인 공적 참여가 강조되었다. 연수원 강사들은 여성들이 가정에서의 아내나 어머니로서의 능력 발휘로만 자신의 역할을 한정한다면 사회와 국가의 발전에 공헌할 수 없다고 지적했다. 이들은 여성 자신이 이 사회와 국가에 무엇을 할 수 있을까를 찾아 최선을 다하는 능동적이고 주체적인 여성으로 변모해야 한다고 가르쳤다. 이는 국가가 농촌 근대화 프로젝트를 추진하는 데 여성 노동력이 필요함을, 동시에 지역 사회에서 여성을 중요한 인적 자원으로 상정하고 있었음을 의미한다.

새마을지도자 여성들의 사회 활동 참여는 가부장제와 갈등관계에 놓이는 경우가 많았다. 부산시 새마을부녀지도자 박○연의 남편 김○기는 김준 원장에게 자신의 아내에게 새마을정신이 무엇인지 깨우치게 해달라고 부탁하는 편지를 썼다. 남편은 자신의 아내가 연수원을 수료한 다음 전방 및 개발 지역 시찰에 1박 2일로 참여했다며, 가정을 버리고 시간이 있을 때마다 놀러다닐까 염려가 된다는 것이었다.[54]

기독교 신자로 추정되는 전라남도 진도군의 새마을부녀지도자 조○자는 연수원 연수 교관들의 교육 실천에 대해 "예수께서 제자들의 발을 씻어 남 섬기는 종의 도를 몸소 행해 보이시듯" 했다고 회상했다. 그녀는 가난 앞에 체념하고 전염병을 운명으로 여기던 과거로부터 새마을운동은 벗어날 수 있는 "기적"을 낳았고, "하늘은 스스로 돕는 자를 돕는다"는 사실을 깨달을 수 있게 되었노라고 고백했다. 새마을운동의 종교성에 대한 신앙고백 이후 그녀는 "연약한 여자인 줄만 알았더니 여자의 힘이 남자의 백 배의 힘을 낼 수 있다는 것을 확신합니다"라며 새마을운동을 통해 여성의 능력을 증명할 수 있게 되었음을 밝혔다.[55] 이처럼 여성들은 새마을운동을 통해 기존의 남성 전유물이던 공적 영역에 진출할 수 있게 되었으며, 이 과정에서 각종 비난이나 모함에 시달리기도 했지만 새로운 여성 주체성을 획득할 수 있게 되었음을 자랑스럽게 고백했다.

3_참회의 고해성사와 '하면 된다'의 신앙주기

수료생들의 편지에는 자신이 새로운 주체로 거듭났음에 대한 감격만 기술되어 있지 않았다. 김준 원장을 '아버지, 선생님'으로 인식하는 각별한 유대관계 속에서 수료생들은 자신의 지난날에 대해 반성하거나, 현재 자신이 연수원 교육에서 배운 내용대로 살고 있지 못함을 고백하기도 했다.

 이는 사제를 통해 자신의 죄를 고백하고 하느님께 용서의 은총을 받는 고해성사와 유사했다. 고해성사를 통해 죄를 고백하는 것은 자신의 죄로 인해 깨어진 하느님과 이웃과의 관계를 회복하고 싶다는 마음의 표현이라고 한다. 연수원 수료생들이 김준 원장에게 보내는 편지에 쓴 고해성사에도 새마을운동에 적극적으로 나서는 주체로 변모할 수 있도록 관계를 회복하고 싶다는 마음이 담겨있었다.

원장님, 자신과 분수를 모르고 넘어서 저를 아끼고 사랑하시는 여러 어른들의 뜻을 저버렸던 어젯날들을 부끄럽게 여기며 잃어버린 지난날을 원통히 생각하며 그때 이후 묵묵히 이름 없이 빛도 없이 뛰며 또 달아봤읍니다만 돌아보니 남은 것이라곤 자신의 무력함만을 발견했을 따름입니다. 원장님, 너무나 우리의 뜻과 거리가 먼 현실. 기정사실화 되어버린 수많은 모순들 너무나 오랜 역사에 스며든 가난과 무지였기에 숙명처럼 여기는 우리의 이웃들, 내일을 향해 부르짖는 애타는 음성에 귀를 막는 사람들. 힘들이고 눈물 뿌려가며 겨우 이뤄진 일을 보고 질투하며 시기하는 형제들이 새마을운동. 가면 갈수록 어렵기만 하며 하면 할수록 힘들기만 하네요.……

1974년 3월 9일 밤 통영 지○암 드림[56]

경남 통영의 새마을지도자 지○암은 독농가반 2기 출신으로 자신을 김준 원장의 '불초不肖 제자', '아버님 앞에 방탕해버린 탕자'라고 낮추어 표현하는 편지를 보냈다. 그는 "이제 아버지의 아들이란 과분한 칭호는 들을 자격을 스스로 포기하고 제일 적은 종의 한 사람이 되겠다"는 심정으로 김준 원장에게 편지를 쓴다고 했다. 편지에 자세한 사연은 드러나지 않고 있지만, 그가 이처럼 새마을지도자로서 자신의 삶을 반성하고 회개했던 이유는 마을 주민들의 비협조 앞에 무력함을 느끼고 통영군 공무원들과 통영군 새마을지도자협의회 사이의 갈등 속에서 어떤 '수모'를 당했기 때문으로 보인다. 그래서 그의 고해성사는 자신의 과오를 회개하는 형식을 취하고 있지만, 실제로 이 편지는 "애타는 음성에 귀를 막는 사람들", "질투하며 시기하는 형제들", 새마을지도자들을 "아주 외면 내지 귀찮게 생각"하는 공무원들을 성토하는 내용이다. 그는 추신에서 누구를 헐뜯거나 모함하자는 목적이 아니라고 덧붙이면서 자신도 사람인지라 의욕이 떨어지고 맥이 빠질 때가 없지 않다며 김준 원장으로부터 격려 받기 원하는 마음을 돌려서 말하고 있었다.

이 서신철의 표지에 있는 '서신처리전'의 '처리' 항목에는 "격려 회신"이라 쓰여 있고, 새마을지도자 편지 뒤에는 김준 원장 명의의 격려 편지가 편철되어 있다. 김준 원장은 원래 남을 지도한다는 것은 쉬운 일이 아니며 특히 농촌 지도는 외롭고 힘든 일이기에 노력하며 참고 기다려야 한다고 밝혔다. 그는 "자기의 생활과 사업을 중심으로 자기를 완성시켜 나가는" 태도로 지도할 것을 주문하기도 했다. 이어서 새마을운동과 새마을 교육의 종교적 특성을 드러내는 다음과 같은 내용으로 지O암 지도자를 격려했다.

> 농심으로 충만한 사람은 비록 오늘은 고통스러워도 내일은 더 잘 살 수 있을 것이며, 하느님의 축복이 항상 같이할 것입니다.
> 여러분 뒤엔 대통령 각하를 비롯한 온 민족의 성원과 염원이 있으며 나를 비롯하여 여러분의 성공과 발전을 변함없이 기원할 교관들이 있고 본 연수원을 거쳐간 5,844명의 새마을지도자가 여러분의 영원한 동지로서 항상 땀흘리며 노력하고 있습니다.……
>   1973년 3월 25일 새마을지도자연수원장 김준[57]

김준 원장은 고해성사를 하는 새마을지도자에게 지금 겪고 있는 고난을 잘 이겨낸다면 하느님의 축복을 받을 수 있을 것이라고 종교적 언어로 답신했다. 더불어 그 종교가 박정희 대통령을 정점으로 하여 김준 원장과 연수원 교관들이 성직자 역할을 하고 있는 민족의 '성공과 발전'을 지향하는 것임을 잊지 말라고 환기시켰다.

> 슬픈 얘기지만 교육 당시 용광로 같앴던 새 바람이 집에 닿자마자 농번기로 말미암아 시나브로 꺼지기 시작해서 이젠 곧 사그려져 버리고 말 위험한 경지에 달하고 말았다는 것이 솔직한 표현이겠어요.……
> 저만 유독히 그런건지 다들 그런지 모르겠군요. 정신만은 흐려지지 않고 살아있는 것 같은데 현실에 있어선 영 흔적이 없으니 탈예요. 뒷

바라지 해주셨던 여러분들과 선생님들께 기쁨을 안기는 일이란? 생각할 때 가슴이 미어지는 듯 하고 아파요.
선생님! 어떻게 해야 되는가를 가르쳐주세요. 요즘 우리 지방은 가뭄이 극심해서 갈라진 논바닥에 물 푸느라고 끊임없이 뙤약볕을 이고 살아야 해요.……어쩌자고 하느님은 균일하지 못하고서 홍수와 한해를 따로이 지시하는지 모르겠어요.
      1973년 8월 10일 부녀지도자반(제1기) 김○자[58]

전남 여천군 새마을부녀지도자 김○자는 용광로 같았던 교육 당시의 열정이 시나브로 줄어들다 곧 사라질 위기에 처했다며 어떻게 해야 할지 알려달라고 간청하는 편지를 썼다. 김준 원장은 교관 일동과의 공동 명의로 아래와 같은 답신을 보냈다.

용기를 내세요. 그리고 한몫에 해치우려고 하지 마세요. 정성스런 마음 부지런한 자세로 작은 일에 성실하면 그것이 곧 큰일과 통하고 새마을과 통하는 것이지 꼭 공동사업을 해서 눈에 보이는 성과만이 새마을운동이 아니니까요. 각자 각자 마음이 새로워지고 또 무엇인가 열심히 해서 잘 살아봐야겠다는 의욕만 갖게 된다면 하나님은 반드시 그 소원을 들어주실 것이며 우리의 새마을은 보이지 않는 가운데 속살이 쪄갈 것 입니다.
새마을운동은 방법이 따로 있지 않습니다. 또 방법이 있다손 치더라도 획일적으로 통용될 수도 없습니다. 우리가 성공사례를 들었지만 그것은 그곳에 적합한 사례고 상암리에는 상암리대로의 여건과 실정에 맞는 일감과 방도가 있게 마련입니다. 다만 공통점은 하면 된다는 신념을 갖고 열심히 일하고 또 일한다는 것뿐입니다. 부디 건강에 유의하시고 작은 일에 충성하는 새마을의 역군이 되어주시길 빕니다.

1973년 8월 28일 새마을지도자연수원 원장 김준 외 교관 일동[59]

김준 원장의 격려 서한은 새마을운동의 종교적 영성을 김〇자 지도자에게 불어넣어주는 것을 목표로 작성되었다. 그는 "무엇인가 열심히 해서 잘 살아봐야겠다는 의욕만 갖게 된다면 하나님은 반드시 그 소원을 들어주실 것"이라며 신념과 의지가 무엇보다 중요함을 강조했다. 그 신념은 "하면 된다"라는 '주의주의主意主義'적 실천론이었다. 의지만 충만하면 뭐든 실현 가능하다는 낙관론은 새마을운동의 신앙 내용 중 하나였다. 김준 원장이 "작은 일에 충성하는 새마을운동의 역군"이 될 것을 주문한 이유는 현실의 복잡한 장벽에서 좌절하지 말고 작은 일을 행하면서 "하면 된다"의 신앙을 체득할 수 있기를 기대했기 때문이었다.

4_억울함의 하소연

새마을지도자들의 편지 가운데 특징적인 한 유형은 자신이 겪고 있는 억울함을 풀어달라는 호소 편지였다.

원장 선생님, 제 소원 하나만 들어주셔요. 다른 것이 아니오라 애국자는 모략 중상에 죽고 망하는 이 억울함을 어찌하면 좋을까요. 전북에 일입니다.

한국부인회 전북회장님은 슬하에 자녀도 없으며 30여 년간 고아사업 모자원사업 여성사업 위하야 평생을 바치고 회관에 대한 건축금도 못 다 주고 또는 등기도 못냈읍니다.

91평의 대지를 전주시장에게 빌려 지었는데 상하층 142평 건물인데 애초에 지을 때는 대지를 시청에서 희사를 받기 위한 목적을 했으나 도에 보조도 또는 시에 보조도 못 받고 회장 명예에 탐내든 몇 분자에게 못 견디어 회장님이 사표를 내고 보니 이 일에 시군회장들이 단결하여 총회를 모이어 저같이 무능하고 못난 가난배기에게 책임이 돌아오고 보니 죽지도 살지 못하게 되었읍니다.……

그런데 이 사정을 우리 육 영부인께나 그러치 않으시면 내무장관님께나 잘 말씀 좀드리시여 대지나 좀 무상으로 빌릴수 있도록 노력해주시면 우리 150만 여성들이 죽도록 충성을 다하겠읍니다.

1973년 부녀지도자반 오○순[60]

전북 이리시 새마을부녀지도자 오○순은 한국부인회 전북지회의 회관 건립과 관련해 건축비를 해결하지 못한 상태에서 전북지회장이 타의에 의해 사임하게 되면서 비용 부담이 자신의 책임으로 전가되었다며 억울함을 호소했다. 그는 전북지회장과 자신의 처지와 심경을 "애국자는 모략중상에 죽고 망하는 이 억울함"이라며 나라 사랑에서 비롯된 순수한 의도가 모함과 모략에 의해 왜곡되고 난처한 상황에 처하게 되었음을 강조했다. 새마을사업 등을 추진하는 과정에서 발생하게 된 재정적인 문제를 해소할 수 있게 해달라고 하소연하는 내용이 이 편지

외에도 종종 있었다.

1975년 12월 경북 영천의 새마을지도자 권○도의 가족 권○형은 권○도가 새마을운동 추진 과정에서 구속된 사건의 사연을 전하며 그 억울함을 호소하는 편지를 보냈다. 경북 영천군 신녕면에서 공화당 관리장 주도로 전화 가설사업이 전개되었는데, 이 과정에서 면민들이 국가 고시가의 배가 넘는 피해를 입게 되었다. 이후 권○도의 문제 제기로 공화당 관리장의 부정이 드러났고, 면민들에게 보상금을 주는 조치가 취해졌다. 권○도는 연수원 교육 직후 주민에게 돈 5만 원을 갈취했다는 죄목으로 구속되었는데, 그의 가족 권○형은 부정행위 탄로에 대한 보복으로 공화당 관리장과 우체국장이 농간을 부려 권○도가 억울하게 구속되었다고 폭로하였다. 권○형은 편지 말미에서 김준 원장에게 아래와 같이 호소했다.

> 원장님, 새마을지도자의 인권은 어디까지 한계가 있는지요. 신뢰받는 지도자의 인권이 이만큼도 보장을 못 받는다면 무슨 활동을 마음 놓고 발언을 하겠습니까.……
> 1975년 12월 16일 영천군 특수반 2기생 권○도 가족 올림[61]

편지 내용처럼 권○도가 공화당 관리장의 부정을 폭로한 데 대한 보복으로 구속된 것인지, 아니면 새마을지도자의 공금 횡령 사건인지 사건의 진실을 파악하기는 어려운 상황이었다. 이 편지에 대한 답신은 서류철에 없으며, 서신처리전에도 '처리' 항목이 공란으로 비어있다. 김준 원장 입장에서도 사건의 실체를 파악하기 어려운 상황에서 섣불리

권○도 가족을 두둔하는 듯한 서한을 보낼 수는 없었을 것이다. 이 편지에서 주목되는 것은 권○형이 이 사건을 새마을지도자의 '인권'이 침해된 사건으로 규정하면서 새마을지도자의 인권 보장을 요구하는 것으로 문제 제기를 하고 있다는 점이다.

연수원 수료생들의 편지에서 수료생들이 자주 호소하는 것 중 하나는 새마을지도자의 권한이 너무 적다는 것이었다. 1974년 12월 18일 전국새마을지도자대회에서는 새마을 사업실적이 우수한 3,284개 마을에 대해 마을당 총 41억 3,100만 원의 대통령 특별지원금이 전달되었다.[62] 강원도 화천군 새마을지도자 홍○운은 자신의 노력으로 마을이 대통령 특별지원금을 받을 수 있게 되었으나, 강원도 새마을지도자 촉진회에서 대통령 하사금을 자신이 아닌 마을 이장에게 전달하면서 문제가 발생했다고 호소했다. 대통령 하사금을 마을 이장이 쥐게 되자 "하룻밤 사이에 주민들은 전과는 달리 제 이야기는 들으려고 하지도 않는군요"라며 자신의 권위가 급속히 실추되었음을 밝히며 어떻게 하면 좋을지를 물었다.[63]

부산의 새마을부녀지도자 서○녀는 동장과의 말다툼 이후 1년이 넘게 새마을사업을 추진하지 못하고 있어서 그로 인해 "누구에게도 하소연 못하고 혼자서 괴로움에 심장병까지 생기어 많은 고생"을 하고 있다고 하소연했다. 그녀는 "새마을지도자가 무엇을 이익 보는 것도 아니고, 권위를 갖는 것도 아닌 순수한 몸과 마음을 다 바쳐서 정신적으로, 육체적으로, 물질적으로 희생하며 봉사"하고 있는데, 동장 때문에 괴롭다며 자신의 억울함을 호소했다.[64] 새마을지도자들은 자신들이 대가 없이 순수한 마음으로 희생하고 있음에도 이장이나 동장의 전횡으로 인해 새마을사업을 전개하지 못하고 고통을 겪고 있다고 하소연하는 전략을 취했다. 그러나 새마을지도자들이 편지에서처럼 욕심없이 순수한 동기로 새마을운동에 참여하고 있던 것만은 아니었다. 새마을지도자를 지역 공무원이나 연수원 직원으로 채용할 수 없는지 김준 원장에게 문의하는 서신을 포함하여 새마을지도자들은 세속적인 욕망을 다양하게 표출하곤 했다.[65] 충남 천원군 새마을지도자 김○덕은 초등학교만 졸업한 낮은 학력이 평소 콤플렉스였으나, 새마을지도자 연수 교육을 받고 지도자로서 활동하면서 그 콤플렉스를 극복할 수 있었노라고 고백했다. 그는 자신의 마을이 "아주 보잘것없는 마을"이지만 새마을운동을 통해 대통령 훈장을 받고 싶다는 욕망을 자신있게 드러냈다. "저는 욕심이 없이는 살지 못한다고 생각합니다. 저는 이 세상에 욕심이 제일 많은 분은 누구냐고 묻는다면 박 대통령 각하라 말하겠읍니다"라며 박정희까지 끌어들여 새마을지도자의 욕망을 긍정적인 것으로 해석했다.[66] 새마을지도자들의 욕망은 마을 주민 전체를 위한 공공적인 것이기 때문에 긍정적이라는 식으로 그는 자신의 욕망을 정당화했다.

새마을운동 추진 과정에서 이장과 새마을지도자 사이의 갈등은 다양한 계기로 표출되었는데, 때로는 새마을지도자가 김준 원장에게 보낸 편지를 통해 이장과의 권력다툼에서 승리하는 경우도 있었다. 1975년 3월 경북 월성군 새마을부녀지도자 김○순은 자신의 마을 이장의 독단적 동정洞政으로 전 동민이 희생을 당하고 있다고 폭로하는 편지를 김준 원장에게 보냈다. 그녀는 농촌의 남존여비 사상 때문에 자신이 새마을지도자로서 힘을 발휘하지 못하고 있다고 호소했다. 또 연수원 교육을 통해 여성도 새마을지도자로 마을 일에 적극 참여할 수 있음을 알 수 있게 되었고, 김준 원장이 말한 것처럼 "용광로의 참숯"이 되고자 했으나 남존여비 사상과 이장의 독단으로 인해 자신의 역량을 발휘할 수 없음을 집중적으로 부각시켰다. 결정적인 문제는 마을에서 새 이장을 선출했는데, 전 이장이 사표를 제출하지 않을 뿐만 아니라 지역 행정 당국에서 새 이장을 임명하지 않고 있다는 사실이었다. 그녀는 이 점을 원장에게 "원통한 일"이라며 "좋은 일꾼을 쓸 수 있도록 해주시기 간절히 부탁"하였다.[67] 마을에서 여성 새마을지도자들이 차별받고 있다는 현실의 하소연만으로는 그저 위로의 편지만 보내고 말았을 것이지만, 이장 선출을 둘러싼 마을 내부의 민주주의가 절차적으로 지켜지지 못하고 있던 사실은 김준 원장이 지역 행정권을 활용해 문제를 해결할 수 있는 여지를 만들었다.

김준 원장은 이 편지를 월성군청에 전달해 이장이 교체되지 않은 것을 시정해줄 것을 요청했다. 월성군은 부군수 김석종 명의로 김준 원장에게 회신하여 김○순 지도자의 마을 전임 이장을 해임하고 그 후임으로 선출된 신임 이장을 임명하여 새마을운동이 순조롭게 추진될 수 있도록 조치했음을 알렸다.[68] 새마을지도자의 편지 쓰기라는 행위성은 단순히 감정적 호소에만 그치지 않았고, 마을 이장이나 농협 간부의 부당한 권력 행사를 고발하여 상위 권력에 조치를 취할 수 있도록 요청하기도 했다. 이는 마을이라는 미시세계의 권력관계 변화에 결정적인 영향을 주는 계기를 마련할 수 있게 하기도 했다.

5_ 포상, 폭로 그리고 청탁

박정희 대통령은 1971년부터 1979년까지 경제기획원에서 진행한 월간경제동향 보고 직후 새마을지도자들에게 직접 훈장을 수여하고 환담을 나누었다. 이 환담 내용은 《서울신문》을 비롯한 중앙 일간지에 보도되었으며, 대통령이 매월 새마을사업 유공자들을 꼼꼼히 챙기고 평범한 지도자들의 목소리에 귀를 기울이고 있다는 사실을 부각시키는 효과가 있었다.

1975년 5월 박정희는 경북 영천군 덕암마을 새마을지도자 김종식에게 새마을훈장 협동장을 수여하고 그와 환담을 나누었다.

○박 대통령: 이 군수, 덕암마을 같은 수준의 마을이 영천군 내에 얼마나 되죠?
○이 군수: 10퍼센트 정도입니다.
○박 대통령: 잘 안 된 마을 지도자를 데려다가 견학을 좀 시키시오. 외국에서는 요즈음 우리 새마을을 보러 오는데……새마을운동은 지도자가 있어야 하고 부락 사람이 나태해지지 않도록 불을 질러 따라오도록 분위기를 만드는 게 중요합니다.
덕암마을은 새마을정신으로 뭉쳐 총력 안보태세까지 갖추어 있다는데 우리나라 모든 부락이 이렇게 되면 공산당이 얼씬도 못합니다. 간첩이 몇 명 들어와도 청년들이 총 없이도 잡을 테니까.……
○박 대통령: 김종식 씨 마을에선 지금 당장 하고 싶은 일이 어떤 것입니까?

○김종식: 창고를 하나 지었으면 좋겠읍니다. 양파나 사과를 수확기에 팔면 제값을 못받으니 2~3개월 저장했다 팔아 제값을 받고 싶습니다.……

○박대통령: 얼마나 듭니까?

○김종식: 5백만 원 정도 듭니다.

○박대통령: 내가 그것 하나 지어주지오. 마을기금에서 1백만 원만 내십시오. 내가 새마을 성금에서 4백만 원을 줄 테니까.

○김종식: 감사합니다.[69]

경북 영천군 새마을지도자 김종식에게 새마을훈장 협동장을 수여하는 박정희 대통령.
1975년 5월 8일 경제동향 보고 석상에서 박정희 대통령이 새마을지도자 김종식에게 새마을훈장 협동장을 수여하고 있다. 박정희는 우수한 실적을 보인 새마을지도자에게 표창을 하고,
이들과 환담을 나누는 모습을 주기적으로 보여줌으로써 새마을지도자들로 하여금 자신들이
새마을운동 조직의 정점에 있는 대통령과 직결되어 있다고 느끼게 하는 효과를 유발했다.

박정희는 포상의 정치를 통해 새마을운동을 마을 간 사업 경쟁의 격화를 유도했다. 훈장을 받는 새마을지도자에게 직접 애로사항이 없는지 물어 행정력으로 처리 가능한 것을 해결해주거나, 하고 싶은 것을 묻고서 대통령 특별 하사금을 지급하곤 했다. 특별 하사금을 지급할 때에도 필요한 금액 전액을 지원하지 않고, 그중 일부는 마을 주민들이 직접 공동기금을 모아 해결하도록 지시했다. 마을 주민들의 자립심과 자조정신을 기르도록 하겠다는 취지에서였다. 이러한 대통령의 새마을지도자 포상 퍼포먼스는 기본적으로 '자애로운 대통령 이미지'를 만들고, 농촌마을의 평범한 지도자라도 새마을운동에 헌신하면 대통령을 직접 만나 훈장을 받고 대통령 특별 사례금을 받을 수 있음을 보여주기 위한 홍보 목적의 통치술이었다.

대통령 박정희나 영부인 육영수를 직접 만나고 돌아온 새마을지도자들은 벅찬 감동에 젖어 글을 남기기도 했다.

> 육 여사님을 상봉하고 만찬회를 열 때 얼굴과 손이 부드러운 동지들보다 나같이 시커멓게 탄 지도자에게는 더욱 굳세게 손을 잡아주셨읍니다. 나는 희망에 찬 마음으로 용기를 얻었읍니다. 육 여사님께서는 더욱 농촌을 걱정해주시고 부디 지방에 돌아가시면 어려운 말을 쓰지 말고 쉬운 말로 지도해달라고 간곡히 부탁하셨읍니다.[70]

> 그리고 저희 마을은 또 대통령 각하의 하사금 100만 원을 받게 되었읍니다. 이로써 저희 부부 지도자는 또 상경하게 되었읍니다. 저의 처는 전국 대표로 각하 앞에서 지도자 선서를 하게 되었읍니다. 이제와

저희 부부 지도자는 열심히 뛰기로 약속하고 우리 동민과 우리 국민 다 잘살 때까지 앞서 일하기로 약속하였읍니다.[71]

이처럼 새마을지도자에 대한 국가의 호명과 포상의 효과는 컸다. 새마을지도자 개인에게뿐만 아니라 포상을 받는 마을 주민들에게 커다란 동기 부여가 되었다. 대통령 하사금은 주민회의 등을 거쳐 용처가 정해졌다. 교량 건설, 창고 설립, 가마니 공장 건립, 양우養牛·양돈養豚 사업을 위한 가축 구입, 굴 양식장 건립 등 마을 숙원사업에 대통령 하사금이 지출되었고, 이는 새마을지도자의 마을 내 권위를 높이는 중요한 상징자원이 되었다.

대통령 포상은 미담만 남기지 않았다. 포상의 정치는 동기 부여와 사기 진작, 마을 주민의 단합을 이끌기도 했지만, 마을 간의 경쟁 격화와 수상자에 대한 시기와 질투를 유발하기도 했다. 또한 관료주의를 악용하여 새마을사업 실적을 허위로 보고하여 포상을 받은 새마을지도자도 존재했던 것으로 보인다. 1973년 11월 22일 광주실내체육관에서 열린 전국새마을지도자대회에서 박정희는 전국 1,645개 우수마을에 특별기금 100만 원씩 지급했으며, 새마을지도자 53명에게 새마을훈장과 포장을 수여했다.[72] 그런데 이듬해 2월 5일 경북 월성의 새마을지도자 이○달은 다음과 같이 포상에 잘못된 일이 있었음을 폭로하는 내용의 편지를 김준 원장에게 보냈다.

지난해 11월 22일 광주에서 있었든 새마을지도자 대회에 큰 문제점을 발견하고 우선 원장님을 통하여 대통령 각하와 관계 계통기관에

건의키로 하였읍니다.……

새마을운동은 아예 입으로 어떤 각본의 한 연기자를 선발하여 대통령 각하를 모신 전국 지도자 앞에서 그 각본의 대사를 외우는 데 도취되었으니 이로 바로 남의 헛장단에 춤추는 격이라 하겠읍니다.……

그러나 원장님께서는 지도자 교육을 맡아 계시고 청와대 연락이 빈번하시니 선생님의 애국은 바로 각하에게 직언하는 것이라고 저희들은 알고 있읍니다.……

남편은 50여 세의 동장이요, 장본인은 30대의 여성 몇째 부인인지는 모르겠읍니다만 분단장 곱게 하고 무슨 억순이 또순이 천만의 말씀입니다. 신분이야 다방 종업원이었든 첩이든 말할 것도 없읍니다만, 오히려 이러한 신분을 가진 사람이 진정 희생적 봉사정신으로 새마을운동에 앞장서면야 더욱 값진 것이요 칭찬할 일이지만 한 요부의 내뱉은 말로서 하는 운동 주민의 조소꺼리요 지도자의 사기를 꺾어놓고 말았읍니다.[73]

편지 작성자 이○달은 1973년 전국새마을대회에서 새마을훈장을 받은 경북 월성의 김○순 지도자는 거짓실적을 보고하여 훈장을 받았다고 주장했다. 그의 주장에 따르면, 김○순은 개인 소유 포플러나무를 마을에서 심었다고 보고했고, 개인 소유 개간지를 마을 개간사업의 결과로 보고했으며, 절미운동도 거짓으로 보고했다. 또한 훈장 표창 사후에 월성군 내에서 문제 제기가 있자, 포상 추천을 했던 담당 공무원은 마을 주민이 아닌 지방 공무원들을 동원하여 지붕 개량, 담벽 개수, 마을 안길 확장 등을 서둘러 진행했다고 한다. 그는 내무부, 감사원, 청와대 감사반까지 마을 실사實査를 다녀갔지만, 허위 보고를 확인하지 못하고 돌아갔다고 주장했다. 그는 지방 담당관이 자신의 허위 조작 사실을 감추기 위해 상부에 알리지 못하도록 압력을 행사했다고 고발했다. 그는 잘못된 포상으로 인해 "영도자를 중심으로 삼천만 국민이 하나로 묶여 모든 국난을 극복해야 할 중차대한 시점에 국론이 분열"되는 상황을 초래했다며, 김준 원장에게 이 문제를 해결해줄 것을 요청하였다. 그는 "원장님께서는 지도자 교육을 맡아 계시고 청와대 연락이 빈번하

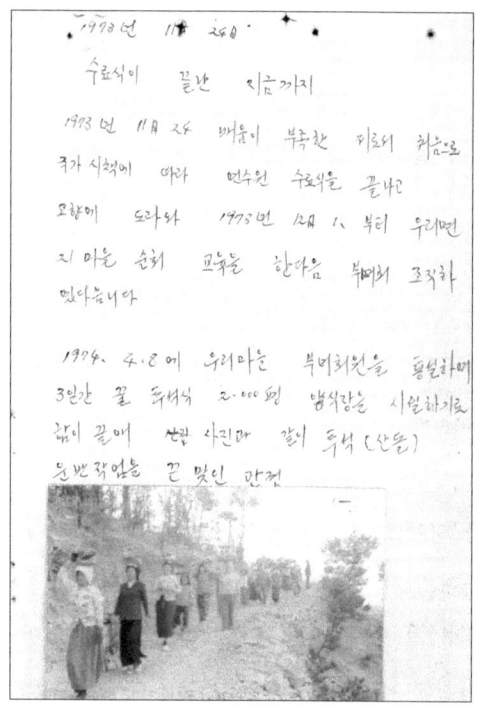

전남 완도군
새마을부녀지도자가
김준 원장에게 보낸 편지.
새마을부녀지도자 연수 5기(1973)
수료생 전남 완도 차O자는 1977년
2월에 김준 원장에게 마을 부녀회
활동을 설명하는 긴 편지를
보냈는데, 1974년 부녀회원들이
양식장을 만들기 위해 투석 운반
작업을 하는 사진 등 여러 사진을
붙여서 보냈다.

시니 선생님의 애국은 바로 각하에게 직언하는 것"이라며, 대통령에게 이 사실을 직접 알려주고 시정조치할 수 있게 해달라고 촉구했다. 한 달 뒤인 1974년 3월 5일 김준 원장은 "귀하의 직언을 요로에 건의하여 적의조치適宜措置 되었으니 양지하시기 바랍니다"라고 회신했다.

1974년 5월 충남 당진의 새마을지도자 우○식은 당진군 새마을과 과장으로 근무하는 공무원이었다. 그는 김준 원장에게 새마을운동에 대해 비판적인 평가를 하면서 문제 해결을 위한 제안을 담은 편지를 보냈다.[74] 우선 그는 새마을운동이 이전과 같은 활기가 사라지고 "하강기에 접어든 느낌"이라고 평가했다. 그는 첫 번째 문제점으로 새마을사업에 대한 국민의 신뢰가 떨어진 점을 거론했다. 그 사례로 예산 집행에서의 약속 미이행을 지적했다. 1973년 자립마을 중 비지원 부락에 대해 50만 원씩 준다고 공지했으나 실제로는 깎여서 지급되어 마을 주민들은 실망하여 불신하게 되었다고 했다. 또한 지붕개량 지원금이 3분의 1 감축되어 새마을과는 거짓말만 한다는 말을 듣게 되었다고 했다. 두 번째 문제점으로 사기가 떨어지는 점을 지적했다. 새마을사업 이행 중 사소한 법에 저촉될 경우 지도자가 구속되고 마을 주민이 소환되며, 새마을과장이 참고인으로 불려다니게 되니 사기가 떨어진다고 했다. 세 번째로 그는 '새마을 담당 기관의 확충'을 제안했다. 그런데 이 새마을 담당 기관의 확충으로 제안하고 있는 내용은 새마을과가 재정권이나 인사권이 없기 때문에 예산 사무를 새마을과로 이관시켜야 한다는 것과 새마을 담당자를 차기 승진 후보자로 배치하여 승진을 앞당길 수 있도록 해야 한다는 것이었다. 이 편지는 새마을사업 추진 과정에서 담당 공무원으로 겪는 애로사항과 문제점으로 느낀 점을 전하는 내용인 동시에 공무원으로 자신의 실익이 돌아올 수 있도록 해달라는 취지의 청원을 담은 것이었다. 이 편지가 담긴 서신철의 '서신처리전'에는 "회신: 참고 견디며 노력하자(9. 11), 조치: 청와대에 사본 송달(9. 18)"이라고 기재되어 있다. 문제점 지적과 제안 형식을 취하고 있는 이 공무원의 편지는 김준 원장을 경유하여 청와대에 전달되었다.

1977년 2월 전남 완도군 새마을부녀지도자 차○자는 김준 원장 앞으로 무려 18페이지에 달하는 긴 편지를 보냈다. 이 편지에는 1973년 11월 연수원 교육 수료식이 끝난 시점부터 마을에서 자신이 어떻게 활동해왔는지를 일지 형식으로 상세히 보고하는 내용이 수록되어 있다. 각 페이지에는 사진을 붙여서 마을에서 여성들이 얼마나 열심히 새마을운동에 참여했는지를 한눈에 알아볼 수 있도록 했다. 그런데 이 긴 편지의 말미에는 편지의 목적이 나타나는데, 그것은 바로 체신학원을

새마을지도자연수원 김준 원장.

수료한 여동생이 체신공무원이 될 수 있도록 김준 원장이 알선해달라고 청탁하는 것이었다.[75]

앞에서 인용한 1974년 6월 경남 합천의 새마을지도자 추○우의 편지 전반부에는 그의 새마을운동에 대한 깊은 신앙심이 표현되어 있다. "저는 아침 명상 시간에 예수나 공자 같은 분들을 두고 명상하지 않습니다. 새마을운동의 교주이신 김준 원장님을 두고 명상하며 그날 일에 임합니다"라며 그는 자신이 새마을운동에 얼마나 헌신해왔는지를 기술했다. 그런데 편지의 후반부에는 자신이 공석 중인 합천군의 산림조합장을 맡아 일하고 싶으니 "새마을운동의 교주" 김준 원장이 도와주길 바란다는 내용을 담고 있다.[76] 그는 임명권자가 대한산림조합연합회 회장이며, 산림청장의 의견을 들어 임명한다고 밝힘으로써 자신이 합천군 산림조합장에 임명될 수 있도록 김준 원장이 추천해주길 기대했다. 이 신앙고백의 편지 쓰기는 조합장이 되고자 하는 자신의 욕구 실현을 위한 전략적 행위였던 셈이다.

이처럼 새마을지도자가 새마을운동이라는 종교에 자신이 얼마나 깊은 신앙을 갖고 임했는가를 김준 원장에게 고백하는 내용의 편지 쓰기에는 개인의 실익을 얻기 위한 어떤 목적이 놓여있는 경우가 많았다. 그것은 새마을 교재나 강연 테이프를 보내달라는 등의 작은 부탁에서부터, 마을 이장을 교체할 수 있도록 도와달라거나 새마을과 공무원을 차기년도 승진 후보자로 배정해달라는 식의 청원, 그리고 자신이나 가족의 취업을 도와달라는 식의 청탁에 이르기까지 편지 작성자가 김준 원장을 통해 성취하고 싶은 욕망과 연결된 것이었다.

새마을 연수의 종교성 그 이면

새마을지도자연수원 교육에 참여한 지도자들의 반응은 왜 이렇게 강렬했던 것일까? 역사학자 이용기가 언급했던 것처럼 농민 등 새마을지도자 개개인을 '국민'으로 호명하는 과정과 여기에서 새마을지도자의 인정 욕망이 해소되는 지점이 분명 작동했던 것으로 보인다.[77] 연수원 교육의 경우 여기에서 한걸음 더 나아가 이 운동이 하나의 '종교'로 작동하기도 했다. 여기서의 '종교'는 신이 신도들을 향해 빛을 내리쬐는 일방적인 형상의 어떤 것이 아니었다. 그것은 신도들이 저마다 새마을 교육을 통해 자신이 새로 태어났음을 신앙고백하면서도 자신의 일상을 바꾸기 위해 각자의 욕망을 세속교회인 연수원에 투사하는 모습에 가까운 것이었다. 그것은 성경을 읽으면서 하나님께 부자가 되게 해달라고 기도하는 기독교 신자나, 부처님께 불공을 드리면서 아들을 낳게 해달라고 기도하는 불교신자의 모습처럼 종교 안에 기복신앙을 불어넣는 신도와 이를 일정하게 수렴하면서 신도 수를 늘리려는 종교 조직의 모습과도 유사한 양상을 보였다.

한 부녀지도자는 1979년 10월 26일 박정희 대통령 서거 직후 "엄청난 비보"를 듣고 자리에 주저앉아 김준 원장을 생각했다면서 하루 종일 문을 잠가놓고 밥도 먹지 않고 울면서 지냈다는 이야기를 썼다.[78] 다른 부녀지도자는 박정희 대통령 서거 사실이 생시의 일이 아니라 꿈이 아닌가 싶을 만큼 충격적이었고, 목놓아 울었노라고 고백했다. 그녀는 김준 원장의 강의를 듣고 "정신병 환자가 정신병원에서 치료를 받고 퇴원하는 기분이 들 정도"였다는 소감을 전하면서 박정희 대통령의 육성과 노래, 김준 원장의 육성을 담은 테이프를 보내달라고 연수원에 요청했다.[79] 또 다른 여성 지도자는 남편이 고혈압으로 사망해 상실감이 컸으나, 자신에게는 "오직, 또 하나의, 새마을이라는 남편이 있다"면서 "새마을정신을 종교의 밑밭으로 삼고 오직 희생, 헌신, 봉사"해가면서 살겠다는 다짐을 밝히기도 했다.[80] 전남 신안군 새마을지도자 박○식은 1979년 11월에 쓴 편지에서 "우리의 지도자이시고 영도자이신 박 대통령께서는 가셨지마는 박 대통령께서 심어주신 새마을운동의 정신은 우리 몸에 피가 되고 살이 되어 영원토록 없어지지 않을 것"이라고 새마을운동 교주의 죽음에도 영원불멸의 정신은 살아있음을 강조했다.[81] 이 같은 편지들을 통해 새마을지도자 교육이 박정희를 교주로 하는 세속종교적 성격을 갖고 있음을 확인할 수 있다.

새마을지도자들이 보낸 억울한 신세 한탄이나 고해성사와 같은 편지 내용들을 연수원 직원들은 면밀히 분석하여 핵심 사항을 원장에게 보고했고, 김준 원장은 이를 자신이 해결할 수 있는 것과 없는 것으로 구분하여 답장했다. 그는 발신자의 욕구를 잘 독해하여 때로는 위로 메시지를, 때로는 격려 메시지를 적절히 담아 회신했다. 김준 원장은 "당신이 새마을운동의 역사요, 전도사요, 의사인 것"과 같은 구절을 편지 말미에 꼭 넣어 새마을지도자들의 사명감과 신앙심을 고취하려 했다. 초기에는 김준 개인의 새마을 종교에 대한 신념과 열정으로 수료생들의 편지에 대응했지만, 점차 서한에 대한 분석과 회신이 관료주의적으로 바뀌어갔다.

국어학자 서정범은 연수원 식당 아주머니들이 분임토의에서 교육생들에게 애인에게 밥을 해주듯이 사랑으로 짓자고 결의한 에피소드를 담아 새마을운동을 "살아있는 현 시대에 지상낙원을 이루자는 신앙운동"이라고 정의내렸다. "종교에서 극치로 여기는 내세의 낙원이 새마을운동에서는 살아있는 현 시대에 이루려는 의지적인 운동"이라고, 실제 종교보다도 더 좋은 차원의 세속종교로 새마을운동을 설명했다.[82] 새마을운동이라는 신앙공동체의 낙원은 오직 주체의 '선한 의지', '잘 살겠다는 의지'로 구성되는 것이었다. 연수원은 이 의지를 포교하는 일종의 종교 기관이었고, 이곳에서 새마을운동이라는 종교에 감화된 신도들은 스스로 '전도사'를 자임하며 마을과 지역에서 저마다의 종교적 실천을 모색했다.

김준 원장은 새마을운동을 주의주의적 정신운동이자 신앙운동으로 만드는 데 목회자의 역할을 자처했던 핵심 인물이었다. 그의 사상은 기독교적 윤리관을 토대로 한 생명주의와 공동체주의가 주축을 이루었고, 그 바탕에는 '낮은 자'들에 대한 돌봄과 자립정신이 깔려있었다. 재건국민운동과 새마을운동을 거치면서 그는 '낮은 자'들을 위한 철학을 국가주의와 접속시켰고, 하늘에는 박정희를, 땅에는 새마을지도자들을 세워놓고 정치신학적 신앙공동체를 만들려 했다.

연수원 연수에 대한 수료생들의 신앙에 가까운 반응의 이면에는 '국가가 나를 인정해주었다'는 식의 인정욕구 충족과 공적 활동 수행에 따른 작은 권력의 획득, 가정 및 마을 내에서의 인정과 해방감 등이 놓여 있었다. 김준과의 서신에서 수료생들은 연수원 교육의 효과로 '소명의식'을 내면화하기도 했으나, 이들의 사회경제적 상승욕구와 맞물려 새마을운동에의 헌신은 작동하고 있었다. 이들의 욕망은 세속적인 것이었고, 속세의 주름만큼이나 다층적이고 복합적이었다.

불운한 아이들:
형제복지원의 부랑아와 고아

【주윤정】

왜 어린이들은 부랑아가 되었는가?
I. 1950~70년대 부랑아라는 사회적 범주
II. 형제복지원의 공간성과 규율
III. 어린이들의 적응과 아집
고집스럽게 진상규명을 요구함

왜 어린이들은 부랑아가 되었는가?

왜 어린이들이 잡혀갔는가? 어떤 아이들이 잡혀갔는가? 왜 어린이들은 근대 시기에 폭력 대상이 되었는가? 서구 근대 초기, 자본주의의 폭압을 보여주는 여러 논의에서 어린이들에 대한 폭력을 다루고 고발하는 경우가 많았다. 찰스 디킨스의 《올리버 트위스트》는 런던 자본주의 발전 시기에 빈곤 어린이가 겪는 참상을 보여주며 근대의 폭력을 고발했다. 빅토르 위고의 《레미제라블》은 가장 불쌍한 이들로 어린이, 죄수, 창녀를 설정하고 이들 빈민들과 빈곤에 대한 사회적 관심을 환기하였다. 어린이들이 가난을 어떻게 경험했는지는 근대에서 사회적 연대와 관련된 서사의 기본을 형성하였고, '불쌍한 어린이'에 대한 사회 보호와 사회적 논쟁은 구빈법 및 사회연대 사상의 출발점이었다. 근대화된 사회에서 부랑아는 보호 대상이며 동시에 관리 대상이기도 한 이중적 존재였다.

식민지 조선과 근대화된 도시에서도 마찬가지였다. '부랑아로 살아가는 어린아이들'은 중요한 사회 문제가 되었다. 핵가족 중심으로 재편

되는 근대 사회에서, 하층의 경우 가족이 사회의 안전망이 되지 못하면서 도시의 부랑인으로 떠돌게 된 어린이들은 자선과 사회사업의 대상이 되었다. 하지만 이들의 빈곤과 일탈은 중첩적인 이미지로 존재했다. 곧 '불쌍하고 가난한 어린이'라는 이미지와 '위험한 부랑인'이라는 이미지가 그것이다. 이 이중적인 이미지로 인해 부랑아를 대상으로 하는 사회 보호의 목적은 '위험 관리'와 '불쌍한 어린이를 돌보는 것'이 된다. 그리고 이런 '불쌍함'과 '위험함'의 이중적 이미지는 한편으로는 고아원으로, 또 한편으로는 부랑아 수용시설이라는 상충된 방식으로 지속적으로 재현된다.

빈곤이 사회적 관리 대상이 되자 '바람직한 빈자Deserving poor'와 '바람직하지 않은 빈자Undeserving poor'라는 이중적 관념이 발생하면서 빈자에 대한 일종의 도덕적 담론이 나타났다. 복지 영역이 형성되면서 복지 대상을 선별하는 관념이 등장한 셈인데, 바람직한 빈자의 대표적인 예는 아이를 양육하는 미혼모와 어린이, 바람직하지 않은 빈자의 대표적인 예는 알콜중독 남자, 아이를 방기한 남자 등이었다. 이런 방식으로 자선 대상자 역시 차등화되어왔다.[1] 장애인과 어린이는 비교적 바람직한 빈자로 분류되어왔다. 이런 전통은 영국의 구빈법Poor Law으로 거슬러 올라가는데 아프거나 장애가 있어서 일을 할 수 없는 사람들이 바람직한 빈자로 여겨졌다. 그래서 이들에 대한 제도적·법적 부양은 사회적으로도 비교적 정당화되어왔다. 빈자의 선별에도 노동 능력, 재활 능력 유무는 중요한 기준의 하나였다.

한국의 전통사회에서도 이렇게 흉년 등 재난 시점에 버려진 어린아이들이 지속적으로 문제가 되었다. 정조 7년에 반포된 〈자휼전칙〉에서는 "흉년이 들면 가장 불쌍한 것은 어린아이들이다"[2]라며 취약한 이들에 대한 돌봄을 강조했다. 그래서 유랑하는 어린아이들이 늘어날 경우 일종의 입양 방식으로 이를 해결했다. 가족이 보호 역할을 맡아, 노비로 받아들이거나 가족으로 입적하는 경우들이 그것이다. 이와 달리 근대에 들어서는 사회사업이 등장하여 부랑하는 어린이들, 고아들을 위한 별도의 시설들이 만들어지기 시작했다. 샤르트르 수녀회Sœurs de Saint-Paul de Chartres가 한국 최초의 고아원인 천주교 고아원을 설립한 것을 필두로 경성 고아원 등으로 그 역사는 이어졌다. 일제 말기에는 선감학원仙甘學園 등 부랑 청소년에 대한 시설이 등장했는데 이는 고아원과는 차이가 있었다. 그 뒤 식민지, 한국전쟁을 거치며 고아원, 부랑인 수용시설이 확장되어갔다. 그런데 한국전쟁기에 많이 만들어졌던 고아원들은 고아들의 감소로 시설 수요가 줄어들고, 해외 원조자금이 줄어드는 시점에서 부랑인/부랑아 수용시설로 전환되어갔다. 즉, 여기서 '보호'의 대상이 '관리'의 대상으로 뒤바뀌는 지점이 나타났다. 다시 말해서 고아원이 부랑인 수용시설로 사업 전환을 꾀하며 대규모 기업형 방식으로 부랑인을 관리하는 방식이 시작된 것이다. 이제 사회복지가 '사업'이 된 것이다.

어린이의 장애와 빈곤, 가족의 상실 등은 어찌 보면 일종의 냉혹한 불운의 결과라고 할 수 있다. 이런 개인의 불운을 자연화naturalize하고 당연하다고 여기는 것이 아니라, 이들이 다른 방식으로 사회에 참여할 수 있는 기회를 확대하는 것이 문명사회이다. 하지만 한국 사회에서는 이런 불운한 이들이 사회에 참여할 기회를 전면적으로 박탈했다. 법철학자 드워킨Ronald Dworkin의 운평등주의luck egalitarianism에 의하면 개인의 능력은 엄밀한 의미에서 자신의 선택이나 노력의 결과가 아니라 순전히 운의 결과였다. 따라서 운의 작동을 그대로 방치하는 것은 부당한 것이 되므로 불평등의 여지를 최소화할 수 있도록 조정[3]하는 것이 필요하다. 하지만 현대 한국 사회에서 이런 불운한 아이들은 사회의 돌봄 속에서 정상적 생애경로를 획득하지 못했다. 오히려 국가와 사회는 가장 폭력적인 방식으로 대응했다.

하지만 국가가 이런 불운한 아이들을 제거하거나 순치하고자 할 때, 그들은 자신들의 '아집'[4]을 드러냈다. 국가의 통제대로 따르기보다 사회적·정치적 구조 속에서 스스로의 의지와 영역을 만들어가며, 자신들 나름대로 살아가는 고집스러운 태도와 삶의 방식을 견지하면서 저항했다. 그런 사례의 하나로 필자는 형제복지원에 주목했다.

최근 한국 사회에서도 잘 알려진 1980년대의 대표적인 인권침해 사건인 형제복지원은 고아원과 부랑인 수용시설 기능이 병존했던 곳이다. 이곳에서의 폭력과 참상은 잘 알려져 있는데, 사망자만 500여 명에 달했다. 이런 참상은 어린아이가 겪은 폭력과 가난을 호소력 있게 고발한 자전적인 《살아남은 아이》란 책을 통해 다시 알려졌다.[5] 또 저자 중 1인인 한종선이 2012년부터 국회 앞에서 1인 시위를 하면서 이 문제는 사회적으로 널리 알려졌다.

형제복지원은 1961년경 부랑아 수용시설로 설립되었는데, 1975년 〈내무부 훈령 410호〉에 따라 부산시와 위탁계약을 체결하고 부산시 부랑인 일시보호소로 다시 출발했다. 1980년대에는 수용자가 3천 여 명에 이를 정도로 전국에서 가장 큰 규모였고, 동양 최대의 부랑인 수용시설이었다. 1987년 민주화 시기에 이곳의 중대한 인권침해가 세상에 알려졌지만, 그 사건의 진실은 충분히 밝혀지지 않은 채 현재 과거사위원회의 진상규명을 기다리고 있다.

형제복지원에 대한 연구는 법학계·사회학계 등에서 활발하게 이루어졌다. 역사학계에서도 최근 부랑인 관리체제에 대한 연구가 활발해졌는데, 선감학원(소현숙, 2015), 부랑아 정책(김아람, 2011) 연구 등이 대표적이다. 최근 형사정책연구원에서도 이런 부랑인 관리체제에 대한 연차적 연구를 진행했는데(유진 외, 2020), 이를 보안 처분 등 국가의 치안 문제와 연결시키려 시도했다. 단순히 복지시설의 인권침해가 아니라 국가에 의한 예방적이고 체계적이고 조직적인 행위로 인식한 것이다. 또 형제복지원 내의 중대한 인권침해와 폭력에 주목해서 미시적 폭력(유해정, 2018; 곽귀병, 2019) 등 내부에서의 폭력을 분석한 바 있다.[6] 한편 서울대학교 형제복지원 연구팀(2020)에서는 형제복지원에 관한 단행본을 출간하기도 했다.

수용시설에서 발생한 어린이 대상 학대와 폭력에 대한 과거 청산의 관심은 유럽에서도 확대되고 있으며 아동기의 학대, 특히 수용시설에서의 학대가 이후 아동의 생애경로에 영향을 준다는 연구가 증가했다.[7] 이 글에서는 일상사적 관점에서 하층계급 어린이에 주목하면서 형제복지원 수용 경험을 어린이의 경험이란 측면에서 분석하고자 한다. 가난한 계층의 어린이들이 어떤 경로로 복지원에 수용되고, 이후 어떤 생활을 했는지, 그런 수용시설에서의 경험은 삶에 어떤 영향을 남겼는지를 살펴보고, 이를 통해 도시하층민 어린이의 일상이 어떻게 재조직화되었는지를 분석하고자 한다.

필자는 형제복지원 피해생존자들에 대한 구술인터뷰를 매개로 2014

년부터 이 연구를 시작했다. 2014년에는 국사편찬위원회의 구술사 자료로 형제복지원 피해생존자 6명을 인터뷰했으며, 2017년에는 공동 연구 방식으로 2차 조사를 실시해 6명을 인터뷰했다. 2019년에는 인권의학연구소가 진행한 인터뷰를 분석하기도 했다. 이 작업은 구술사를 통해 이 문제를 역사 자료로 기록하기 위한 과정이며, 연구자로서 형제복지원 피해생존자들과 라포rapport를 맺는 참여관찰적인 방법이기도 했다. 공식적인 인터뷰 외에도 형제복지원 진상규명 과정에 참여하며 연구를 진행했다. 시위, 워크숍 등에서 피해생존자들과 지속적으로 커뮤니케이션하면서 이들 운동의 발전을 민족지학적 방식으로 관찰했다.

형제복지원 피해생존자처럼 국가폭력에 의해 극심한 고통에 시달리고, 진상규명을 위해 운동을 지속하고 있는 분들과 인터뷰를 할 때는 유의할 점이 있다. 연구자로서 이들과 라포를 형성하면서 증언을 듣는 것이 일차적 목표이지만, 회상 과정에서 이들의 트라우마가 극심하게 환기되었을 때에는 적절하게 대응해야 한다는 점이다. 피해생존자들은 사회의 소위 정상적 생애경로에서 일탈되어 가족들과도 분리되어 생활하였기에 내부의 갈등, 사회의 신뢰에 대한 문제들이 발생하는 경우도 있다. 연구자들은 이런 경우 이들의 경험을 내재적으로 이해하면서, 신뢰를 구축하는 것이 중요하다. 폭력으로 인해 야기된 가장 큰 피해 중의 하나는 신뢰의 상실이기에 증언을 듣는 것만으로 그치는 것이 아니라 이들이 상실한 신뢰를 회복하기 위한 노력이 연구자들에게도 절실하다.

I. 1950~70년대 부랑아라는 사회적 범주

1_부랑인과 부랑아

부랑浮浪이란 단어는 단순히 'vagrant'의 번역어가 아니라 고대 동아시아에서부터 존재했다. 이 단어는 수나라 문헌에서 처음 등장하며 강력한 호적제도가 있던 당나라에서는 자신의 주거지를 이탈한 사람들을 '부랑'이라고 하여 이들에 대한 관리체계를 강화했다.

전통사회에서 부랑은 주거지를 이탈한 사람들 정도를 일컫는 말이었다. 그래서 1910년대 초기 식민지 조선에서의 대표적인 부랑인은 다른 사람의 집에서 유숙하며 무위도식하는 양반들을 뜻했다.[8] 부랑인, 부랑이 '떠돌아다니는 인구'라는 근대의 의미로 사용되는 것은 일제강점기 이후이다. 즉 일정한 거주가 없이 떠돌아다니는 도시 하층민을 가리키는 말이 되었다. 부랑이라는 말은 국가의 관리 범주에서 벗어나 있는 사람들을 일컫는 용어라고 할 수 있다. 이후 점차 도시에서 일탈적인 행동을 하거나 문제를 일으키는 사람들, 현재의 부랑인의 의미로 바뀌었다.

해방 이후 부랑아와 부랑인에 대한 관리 정책이 체계적으로 만들어지는데, 처음에는 전쟁고아 및 소년범죄 집단에 대한 예방적 관리 차원이었다. 특히 넝마주이 조직 소년들이 집단생활을 통해 우범자가 될 가능성을 우려하였다. 그래서 50년대 이후 사회 정책적인 차원 외에도 부랑아에 대한 범죄학적인 관심 역시 상당히 높아졌다. 즉 한국에서는 부랑인 자체보다 부랑아에 대한 관심이 먼저 시작되었다고 볼 수 있다. 이렇게 부랑소년들에 대한 관심이 높아지는 배경은 한국전쟁 이후 전쟁고아의 문제도 있지만, 이촌향도가 시작되면서 농촌의 아동들이 도시로 유입되었기 때문이다. 농촌에서의 삶이 피폐해지면서 새로운 삶의 근거지를 찾아 도시로 많은 아동들이 이주하고 있었다. 다음 글을 보자.

> 소년범죄가 문제가 되며 농촌아동들의 도시 유입이 최근 현저하다. 해방 후 새로운 업종으로 등장하고 있는 '슈-싸인뽀이'들에게 물어보면 전라남북도 농촌에서 가계 보조 혹은 수학을 목적으로 막연히 상경한 아동들이 적지 않다. 이것은 농촌의 피폐를 의미하고, 농촌의 피폐는 우리 국민의 빈곤을 상징한다. 거리에서 부랑아들이 젊은 부녀자를 붙잡고 구걸을 강요한다. 군인 청년 학생이 수없이 그 앞으로 지나면서 한 사람도 말리고 하지 않는다. 그 더러운 손이 무섭고 그 배후를 조종하는 "왕초(거리두목)"에게 봉변을 당할까 두려워하는 까닭이었다. 강력한 사회 정책을 구상해야 하는데 "첫째로는 게으른 국민의 부랑화에 대한 억제와 취체를 강화하고, 둘째로는 이러한 유동층

을 동력화하는 직업적 훈련과 정신이 필요"한 것이다.[9]

과거에는 계절 노동에 따라 유랑하는 인구가 상당수 있었다. 이들은 계절적으로 노동 상황에 따라 지속적으로 이동했기에 이들에 대한 전체적인 규모를 파악하기는 쉽지 않았다.

이런 부랑아동의 수효는 얼마나 되는가? 부랑아동의 수적 파악은 그리 쉬운 일은 아니다. 원래 부랑아라는 것은 정처없이 떠돌아다니고 또 계절과 지역적인 형편에 따라 항상 이동한다. 즉 그들은 비교적 활동하기 쉬운 곳을 따라 움직이고 있는 것이다. 따라서 대소 각 도시의 비율은 어느 정도의 선을 유지하고 있을 것이다. 최근의 동향을 보면 서울 시내의 500~600명을 비롯하여 전국적으로 2,000내지 3,000으로 추산할 수 있다.
과거 일본과 이탈리아에서도 그러했듯이 부랑아는 각 그룹과 그룹 간에 지역적인 세력 범위를 정하고 활동한다. 그리하여 다른 그룹이 자기들의 세력 범위를 침범하지 않게 하고 있다는 것이다. 그리고 그들은 비밀을 잘 지키기 위하여 자기들의 특수한 닉네임과 암호식 말을 쓴다. 그들은 될 수 있는 데까지 머리를 쓰고 할 수 있는 방법을 다하여 먹을 것을 구하고 향락을 찾는 것이다.[10]

이 글에서 볼 수 있듯이, 부랑인들은 개별화된 존재가 아니라 하나의 조직을 이루고 공동체 생활을 하는 일종의 하위집단으로 존재했으며, 국가에 의해 통합되거나 포섭되지 않은 집단으로 인식되었다.

부랑아들은 거지와 넝마주이 생활을 통해 공동체의 조직 방식을 습득했다. 이들 조직은 일종의 자조적 공동체였으며 나름의 숙련기술을 습득하는 준직업 집단적인 성격을 띠었다. 거지들의 문화에 대해서는 김춘삼의 자서전에 잘 나와 있다. 자서전에는 장 타령을 하는 법, 복장에 대한 방법, 하시기를 쓰는 법 등 거지공동체에서 배운 것이 자세하게 서술되어 있다. "야, 멸치야. 각설이 타령을 할 때는 박자도 맞춰야 되지만 사람들이 많이 쳐다보도록 몸을 심하게 흔들어야 돼. 봐. 내가 하는 걸 잘 보란 말이야."[11] 자신들이 어떤 방식으로 구걸을 할 수 있는지 기술을 전수하고 있었다.

그리고 거지공동체는 공동 분배를 원칙으로 삼고 있어서, 수입은 거지 모두의 공동 재산이었기에 서로 구걸한 수입을 모두 모아서 분배했다. 거지 사회에서 수입을 숨기면 그 세계에서 매장을 당하게 되었다고 한다.[12] 부산의 경우 앵벌이는 서면, 동래, 해운대, 자갈치, 남포동 쪽 등 구역으로 나뉘어 있었고, 각각 구역마다 다른 조직이 있었다.

앵벌이는 원래가 앵벌이 위에 형이 있어요. 큰 형이 이제 애들 데리고 다니면서 앵벌이 시키고 하는데 제가 애들하고 있을 때는 형이 없었고, 애들이 삼삼오오 하고 있는데 애들 만나가지고 제가 애들하고 같이 어울리면서 제가 거기에서 터를 잡았죠.[13]

또한 전국에는 넝마주이 공동체가 산재해 있었다. 부산의 경우 넝마주이들은 '장수'라 해서 특정한 공간에 모여 살았다고 하는데 충무동과 조방 지역에 넝마주이촌이 구성되어 있었다. 보통 고아로 구성된 넝마주이들은 10명에서 15명으로 조를 이루어 생활했는데, 나이와 역할에 따라 똘마니, 양아치 등으로 불렸다. 장수에서는 '오야지'들에 따라 숙소가 분리되어 있었는데 나무로 벽을 쌓고 칸을 나누었다. 숙소 앞에는 곡물 주워온 것을 쌓았다. 오야지는 20대 정도였고, 아이들은 연령대가 다양했다고 한다. 음식은 미군이 먹다 남은 찌꺼기로 꿀꿀이죽을 끓이기도 하고 배에서 밥 먹다 남은 것을 바케쓰로 얻어 와 끓여먹기도 했다고 한다. 이들은 도시민들이 배출하는 음식 쓰레기를 모아 생활했으며, 때로는 현금이 생기면 오야지가 영화를 보여주기도 해서, 〈눈물의 영도다리〉를 삼십 원 주고 보기도 했다고 한다.[14]

도시가 개발되면서 이들이 모여 살던 곳을 지저분한 공간이라며 철거해달라는 민원이 상당했다. 근처에 사는 넝마주이들이 주택가 인근으로 와서 도적질을 한다는 기사들이 종종 실렸다. 그러나 넝마주이 아이들은 공동체 안에서 자신들의 삶의 방식과 나름의 규율과 경제적 활동력을 갖고 살아가고 있었다. 하지만 도시화가 진전되면서 이들은 사라져야 할 대상이 되었다. 이런 넝마주의 공동체가 일종의 혐오시설로 간주되면서 넝마주의의 비공식적 경제의 공간을 근대적인 규율이 작동하는 시설로 재배치해간 결과가 형제복지원이라고 볼 수 있다.

2_부랑아와 보안 처분, 격리

부랑인과 부랑아들은 나름대로 삶의 방식을 영위하고 있었음에도 불구하고 사회에서 경계와 우려의 대상이 되어갔다. 심지어는 넝마주의 조직에 조총련계 간첩이 잠입해 간첩 활동을 하고 있다는 정보가 있어서, 넝마주의 조직들은 국가 안보의 감시 대상이 되기도 했다. 넝마주의 조직은 1961년 이후 김춘삼에 의해 재건단으로 전환해가거나 빈민공동체로 변화했지만, 이들은 지속적으로 범죄와 연루된 존재로 인식되었다. 그래서 이런 넝마주의 조직에 속해 있는 똘마니, 양아치들은 위험한 자들로 간주되고 부랑인 단속 대상이 되었다. 형제복지원 설립자인 박인근과 특수관계에 있던 부산시 공무원 이길로는 부랑인 수용시설에 대한 석사학위 논문(1986)에서 형제복지원의 부랑인 수용을 일종의 보안 처분이자, 국가 안보를 위한 행위로 규정했다.[15]

사회에서 요구하는 여러 능력에서 정상성을 갖추지 못한 이들은 사회의 참여(교육, 직업, 재생산)에서 배제되었다. 여기서 더 나아가, 사회에서 위험하다고 간주된 이들, 특히 부랑 인구집단은 사회에서 체계적으로 격리되었다. 어찌 보면 이들은 사회의 정상적 능력의 부재가 아니라, 기준이 다른 능력을 갖춘 이들이라 볼 수 있음에도 말이다. 위험한 인구집단을 법적으로 격리하는 것은 〈전염병 예방법〉, 〈내무부 훈령 410호〉 등이 대표적이다. 부랑인에 대한 법적 규정이 제시되는 것은 1975년의 〈내무부 훈령 410호〉가 최초이다. 그 이전까지는 부랑아에 대한 단속 지침과 규정만이 존재했다. 〈내무부 훈령 410호〉에서는 "일정한 주거가 없이 관광업소, 접객업소, 역, 버스 정류소 등 많은 사람이 모이거나 통행하는 곳과 주택가를 배회하거나 좌정하여 구걸 또는 물품을 강매함으로써 통행인을 괴롭히는 걸인, 껌팔이, 앵벌이 등 건전한 사회 및 도시 질서를 저해하는 모든 부랑인"을 단속한다고 규정했다. 또 "걸인, 껌팔이 등 부랑인 외에 노변 행상, 지게꾼, 성인 껌팔이 등 사회에 나쁜 영향을 주는 자들에 대한 조치도 부랑인 대책에 준하여 점차적으로 단속하고 보호조치"한다고 지침에 적혀있었다. 이 훈령에 기초하여 1975년부터 부랑인을 본격적으로 단속하기 시작했다. 이 훈령이 등장하는 배경에는 사회에서 비정상적 인구를 통제하려는 필요와 동시에 당시 박정희 정권의 정치적 필요가 복합적으로 존재했던 것으로 보인다. 즉 사회적으로 도시화로 인한 사회인구를 통제하려는 측면과, 정치적으로 권력의 통제를 강화하려는 이중적 경향성 속에서 이런 훈령이 시행되었던 것이다.

    어느 사회집단에 대한 배제를 설명하기 위해서는 보안 처분과 사회방위 사상에 대한 이해가 필요하다. 보안 처분measure of security이라는 것은 현재 일종의 보호관찰 정도로 알려져 있지만, 사회방위의 목적으로 위험을 체계적으로 제거하기 위한 절차였다. 보안 처분 중에는 범죄를 저지른 사람을 형벌 기간이 끝난 이후에도 관리하는 방식이 대표적으로 알려져 있다. 하지만 보안 처분 방식은 훨씬 광범위하다. 형법체계 내에서 심신미약 등의 이유로 범죄에 대해 형사적 책임을 질 필요가 없는 사람들에 대한 예방적 통제도 있고, 또 습관범habitual criminal 등을 예방적 목적으로 사회에서 격리하고 위험을 제거하는 방식도 있다. 정신질환자, 우범자, 부랑인, 거지 등의 격리 및 위험인구 집단의 단종들은 이런 보안 처분의 형식 속에 존재했다. 책임을 질 필요가 없는 이들을 일종의 사회방위를 위해 예방적 방식으로 격리해 사회의 위험을 제거해간 것이다. 이런 제도의 기원은 벨기에의 정신질환자에 대한 입법, 그리고 나치스의 습관범에 대한 입법[16] 등에서 출발하고 있다. 한국의 〈내무부 훈령 410호〉도 이런 제도의 영향을 받은 것으로 보인다. 나치스 계통의 법제는 대표적인 공안 검사인 김기춘의 석사학위 논문(1966)에서 소개된 바 있고, 한국의 공안검사들에게 널리 확산되고 인지되어 있던 것으로 보인다.

비정상인에 대한 사회적 개입은 단순히 복지란 목적이 비정상적으로 작동한 것이 아니라 치안을 목적으로 작동한 것이기 때문에, 이들에 대한 수용시설은 유사 감옥과 같은 역할을 했다. 국가와 사회는 능력이 없다고 생각한 이들을 교육, 직업 활동을 통한 사회 참여에서 배제했을 뿐 아니라, 특히 위험하다고 생각된 이들을 적극적으로 격리했다.

국가와 사회의 복지체계가 결여되고 노동자를 양성하는 체계적인 시스템이 없는 한국 사회에서 가난한 농촌의 아이들, 혹은 부모를 잃은 아이들은 도시에서 넝마주이라는 자신들의 공동체를 만들어 비공식 경제 시스템에서 생활하고 있었는데, 그런 비공식적인 삶의 방식마저 도시화와 개발로 인해 파괴가 되었다. 그 결과 이들의 삶의 근거지는 점차로 강제적 통제가 이루어지는 수용시설로 전환되었다. 그리고 이들 '부랑아'들을 아예 사회에서 격리시켰다.

넝마주이 조직생활에서도 상당한 폭력이 있었고, 구걸 등 위험한 생활을 했지만 넝마주이와 형제복지원을 모두 경험한 이들의 경우 넝마주이의 생활이 형제복지원에서의 생활보다 더 자유가 있거나 우애가 있었다고 회상하는 경우도 있다. 국가가 아동을 부랑아란 방식으로 관리하는 것에 대해 거리생활을 하던 아동들은 저항하고 거부감을 느꼈다. 형제복지원 피해생존자는 필자에게 감옥은 그래도 출소 기한이 있고 서신이 자유롭지만, 형제복지원에서는 언제 이곳을 나갈지도 알 수 없었고 가족과의 서신 왕래나 면회가 불가능했었다고 이야기했다.

본래 형제복지원과 같은 부랑아, 부랑인 수용시설은 비정상인들을 정상적 사회체제에 순응할 수 있는 인간으로 교화하기 위한 공간이어야 했다. 하지만 형제복지원 피해자들은 넝마주이 공동체에서 살 때는 밥을 굶지도, 그렇게 폭력을 당하지도 않았지만, 복지원에 들어가서는 엄청난 폭력에 시달리게 되었다고 증언했다.

II. 형제복지원의 공간성과 규율

근대 사회가 확장되면서, 부랑하는 사람들을 관리하는 공간이 확장되었다. 국가에 의한 거주 관리가 강화되면서, 부랑 인구는 관리 대상이 되었고 이런 문제적 인구 범주에는 나병환자, 부랑인들이 포함되었다. 전통사회에서도 전염병에 걸린 이들을 일반인들과 분리하는 방식이 있었고, 또한 이들이 자체적으로 따로 모여 사는 공간이 있기도 했다. 하지만 국가나 정부에 의해 본격적으로 격리 공간이 만들어지면서 이런 부랑하는 인구집단에 대한 전염병 예방 목적 혹은 훈육을 위한 시설들이 만들어졌다. 이런 격리 공간이 들어서는 곳은 처음에는 도서 지역이었다. 한센인을 수용한 소록도와 부랑 청소년을 수용한 경기도 안산시 선감도에 있던 선감학원이 대표적이다. 이곳은 배를 통해 이동해야 하기 때문에, 격리는 물리적으로 이루어졌다. 소록도의 경우에는 조선총독부가, 선감학원은 총독부 산하의 사회사업 단체가 입지를 정한 곳이었다. 서해안이기에 썰물 시기에 뻘을 이용해[17] 도망갈 수 있지 않을까 의문을 가질 수도 있지만, 썰물 때 갯벌은 건강한 성인도 혼자 걸어 다니기 어려운 곳이기에 병자나 어린이가 이곳을 탈출하기는 무척 어려웠다. 탈출하다가 갯벌에 빠지거나 익사해서 사망한 아동도 상당수였다. 소록도의 경우에도 헤엄쳐서 탈출하다가 익사해서 목숨을 잃는 경우가 상당수 있었다. 해외에서도 한센인 요양소, 정신병원들이 섬에 건립되는 경우들이 종종 있었는데 이는 탈출을 막기 위해서라고 볼 수 있다.

그러다 격리 공간은 점차 도시 지역, 산간 지역에 자리 잡게 되었다. 형제복지원도 처음에는 부산의 항만 인근에 자리 잡고 있었는데, 수용 인원이 넘쳐나면서 나중에 산간 지역으로 이동했다. 또한 앞서 말한 '장수'와 같이 부랑하는 이들이 모여서 살던 공간들 역시 도시가 확장되면서 점점 도시의 시야에서 벗어난 곳으로 이동해야 했다.

한편 부랑하던 인구를 관리하는 격리 공간 안에도 위계가 존재했다. 소록도와 같은 곳에서는 직원의 생활 공간과 수용자들의 생활 공간은 일정하게 분리[18]되어 있었다. 소록도에서는 이를 유독지대, 무독지대로 나누었다. 한센인들의 아이들 경우 미감아未感兒(아직 감염되지 않은 아이)라 불리며 무독지대에서 거주했는데, 유독지대에서 거주하는 부모를 만나기 위해서는 한 달에 한 번씩 거리를 두고 면회를 했다고 한다. 이렇게 내부에서도 경계는 구분되어 있었다. 이는 선감학원, 형제복지원에서도 마찬가지였다. 이미 사회와 격리된 분할된 공간 내부에서도 지속적으로 안과 밖 등으로 경계를 구획해갔다. 정상/비정상, 유독/무독 등 경계의 작동 원리는 어디서나 존재했다.

1975년 부랑인 보호시설로 인가받은 형제복지원은 부산항 인근에서 북구 주례동으로 이전한다. 공간시설은 산림청에서 불하받은 국유지에 건설되었는데, 경사가 심한 곳이어서 수용자들이 동원되어 바위산을 다 깨부수워야 했다. 현재 형제복지원 지역은 모두 아파트로 재개발되어 일부 시설만 남아있고 흔적이 거의 없다. 현재도 상당히 가파른 경사임을 알 수 있다. 형제복지원 설립자 박인근이 형제복지원 이후 설립한 부산 기장의 사회복지시설인 '실로암의 집'도 상당히 경사진 곳에 건설되었는데, 일반적으로 결코 건축시설이 들어설 수 없는 곳에 복지시설을 지은 것이다. 형제복지원이 주례동에서 시설을 확장하고 있던 1980년대에는 수도권에서는 이런 종류의 시설을 폐쇄하기 시작하고 있었다. 예컨대 유사한 사례로 언급되고 있는 선감학원도 내부 폭력 등이 문제되면서 1982년에 폐쇄되었다. 그런데 부산에서의 수용시설이 80년대에 확장된 것을 보면 부산과 수도권 지역에서는 아동 학대를 문제시 여기는 방식에 일정한 차이가 있었다고 짐작할 수 있다. 형제복지원과 같은 부랑아, 부랑인 수용시설은 비정상인들을 국가가 관리하는 '정상'적인 사회 시스템에 편입시키기 위해 관리하는 곳이었다. 아울러 부랑아들을 넝마주의 공동체처럼 사회의 외부에 방치하는 것이 아니라, 사회의 정상인으로 교화하기 위한 목적을 갖는다.

주례동 형제복지원의 조감도는 [그림 1]과 같은데, 실제로 교회, 운동장 등의 위치는 동일하다. 어찌 보면 형제복지원의 모습은 '하이모더니즘'의 한 형태를 보여준다. 국가는 지저분하고 한눈에 파악하기 힘든 공간을 체계화하고 하나의 정리된 공간으로 만들어가고자 했다.[19] 형제복지원이란 공간은 도시를 정화하고자 근대성의 이름으로 수용소 공간을 만들고 그 내부에서 질서를 구축하고자 하는 공간이었다. '무질서'로 보이는 공간들을 새로운 '질서'의 공간으로 만들어냈고, 아이들은 무질서한 공간에 있던 때와 달리 체계적으로 구획된 공간에서 생활하게 되었다.

형제복지원 내 모든 공간은 규율과 질서를 위해 설계되었다. 형제복지원을 짓는 물자는 국고와 기부 등으로 마련했으며, 수용자들을 건축 노동력으로 동원했다. 돌 깨는 것, 건물을 올리는 과정 전부가 수용자들에 의해 이루어졌다. 이렇게 강제 수용시설에서 수용자들의 노동을 활용해 수용시설을 확장하는 방식은 소록도에서도 유사한 사례가 있다. 이렇게 시설 등이 확장되거나 시설을 만들 때 수용자들은 임금 없이 노동교화란 명목으로 동원되었는데, 이 상황에서 극심한 인권침해가 발생했다. 아동이 머물던 공간도 소대라고 해서, 군대식으로 규율화했고, 수용자들을 감시했다. 이 안의 공간들은 체계적으로 군대식을 따라 건설되었다.

아동 소대가 23, 24, 27, 28소대. 그리고 십 몇 소대라고 악기소대가 있죠.…… 내 맞은편에 아이들이 있는데 끝이 안 보이는 거라. 그 당시에 내가 키가 제일 작았으니까. 키가 작으니까 내 위에 있는 사람들

[그림 1] 철거되는 넝마주이촌(좌)과 부랑아 복지센터시설(우).

이 끝이 안 보일 것 아니에요. 그러나 앞 열에 어깨 높이로 보이는 그 선들이 쫙 보이잖아요. 4열종대로 쫙 서 있는데 끝이 안 보여요.…… 왜냐하면 번호 하면은 하나 하는 순간 거의 4초 정도면 번호 끝이 나와요. 똑딱, 똑딱, 똑딱, 똑딱 하는 순간 120명이 번호가 끝이 나요.[20]

또한 형제복지원 공간은 수용자들의 탈출을 막고, 감시하기 위해 설계되었다. 우선은 담을 높이 쌓았고, 담에 유리조각을 박아 사람들이 쉽게 넘어가지 못하게 했다. 또한 내무반에서는 철창문에 자물쇠를 안팎으로 잠가서 사람들이 밤에 나갈 수 없게 했다.[21] 이렇게 자물쇠를 이중으로 잠그면 불이라도 나면 사람들은 대피할 수 없다. 화장실도 내무반 안에 있었다. 따라서 이들은 밤에는 감금생활을 해야 했다. 낮에는 지속적으로 감시당하기 때문에 도망가기가 쉽지 않다. 정신장애인들의 경우에는 'CP제'라는 강력한 약물요법으로 가수면 상태에 빠져 있던 것으로 보인다.

아동소대의 공간 안에서는 한 방에 아이들이 수용되었다. 소대 안의 바닥은 시멘트로 되어 있었고, 2층 침대가 있었다. 침대는 합판 위에 매트리스를 깔았다. 온돌이 아니고 난로로 난방을 했는데, 중간 중간에 딱 두개를 설치해서 겨울에는 굉장히 추웠다고 한다. 그리고 수용자들은 모두 파란색 추리닝을 동일하게 입고 있었다. 하루 일과는 [그림 2]의 시간표처럼 촘촘하게 짜여서 수용자들의 모든 행동을 통제했다.

이 안에는 아동소대, 부녀소대, 성인소대가 있었다. 앞의 도면에서도 확인되고, 사람들의 증언처럼 형제복지원은 군부대처럼 건설되었다. 잠시 형제복지원에 수용되었던 김영욱[23]은 이 지역을 지나다니며 군부대가 있는 것으로 생각했다고 한다. 이 지역에 살았던 사람들도 이 시설을 군대시설로 여겼다고 한다.

형제복지원의 운영자인 박인근은 형제복지원이 87년의 문제로 인해 폐쇄된 이후에도 법인명을 변경하여 중증장애인 생활시설을 지속적으로 운영했다. 여기에서는 감시기술이 감시탑과 CCTV로 진화하여 CCTV를 통해 전 수용시설의 일거수일투족을 감시하였다. 실로암의 집은 2016년 무렵까지 운영되었는데, 형제복지원의 운영 방식을 테크놀로지를 이용해 진화한 것이라고 볼 수 있다. 이 시설에서도 수용인들의 방에 밖에서 잠그는 자물쇠가 걸려 있음을 확인했다. 이렇듯, 사회에서 비정상인들, 부랑아, 장애인들을 격리하고, 이 안의 공간을 지속적으로 분할하고 구획했고, 이들이 사회로 탈출하는 것을 막기 위해 다양한 장치들이 고안되었다. 더욱이 다양한 감시기제를 통해 사람들의

[그림 2] 형제복지원 내의 생활 계획표.

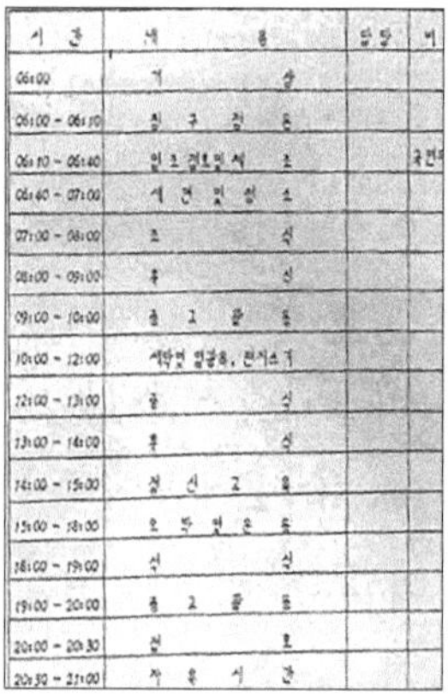

[그림 3] 실로암의 집에서 수용인들을 감시하던 CCTV.

행동을 철저히 감시했다. 이런 공간 속에서 살아남은 이들은 어떤 경우에는 자신도 수용시설의 질서를 내면화하며 강박적으로 일상에서 그때의 질서를 따르는 경우가 있다고 고백하기도 했다.[24] 예를 들어 수용시설에서 나온 이후에도 수건을 개는 방식이나 혹은 삶을 규율화하는 방식 등이 이런 수용시설 내에서의 질서를 반복하는 것이었다.

푸코는 이런 감시시설이 가족 모형, 군대 모형, 작업장 모형, 학교 모형, 사법 기관의 모형으로 운영된다고 했는데[24] 형제복지원 내에도 이런 복합적인 사회모델이 공존하고 있었다. 시설 내부에 존재했던 넝마주이 조직의 비공식적 관계는 일종의 유사 가족 형태로 작동하며, 형제복지원 내의 폭력으로부터 아이들을 보호하는 기능을 하기도 하고 어떤 경우에는 이를 강화하기도 했다. 당시 아이들이 복지원 내에서 사회적 관계를 형성하는 핵심적 장치로 기능하기도 했다.

III. 어린이들의 적응과 아집

1_어떤 아동이었는가?

형제복지원에 입소한 이들은 어떤 사람들이었을까? 형제복지원에는 성인만이 아니라 도시 빈민의 아이들, 실종아동들 역시 감금되었다. 언론이나 SNS를 통해 접하는 형제복지원 피해생존자들은 모두 40대 후반의 중년 남성들이다. 하지만, 그들이 형제복지원에서 있었던 시기를 생각해보면, 6세, 8세부터 10대 청소년까지, 보호와 사랑이 가장 필요한 시기였다. 그렇기에 현재의 모습으로 피해생존자를 인식할 게 아니라, 이들이 형제복지원에서 살았던 시절의 어린이 모습을 환기할 필요가 있다. 이들이 형제복지원에 가게 된 계기는 다양하다. 집이 가난해서 혹은 못된 버릇을 고치기 위해, 거지 무리에 어울려 살다가 형제복지원에 보내진 경우도 있고 심지어는 실종어린이가 형제복지원에서 생활했던 경우도 있다. 또한 부모가 재혼을 하면서 아이를 보낸 경우도 있었다.

형제복지원의 경우 70년대 입소자에는 넝마주이 출신, 고아들이 많았던 반면, 80년대 입소자에는 미아, 기아, 혹은 음주, 가정폭력 등으로 입소한 경우[25]들이 많았다. 이처럼 위험한 자, 부랑아의 범주는 고정된 것이 아니라, 사회에서 위험을 구성하는 방식에 따라 유동적으로 변화했다. 넝마주이, 구걸, 그리고 간첩이 넝마주이 집단 안에 위장해 있다는 안보 경계 세력의 이미지가 70년대의 이미지라면, 노동의욕이 없고 술을 마시는 이들, 정신질환자, 도시 빈민이라는 이미지가 80년대의 이미지였다. 이렇게 형제복지원에서 부랑인을 표상하는 방식은 지속적으로 변화했다. 따라서 부랑인의 의미, 위험한 자에 대한 표상은 시설의 운영을 위해 변화했다고도 볼 수 있다. 이들은 사회에서 위험하기에 격리되었다기보다는 격리되었기에 사회에 위험한 이들로 판단되었고, 격리로 인해 비정상으로 규정되었고, 다양한 배경에도 불구하고 단지 부랑인이라는 하나의 모습으로 규정되고 정의되었다. 게다가 이들을 격리하는 기준은 법적 판단이나 의학적 기준에 의한 것이 아니라 자의적이었다. 또한 80년대의 수용 현황을 보면, 성인의 수용비율 증가와 더불어 11세에서 20세의 아동 청소년의 수용비율 역시 점차로 증가하였음을 알 수 있다.

형제복지원에서는 지속적으로 형제복지원의 부랑아들과 고아원의 아동을 구별했다. 박인근은 수용된 아이들은 경찰이 인계한 아동이라는 점을 초기부터 강조한다.[26] 이것은 부랑아 단속체계 속에서 자신이 복지시설을 운영하고 있는 것이지, 일반적인 고아원과는 다르다는 것을 강조하는 것이다. 일종의 치안 관점에서 시설을 운영하며, 고아를 보호하는 일반적 고아원과는 성격이 다르다고 주장한 것이다. 따라서 어떤 측면에서는 형제복지원은 유사 감옥 혹은 감화원, 소년 형무소처럼 기능했다. 감옥의 경우에는 죄를 지었기 때문에 이에 대해 징벌적인 방식으로 이어지는 것이지만, 형제복지원의 경우에는 범죄에 대한 연관성이 아니라, 위험해 보이기 때문에 이들의 위험을 사회적으로 제거하기 위한 예방적 성격이 강했다. 일종의 보안 처분이었다. 피해생존자들은 형제복지원이 어떤 측면에서는 감옥보다 더한 곳이었다고 이야기하곤 하는데, 여기는 수감 기간이 정해져 있지 않고, 서신 교환이 자유롭지 않았으며 가족 면회가 가능하지 않은 공간이었기 때문이다. 그래서 아이들은 언제 이곳을 나갈지, 상당히 불확실한 미래 속에서 살아갔다. 이곳에서 가질 수 있는 희망은 다른 시설로 전원되거나, 가족이 찾아와서 이곳을 떠나는 것이었다. 처음에는 가족이 찾아오길 희망하지만, 어떤 경우에는 가족이 함께 잡혀오는 경우도 있었다. 이 안에서 아이들은 다양한 행위 전략을 취하게 된다.

거의 다가 90프로 이상이 평범한 사람들이 잡혀온 게 그 안에서 원생들이었어요. 나도 뭐 거리생활은 했지만 내가 나쁜 짓 한 건 아니니까. 그냥 나는 나쁜 짓 해가지고 잡혀간 게 아니고 그냥 티비 보고 있다가 잡혀간 거란 말이에요. 그냥 어떤 애들은 가만히 서 있는데 잡혀온 애들도 있고. 그냥 집에 가는데 잡혀 온 애들도 있고. 어른들 같은 경우엔 술 취해갖고 그냥 누워가 있다가 끌려온 사람도 있고. 그 90프로 이상이 그런 식으로 아무 이유 없이 그렇게 잡혀 온 사람이 태반이에요. 90프로 이상이.[27]

부랑아에 대한 일종의 예방적 구금시설로 시작했던 형제복지원은 점차 시설을 운영하기 위해서 복지원에 들어올 필요가 없는 기아와 미아들뿐만 아니라 심지어 일반 가정의 아이들까지 무차별적으로 수용하기도 했다. 아동의 교육이나 교화를 위해 시설이 존재하는 것이 아니라, 시설의 존재를 위해 아동들이 필요했고, 복지원에서는 아동들의 수에 근거해서 정부 보조금을 받았다.

[표 1] 형제복지원 부랑인 수용자의 연령별 현황

	10세 미만	11-20	21-30	31-40	41-50	51-60	60세 이상	계
1975	31	125	102	117	105	81	0	561
1976	39	212	142	163	155	105	0	816
1977	63	169	241	203	202	118	15	1,111
1978	92	337	288	265	253	140	17	1,392
1979	99	312	255	248	250	134	17	1,325
1980	82	318	225	242	226	113	15	1,221
1981	93	444	317	345	290	206	18	1,713
1982	91	499	391	399	338	248	19	1,985
1983	100	579	576	520	440	293	17	2,525
1984	108	631	614	644	486	341	37	2,861
1985	101	793	595	678	439	320	22	2,948

* 이길로, 석사학위 논문, 1986에서 재구성.

2_ 아이들의 전략: 적응에서 저항까지

이곳에서 살게 된 아이들은 적응에서 저항까지 다양한 행위 전략을 구축했다. 열심히 적응하는 아이들, 폭력 대상이 되는 아이들, 하부 폭력의 행위자인 아이들, 탈출을 시도하는 고집 센 어린이, 정신병에 걸리는 아이들 등 다양한 스펙트럼이 있었고 이런 모습들이 중첩적으로 작동했다.

형제복지원에 외부 손님이 왔을 때, 이곳이 어린이들의 복지와 교육을 위한 곳이라는 이미지를 생산하기 위해 예쁘장한 어린이와 청소년들을 동원했다. 이런 활동들은 실제 직업 재활을 위함이라기보다는, 보조금 횡령의 명목이었다고 피해생존자들은 증언하고 있다. 그리고 개금분교 교사들이 시설을 오갔지만, 이들은 교육자라기보다, 복지원의 충실한 관리인으로 활동했다. 근처 학교에 다니던 아이들이 억울하게 형제복지원에 잡혀있는 것을 보면서도, 개금분교 교사들은 짐짓 모른 체하고 아이들을 보호하지 않았다.

후원자에게 선전하기 위해 합창단, 합주단 등의 문화 활동에도 어린이들은 동원되었다. 아이들은 예쁘장하게 치장되어 활용되었다. 또한 해외에서 입양 등을 위해 방문하는 경우들이 있었는데, 이런 합주단 등이 선전 활동으로 기능했다.

어린이 합창단을 만든데. 도레미파솔라시도. 내가 죽을 만큼 외워서 거기 겨우 들어갔어, 구주의 십자가 420장 보혈로 어쩌구 그거 안 외우면 죽어. 그 뒤엔 모든 게 다 정비가 되어 있어. 그 뒤엔 멋모르는

사람들이나 도망가지. 의무소대에 나온 수녀가 있었는데 신의 사도면 그걸 보고 막아야지.[2]

아이들은 교사, 수녀들이 자신의 생활을 보고서도 외면하는 걸 보고서 차츰 이곳에서 벗어날 희망을 잃어가기도 했다. 자신들을 돌봐주거나 보호해주어야 할 어른들이 책임을 방기하고 자신들이 경험하고 있는 폭력에 눈감고 있는 것에 대해 절망을 느끼고 사회에 대한 신뢰를 잃은 것이다. 또한 형제복지원에 수용된 아이들은 상품으로 선별되어 '팔려 가기도' 했다. 아주 어린 아이들은 해외에서 선량한 손님이 찾아오면, 해외 입양을 위해 아이들을 예쁘게 치장하게 하고, 아이들은 이곳을 벗어나기 위해 얌전하게 모범적으로 행동했다. 형제복지원의 어린이, 청소년들은 "이곳은 악마의 소굴이다. 아이까지도 팔아먹는다"는 이야기를 전해들었다고 한다.

이렇게 모범생으로 혹은 살아남기 위해 얌전하게 행동했지만, 아이들은 생존을 위해 자신이 도구화, 대상화되는 것을 인지했다. 결국은 이런 경쟁적 관계에 최적화되어서 살아남아야 한다는 생존을 최우선시하는 태도를 가진 경우가 많다. 이런 경험이 누적되어 형제복지원 피해생존자들은 타인을 신뢰하지 못하는 경우가 무척 많다. 윤리도덕의 가치관을 형성해야 하는 중요한 시기에, 아동들은 가족 등 친밀한 관계에서도 단절되고 지속적으로 도구화, 대상화되는 경험을 했다. 형제복지원 피해자들이 겪은 물리적 폭력만큼이나 이런 심리적 폭력은 이후의 삶에서 상당한 트라우마를 남겼다.

소년원도, 고아원도 아닌 예방적 구금시설이었던 형제복지원에서 아동들은 교육을 받지도 못한 채 다양한 폭력에 노출되었다. 아동들도 강제 노동에 동원되었는데, 손이 빠른 아이와 그렇지 않은 아이들은 일하는 속도에서 차이가 있었다. "눈 뜨면 아침에 밥 먹고 공장에 가서 작업을 하고 그라면 낚싯줄 이런 것 같은 경우는 소대에도 갖고 와가지고 맨 저녁에도 자면서까지 할당량을 줘요. 이만큼을 주면 그걸 다 해야 돼 언제까지. 안 하면 존내 또 맞아요. 이걸 안 하면, 잠도 안자고 하는 애도 있고. 손이 빠른 애들은 빨리 하지만 늦게 하는 애들은 맨 밤새고 맨 그거 해. 그런 생활을 했죠."[29]

또한 복지원에는 구타, 고문 등 신체적 폭력, 성폭력 등이 일상적으로 이루어졌다. 이런 폭력은 아동들의 수치심을 자극하는 일종의 고문

[그림 4] 형제복지원 아이들(한종선 제작 및 사진).

적인 방식으로 이루어졌다. 아동들에게 가장 강력한 징벌은 탈출을 시도했을 때였다. "빨간 마대자루에 위에 구멍으로 이렇게 뚫고 칼로 이래 뚫고 빨간 글로 '나는 탈출하다 잡혀왔다'는 문자가 이렇게 앞뒤로 쓴 걸 입히더라고요. 입고 그걸 마대를 입고 소대원들이 밥 먹으로 들어간 입구에 이렇게 쫙 서가지고……"[30] 아이들의 수치심을 처벌로 자극하면서 행동을 통제한 것이다.

> 인민재판을 받아요. 쫙 서가지고 소대원들, 아니 원생들이 다 보게. 본보기를 보여주는 거지. '너희들도 도망가다 잡혀오면 이렇게 된다. 그러니까 탈출할 생각을 꿈도 꾸지 말라' 라는 식의 보여주기 위한 식의 그걸 애들 식당에서 다 밥먹을 끝날 때까지 식사 시간이 다 끝날 때까지 그래 서 있다가 인자 똥지게 지러 가요. 똥지게 지고 각 소대, 소대마다 가가지고 똥을 퍼가지고 갖다 버리는 거. 그 똥지게를 거 마대이고 똥지게를 져요. 그 생활을 한 일주일을 하니까 마대를 벗기더라고. 그러다가 거기서 한 얼마 있다가 내가 다시 13소대로 갔어요.[31]

아이들이 싸움을 하면, 소대의 조장은 아이들을 말리는 것이 아니라, 계속해서 싸우게 했다. 아이들에 대한 물리적 통제력 밖 규율이 가능하지 않은 상황에서 극단적인 방식으로 폭력에 노출되게 만들었다. "둘 중에 하나는 거의 죽을 때까지 싸우게 시키"[32]는 등 극단적인 폭력, 상호 폭력에 의해 아이들을 통제했다. 아이들은 이런 상황에서 폭력을 일상화하게 되었고, 타인을 도구화, 대상화하는 것을 당연하게 여기게 되었다. 형제복지원 피해 실태조사에 의하면 출소자의 상당수가 범죄 경험이 있는 것으로 나온다. 이런 수용시설이 부랑아가 범죄에 빠지는 것을 예방하기 위한 곳이었다고 설립자들은 주장했지만, 폭력과 일탈을 아동들이 일상적으로 경험한 이후 오히려 범죄의 가능성은 증가했다.

폭력적인 공간에서 어린이들이 이런 삶을 버티어내기는 쉽지 않았다. 복지원에서는 전염병에 걸리기도 하고, 질병으로 사망하는 아동들도 상당히 많았다. 그리고 지속되는 성폭력, 폭력으로 인해 정신병동으로 이전되는 경우도 있었다. 대표적인 피해생존자인 한종선의 누나도, 안에서의 폭력적인 상황을 견디지 못해서 조현병이 발병했다. 또한 아이들은 이런 폭력 상황을 벗어나기 위해 지속적으로 탈출을 시도했다. 탈출을 하기 위해서는 상당히 정교한 계획이 필요했다. 항상 감시의 눈길이 있었고 탈출을 했을 때는 엄청난 처벌이 가해지기 때문이었다.

그래 봐야 열 살이지. 일 년 뒤 바로 옮겼으니까. 27소대 있을 때 여름에 한 번 인원 체크하는데 누구 한 명이 탈출했죠. 진짜 탈출했더라고요. 탈출했었는데 그때 공모자 가려낸다고 이제 침대 옆으로 전부 다 일렬로 쫙 세워요. 그래 놓고 다 눈 감아 이렇게 해놓고 탈출하는 것 알고 있었던 인간들 나오라고.

현재도 피해생존자들을 만나면 자신들의 경험을 무용담처럼 이야기할 정도로 탈출은 빈번했다. 이는 국가와 사회복지 권력이 자신들의 삶을 규정하고 배제하는 것에 대한 최대한의 저항이었고 고집의 표현이며, 부랑아로 규정되어 그런 통제를 받아들이지 않을 것이라는 의지의 표현 방식이었다.

고집스럽게 진상규명을 요구함

1987년 형제복지원의 문제가 사회에 알려지면서, 어린아이들은 전국의 소년원으로 보내졌는데 그곳에서도 이 아이들은 거친 아이들로 통하며 적응하지 못했다. 폭력의 피해자로서 이에 대한 어떤 사회적 치유도 이루어지지 않은 채로 살아온 이들은 스스로 폭력의 가해자가 되는 경우도 있었고, 상당한 고통 속에서 살았다.

형제복지원 피해자들에 대한, 2020년 당시의 실태조사에 의하면 이들의 학력은 "무학 10.8퍼센트, 초등학교 학력자 45.3퍼센트"이다. 어린 시절에 경험한 폭력은 이후에 생애경로에 영향을 주는데, 1회 이상 자살을 시도한 사람이 51.77퍼센트(77명)이다. 2016년 정신질환 실태조사와 전국민 평생 자살 시도 2.4퍼센트(보건복지부, 2016)와 비교해도 상당히 심각한 수준이다. 또한 형제복지원 설문 참여자의 PTSD(외상후스트레스 장애) 유병률 14.1퍼센트, CPTSD(복합외상후스트레스 장애) 잠재유병률 23.5퍼센트(북부 우간다 내전을 경험한 지역 사회 표본과 유사한 정도)이다. 형제복지원 실태조사 설문 참여자 중 퇴소 이후 교정시설 수

감 경험이 있는 이들은 72명(48.3퍼센트)으로 범죄 연루 경험이 있다고 한다.[34]

이런 극심한 폭력으로 인한 트라우마는 단순히 개인적인 심리 문제가 아니라 사회에 대한 신뢰의 경험이 부재한 문제로도 인식되어야 한다. 앞의 인용문에서도 보면 책임있는 이들, 교사, 수녀 등이 자신을 외면한 것에 대한 불만을 지속적으로 토로한다. 가족을 포함하여 어른들에게 버려지고 배신당한 경험을 했던 이들은 사회에 대한 신뢰를 형성하기 어려워한다. 그래서 지속적으로 친밀한 관계, 사회관계, 직업생활을 하는 데 무척 어려움을 느끼고, 전반적으로 신뢰가 낮다 보니 형제복지원 피해자 내부에서도 서로 간의 신뢰 문제가 심각하며, 외부로부터의 자극과 충격에 대응하는 데 많은 어려움을 겪는다. 살아남은 아이 한종선은 형제복지원에 자신이 들어갔을 때 자기 또래의 어린아이들의 행복한 모습을 보면 질투가 난다고 말했다. 행복한 어린 시절 대신 끔찍한 폭력의 기억을 그는 계속 되새김질한다.

워낙에 큰 고통을 겪다 보니까 이게 사라지지는 않나 봐요. 그 안에서 진짜 엄청나게 맞은 기억들이 많으니까 그런 공포들이. 그러다 보니까 그 안에서는 막 어린 나이에 오줌도 많이 싸고 막 이러잖아요. 하여튼 기억은 하고 싶지 않은데. 이야기 하다보면 내가 그, 나는 그냥 잊고 지낼라고 한 거지 그냥. 그런 고통들을 그냥 잊어버리고 그냥 현실하고 내 가정이 보이니까 그냥 평범하게 살고 싶었는데 이런 이야기를 하다 보니까 자꾸 그때 기억도 떠오르고, 고통도 떠오르고 완전히 그냥 술 한잔 해갖고 이야기할 이야기가 아니라는 거는 나도 이제

내 스스로도 느끼는 거지.[35]

하지만 여러 다른 사연에도 불구하고 부랑아로 낙인찍혔던 피해자들은 이렇게 잊고 싶은 끔찍한 기억과 대면하면서 지속적으로 한국 사회에 목소리를 냈다. 그래서 2012년부터 형제복지원 피해생존자들은 사회에 진상규명을 요구하는 1인 시위, 국회앞 시위, 농성 등을 멈추지 않았다. 그 결과 2019년에 진실과 화해를 위한 과거사정리법이 다시 개정되어서, 형제복지원 사건을 마중물로 하여 현재 2기 '진실과 화해를 위한 과거사정리위원회'의 활동이 이어지고 있다. 형제복지원 시절 끔찍한 폭력과 처벌 속에서도 지속적으로 탈출을 시도했듯이, 형제복지원 피해자들은 자신들이 입은 피해와 부당함을 알리고, 국가가 자신들의 삶과 인간의 존엄을 함부로 파괴할 수 없으며 불운에 굴복하지 않겠다는 강한 의지와 '아집'을 표현하고 있다.

은각사에 그어진 38선:
제2차 세계대전 이후 교토의 민족학교와 지역 사회

【이타가키 류타 板垣竜太】

은각사 지역에 남북 간 분쟁을 끌어들이지 말라
I. 제1막: 은각사 근교에 조선학교가 오다(1953~58)
II. 제2막: 한국학원이냐 '대'자냐 그것이 문제로다(1961. 10~62. 8)
III. 제3막: 반대동맹 결성과 해산(1962. 8~63. 8)
IV. 제4막: 변함없는 공사 불허가(1963. 8~69. 12)
현대의 망령들

은각사 지역에 남북 간 분쟁을 끌어들이지 말라

1962년 11월 7일 오전 10시쯤, 교토 은각사銀閣寺 앞 도로에 지역 주민 50여 명이 모였다. 앞치마를 걸친 여성들, 양복·작업복 차림의 남성들이 좁은 도로를 점거했다. 그들은 다음과 같은 피켓을 들고 있었다([그림 1]). "한국중학교 건설 반대. 은각사 지역에 38도선을 긋지 말라." 당시 기타시라카와北白川 지구에 있던 교토한국중학은 은각사 지구에 있는 작은 산을 깎아 새로운 학교 부지로 조성하려는 계획을 세우고 있었다. 그전부터 이 학교 이전에 반대하던 주민들이 이날 공사가 시작된다는 정보를 입수하고 공사용 차량 진입을 직접 막기 위해 발벗고 나선 것이다. 11시쯤, 학교 측 대표가 나타나 설득하려 했지만 끝내 받아들여지지 않았다.

오후 1시쯤에는 이전 예정지에서 200미터쯤 떨어진 시라카와교白川橋 근처에서 트레일러에 실려온 정지整地 작업용 불도저가 내려졌다. 이때 통행을 막으려고 모인 주민은 100명 정도로 불어나 있었다. 그들은 불도저 번호판이 이상하다, 운전면허증에 문제가 있다는 등 이의를 제기했다. 결국 가와바타川端서 경찰관이 불도저 폭에 비해 도로 폭이 너무 좁다는 이유로 출입중지를 권고하여 오후 8시 한국중학교 측은 하는 수 없이 공사 차량을 철수시켰고 그에 맞춰 주민들도 피켓을 내렸다.[1] 그러나 교토한국중학교 이전 문제는 이날 시작된 것도 아닐 뿐더러 이것으로 끝날 문제도 아니었다.

교토한국중학교 이전 반대 슬로건에는 왜 '38선'이라는 표현이 쓰였는가. 이는 바로 4년 전인 1958년에 바로 근처에 교토조선중고급학교(이하 '교토중고')가 이전했기 때문이다. 한국중학교와 조선학교는 각각 대한민국과 조선민주주의인민공화국을 정통성 있는 국가로 인정하고

[그림 1] 교토한국학원 이전에 반대하는 주민들(1962).
1962년 11월 7일, 지역 주민이 교토한국학원 조성 공사에 반대하며 모여들고 있다. 간판에는 '한국중학교 건설 반대/은각사 지역에 38도선을 긋지 말라'라고 쓰여 있다.

있었다. 교토조선중고 부지는 교토한국중학² 이설 예정지로부터 작은 산을 사이에 두고 300미터 정도 떨어진 곳에 자리 잡고 있었다([그림 2]). 만약 한국중학이 이전하게 된다면 통학로까지도 겹치는 위치였다. 한국전쟁 휴전 이후 아직 10년도 채 지나지 않은 시기, 이 두 학교 사이에 어떤 갈등이 생길지 모른다, 지역 사회에 한반도 남북 간의 분쟁을 끌어들이지 말라……. 주민들의 슬로건은 그 정도의 의미로 이해할 수 있을 것이다.

그렇다고 해도 여러가지 의문점들이 떠오른다. 은각사는 교토, 나아가 일본의 '역사'와 '전통'을 대표하는 사찰 중 한 곳이며 이 일대는 도시계획상 풍치지구로도 지정되어 있다. 과연 어떤 이유로, 어떻게 조선학교는 이러한 장소에 이전할 수 있었던 것인가. 조선학교는 지역에 어떤 존재로 인식되고 있었는가. 반대로 어떤 이유로 한국중학은 배척되었는가. 한국전쟁의 기억이 아직 생생한 시점에 주민들이 양자의 대립을 우려하는 것도 이해할 수 있다. 그러나 그런 점을 고려해도 이렇게까지 운동이 거세진 데에는 이상한 지점이 있다. 사진으로도 볼 수 있는 주민들의 직접적인 공사 저지운동뿐만이 아니다. 예를 들어 매년 8월 16일 교토에서는 뇨이가다케산如意ヶ嶽山 한쪽에 크게 대大자로 놓은 나무에 불을 붙이는 '다이몬지 오쿠리비大文字送り火[일본의 양력 추석에 이승을 방문했다가 다시 저승으로 돌아가는 선조를 위해 놓는 불]'라 불리는 전통적인 제례가 열리고 있는데 한국학원 이전 문제가 매년 열리는 오쿠리비 행사 중지 소동으로까지 이어졌다. 지방의회에서도 이 문제가 언급되었다. 그러한 다방면의 거센 반대운동의 결과 한국중학은 이 지역으로의 이전을 단념해야 했다. 그뿐만 아니라 교토한국중학은 그

후 선정한 이전 후보지에서도 주민들의 반대운동에 맞닥뜨렸고 가까스로 현재의 혼다야마本多山에 새로운 교사를 마련할 수 있게 된 것은 20년 이상 지난 1984년의 일이었다. 이렇게까지 운동이 과격해진 원인을 이러한 지역 주민들의 막연한 '불안'만으로 설명하기엔 부족한 부분이 분명히 있다.

이 글에서는 이 작은 지역 사회를 무대로 하여 일어난 큰 사건에 대해, 그리고 그와 관계된 다양한 액터actor들 각자의 입장과 고집하는 점

[그림 2] 교토한국학원 이설 용지와 교토조선중고급학교의 위치.
1968년 5월 21일에 촬영된 공중 사진에 주요 장소를 기입한 것. 동쪽(사진 오른쪽)에 위치한 교토조선중고급학교는 1958년에 이 장소로 이전했다. 서쪽에 위치한 교토한국학원 이설 용지는 토지 조성이 완료된 후 공사가 중지되어 빈 땅이 되어 있다. 그 후 매각되어 현재는 주택지가 되었다.

에 주목하면서 사건의 전개 과정을 서술할 것이다. 여기서 굳이 '무대'와 '액터'(행위자/배우)라는 연극 용어를 사용하는 것에 대해 간단히 설명해두고자 한다. '지역 사회'라고 해도 이는 결코 단일한 존재가 아니다. 이 지역이 농촌이었던 시대부터 대대로 살아온 선주민(다이몬지 오쿠리비를 맡아 하는 이들)은 물론 택지 개발 이후 주거하기 시작한 신주민도 있다. 보수적인 정치 성향을 가진 사람이 있는가 하면 공산당, 사회당을 지지하는 진보적인 주민들도 있다. 그리고 그 안에 재일조선인 단체가 지역문화와는 '이질적인' 성격을 지닌 학교를 세우기도 했다. 학교와 공사에 관련된 인허가를 담당한 액터로서 지방 공공 단체도 관계를 맺고 있다. 그 과정에서 교토시와 교토부는 서로 다른 태도를 보였다. 이렇듯 서로 다른 입장의 다양한 사람들이 일상적으로 교차하고 있는 곳이 지역 사회인 것이다.[3] 이것을 연극 무대로 보기로 한다. 이 무대를 오가는 배우들처럼 여러 행위자가 이 문제에 관여했다. 그러나 그곳에는 정해진 시나리오가 없고 역할 분담이 이루어진 것도 아니며 오히려 주어진 여러 조건 속에서 즉흥적으로 일이 진행되었다. 그리고 한국 정부도 여기에서는 단순한 배경 이상의 존재감을 가진 액터였으며, 그런 의미에서 이 '무대'는 지역 사회라는 말이 지닌 단순 지리적인 의미를 넘어선다는 점에도 주목할 필요가 있다.

　이 군상극은 4막으로 구성된다. 제1막은 은각사 근처에 조선학교가 세워지기까지의 이야기이다. 교토조선중고와 선주민들이 주요 등장 인물이다. 제2막(1961년 10월~62년 8월)에서는 교토한국학원이 은각사 부지를 취득하여 교토시가 공사를 인가한 것을 알게 된 선주민이 그해 다이몬지 점화를 걸고 공사를 일시 중지시킨 과정이 그려진다. 제3막

(1962년 8월~63년 8월)에서 극은 절정에 달한다. 이 시기 선주민과 신주민이 함께 한국학원 건설 반대기성동맹('반대동맹')을 결성했다. 이것이 일본공산당과 일본사회당 등의 진보 정당을 중심으로 한 한일회담 반대운동과 연동되어 사태가 커지게 된다. 반대동맹이 해산되고 지방의회가 중재하여 한국학원이 타협함으로써 막을 내린다. 제4막(1963년 8월~69년 12월)에서는 다른 토지로의 이전밖에는 방법이 없다는 교토시와 어떻게든 은각사 부지에 학교를 세우려고 하는 한국학원 측의 공방이 이어진다. 그 사이에 한일조약이 체결되었고(1965) 새로운 상황에서 한국학원은 은각사 지역으로의 이전을 최종적으로 단념하고 새로이 혼다야마 부지를 취득했다.

 이러한 서술을 통해 필자는 '냉전'을 이미 존재하는 어떤 조건으로서가 아니라 한 지역에서 여러 관계가 형성되고 변용하는 가운데 독특한 형태로 나타나는 것으로 이해하고자 한다. 그 안에는 글머리에서 언급한 입간판, 두 팔 걷어붙인 공사 저지, 말뚝 박기 등의 통행 막기, 전단지, 행정 당국에의 진정, 신청과 인허가, 지방의회에 대한 청원과 심의, 법원의 가처분 신청, 의원의 중재, 지방 신문의 보도 등 다양한 형태로 물질화한 관계성이 때때로 사람들의 언행에 큰 영향을 미치기도 했다. 거기에는 '38도선'과 같은 냉전 논리는 물론 은각사와 다이몬지 오쿠리비 등의 전통의 논리가 등장했을 뿐만 아니라 잘 보이지 않는 형태로 조선인 차별과도 이어져 있었다. 그 현장을 가능한 한 재현해보고자 한다.

I. 제1막:
은각사 근교에 조선학교가 오다
(1953~58)

교토의 조선학교가 은각사 근처에 토지를 구입한 것은 1955년 6월이었다. 1953년 교토 시내 엔마치円町 지역 근처에 있던 전문학교 교사를 이용하여 설립된 교토조선중학교는 1955년 4월에 고급부를 병설함으로써 그 명칭이 교토조선중고급학교로 바뀌었다. 고등학교 설립 과정에서 엔마치 교정의 2층 건물로는 학생을 전부 수용할 수 없을 것으로 판단하여 1954년에 새로운 교정 건설을 추진했다. 그러나 예정대로 계획이 진행되지 않아 이듬해 중반에야 가까스로 토지를 확보할 수 있었다. 재일조선인 단체가 발행하는 신문은 매매계약 당시 그 부지에 대해 "장소는 교토에서도 명승지로 유명한 은각사 근처로 나무들이 우거지고 매우 조용한 환경"이라고 보도했다.[4] '조용한 환경'이라는 말은 해석하기에 따라 다를 수 있다. 즉 손에 넣은 땅은 바로 학교를 세울 수 있는 장소가 아니라 말 그대로 '나무들이 우거진' 산림이었던 것이다.

이 토지는 원래 산에 둘러싸인 골짜기에 위치한 곳으로 긴카쿠지쵸 銀閣寺町와 기타시라카와 지구를 잇는 작은 길이 있었다([그림 3]). 나무들이 빽빽하게 우거진 오솔길 옆에는 이름도 없는 연못이 있었다. 1945년에 긴카쿠지쵸에서 태어나 어린 시절을 보낸 하세가와 슈지長谷川綉二 씨 말에 따르면 그 연못은 "동네 아이들의 좋은 놀이터"였다. 아이들은 연못에서 도롱뇽, 자라 등을 잡아서 신쿄고쿠新京極에 있는 한약방에 갖다팔아 용돈을 벌기도 했다. 이는 곧 산림과 늪지라는, 일반적으로 학교 부지로는 생각하기 힘든 토지를 조선학교가 싸게 구입했음을 뜻한다.[5] 그러한 토지에 학교를 세우기까지 산적한 문제를 해결하느라 결국 완공까지 3년 가까이 걸렸다.

첫 번째 걸림돌은 공사가 난항을 겪은 것이었다. 이러한 토지를 학교 교정으로 조성하기 위해서는 벌목을 하고 연못을 메우고 땅을 골라 평지를 만들어야 한다. 불도저가 들어가기엔 길이 너무 좁았고 측량, 설계 과정에서의 실수까지 겹쳐 공사는 어려움을 겪었다.[6] 결과적으로 건설 예산도 예상금액을 초과하게 되었다.

두 번째 걸림돌은 지역 주민의 반발이다. 지역 주민들 중에서도 주요 집단은 긴카쿠지쵸에 옛부터 대대로 살아온 사람들이다. 긴카쿠지쵸는 에도시대에는 조도지무라浄土寺村의 일부에 해당하는 지역이었다. 이 마을 주민들은 교토를 대표하는 여름 행사인 다이몬지 오쿠리비를 대대로 도맡아왔다. 지연과 혈연으로 견고하게 다져진 이 주민집단과의 관계를 형성하지 않고서는 학교 건설은 사실상 불가능에 가까운 일이었다. 앞에서 등장했던 지역 주민인 하세가와 슈지 씨에 따르면 조선학교의 은각사 캠퍼스 조성 공사가 시작된 당시에는 지역에서 반대운동이 일어났다고 한다. 당시 초등학생이었던 슈지 씨도 지역 어른들을 따라 드럼통에 불을 붙이고 피켓을 드는 자리에 갔던 기억이 있다고 한다. 아이들이 있으면 반대 집회를 방해하기 어려울 것이라는 생각에서 어린 슈지 씨를 데려갔을 것이라고 회상했다. 지역 주민들의 반발심에 불을 붙인 것은 건설 부지로 이어지는 언덕길([그림 3])을 확장하는 공사였다. 공사용 차량이 다니기엔 언덕길이 너무 좁아 조선학교 측은 길 폭을 넓히는 공사를 진행하려고 했다. 계획 단계에서는 토지 북쪽에 정문을 만들 것이라고 알고 있었는데 남서쪽에 위치하는 은각사 방향으로 정문 위치를 변경하고 공사 차량을 오가게 한 것이 지역 주민들이 반발한 이유였다고 한다.

그리고 세 번째 걸림돌은 재일조선인 운동 단체 조직상의 문제였다. 학교가 토지를 취득한 직후인 1955년 5월, 운동 단체를 총괄하던 민전(재일조선통일민주전선)이 조총련(재일본조선인총연합회)으로 탈바꿈했다.

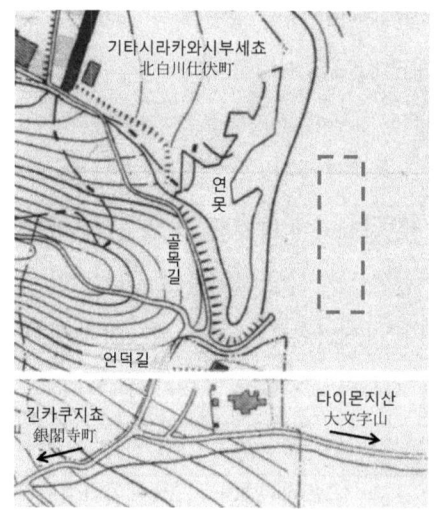

[그림 3] 조선학교 건설 이전의 기타시라카와 소토야마쵸北白川外山町 (1953년경).
교토조선중고급학교가 이전하기 이전 지역의 모습. 점선으로 표시된 부분이 수 년 후에 교토조선중고급학교 교정이 들어서게 되는 위치이다. 그 부분에는 등고선이 그려져 있지 않은데, 당시 모두 숲이었다.

조총련은 민전 시기에 군사기지 반대, 민주화 등 일본의 정치적 과제에 관여하던 것을 '내정 간섭'으로 판단해 중지하고 그 대신 북한의 해외 공민으로서 운동에 힘을 쏟는 방향으로 활동 방침을 크게 전환했다. 그러나 교토에서는 이러한 노선 전환이 원활하게 이루어지지 않아 새로운 방침에 반대하는 구성원이 당초 '압도적 다수'였다고 한다.[7] 이는 학교 건설사업 지연이라는 결과로 나타났다. 당시 자료에도 건설이 지연된 데에는 재정상의 문제와 더불어 '노선 전환 이후 조직 내 의사 불일치'가 또 다른 이유로 언급되어 있다.[8]

그러나 조선학교는 이러한 걸림돌들을 하나씩 해결해냈다. 교정으로 이어지는 언덕길 확장을 위해 끈기 있게 설득을 거듭하여,[9] 긴카쿠지쵸 주민의 동의를 얻어냈다. 그뿐만 아니라 일부 토지와 근접한 다이몬지보존회 소유의 공유지를 대여받기까지 했다. 문제 해결 과정에서 자치회장이었던 하세가와 에이지로長谷川栄次郎의 역할이 컸던 것으로 보인다. 슈지 씨(에이지로의 조카)에 따르면 에이지로는 정원사였는데 제2차 세계대전 이전에는 만주에서 지낸 적도 있다고 한다. 또 매우 '무서운' 사람으로 알려졌는데 지역에서 다툼이 일어날 때 그가 "시끄럽다!"고 한마디 하면 문제가 조용히 해결되곤 했다고 한다. 곧 언급하겠지만 에이지로는 1958년 조선학교 완공 낙성식에 축사를 보내기도 했다. 이렇듯 지역을 이끄는 지도자와 같은 자치회장이 어느 시점에서인가 우호적인 자세를 보이면서 건설사업은 순조롭게 진행되었다.

정지 작업과 교사 건축을 진행하는 데, 재일조선인 뿐만 아니라 지역의 일본인, 특히 진보계열 인사들과 단체의 협력이 있었음은 알려져 있다. 먼저 설계 단계에서는 당시 교토대학 건축학과 조교수였던 니시야마 우조西山卯三가 '주무'를 맡았다.[10] 니시야마는 서민주택 연구와 혁신적인 건축운동으로 저명한 건축가로, 그의 연구실이 교토중고 건축 과정에서 큰 역할을 했다. 그리고 지방 공무원조합, 학교의 교직원조합, 일조협회와 같은 단체가 건축 초기부터 지원을 아끼지 않았다.[11]

예정보다는 늦어졌지만 1956년 12월에 정지 공사가 완료되고 1957년 7월부터 학교 건물 건축에 돌입하여 1958년 3월 말에는 목조 건물 2동이 준공되었다.[12] 4월에는 교토조선중고급학교의 은각사 캠퍼스 낙성식이 열렸다([그림 4]). 낙성식에서 주목할 만한 부분은 '하세가와(에이지로) 씨를 비롯한 20명의 마을 주민 및 각계 인사들과 내빈'이 참석한 점이다. 하세가와 에이지로는 다음과 같은 담화를 발표했다.[13]

> 유서 깊은 우리 나라 문화재 보관 구역 내에 교육의 전당이 구비되면 정내도 더욱 발전될 것이다. 나는 지금까지 조선 사람하고 접촉도 없고 그들의 감정도 잘 모르고 교육에 대한 열의도 몰랐었다. 어느 나라 사람이라도 자기 자식들에 대한 애정은 하나라고 생각한다. 나는 조선 사람들이 자기 아들 딸들을 교육시키려는 눈물겨운 노력과 애정에 대하여 감격하고 이러한 전지에서 조선 사람들의 감정도 점차로 이해할 수 있었다.

재일조선인과 왕래가 거의 없던 하세가와 에이지로가 '교육에 대한 열의'를 알게 되기까지 교토의 조선인 일꾼들이 그의 공감을 끌어내기 위해 얼마나 열심히 설득했을지 짐작할 수 있을 것이다.

낙성식에는 하세가와 슈지 씨의 아버지도 참석했다. 슈지 씨는 아버지가 전쟁 때 "나도 꽤나 사람을 죽였"기 때문에 "학교에 갔을 때 죄의식에 휩싸였다"고 말한 것을 들었다고 한다. 어떤 전장에서 어떤 사람들을 죽였는지는 알 길이 없다. 그러나 전쟁 당사자 세대 일본인들 일부나마 품고 있던 죄의식이 전후 시기 재일조선인들의 교육운동을 이해해보려는 동기를 제공했음을 어렴풋이나마 알 수 있다. 그러므로 당시에는 남이나 북, 사상 같은 것들은 크게 관계가 없었다. 한국학원 이전 문제가 커진 후에 슈지 씨는 그의 아버지가 다음과 같이 말한 것을 기억하고 있었기 때문이다.

[그림 4] 교토조선중고급학교 낙성식(1958년 4월).
1958년 4월 6일에 개최된 낙성식에는 비가 내리는 와중에도 재일동포 2,000명, 일본인 지역 주민과 각계 인사들도 20명 참석했다고 한다. 이후 1961년에는 이 교사 옆에 철근 콘크리트 교사가 완공되었다.

한국[학원]이 그런 것[캠퍼스 이전]을 생각하고 있었다면 왜 말을 안했 냐는 거지. 그러면 조선[학원] 쪽에 "미안하지만 한국 쪽이랑 이야기 를 하고 있으니" 해서 거절을 했을 것 아냐. 나중에 오니까 문제가 복 잡해지는 거지.……이런 계획이 있으면 먼저 말을 했어야지.

지역 주민 입장에서 보면 조선학교를 이미 인정하고 지역에 받아들 인 것이니 그다음에 설령 '서방' 진영 학교가 세워진다는 논리를 내세 운다 해도 그래서 어쩌라는 말이냐, 라는 반응일 수밖에 없었다.

한편 조선학교 측은 활기를 띠고 있었다. 1957년 4월에는 북한이 교 육 지원금을 송금하기 시작했다. 이는 아이들을 학교에 보내는 학부모 들의 경제적 부담을 경감하고 학교의 재정 안정에 크게 기여했다.[14] 1958년 8월부터 조총련에서는 북한으로의 '귀국'을 장려하는 운동을 펼쳐 이듬해 1959년 12월부터는 실제로 대규모 '귀국사업'이 시작되었 다. 학생들은 차례로 북한으로 집단 이주를 했고 조선학교는 그 준비를 위한 학교라는 성격도 동시에 갖게 되었다. 그렇게 북한으로의 이주 예 정자보다 훨씬 많은 규모의 학생이 들어오자 1964년에는 교토중고 전 교생이 1,000명을 돌파했다. 이렇게 '은각사 학교'는 지역에서 급격히 그 존재감을 키우게 되었다.

II. 제2막: 한국학원이냐
'대'자냐 그것이 문제로다(1961. 10~62. 8)

1947년 창립 이후 기타시라카와 히가시히라이쵸北白川東平井町에서 학교를 운영하고 있던 교토한국학원이 새로운 교정 건설을 추진하게 된 것은 본국, 즉 대한민국 정부의 권유가 있었기 때문이다.[15] 1958년도에 이승만 정권 문교부는 '북한 괴뢰집단의 앞잡이인 조총련의 암약'에 대한 대책의 일환으로 국고 보조로 '모범학교'를 일본에 설치한다는 계획을 발표했다.[16] 한국 정부가 북한 및 조총련에 대한 대항책으로써 재일교포 교육 정책을 강화한 것이다. 이러한 흐름 속에서 문교부 장관이 직접 1960년 초에 "재일교포 교육을 강화"한다고 밝혔다.[17]

  1960년 4·19혁명으로 이승만이 퇴진한 후 새롭게 성립된 제2공화국도 재일교포 교육 정책을 거의 그대로 계승했다. 11월에는 민의원에서도 문교부 예산에 "도쿄, 오사카, 교토, 고베 등의 재일교포들을 위한 '시범학교' 설립" 등을 목적으로 하는 재일교포 교육예산을 포함시켰다. 교토한국중교도 이러한 흐름에서 '앞으로 고등학교를 설치하여 학생 수가 500~600명 정도가 되면 학교를 시범학교로 발전시키는 시안'

을 책정했다.[18] 그리고 한국 문교부는 1961년 5월 교토한국중학을 정식으로 인가했다.[19]

1961년 5·16군사쿠데타로 박정희가 집권한 후에도 이러한 분위기는 더욱 강화되었다. 1961년 10월에는 "정부가 대규모의 외화를 투자하여" 건설을 추진한 '모범학교 제1호' 도쿄한국학원 모범교사가 지상 4층 건물로 완공되었다.[20] 이 '도쿄 모범학교 건설 제1계획'과 더불어 제2의 모범학교 계획으로 진행된 것이 교토한국학원이었다.[21] 이렇게 교토한국학원은 고등학교를 신설하여 더 넓은 교정으로 이전을 서두르게 되었다.

교토한국학원이 은각사 부지의 매매계약을 한 것은 1961년 10월이다.[22] 토지 선정 과정은 분명하지 않으나 "법인 이사장 오기환吳沂煥 선생과 가깝게 지내는 어떤 일본인이 소유하고 있던" 토지였다고 한다.[23] 한국학원 측이 굳이 조선학교 근처를 선택했다고는 볼 수 없을 것이다. 그보다는 학교에서 가장 가까운 교토 시영 전철역이 바뀌지 않는 범위에서 새로운 토지를 찾다가 해당 토지가 눈에 띄었을 것이다. 다음 해 1962년 1월, 한국 문교부는 교토한국학원을 '모범학교 건설교'로 지정하고 주일본 한국대표부 배의환 공사를 통하여 오기환 이사장에게 건설 보조금 중 착수금에 해당하는 5만 달러를 전달했다.[24]

교토한국학원이 토지 조성 신청(1961년 12월)을 하자 교토시는 1962년 3월에 해당 지역이 풍치지구라는 이유로 건설 대체지를 제안했다. 그러나 조건이 좋지 않았던 데다 이미 토지 매매계약이 체결된 후였기 때문에 학원 측은 그 제안을 거절했다. 결과적으로 교토시는 5월에 13항목의 조건부로 부지 조성을 허가했다.[25] '경관'상 필요에 의해 공사

제한, 중지 등을 명령할 수 있도록 하거나 수종, 식수와 관련해 세세한 제약을 다는 등 여러 조건이 있었으나 교토시는 학교 이설 공사를 인정했다. 총 공사비는 1억 5천만 엔, 시공은 재일동포가 경영하는 가와시마공업川島工業이 맡기로 했다.[26]

이에 대해 지역 주민들의 반대운동이 시작된 것은 1962년 7월이다.[27] 6월에 건설 부지 주변 산림을 관리하던 정원사 하세가와 에이지로(당시 다이몬지 보존회장)에게 매매계약 통지가 전해졌다. 이것을 발단으로 7월 7일, 지역 대표 14~15명이 자민당 시의원단의 알선으로 진정을 내려 마츠시마 기치노스케松嶋吉之助 부시장과 면담을 했다. 7월 25일에 한국학원은 정지 공사에 돌입하여 벌목을 시작했다. 30일, 지역 대표는 다시 시청에 건설 반대 진정서를 냈다. 지역 주민 측은 다카야마 기조高山義三 시장과 마츠시마 부시장에게 다음과 같은 반대 이유를 제시했다.

1. 지역 주민과의 협의 없이 허가했다.
2. 경관지구의 현상 변경이 이렇게 간단하게 다루어져도 되는 사항인가.
3. 공사를 하기에는 길이 좁고 위험하다.
4. 북한의 학교가 근처에 있어 문제가 생길 우려가 있다.

이에 대해 다카야마 시장은 "정당한 반대 이유로 볼 수 없다"며 주민 측의 요구를 거절하면서도 "협의를 할 수 있도록 중재는 할 수 있다"고 대답했다.

주민들의 항의로 8월 2일에 공사는 일시적으로 중단되었지만 8월 9일에는 불도저를 동원한 공사가 재개되었다. 이에 대해 지역 주민 50여 명이 작업을 저지하고 학교 측 관계자와 입씨름을 벌였다. 이즈음부터 "시 당국이 하기에 따라서는 다이몬지에 불을 놓지 않을 수도 있다"는 강경한 태도를 표면으로 드러내기 시작했다.[28]

8월 12일, 오쿠리비 실시 4일 전에 다이몬지보존회의 긴급총회가 열렸다.[29] 당시 회장은 4년 전에 완공된 교토조선중고급학교 낙성식에서 환영 인사를 했던 하세가와 에이지로였다. 보존회원 45명이 다이몬지 점화를 두고 투표한 결과 중지 찬성이 32표, 점화 찬성이 13표로 점화 '중지'가 결의되었다.

어째서 이렇게까지 했는가. 《교토신문》 해설에 따르면 이날은 아침부터 오쿠리비 준비 작업을 하기로 되어 있었으나 사람들이 모이지 않았다.[30] 예전에 비해 회원들 중에 회사원이 많아서였다. 오쿠리비 준비에 참가하기 위해서는 일을 쉬어야만 하는데 젊은이들이 그것을 꺼렸고 이대로라면 언젠가 오쿠리비 행사가 중지될 것이라는 이야기까지 나돌았다. 한편 오쿠리비는 이미 교토시의 '명물'이 되어 있었고 관광 관련 산업에까지 영향을 미치고 있었다. 그럼에도 보존회 사업은 매년 적자 운영인 데다 교토시 보조금은 10만 엔밖에 되지 않았다. 이 때문에 회원들 사이에서 '지역 주민만 희생당하고 있다'는 의식이 움트고 있었다. 그러한 상황에 불을 붙인 것이 한국중학 이설 문제였다. "교토시가 지역 주민들의 승낙도 얻지 않고 한국중학에 허가를 내준 것을 납득할 수 없다"는 의견이 나왔다. 그러던 와중에 8월 12일에 오쿠리비 준비 작업을 위해 회원들이 모이자 "작업을 하기 전에 한국중학, 다이몬지 보조금 문제 등에 대해 논의해야 한다"는 주장이 강력히 제기되어 급히 총회를 열게 되었다. 총회에서는 "교토시가 지역 주민의 의견을 무시하고 한국중학 건설을 허가한 것에 불만이 집중했다"고 한다.

여기서도 볼 수 있듯이 다이몬지보존회는 비판의 화살을 교토시를 향해 겨누고 있었다. 당시 교토시는 '국제문화관광도시'를 표방하는 다카야마 시정의 주도로 다양한 문화·관광 개발이 추진되고 있었다. 시 차원에서의 산업 진흥은 가능할지 몰라도 오쿠리비 행사를 도맡아 하고 있는 주민들로서는 그 혜택을 받고 있다는 실감을 느끼지 못했다. 거기에 주민들의 의견을 듣지도 않고 한국중학 이전을 인가한 것에 보

[그림 5] 긴카쿠지쵸 주민들과 교토시 부시장과의 협의(1962년 8월 13일). 1962년 8월 12일, 다이몬지보존회는 오쿠리비 중지를 결의했다. 그 원인이 되었던 교토한국학원 이설 문제와 관련하여 다음 날인 13일 아침, 지역 주민 약 70명이 교토시청에 방문했다. 주민들은 마츠시마 기치노스케 부시장에게 교토한국학원 공사 중지를 진정했보

존회는 반발했다. 그렇기에 보존회가 진정을 낸 상대는 거의 매번 한국학원이 아니라 교토시 당국이었음을 유념할 필요가 있다. '북한 학교'를 운운한 것은 반대를 위한 설득 재료라는 성격이 강했다.

그런데 교토에서 오쿠리비 행사를 실시하는 곳은 다이몬지산뿐만이 아니다. 다른 네 군데 산에서도 동시에 점화가 이뤄지기 때문에 '오산오쿠리비五山送り火'라고 불리고 있다. 다이몬지에서 중지 소동이 일어나자 다른 네 곳도 바삐 움직이기 시작했다. 중지가 결정된 다음 날인 8월 13일 아침, 오산오쿠리비보존연합회가 교토시 관광국과 최종적으로 협의했지만 다이몬지보존회는 불참했다. 다른 네 곳은 점화하기로 정하고 다이몬지보존회에 '점화 노력 바람'이라는 요청을 하기로 결정했다.[31] 한편 같은 날 아침 긴카쿠지쵸와 긴카쿠지마에쇼銀閣寺前町의 주민 대표 70여 명이 교토시청을 방문하여 마츠시마 기치노스케 부시장에게 '한국학교 이전 문제와 관련해 교토시가 더욱 힘을 써야 한다'고 강하게 주장했다([그림 5]). 주민들의 요청에 대해 부시장은 "교토시는 학교에 퇴거를 강제할 권리가 없다"고 하면서도 "지역 주민의 의견을 학교 측에 전해 다른 적당한 장소로 이전하도록 요청하겠다"는 답변을 내놓았다. 실제로 교토시는 가와시마공업 사장에게 지역 주민들의 반대가 있으니 "분쟁 확대 방지 차원"에서 일단 공사를 중단하도록 요청했다. 가와시마공업은 요청을 받아들여 작업 인부들을 철수시켰다.[32]

13일 밤부터 14일 아침에 걸쳐서 다이몬지보존회는 밤샘 긴급 임원회의를 열었다. 나아가 지역의 '장로' 3명과 보존회 임원 3명이 세 조로 나뉘어 반대파 설득 공작을 벌였다.[33] 그리고 시민들이 "다이몬지의 불을 끄지 말아달라"며 시청과 교토신문사에 기부금을 모으기 시작했고,

이에 '다이몬지'는 '일본의 불꽃'이라는 여론이 고조되었다.[34] 정세가 급변하자 8월 14일 밤, 보존회는 임시총회를 하치신사八神社[긴카쿠지쵸에 위치하는 신사]에서 다시 열고 '① 점화 의지는 모두에게 있었던 점, ② '교토시의 경제적 원조 확대에 대한 기대감이 커진 점'을 서로 확인하고 이틀 전의 결의를 번복하며 만장일치로 '점화'를 결정했다.[35] 그야말로 반전이었다.

8월 16일 밤, 무사히 다이몬지 오쿠리비가 번쩍이며 교토의 밤하늘을 밝혔다. 이렇게 사태는 진정되었지만 갈등의 불씨는 아직 꺼지지 않은 채 남아있었다.

III. 제3막:
반대동맹 결성과 해산
(1962. 8~63. 8)

오쿠리비 행사가 끝나고 얼마 지나지 않아 지역 주민들은 교토시에 계속해서 진정을 냈다. 그동안 '지역 주민'을 구성하는 주체는 긴카쿠지쵸(다이몬지보존회)뿐만 아니라 긴카쿠지마에쵸銀閣寺前町와 그 북쪽에 위치하는 기타시라카와 지구에까지 확대되어 있었다. 9월 27에는 교토시가 한국학원에 대체지 안을 제시했으나 학원 측은 검토 결과 "부적절"하다는 결론을 내렸다. 대체지 조정에 진전이 없자 11월 1일에 교토시는 특수 자동차 운행을 인정했다.[36]

공사용 차량 운행이 인정되었다는 소식을 듣고 지역 주민들이 다시 들끓었다. 같은 날(11월 1일), 긴카쿠지쵸, 긴카쿠지마에쵸의 대표 6명은 시청과 한국중학을 방문하여 "시청의 무책임함에 항의하며, 피켓을 들고 착공 작업을 반드시 저지하겠다", "반대동맹을 결성하여 착공은 반드시 막을 것이다. 이로 인해 유혈 사태가 벌어져도 모든 책임은 시와 한국중학 측에 있다"는 결의문을 전달했다.[37] 이즈음부터 공사 저지 운동은 급격히 열기를 띠고 분위기는 험악해졌다.

이날부터 11월 상순경 사이에 '한국학원 건설 반대 기성동맹(이하 '반대동맹')'이 결성되었다. 의장 기노시타 고로木下五郎, 투쟁위원장 오츠신이치大津新一 두 사람 모두 긴카쿠지마에쵸 주민으로,[38] 다이몬지보존회 회원은 아니었다. 긴카쿠지마에쵸는 한국학원의 은각사 부지 코앞에 있어 학교가 생기면 통학로가 이 지역을 관통하는 위치에 있었다. 긴카쿠지마에쵸는 원래 조도지이시바시쵸浄土寺石橋町의 일부였는데 1920년대까지는 농지였다. 즉 긴카쿠지마에쵸에 사는 주민은 반대운동이 있던 해부터 거슬러 올라가 30년 사이에 새로이 이주해온 사람들이었다. 하세가와 슈지 씨에 따르면 긴카쿠지마에쵸에는 교토대학의 교수와 시청 직원 등 "달변인" 사람들이 많이 거주하고 있었는데 반대운동 중에는 그런 사람들이 "입으로 싸우는 역할"이 되는 한편, 보존회 구성원들은 "머리가 없으니 실력 행사"를 담당하는, 사실상의 역할 분담이 있었다고 한다. 이렇듯 긴카쿠지쵸를 거점으로 삼은 다이몬지보존회(옛 조도지무라 주민)와 반대동맹의 중심에 있던 긴카쿠지마에쵸 주민들은 역사적·사회적으로 매우 다른 위치에 있었다. 이것은 '동맹'이, 목적이 일치하는 동안은 유지되지만 그렇지 않으면 쉽게 와해될 수 있음을 보여주는 대목이다.

11월 7일 오전 10시쯤, 예정대로 학원 측이 불도저를 동원하여 정지작업에 돌입하자 지역 주민들은 실력 행사로 맞섰다. 긴카쿠지마에쵸 도로에 지역 주부들이 모여 "긴카쿠지 지역에 38도선을 긋지 말라"는 입간판을 세우고 피켓을 들었다. 이것이 이 글 도입부에서 묘사했던 사건이다.

이때부터 이 문제가 급속하게 정치색을 띠기 시작했다. 지역 주민들은 사상적으로 우파든 좌파든 상관없이 이전을 저지하는 데 협력해줄 만한 의원, 시민운동가와 접촉했다. 이에 공산당과 사회당 등 진보계열 정당과 북한과의 국교 정상화, 우호관계 촉진을 위해 활동하는 일본인 단체인 일조협회 등이 응했다. 11월 7일에는 일본공산당의 데라마에 이와오寺前巖 의원이 현장에 나타나 '지역 주민을 지도하는 언행'을 보였다([그림 6]).[39] 11월 8일에는 데라마에 의원의 소개로 주민들이 공안위원장에게 전날의 불도저 반입에 대해 "북한 학교에서 가까운 곳에 남조선 학교가 건설되는 것은 불화의 씨앗을 뿌리는 것과 같으니 건설 계획을 재고하도록 중재를 요청한다"는 신청서를 제출했다.[40] 그리고 이튿날 9일에는 주민들이 교토 시의회를 찾아 '긴카쿠지마에쵸의 한국중학 건설 부지를 변경하도록 하는 등의 청원'을 제출했다. 그 청원의 요지는 다음과 같다.[41] "① 한국중학의 건설 부지는 지정 풍치지구인데 학교 설치로 미관을 해친다. ② 건설 예정지와 근접한 곳에 북조선 중학이 있어 사상적 혼란이 우려된다. ③ 건설 예정지로 이어지는 도로가 협소하여 재해가 발생했을 경우 주민생활에 악영향을 미친다는 등의 이유로 현상 변경과 공사 허가 취소를 바란다."

이 청원은 똑같은 제목과 내용으로 2건 제출되었다. 한 건은 기노시타 고로(긴카쿠지마에쵸)가 공산당 시의원의 소개로 제출한 것, 또 한 건은 하세가와 에이지로(긴카쿠지쵸)가 사회당, 공산당, 무소속의 각 의원의 소개로 제출한 것이었다. 이쯤 되니 이설 반대운동은 지방의회까지 끌어들인 운동으로 확대되었다.

이렇게 좌파 정치세력이 관여하게 된 배경에는 냉전하에서의 정치 정세가 있었다. 당시 교토부지사는 니나가와 토라조蜷川虎三, 교토시장은 다카야마 기조였다. 두 사람 모두 1950년에 성립된 사회·공산당의 통일전선에 힘입어 당선되었다. 통일전선은 얼마 지나지 않아 와해되었으나 그 후 니나가와는 7기(1978년까지), 다카야마는 4기(1966년까지)에 걸쳐 수장의 자리를 지켰다. 그러나 사회·공산 및 일본노동조합총평의회 등의 지지 기반과 대립을 계기로 다카야마가 시장 취임 2년만에 사회당을 떠나 보수파로 옮김으로써 진보적인 교토부와 보수적인 교토시 사이에서 정치적 긴장관계가 조성되기 시작했다.[42] 교토시가 한국학원과 조선학교 설치 인가 등을 관할했던 것과도 관련하여 좌파

[그림 6] 교토부 의회의원(공산당)의 이설 반대운동.
사진에는 '한국중학 건설 반대, 주민의 요구에 귀기울이고 일선에 서서 함께 싸우는 데라마에 부의원(은각사, 불도저 앞에서)'라는 사진 설명이 첨부되어 있다.

의 한국중학교 이전 반대는 다카야마 시정을 비판하는 형태가 되었다. 이것이 전후 시기 교토 정치사의 맥락이었다.

이러한 지역의 보수·진보 대립과 더불어 이 시기에 이 문제 특유의 큰 임팩트를 준 것이 한일회담 반대운동이다. 한일회담 자체는 1950년대부터 계속되었으나 그에 대한 반대운동이 일본에서 절정을 맞이한 것은 1962년 후반부터 1963년 초에 걸친 시기였다.[43] 좌파 정당(공산, 사회) 및 일본노동조합총평의회 등은 한일회담을 미국 패권에 기반한 군사동맹 형성의 일환이자 자본주의가 한국 경제로 진출하는 첫걸음으로 규정하여 그를 타파하기 위해 '민주세력'으로서 힘을 모았다. 교토에서도 1962년 10월 13일, "한일회담을 전 민주주의 세력의 단결로 분쇄하자"는 슬로건을 걸고 마루야마음악당円山音楽堂[교토 벚꽃의 명지인 마루야마 공원에 설치된 공연시설. 다양한 집회 장소로 종종 이용된다]에서 8,000여 명이 모여 궐기집회를 열고 시청까지 데모 행진을 실시했다.[44] 이 정치운동의 한 줄기로 한국중학 이전 문제가 포함된 것이다. 실제로 공산당계열의 부의원은 한국중학 이전 문제에 대해 "사실은 한일회담의 축소판이자 교토판으로 우리는 보고 있습니다"라고 규정하기도 했다.[45] 이러한 한일회담 반대운동의 입장에서는 아이들이 다니는 한국중학이 아니라 박정희 군사정권, 서방 진영의 군사동맹으로 비쳐지고 있었고 그에 대항하는 자신들은 '민주세력'이었다.

이렇게 지역 주민과 정치가들이 움직이자 시 당국은 주민들에게 이전 설립을 설득하는 방향으로 대처했다. 11월 10일, 교토시는 다카야마 시장 명의로 반대동맹이 제출한 문서에 답변했다. 그 내용은 다음과 같다.[46]

자신의 소유지에 합법적인 건축을 하는 것을 교토시는 중지시킬 이유도 없거니와 행정상 권한도 없다. 지역 주민 측이 상상을 바탕으로 남북 양국의 분쟁에 기인한 혼란에 대해 반복하여 언급하는 것은 독립국에 대한 모욕이 아닐 수 없다. 풍치지구의 현상 변경 문제는 경관심의회가 신중하게 검토하고 내린 결론이다. 한국중학 측은 내년 4월에 개교를 앞두고 있으므로 더 이상 공사를 연기할 수 없는 상황이다. 교토시가 국제문화도시를 표방하는 이상 외국인 교육시설 건설에 협력해야 하며 이를 방해하는 행위는 인정할 수 없다.

다음 날 아침에는 사쿄구左京区 구청 직원 8명을 동원하여 긴카쿠지쵸, 긴카쿠지마에쵸 내 232개 모든 세대에 위의 시장 명의 문서 내용을 담은 전단지를 배부했다.[47] 전단지에는 "여러분, 일시적인 감정에 휘둘리기보다 국제문화도시의 시민으로서의 자부심을 갖고 부디 너른 마음으로 협력을 부탁드립니다"와 같은 내용이 쓰여있었다.[48] 그 후 교토시 당국은 그 입장을 뒤집게 되었지만(제4막) 이 시점에는 건설을 추진하겠다는 단호한 입장을 내세웠다.

시의회에 제출된 청원서는 11월 14일 위원회에서 채택되지 않았다.[49] 그날 밤, 200여 명의 지역 주민들이 하치신사에 모여 긴급대책협의회를 열었다. '교토시의 대응에 대한 불만'이 높아져 '지역 주민이 모여 어떤 수단을 동원해서라도 학교 이전을 막기로 의지를 다지'는 등, 반대투쟁을 더욱 강화하기로 결정했다.[50]

같은 해 12월, 긴장감은 최고조로 달했다. 12월 6일 주부들을 포함한 200여 명이 금속 대야를 두드리며 피켓을 들고 있었고 기동대와 경찰까지 170여 명이 투입되어 공사 방해자들을 막아 섰다([그림 7]). 이로 인해 한국학원 측의 불도저는 가까스로 공사 현장에 들어섰다. 오기환 이사장은 신문 취재에서 "사태가 이렇게 되어 매우 유감스럽지만 이제는 내년 새학기에 맞춰 서둘러 공사를 진행시키려고 한다"고 대답했다.[51] 지역 주민들은 기동대까지 동원한 강제 진압에 맞서 경찰서와 교토시에 항의했다.[52] 8일 밤에는 불도저 앞에 부착할 삽을 건설 현장에 실어 나르는 것을 지역 주민 400여 명이 부저와 북을 들고 나타나 막는 바람에 소동이 일어났다. 행정국장, 학원 이사장까지 급히 나와 파출소에서 이야기를 나눈 결과 삽은 일단 철거하기로 했다.[53] 9일에 정지 작업이 시작되자 지역 주민 80여 명이 드럼통 등을 두드리며 항의했고 '산 위와 아래에서 서로 노려보는' 형세가 되었다.[54] 같은 날 시공업자가 건설 부지 동북쪽에 위치한 대나무숲의 대나무를 잘라내자 주민들은 그것을 하세가와 에이지로 소유의 조경용 대나무라 주장하며 항의했다. 그뿐만 아니라 공사 인부가 주민을 폭행했다며 가와바타경찰서에 고소장을 제출하기도 했다.[55]

한편 한국학원은 12월 10일 공사 현장에서 관계자 70여 명이 모여 착공식을 거행했다. 지역 주민과의 마찰을 피하기 위해 30분 정도 간소하게 치러졌다. 오기환 이사장은 "교토시 및 시민의 협력으로 착공식을 열 수 있었다. 앞으로 우리 입장에 대해 더 많은 이해를 얻을 수 있도록 노력하고 이 학교 설립을 통해 한일 간의 우호친선에 기여하고 싶다"는 인사말을 전했다.[56] 착공식은 조용히 마쳤으나 반대하는 주민들은 같은 날 하세가와 에이지로의 사유지라고 주장하는 토지에 통행 금지 말뚝을 세웠다. 이로 인해 공사 진행이 사실상 어려워지자 학원

[그림 7] 주민 항의 집회 강제 해산(1962년 12월 6일). 교토한국학원 부지 시공업자의 불도저가 도착하자 약 200명의 지역 주민이 항의하며 피켓을 치켜세웠다. 이를 기동대와 경찰이 실력으로 제지하는 한편, 시공업자가 불도저로 부지에 진입했다.

측은 12일 정지 작업에 방해가 되는 말뚝 철거를 요구하며 지방법원에 가처분 신청을 냈다.[57]

긴장된 분위기가 이어지면서 이번에는 교토부 의회에서 이 문제가 거론되었다. 공산당의 나다이 고로灘井五郎 의원이 12월 12일, 사회당의 사가와 카즈오佐川一雄 의원이 13일에 부의회 정기회의에서 이 문제를 언급했다.[58] 특히 나다이 의원은 장장 2시간에 걸쳐 대연설을 펼쳤다. 반대동맹 100여 명, 교토 교직원조합 30여 명이 방청석을 채운 상황이었다.[59] 그의 주장은 당시 일부 좌파의 인식을 나타내는 것으로 아래에 요지를 소개한다.

조선학교는 '사회주의가 눈부시게 발전'하고 있는 북한을 배경으로 '자신들의 힘으로' 세워진 곳이다. 그들은 조선으로 돌아갈 날을 위해 열심히 공부하고 있다. 그러나 한국중학은 바로 그 옆에 이전함으로써 조선학교를 '무너뜨리'려고 하고 있다. 경관심의회 소위원회에서 심의된 것만으로 시장이 결정을 내리고 이토록 간단하게 공사 허가가 내려진 것은 교토시와 한국중학 사이에 금전 등 '특수한 관계'가 있는 것은 아닌가. 12월 6일부터 경찰의 태도가 급변하여 민주적인 교토부정을 유린했다. 한국중학 측은 폭언을 내뱉고 하세가와 씨의 오두막을 파괴하기도 했다. 재산이 파괴되고 있는데도 공사를 옹호하다니 무슨 일인가. "대체 누굴 위한 경찰입니까. 언제부터 한국 경찰이 된 겁니까." 지역 주민은 대체지를 제시하는 등 대화를 시도했는데도 한국학교는 공사를 강행했다. 하세가와 씨의 대나무를 잘라내도 경찰이 움직이지 않는 것을 보면 본부에서 이 문제에 관여하지 않도록 명령이 있었던 것은 아닌가. 한국중학 측은 피해금액을 제시하라 말하고 있으나 이것은 '박정희 정권'과 '미제국주의와 일본의 독점자본식 방법'이다. 화재 원인을 지역 주민에게 떠넘기는 것은 '히틀러'가 국회의사당에 방화한 방식과 다를 것이 없다. '북조선 사람들'과 소통할 수 있고 '한국 사람들'과 그럴 수 없는 것은 '인간이 인간을 존중하고……사회주의를 향해 나아가는 국가'와 '군사정권이 인민의 힘을 탄압하고 힘으로써 권력을 유지하는 박 정권'에 대한 우리의 입장의 차이인 것이다. 정의는 반드시 이긴다. '일본이라는 나라가 모욕'당하고 있다. 그 언덕에는 천황가의 무덤이 있다고 전해지고 있으며 지역 주민들은 다이몬지에 불을 붙일 수 없다고 말한다. '은각사 지역 사람들의 심정과 [미국] 군사기지에 생활 터전을 빼앗긴 사람들의 심정은 마찬가지' 다. '진정 민족을 사랑하고 문화를 사랑하는 이 사람들이 일치단결하여 이렇게 은각사 문제를 해결하고자 한다.'

북한과 조선학교에 대한 치하, 한국과 한국학원에 대한 가감 없는 비판, 그리고 지역의 전통문화와 사회주의를 연결 짓는 반미애국주의를 기조로 한 연설로, 배외적 좌익민족주의라고 평하고 싶은 내용이다. 이 나다이 의원의 질의에 대해 오노 다케오大野健雄 경찰본부장은 "경찰은 결코 한국 편을 드는 게 아니다"라고 말을 꺼냈다. 한국중학 건설은 '지극히 적법'하며 허문 오두막과 잘라낸 대나무도 학교가 구입한 토지 안에 있던 것들이다. 경찰은 '엄중히 중립'적으로 대처하고 있을 뿐이라고 답변했다.

사가와 의원은 굳이 나다이 의원과는 다른 논점, 즉 '제3자의 조정'이 없으면 해결할 수 없을 것이라는 점을 들었다. 그러나 '조정'이라고 해도 어디까지나 적절한 대체지를 알선하기 위한 조정이었을 뿐 학원 측이 갖고 있던 부지 이전에 대한 뜻에는 관심이 없었다. 이에 대해 이번에는 니나가와 부지사가 대답했다. 지사는 우선 이 문제에 "관심을 두지 않은 것이 아닙니다"라는 말로 입을 열었다. 그리고 "한마디로 행정 조치로 올바르게 절차를 밟았으니" 괜찮다고 할 수 있는 문제는 아니라고 했다. 즉 우선 '행정 이전' 문제로는 '주민 여러분의 이해와 협력'이 중요하다. 그리고 '행정 이후' 문제로는 '잘못이 있다면 망설임없이 바로잡아야 한다'는 자세가 필요하다. 단순한 절차의 문제가 아니라는 점을 들어 다카야마 시정의 태도를 비난한 것이다. 여기서 교토부와 교토시의 갈등은 한국중학 문제에 대한 입장 차로 드러나게 되었다.

원외에서의 정치운동도 활기를 띠었다. 12월 14일, 부청 내에 2천 명이 넘는 진보파 지지자들이 모여 '한일회담 분쇄·부민의 생활과 권리를 지키는 부민 집회'를 열었다. 청내에서 집회를 열고 각 단체의 요구사항에 따라 부와 협의를 실시했다. 이때는 진보계열의 여러 단체가 모여 있었는데 한국중학 건설 반대동맹도 그중 하나였다.[60]

지역 주민들의 반대운동도 물리적인 공사 방해뿐만 아니라 공사 저지를 위해 다양한 전술을 구사했다.[61] 반대동맹은 기록과 구전 등을 근거로 학교를 세우려고 하는 이 언덕은 사실 가마쿠라 시대의 황족인 고다카쿠라인後高倉院의 능이라는 주장을 펼치기 시작했다. 그리고 반대동맹과 다이몬지보존회는 풍치지구에서의 한국중학의 공사를 인정한 교토시에 항의하는 뜻으로 같은 풍치지구에 위치하는 다이몬지산의 화로를 파묻고 근처의 잡목을 베거나 새로 나무를 심는 등 교토시에 현상변경을 신청하겠다는 말까지 했다. 나아가 다이몬지보존회는 교토시에 대해 "한국중학 문제를 다시 생각하지 않는다면 내년부터 다이몬지 오쿠리비는 절대 불을 붙이지 않을 것이다"라는 성명서를 회원 전원의 의견으로 제출했다.

한국학원 측이 공사를 재개한 것은 해를 넘긴 1963년 2월이었다. 1963년 1월 14일, 학원 측은 지방법원의 가처분 신청 결과가 나오기도 전에 주민들이 심어둔 말뚝과 목재를 철거했다. 김성은 교장은 신문 취재에서 "4월 개교를 위해 공사를 궤도에 올리기 위해서 장애물을 치울 수밖에 없다"고 대답했다. 그 후 며칠간 말뚝을 다시 박고 철거하는 공방이 이어졌다.[62] 교토지방법원은 2월 9일이 되어서야 겨우 한국학원 측이 신청한 가처분을 결정했다. 2월 16일에는 지방법원 집행관이 공사 방해물을 강제 철거했다. 학원 측은 "4월 개교는 어렵더라도 앞으로 공사는 빠르게 진행할 수 있을 것"이라고 밝혔다.[63] 이후 얼마간은 진정 등의 작은 충돌은 있었지만 정지 공사는 계속해서 진행되었다.

4월을 맞아 교토한국학원은 새로운 교정이 완성되기 전에 기타시라카와 캠퍼스에 교토한국고등학교를 병설했다. 새로운 캠퍼스 예정지에 있던 학교가 기숙사로 쓰던 공간을 고등학교 교실로 개조했다.[64] 다만 이는 어디까지나 은각사 부지에 신교사가 완성될 때까지의 '임시 교실'이었다. 한국학원 측은 "이 교실을 이렇게 오랫동안 고등학교용 교실로 사용할 것이라고는 꿈에도 생각하지 못했다"고 25년이 지나 회상했다.[65]

6월이 되자 상황은 다시 움직이기 시작했다. 8월 오쿠리비 행사를 2개월 정도 앞두고 다이몬지보존회에서 점화에 대해 논의한 것이다.[66] 6월 8일에 하치신사에서 열린 다이몬지보존회 임원회는 "점화를 할지 중지할지는 중요한 문제이므로 모든 보존회원의 의사 결정이 필요하다"고 합의했다. 6월 15일, 조도인에서 다이몬지보존회 총회가 개최되어 회원 48명이 참석했다. 한국중학 건설 문제 관련하여 교토시에서 적절한 해결책을 제시하지 않는 한 점화를 하지 않겠다는 의견이 지배적인 가운데 한국중학과 점화는 별개의 문제라는 의견도 있었기에 합의까지는 이르지 못한 채 끝이 났다.[67]

전년도에 이어서 다이몬지 오쿠리비 실시가 불투명해지자 다시 다른 네 산의 보존회가 나섰다. 그들은 다이몬지보존회 회원 52명에게 점화 요망서를 보내는 등 계속 설득하였다. 7월 14일에는 네 산 보존회장이 다카야마 시장에게 양해를 구하고 일부 다이몬지보존회 이사를 초대하여 점화하도록 설득했다. 3시간에 걸친 긴 이야기 끝에 다이몬지보존회 이사는 '전통의 불꽃을 지키기 위해 앞으로도 노력할 것'을 약속했다.[68]

그리고 7월 24일, 다이몬지보존회는 한국중학 문제와 분리하여 오쿠리비 점화는 진행하겠다는 의사를 표명했다.[69] 이날 네 산의 알선회의가 열려 각 산의 회장, 다이몬지보존회 임원 대표(아오 후사키치阿尾房吉, 오마에 마사오大前正雄, 교토 시의회의 후지이 에이치藤井英一 의장(자민당))이 참석했다. 그 이틀 후에 열린 다이몬지보존회 임원회에서 모든 것을 일임받은 아오 대표는 그날 "시민의 기대에 부응하기 위해 점화하겠다"는 뜻을 밝히고 성명을 발표했다.

보존회 내부 사정에 대해 《교토신문》 기사는 다음과 같이 해설했다.

이 운동에 일본노동조합총평의회 등 각종 단체가 참가한 것을 보고 '정치적인 색채가 진하다'고 하며 지난 22일 임원회의에서 보존회의 자주성을 주장하며 반대동맹, 일본노동조합총평의회 등에 대해 강경한 자세를 보였다. 즉 어디까지나 '조용한 항의'를 주장했던 보존회로서는 반대동맹의 과격한 행보에 더 이상 함께 할 수 없게 되었으며 지금까지 격한 운동의 흐름 속에서 주체성을 잃어가고 있던 보존회가 겨우 '스스로의 갈 길'을 찾았다고 할 수 있을 것이다.

이 보도가 맞다면 보존회는 진보 정당, 단체의 이용주의에 반발하여 동맹에서 이탈한 것으로 보인다. 이러한 시점에 자민당계 후지이 에이치 의장과 의원들이 네 산 측과 함께 문제 해결에 나선 것이다.

그러나 반대동맹의 입장에서는 중심축이던 보존회가 이탈하자 함께 키워온 운동에 덩그러니 남겨진 꼴이 되고 말았다. 실제로도 오츠 신이치 대표는 "아오, 오마에 두 사람이 임원 대표로 회의에 출석한 것은 사실이지만 임원회에서는 점화 및 그 외의 권한을 전부 위임하지는 않았을 것이다. 이것은 아오 씨의 독주"라고 주장했다. 한편 다카야마 시장은 만족스럽다는 듯 "예전부터 한국중학 건설 문제와 오쿠리비 점화 문제를 묶어서 생각하는 것은 이상하다고 생각했다. 이에 대해 일부 정치적으로 의미 부여를 한 사람들은 있겠으나 전통을 지켜온 사람들은 분명히 이해해줄 것이라 믿어 의심치 않았다"고 말했다.

오쿠리비는 무사히 불을 붙일 수 있게 되었는데 중요한 학교 건설 공사는 어떻게 되었을까. 같은 기사에서는 후지이 의장이 네 산 알선회의가 있던 날(7월 24일)에 한국학원의 오기환 이사장과 면담하여 "교육의 장으로서 적합한 환경을 찾아보는 것은 어떤가" 하고 '선처'를 부탁하고 그에 대해 학교 측이 "새롭게 구상하여 학교를 건설하도록 하겠다"

고 답했다고 전한다. 그 이틀 후인 7월 26일 오기환 이사장은 가와시마 공업사에 2주간 공사 중지 지시를 내렸다.[70] 학원 측의 내부 사정은 차치하고도 이러한 언행은 학원 측이 은각사로의 이전을 포기했다고 일반적으로 받아들여지게 되었다.

이 소식을 듣고 공산당이 들썩였다. 일본공산당중앙위원회의 기관지에는 7월 29일에 "1년 이상 끈질기게 버틴 민주세력이 승리", "교토 '한국중학 건설' 포기합니다"와 같은 제목으로 이 내용을 보도했다. 이러한 인식에 따르면 지역 주민의 반대동맹과 교토지방노동조합평의회, 사·공·평민 공투, 일조협회 등으로 구성된 '다이몬지를 지키는 모임'이 중심이 되어 투쟁한 '대중운동'의 '승리'로 규정짓고 있다.[71] 이는 곧 한국중학의 은각사 캠퍼스로의 이전 중지를 한일회담 반대운동의 성과로 보고 있는 것이다.

교토뿐만 아니라 당시 '민주세력'에 의한 한일회담 반대운동은 냉전 이데올로기의 이분법적인 대립 구도의 영향을 크게 받고 있었다. 이 때문에 일본의 식민지 지배 청산 문제와 조선인 멸시 등의 차별 문제를 도외시하는 경향이 있었다.[72] 한일회담에 반대하는 진보 진영에서도 "나는 조선인이 싫다"고 내뱉는 사람도 있던 시대였으니 "국민의 혈세를 낭비하는 한일회담 반대"나 "박[정희]에게 줄 정도라면 나에게 달라[일본어에서 박정희의 박朴과 남성이 스스로를 가리키는 말인 복僕은 모두 보쿠ぼく로 발음된다. 이러한 동음이의어를 이용하여 만들어낸 슬로건으로 당시를 회상할 때 종종 인용된다]"라는 국민주의적 에고이즘이라고도 할 수 있을 법한 슬로건이 넘쳐났다.[73] 한국학원 건설 반대투쟁에 어딘지 모르게 배외주의적인 색채가 눈에 띄는 것은 시대의 산물인 것이다. 반대

운동 참가자들의 눈에 보였던 것은 그곳에 다니는 아이들과 관계자가 아니라 박정희 군사정권과 미제국주의였다. 그렇지 않다면 한국학원의 건설을 '그만두게 하는' 것으로 '민주세력의 큰 승리'라고 평가할 수는 없었을 것이다.

그리하여 다이몬지보존회라는 중심축을 잃은 반대동맹은 결국 해산했다. 8월 3일, 조도인浄土院[긴카쿠지쵸에 위치한 사찰. 오쿠리비 행사를 집행하고 있다]에서 오츠 신이치, 기노시타 고로를 포함한 지역 주민 50여 명이 모여 반대동맹 회의가 개최되었다. 해산은 시기상조라는 일부 의견도 있었지만 "다이몬지보존회를 중심으로 하는 해산파가 동맹의 존속은 불필요하다"며 밀어붙였던 것이다.[74] 8월 10일, 반대동맹 오츠 신이치 명의로 '해산' 알림이 배부되었다.

> 지난 7월 24일, 후지이 교토시의회 의장의 특별한 배려와 한국중학교 이사의 현명한 판단으로 이 예정지에 한국중학 건설이 중지된 것을 대단히 기쁘게 생각하는 바입니다.……한국중학 건설 반대동맹은 기쁘게도 여기서 해산하게 되었으므로 서면으로나마 보고 및 인사드립니다.

IV. 제4막:
변함없는 공사 불허가

(1963. 8~69. 12)

그러나 조금도 '기쁘지 않은' 것은 한국학원 측이었다. 은각사 부지로의 이전이 불발되자 교토한국학원의 이사회 집행부도 교토 동포 사회에서 불신의 목소리와 책임 추궁에 몇 번이나 교체되고 극도의 어려움을 겪고 있었다. 실제로 이사장직도 1961년 9월부터 재임한 오기환이 1963년 8월에는 김자산金子産으로 교체되었다.[75]

새로 취임한 김자산 이사장은 "올해 안으로 건립 공사를 착수하지 못한다면 본국의 건설 지원과 다른 사항에 영향을 미친다"고 하며 9월 24일부터 정지 작업을 재개했다. 그러나 교토시 도시계획국은 9월 26일, 학원 측이 제출한 조성 공사 완료 기간 연장 허가 신청을 "학교 건설과 관련한 협의 내용과 다르다"며 거절했다.[76] '협의 내용'이란 7월에 전 이사장과 시의회 의장이 대체지를 찾겠다고 합의했던 것을 가리킨다. 전 이사장의 '합의'를 근거로 교토시 측에서는 이미 은각사 부지에서의 학교 건립은 없었던 일로 되어 있던 것이다. 그 후 다섯 차례에 걸쳐 학원 이사와 시 당국이 협상을 시도했지만 교토시는 이미 입장을 굳힌 상태였다. 한국에서의 건설 추진 요청과 교토시 측의 완고한 태도 사이에서 김자산이 버티지 못한 것일까, 11월에는 학원 이사장이 양재근梁在根으로 교체되었다. 11월 10일, 부시장과 도시계획국장과 현장 시찰을 한 교토시의회 후지이 의장은 정지 공사는 '묵인'하겠으나 "한국학원은 절대로 세우지 못하게 하겠다"고 단언했다.[77] 다양한 액터들이 등장하고 지방 신문의 주목을 받은 제3막과는 달리 제4막에서는 이러한 교토시의 공적 기관과 한국학원, 그리고 본국(한국)과의 관계 속에서 모든 일들이 진전된다.

여기까지의 교토시 측 태도는 정지 공사를 인정했음에도 교사 건설 공사 허가는 내리지 않겠다는 모순된 것이었다. 그러나 1963년 2월 결국 교토시는 풍치지구에 더 이상 현상 변경을 인정하지 않겠다는 뜻을 학원 측에 전달하기에 이르렀다. 그 경위는 다음과 같다.

2월 5일, 한국학원은 이미 신청한 설계를 변경하는 신청서를 제출하기 위해 마츠시마 부시장을 찾았다. 3월부터 건축 공사를 개시하기 위함이었는데 부시장은 "받으라면 받겠지만 시로서는 불허가로 이미 결정나 있다"고 일축했다. 그러나 학교 측은 내용증명 우편으로 신청서를 제출했다.[78]

이러한 학원 측의 움직임에 초조함이 묻어나는 배경에는 본국과 민단 중앙의 압박이 있었다. 전년도 선거로 대통령에 취임한 박정희는 전국무총리인 김현철金顯哲을 '자유 우방' 각국에 특사로 보냈다. 마지막 방문지인 일본에서 김현철은 한일회담 촉진을 위해 이케다 하야토池田勇人 수상 및 각료들과 면담했다(2월 12~17일). 김현철은 방일 중이던 2월 15일에 비공식적으로 교토를 방문하여 한국학원 건설 현장을 시찰

했다. 동행 취재한 《아사히신문》의 보도에 따르면 학원 측은 철근 골조의 3층짜리 교실동과 체육관을 세우고 9월 새학기가 시작되기 전까지는 일부 사용할 수 있도록 공사를 진행하겠다는 계획을 세우고 있었다.[79] 김현철은 "한국중학 문제로 어려움을 겪은 것은 보고서로 알고 있다. 이 학교 건설로 학생들이 많이 다니게 될 것이고 나아가 한일 양국의 친선에도 기여할 것이므로 교토시 당국을 비롯하여 여러분의 따뜻한 협력을 바란다"고 덧붙였다. 양재근 이사장은 "교토시의 알선으로 적당한 대체지가 떠오른다면 다른 곳으로 옮겨도 괜찮겠다고 생각한 적도 있지만 이런 좋은 장소는 좀처럼 없으니 예정대로 착공하기로 했다. 교육의 장이 세워지는 것이고 지역 주민들도 납득해줄 것이라 믿는다. 법적 절차는 제대로 준비되어 있다"고 말했다. 이렇게 대통령 특사까지 현지 방문을 하는 상황에 학원 측은 다시 공사 진행에 힘을 싣기로 한 것이다.

《아사히신문》 취재로 학원 측이 3월부터 착공을 계획하고 있다는 것이 밝혀지면서 문제는 다시 도마 위에 올려졌다. 위 기사를 보고 후지이 시의회 의장은 "이사장 명으로 했던 약속이 지금 새로운 이사장이 어기는 것은 있을 수 없는 일"이라고 밝혔다.

교토시의 판단은 매우 빨랐다. 2월 18일 부로 부지 조성 변경 및 경관지구 내의 현상 변경 불허가 처분을 결정하고 19일에는 학원에 정지공사 중지를 명령했다.[80] 그 이유로는 변경 허가 없이, 지난 허가 설계도와는 눈에 띄게 다른 시공을 한 것, 도로와 부지 이외의 수목은 벌목해서는 안 된다는 허가 조건이 있었음에도 남겨야 하는 수목을 잘라낸 것, 부지 조성 변경 허가가 내려지지 않는 이상 학교 건물 신축도 허가

할 수 없다는 점들이 언급되었다. 양재근 이사장은 신문에 다음과 같은 의견을 냈다.[81]

> 학원으로서는 시 당국의 방침을 어기려는 뜻은 없었으며 지시받은 대로 진행하고 있다. 중지 명령이 내려진다면 그 말에 따라 일시 중지하고 앞으로 시의 지도에 따를 것이다. 녹지 문제는 설계자와 상담하여 정지를 위해 일시적으로 벌목을 하더라도 장래에 다시 심을 예정이다. 우리들은 어려운 상황에서도 학교 건축을 위해 18만 달러라는 고액을 지원해준 모국의 뜻도 고려하여 하루라도 빨리 학교를 세우고 싶을 뿐이다.

이사장과 관계자들은 2월 19일에 교토시장과 부시장, 행정국장과도 협의를 시도했지만 처분은 철회되지 않았다.

이렇게 교토시 당국의 배신이라고까지 보이는 강경한 조치로 교토한국학원이 은각사 용지에 학교를 건설하는 것은 사실상 불가능해졌다. 그러나 한국학원은 이전을 포기하지 않았다. 4월 18일, 한국학원 측은 일본의 건설대신을 대상으로 행정불복 심사 청구를 하고 불허가 처분을 철회하도록 요구했다.[82] 1965년 1월경에 작성된 교토한국중고등학교 〈학교 안내〉 뒤표지에 있는 '통학 안내 약도'에는 은각사 부지가 '신건설 부지'로 표기되어 있다. 택지 조성도 진행되어 운동장은 거의 완성되어 있었기 때문에 "학생들이 운동경기와 체육대회장으로 이용할 수 있는" 상태였다.[83] 실제로 이때 졸업앨범에는 은각사 부지에서 개최된 체육대회 사진이 여러 장 실려있다([그림 8]).[8]

일본 지역 사회로부터 거듭해서 거부당하는 가운데 교토한국학원은 한일조약 조인(1965년 6월)이 코앞으로 다가오자 한국 정부와 한국 사회에 더 강력하게 호소했다. 김성은 교장과 양건모梁健模 사친회장은 1965년 4월 하순경 한국을 방문하여 정일권 국무총리를 비롯하여 문교부와 매스컴에 지금 처한 상황을 직접 전했다. 문교부 이철희 문예체육국장은 신문 취재에 "고위층에서 계속 교섭 중이나 두고 봐야 알겠다. 일본은 자치제인 만치 문부성이나 외무성하고 상의를 해도 잘 처리가 안 된다"고 대답했다.[85] 이러한 호소의 성과인지는 분명하지 않으나 제12회 아시아영화제에 참석하기 위해 교토에 온 한국의 배우들(차태

[그림 8] 은각사 부지에서의 체육대회.
교토한국학원은 기타시라카와 캠퍼스의 운동장이 협소한 탓에 이 시기에 정지 공사 이후 멈춰 있던 은각사 부지의 빈 토지를 활용하여 체육대회를 개최했다. 사진은 1967년쯤 찍힌 것으로, 비탈면에 '경 제22회 체육대회'라는 글자를 붙인 것을 볼 수 있다.

진, 김진규, 최성룡, 곽규석, 김보애, 김혜정, 김지미, 김빈화)은 5월 11일에 교토한국학원을 격려차 방문하여 은각사 부지까지 직접 찾아가 무궁화 묘목 20그루를 심기도 했다([그림 9]).[86]

더불어 1965년 7월에 학원은 한국 문교부에 '고등학교 인가 신청서'를 제출했다.[87] 이 인가 신청서에 대해 문교부 교육행정국은 '인가'하기 위한 법적 근거 부재라는 전제를 두면서도 '북한 조련계의 부당한 침투공작에 대항하여 60만 재일교포를 안전하게 보호육성해야 할 국가적 책무와 고려'에서 이 학교를 정식으로 '인정'하기로 했다. 이 안건은 장관 이하 결재를 거쳐 교토한국고등학교는 1965년 9월 16일에 본국 정

[그림 9] 은각사 부지에서 무궁화 묘목을 심는 한국 배우들(1965년 5월).
1965년 5월 11일에 기타시라카와 교토한국학원을 방문한 배우 일행은 그 후 은각사 부지에서 '모국과 교토한국중학교를 잇는 보이지 않는 다리가 되기'를 바라며 20그루의 무궁화를 심었다.

부로부터 '인정'을 받게 되었다. 이 인가 신청 서류에는 〈신건설 교사 및 운동장 배치도〉와 〈모범학교 교사 완성 모형 사진〉이 서류로 첨부되어 있었고 은각사 부지로의 이전과 캠퍼스 확장을 전제로 하여 인가를 받으려 했음을 알 수 있다. 그러나 이러한 본국에서의 호소에도 불구하고 교토시를 움직일 수는 없었다.

교토한국학원은 크게 흔들렸다.[88] 1966년 1월, 교토한국학원은 행정 불복 심사 청구를 취하하고 은각사 부지로의 이전을 이사회 결의로 철회하는 것처럼 보이다가, 같은 해 7월에 권재숙 이사장으로 교체된 후 11월에는 이사회 내부에서 은각사 부지에서의 건설안을 다시 결의했다. 그리고 시 당국에 〈부정부작위에 대한 이의신청〉(1967년 7월), 건설 대신에 〈긴급청원서〉를 제출하였고(같은 해 8월), 공사 중지 해제를 위한 '투쟁위원회'도 결성했다(1968년 3월). 그러나 결국 이러지도 저러지도 못한 채였다.

이렇게 되자 학교 이전을 기다리다 못한 본국이 손을 쓰기 시작했다. 1968년 학원 이사회는 해산되었고 신이사 선임이 주일한국대사관에 일임되었다. 새로이 500만 엔 이상의 건설 기부금을 낼 수 있는 '재교토 유력 경제인'을 이사 선임의 기준으로 정하고 그것을 바탕으로 1968년 11월에 새롭게 이사회를 발족하여 호선互選을 통해 최영오崔永五가 이사장에 취임했다. 최영오는 신이사들만으로 1억 5천만 엔이라는 기부금을 모아 같은 달 안에 한큐전철 가츠라역 서쪽에 약 6천 평의 용지를 확보했다(니시야마西山 부지). 그러나 진입 도로가 없는 것이 문제가 되어 이곳도 단념하였고 이듬해 1969년 12월에 약 1만 5천 평의 광대한 혼다야마 부지를 확보하기에 이르렀다.[89]

이것이 현재 교토국제학원의 교정이 되는데 이 새 부지에서 건설을 진행할 때도 지역 주민의 거센 반대운동에 맞닥뜨렸다. 혼다야마 이전을 이끌었던 학원 이사장(당시)인 조창순曺昌淳 씨가 주민의 반대위원회의 중심인물이었던 오쿠다 시게루奧田茂로부터 나중에 들은 이야기로는 혼다야마에서의 반대운동은 은각사 반대운동 관계자로부터 직접 지도를 받았다고 한다. 학원 측이 주민운동을 '민족차별'이라고 비판하자 혼다야마의 위원회는 은각사의 '운동' 관계자를 찾아갔다. 거기서 민족차별이라는 말을 듣지 않기 위해서는 어떻게 하면 되는지 조언을 받아 그 후 '자연 파괴 반대'라는 슬로건을 내걸게 되었다고 한다. 은각사에서의 반대운동이 혼다야마로 계승된 것이다. 최종적으로 교사가 완공되고 학원이 이전하게 된 것은 1984년이었다. 혼다야마 부지 취득으로부터 15년, 은각지 부지 취득으로부터는 23년의 세월이 지나 있었다. 그렇기 때문에 교토한국학원은 혼다야마 신교사 건설의 역사를 모아 정리한 책에 '길고도 먼 길'이라는 제목을 붙였던 것이다.

이것으로 이야기는 끝이 났다. 그러나 사건에 등장한 행위자들에게만 집중하고 있자면 등장하지 않았던 행위자들의 존재는 잊히기 마련이다. 제4막 마지막에는 그간 무대 밖에서 침묵하고 있던 행위자들에게 스포트라이트를 비춰본다.

우선 당시 한국민단보다도 조총련에 힘이 실려있었다고는 하나 한국학원이 받은 처사에 비해 교토에서 민단계 인사들의 움직임은 매우 저조했다. 이는 민단 내부에서도 은각사 캠퍼스에 대해서 극히 소수만이 관여했던 것이 하나의 원인이었다고 보인다. 실제로 1963년 10월 학원 이사와 교토시의 비공식 회담에서 학원 측은 "전 집행부는 자주 비밀회의라고 하여 이사에게도 전달되지 않는 것이 많았다"고 토로하기도 했다.[90] 그리고 젊고 뜻있는 재일학생 단체에도 이것은 조금 거리가 먼 문제로 비춰졌다. 앞에서 등장한 조창순 씨는 이전 문제가 생겼을 때 교토의 한학동(재일한국학생동맹)에서 활동하고 있었다. 한학동은 한국-민단 계열이면서도 박정희 군사쿠데타에 반발하여 본국과 민단 중앙과 거리를 두고 활동을 하게 된 학생운동 단체이다. 조창순 씨도 은각사 건설 문제로 이러지도 저러지도 못하고 있다는 이야기를 듣기는 했고, 불합리하다고도 느꼈다고 한다. 그러나 교토한국학원은 '민단 체제파의 거점'이며 '의심스러운 존재'라고 여겼다. 그렇기에 이 문제도 멀리서 바라볼 뿐이었다고 한다.

다음으로 지역의 많은 일본인들이 있다. 1970~80년대 교토한국학원의 혼다야마 이전 문제가 일어났을 때는 그래도 지역에서 일본인을 포함한 지원 단체가 여럿 생겨서 주민들의 건설 반대운동과 대치했다. 이에 비해 은각사 이전 문제가 일어났던 때에는 한국학원 측은 도저히 손을 쓸 수 없는 상황에 빠졌다. 주민들이 사상을 넘어 이전에 반대하고 좌파가 오히려 한국학원을 배척하는 상황 속에서 이들과 다른 반反 차별이라는 사고방식이 아직 이 시기의 일본인 주민운동에는 형성되어 있지 않았다.

그리고 마지막으로 조선학교 관계자들의 움직임을 들여다보자. 필자는 당시 조선학교의 학생, 교원과 그 외 관계자들의 인터뷰를 통해 한일회담 반대운동에 열심히 참가했다는 얘기는 많이 들었다. 그러나 한국학원 은각사 이전 반대운동에 참가했다는 이야기는 누구에게도 들을 수 없었다. 조총련 측, 민단 측의 어떤 자료를 들여다봐도 조선학교와 조총련이 교토한국학원 은각사 이전에 반대했다는 이야기는 나오지 않는다. 이미 반대운동이 활발해져 있었고 조총련과 한국학원 측이 화합하는 일은 결코 없었다고는 하나 적어도 은각사 지역에서 적극적인 배척자는 아니었다고 할 수 있을 것이다.

그렇다면 한국학원 앞에 물리적으로 그어진 '38도선'의 정체는 사실은 조선학교가 아니라 오히려 최종적으로 지역의 일본인 주민들 편에 서서 움직이던 행정 당국과 정치가였으며 냉전의 지정학을 내면화한 좌파 일본인들이었다고 해야만 할 것이다.

현대의 망령들

이것으로 1960년대에 일어난 '사건' 이야기는 끝이 난다. 필자는 이 반세기 이상 이전에 일어난 일을 써내려가면서 21세기 일본 사회의 모습을 포개어 볼 수밖에 없었다.

2009년 12월 4일 낮, 배외주의 단체가 교토조선제일초급학교 교문 앞을 급습했다. 그들은 학교가 공원을 "불법점거하고 있다", "북한의 스파이 양성 기관"이라는 등 트집을 잡으며 약 1시간에 걸쳐 행패를 부렸다. 이듬해인 2010년 3월, 오사카부지사 하시모토 도오루橋下徹는 "북한이라는 나라와 조폭은 기본적으로 똑같은 집단이다. 조폭과 관계가 있는 학교에 조성금을 전달해도 되는가"라고 발언하며 조선학교에 대한 오사카부의 보조금을 정지시켰다. 같은 달에 당시 야당이었던 자민당은 조선학교를 "순수한 교육 기관이 아니라 북한의 체제를 지지하기 위한 사상학교, 대일 공작 기관이라는 의혹이 있다"며 새롭게 도입되는 고교무상화제도를 적용시켜서는 안 된다고 주장했다. 그 후 그 주장 그대로 이 새로운 보조금제도에서 조선학교는 배제되었다.[91]

1960년대 교토 한켠에서 일어났던 한국학원 배척의 흐름과 오늘날 일본 정부와 사회의 조선학교에 대한 공격을 동일시하려는 것은 아니다. 형태도 규모도 정치적인 구도도 등장인물도 전혀 다르기 때문이다. 그러나 분단된 한편의 '본국'을 투영하는 것으로밖에 재일코리언을 인식하지 못하고 외교적인 문제를 눈앞의 민족학교에 대한 비난과 공적 기관에 진정하는 방식으로 처리하려는 바로 그 지점에서 필자는 냉전기의 망령이 보이는 듯한 기분을 떨칠 수가 없다.

2021년 교토국제고교(교토한국학원을 이은 교토국제학원이 설치한 고등학교) 야구부는 고시엔甲子園 구장에서 열린 전국고교야구대회에 교토부 대표로 봄, 여름 모두 출장했다. 여름 고시엔에는 첫 출전이었음에도 준결승까지 진출하는 쾌거를 이루었다. 많은 야구팬들로부터는 환영받았지만 국제고교의 고시엔 출장은 또 다른 주목을 받았다. 고시엔에서는 출전 학교 교가를 틀어주는데 국제고교 교가는 한국어로 되어 있고 가사 일부에 '동해'라는 말이 들어있는 것이 기묘한 형태로 부각되었다. 인터넷상에서는 국제학교에 '반일'이라는 꼬리표를 붙인 혐오성 댓글이 넘쳐났고 학교에는 악성전화가 계속해서 걸려왔다. 교토국제학원은 2004년에 이미 인가를 얻어 외국인학교에서 일본의 일반 커리큘럼을 가르치는 '일조교一条校'가 되었고 그에 따라 일본인 학생도 등교하고 있다. 그럼에도 불구하고 여기에서도 외교 문제를 배경으로 한 배제가 가시화된 것이다. 여기에 또 다른 모습을 한 망령이 나타나 있다.

이러한 공격에 가장 좌지우지된 것은 예나 지금이나 아이들이다. 1962년 12월, 한국학원 이전 반대운동이 격렬하게 이뤄지던 때 교토부

내 고등학교에 다니던 김황金晃은 지방 신문에 〈한국중학 건설 문제를 보며〉라는 글을 투고했다.[92] 김황은 한국학원도 조선학교도 아닌 지역의 초·중학교를 나온 평범한 고등학생(당시 16세)이었지만 당시의 상황을 날카롭게 읽어내고 있다.

이것이 한국 중학이 아니라 서양의 학교였다면 지역 주민들은 이렇게까지 반대하지는 않았을 것입니다. 우리 조선인은 일본인으로부터 평등한 인간으로서 받아들여지지 못하고 있습니다. 사회는 조선인들이 생활하기에는 너무나도 차갑습니다.……일본은 세계에서도 인정받는 문명국이고 신용도 높다고들 합니다. 그러나 이것은 겉모습뿐인 것은 아닐까요. 외국에서의 흑인차별에는 일본 국내에서도 반대 의견이 있습니다. 그러나 아직도 조선인 차별에 반대하는 일본인의 목소리는 들어본 적이 없습니다. 이 점을 일본인들이 꼭 생각해봤으면 좋겠습니다. 나치 독일이 유대인을 경멸했듯이 일본인이 조선인을 경멸하는 국민성은 빨리 사라지길 바랍니다.

과연 이때부터 일본 사회는 어느 정도 '차가움'을 극복할 수 있었을까. 이 호소는 지금도 일본 사회에서 진지하게 받아들여지지 않은 채 허공에서 울리고 있는 것은 아닐까.

• **옮긴이 김한나**(일본 도시샤대학 사회학 연구과 박사과정 수료)

• 주

책을 펴내며

1 최근 번역서로 알프 뤼트케 저, 송충기 옮김,《알프 뤼트케의 일상사 연구와 '아집'—직선을 벗어나 구불구불 가기》, 역사비평사, 2020이 있다.
2 교류가 일방통행일 수 없다고 생각하여 독일 참가자들을 설득하여 워크숍에서 발표된 한국 참가자 글을 독일에도 출간하고자 했다. 아쉽게도 조건이 여의찮아 결국 한 편의 논문을 번역하는 데 그쳤다. Young Ran Hur: Koloniale Region. Eisenbahn, Wochenmarkt, Stadtpark und die Bevölkerung im kolonialen Korea der 1920er Jahre, in: Historische Anthropologie 15 (2007), 2, pp. 221~244.
3 조선시대 일상 연구에 관해서 권내현, 〈조선시대 일상 연구의 모색〉,《영남학》89, 2024, 일제강점기 민중사에서 일상 연구의 필요성에 관해서는 정병욱, 〈일제강점기 민중사 연구동향과 과제〉, 소현숙 편,《한국 근대사 연구의 쟁점》, 한국학중앙연구원출판부, 2023. 참조.

1. 16세기 유연 사건과 가족 갈등 [권내현]

* 이 글은 2019년부터 진행된 일상사 워크숍에서 발표한 것이며, 이를 포함하여 2021년에 《유유의 귀향, 조선의 상속》(너머북스)가 출판되었다. 이 글은 출간된 책 내용 가운데 일부를 새롭게 정리한 것이다.

1 이순구, 〈조선 중기 총부권과 입후의 강화〉,《고문서연구》9·10, 한국고문서학회, 1996;

김윤정, 〈조선 중기 제사승계와 형망제급의 변화〉, 《조선시대사학보》 20, 조선시대사학회, 2002.

2 《유연전》은 1607년 이항복李恒福이, 《이생송원록》은 1608년에서 1609년 사이에 권득기權得己가 저술하였다. 전자는 유유의 동생 유연을 옹호하는 입장에서, 후자는 유유의 자형 이지를 변론하는 입장에서 서술하였다.

3 정긍식, 《〈유연전〉에 나타난 상속과 그 갈등〉, 《법사학연구》 21, 한국법사학회, 2000a;
_____, 〈《유연전》에 대한 형사법적 고찰—16세기 형사절차의 일례〉, 《우범이수성선생화갑기념논문집》, 동논문집간행위원회, 2000b.

4 《명종실록明宗實錄》 권30, 1564년(명종 19) 3월 20일 기사.

5 이문건의 《묵재일기默齋日記》 1556년 4월 19일의 기록을 보면 유유가 밤중에 몰래 사라져 유연이 찾아다니는 내용이 나온다. 유유는 종종 몰래 집을 떠나곤 했던 것으로 보인다.

6 문숙자, 《조선시대 재산상속과 가족》, 경인문화사, 2004, 69쪽.

7 조은숙, 〈《묵재일기》에 나타난 자녀교육과 갈등의 형상〉, 《문학치료연구》 39, 한국문학치료학회, 2016.

8 이문건, 《묵재선생문집默齋先生文集》 권7, 양아록養兒錄.

9 이문건, 《묵재일기》 9책, 가정 40년(1561) 9월 11일.

10 《명종실록》 권3, 1546년(명종 1) 2월 14일 기사.

11 《이생송원록》을 보면 억종이라는 노비는 얼굴이 살찌고 발이 커 유유가 아니라고 했으나, 몽합이란 노비는 질병과 추위, 굶주림으로 모습이 달라졌을 뿐 유유라고 보고하였다.

12 《유연전》을 보면 유유는 다음의 세 가지 이유로 채응규가 형이 아니라고 판단하였다. 첫째, 유유는 원래 몸이 허약하고 작았으나 채응규는 키가 크고 체구도 컸다. 둘째, 유유는 얼굴이 작고 누르스름하며 수염이 없었으나 채응규는 검붉고 넓은 얼굴에 수염이 많았다. 셋째, 유유는 음성이 여성 같았으나 채응규는 우렁찼다.

13 《명종실록》 권30, 1564년(명종 19) 3월 20일 기사.

14 심통원의 고조부는 세종의 장인인 심온이었다. 유연의 사촌 매형 심륭은 심통원과 함께 심온의 자손이었다. 정확하게는 심륭의 아버지와 심통원이 8촌간으로 가까운 친척이었다. 한편 세종의 고손자이자 공신이었던 이지는 심륭을 매개로 심통원과도 교류가 있었

을 것으로 추정된다.
[15] 조선의 형벌과 고문에 대해서는 차인배, "형정풍속도를 통해 본 조선의 형정", 국사편찬위원회 우리역사넷(contents.history.go.kr/front/ht/sub.do?levelId=ht_006) 참고.
[16] 《명종실록》 권30, 1564년(명종 19) 3월 20일 기사.
[17] 《경국대전經國大典》 형전刑典 사천私賤.
[18] 《세조실록世祖實錄》 권13, 1458년(세조 4) 8월 26일 기사.
[19] 《성종실록成宗實錄》 권32, 1473년(성종 4) 7월 1일 기사.
[20] 《중종실록中宗實錄》 권66, 1529년(중종 24) 8월 17일 기사.
[21] 《경국대전》 예전禮典 봉사奉祀.
[22] 김윤정, 앞의 논문.
[23] 《유연전》과 《이생송원록》에는 유연의 아들에 대한 기록이 없다. 다만 후대의 족보를 보면 내용이 다소 혼란스럽기는 하지만 유연에게 한 명의 아들이 있는 것으로 나와 있다.
[24] 《예종실록睿宗實錄》 권2, 1468년(예종 즉위년) 12월 10일 기사.
[25] 《중종실록》 권41, 1520년(중종 15) 12월 22일 기사.
[26] 16세기 총부권에 관한 논란은 다음 연구를 참조. 이순구, 〈조선 중기 총부권과 입후의 강화〉; 박경, 〈16세기 유교적 친족질서 정착 과정에서의 총부권 논의〉, 《조선시대사학보》 59, 조선시대사학회, 2011.
[27] 《명종실록》 권17, 1554년(명종 9) 9월 27일 기사.
[28] 《명종실록》 권31, 1565년(명종 20) 11월 18일 기사.
[29] 《선조수정실록宣祖修正實錄》 권1, 1567년(선조 즉위년) 9월 1일 기사.
[30] 유중교柳重敎, 《성재집省齋集》 권41, 가하산필柯下散筆, 통정대부승정원동부승지증가선대부사헌부대사헌정공묘지명병서通政大夫承政院同副承旨贈嘉善大夫司憲府大司憲鄭公墓誌銘並序.
[31] 김평묵金平默, 《중암집重菴集》 권46, 묘갈명墓碣銘, 양촌정공묘갈명楊村鄭公墓碣銘.
[32] 윤국형, 《문소만록聞韶漫錄》《대동야승大東野乘》).
[33] 《선조실록宣祖實錄》에는 윤국형이 장인과 함께 순안현에 갔다가 유유를 목격한 시기가 1570년에서 1571년 사이라고 되어 있으나 그가 저술한 《문소만록》과 《유연전》에 따라 1560년으로 간주하였다.

34 《선조실록》 권14, 1580년(선조 13) 윤4월 10일 기사.
35 권응인, 《송계만록松溪漫錄》(《대동야승》).
36 고상안, 《태촌집泰村集》 권 4, 효빈잡기效嚬雜記.
37 《선조실록》 권14, 1580년(선조 13) 윤4월 10일 기사.
38 《중종실록》 권21, 1514년(중종 9) 11월 12일 기사.
39 이이李珥, 《율곡전서栗谷全書》 권17, 〈온성부사증판서서원군윤공신도비명穩城府使贈判書瑞原君尹公神道碑銘〉. "甞與妻兄弟分財 終日醉睡 不發一言 勞成 只押署而歸."
40 〈정공징칠남매화회문기鄭公徵七男妹和會文記(1552)〉, 한국정신문화연구원, 《고문서집성 65: 경주 옥산 여주 이씨 독락당편》, 한국정신문화연구원, 2003.
41 하항, 《각재집覺齋集》 행록략行錄略.
42 문숙자, 〈조선 전기 무자녀 망처 재산의 상속을 둘러싼 소송사례〉, 《고문서연구》 5, 고문서학회, 1994; _____, 〈의자녀와 본족 간의 재산상속분쟁: 1584년 학봉 김성일의 나주 목판례 분석〉, 《고문서연구》 8, 고문서학회, 1996.
43 《경국대전》 형전 사천. "無子女前母繼母奴婢 義子女五分之一 承重子則加三分."

2. 조선 후기 사대부가 여성의 법 활동 【김경숙】

1 《경국대전》 형전刑典, 수금囚禁. "杖以上囚禁 文武官及內侍府士族婦女僧人 啓聞囚禁 犯死罪者 先囚後啓", "凡不囚者 公緘推問……士族婦女 凡詞訟許子孫壻姪奴婢中代之."
2 1430년(세종 12) 이숙원의 처 권씨權氏의 소송 과정에서 '양반 부녀'는 자진해서 법정에 나갈 수도 없고, 법관이 부르지도 못하도록 제한되었다. 조선 정부가 유교 사회를 지향하는 정책을 추진하는 과정에서 지배층 여성들의 일상생활을 규제하고 부도를 지킬 것을 요구하는 일련의 규제 과정에서 취해진 정책이다.
3 안승준, 〈영광 영월 신씨의 고문서〉, 한국정신문화연구원, 《고문서집성 27: 영광 영월 신씨편 (I)》, 한국정신문화연구원, 1996.
4 이 집안의 문서는 한국정신문화연구원에서 간행한 《고문서집성》 중 27·28권에 수록되어 있다. 조선시대 사대부가의 청원·소송 활동의 모습을 보여주는 소지류 191건, 상서 7

건 등 298건의 청원서가 포함되어 있는데, 그중 17~18세기 청원서는 21건이 확인된다. 〈소차장계류〉, 한국정신문화연구원,《고문서집성 27: 영광 영월 신씨편 (I)》.

[5] 이 가계도는 안승준, 〈영광 영월 신씨의 고문서〉에 수록된 영월 신씨 영광파 계보도와 문서 소장자 신호준 씨의 선대 가계에 근거하여 수정 보완하였음.

[6] 이 문서는 신정수 처 유씨가 신용백(신시백으로 개명)을 양자로 들이면서 예조에서 발급받은 계후 입안이다. 문서의 내용에 따르면 신정수 처 유씨의 명의로 소지를 제출한 것으로 보인다.

[7] 〈1704년 숙모 유씨 별급문서〉, 한국고문서자료관. "早失所怙 視吾猶己母 吾亦撫汝 無異己子 長且冠."

[8] 1709년에 고 신시태 처 고씨와 유씨가 화회를 통해 재산을 분재한 동일 문서가 2건 남아 전하고 있다. 〈1709년 고 장손 학생 신시태 처 고씨, 차자 학생 신정수 처 유씨 화회문기〉, 한국고문서자료관.

[9] 〈1709년 신정수 처 유씨 소지〉, 한국고문서자료관. "지난해 봄과 겨울에 하나 있는 조카가 아들 없이 죽었고, 제 큰아들마저 혼인도 못하고 요절하여 신씨 집의 혈속血屬은 열 살짜리 고아孤兒 하나 뿐입니다."

[10] 사건의 개요에 대해서는 김경숙, 〈조선 후기 여성의 呈訴 활동〉,《한국문화》36, 서울대학교 규장각한국학연구원, 2005 참조.

[11] 〈1709년 신정수 처 유씨 소지〉, 3~8행.

[12] 〈1709년 신정수 처 유씨 소지〉. "大榮矣身賦命崎嶇 獲罪於天 家夫兄弟 相繼夭亡是遣 …… 積惡在躬 餘禍未艾 去年春冬 獨姪無子而死 伯子未娶而夭是遣 辛家血屬 只是十歲孤兒一人是置 人家禍殃 今古何限 而豈復有如矣夫妾者是乎於."

[13] 이러한 방식의 표현에 대하여 김지수는 연민의 내러티브를 사용하여 여성성을 이끌어냄으로써 스스로를 젠더화한 것으로 해석하였다. 김지수, 김대홍 옮김,《정의의 감정들—조선 여성의 소송으로 본 젠더와 신분》, 너머북스, 2020 참조.

[14] 한상권,《朝鮮後期 社會와 訴冤制度: 上言·擊錚 研究》, 일조각, 1996 참조. 상언·격쟁 전체 수치는 4,427건이나 신분 직역을 파악할 수 있는 3,888건을 대상으로 함. 또한 비婢의 경우는 노奴와 구분되어 있지 않아 제외함.

[15] 〈1669년 신경륭 준호구〉, 한국고문서자료관. 해당 문서에 비 안이(70세), 비 안월(67세),

비 점이(64세)가 등장하는데 이들이 병오년에 도망한 사실이 기록되어 있다. 이들의 나이를 고려할 때 병오년은 1606년으로 파악된다. 1715년 상언·격쟁 문서에서 100년을 언급하고 있는 것과도 상응하고 있다.

16 〈1714년(1715년의 오기) 신정수 처 유씨 소지〉, 8~11행, 한국고문서자료관. 해당 문서에서 '1714년'은 1715년을 오기한 것으로 파악된다.

17 〈1714년(1715년의 오기) 신정수 처 유씨 소지〉, 11~14행.

18 이때 신정수가에서 진주 노비의 상황을 파악한 〈진주노비갑자춘화명기晉州奴婢甲子春花名記〉에는 총 69명의 노비가 수록되어 있다. 〈1684년 진주노비갑자춘화명기〉, 한국고문서자료관.

19 김경숙, 〈18세기 후반 奴婢爭訟의 事例分析: 豊山柳氏 古文書를 중심으로〉, 《고문서연구》 8, 한국고문서학회, 1996 참조.

20 〈1714년 신정수 처 유씨 소지〉, 한국고문서자료관.

21 응생은 신정수의 증조부 신응망(1595~1654)을 지칭한다.

22 상언과 격쟁 원정은 《유서필지儒胥必知》에서 '문체가 대동소이하다'고 하였듯이, 문서의 기두어와 말미의 형식적인 부분을 제외한 본문 내용만으로는 구분이 쉽지 않다. 기두어는 상언이 '右謹啓臣矣段', 격쟁 원정은 '白等臣矣段'로 시작하여 구분되지만, 유씨의 문서는 이 부분이 제외되어 '云云'으로 시작하고 본문 내용만 기록되어 있어 분명하지 않다. 때문에 여기에서는 상언·격쟁이라 하여 양자를 포괄적으로 지칭하였다.

23 《경국대전》 형전 소원訴冤, "訴冤抑者 京則呈主掌官 外則呈觀察使 猶有冤抑 告司憲府 又有冤抑 則擊申聞鼓."

24 《수교집록受敎輯錄》 형전, 고소告訴, 가정 정사(1557) 승전.

25 한상권, 《朝鮮後期 社會와 訴冤制度: 上言·擊錚 硏究》, 31~37쪽.

26 《신보수교집록新補受敎輯錄》 형전, 소원, 강희 갑신(1704) 승전.

27 《신보수교집록》 형전, 소원, 옹정 정미(1727) 승전.

28 《수교집록》 형전, 고소, 만력 계묘(1606) 승전.

29 〈1714년(1715년의 오기) 신정수 처 유씨 소지〉. 이 문서는 청원서의 완전한 형식을 갖추고 있지 못하다. 첫부분은 '云云'으로 시작하여 청원자의 거주지 및 이름을 기록하는 시면始面이 없으며, 말미도 문서를 제출한 연도와 날짜, 수신자가 나타나지 않는다. 시면

과 말미가 제외되고 본문만 존재하는 형태는 조선시대 고문서에서 드물지 않게 발견되는 초본草本이나 필사본 문서의 모습이다. 다만 중간에 수정한 부분들이 확인되고 있어 제출한 문서를 필사해둔 문서라기보다는 제출하기 위해 작성 수정 단계에 있는 초본으로 파악된다.

[30] 1713년 유씨의 별급문기에 근거할 때, 아들 영룡은 1713년 이후에 사망한 것으로 추정된다.

[31] 신용백은 1720년 유씨의 별급문서에서는 '시갑始甲'으로 등장하고 있어, 입양한 이후에 개명했음을 확인할 수 있다. 〈1720년 모 유씨 별급문기〉, 한국고문서자료관.

[32] 〈1717년 입안〉, 한국고문서자료관.

3. 일제강점기 불경 사건과 행위자들 【정병욱】

* 이 글은 2023년 7월 31일 독일 튀빙겐대학에서 열린 '일상사 워크숍'에서 발표한 뒤 대폭 수정한 것이다. 글의 방향을 제시해준 튀빙겐대학교 이유재, 도시샤대학교 이타가키 류타板垣竜太, 에든버러대학교 홀리 스티븐즈Holly Stephens 등 참여 선생님께 감사드린다.

[1] 변은진, 《파시즘적 근대체험과 조선민중의 현실인식》, 선인, 2013, 426~435쪽; 조소연, 〈전시체제기(1937~1945년) 조선총독부의 '불경죄' 처벌과 운용〉, 고려대학교 대학원 한국사학과 석사학위 논문, 2017.

[2] 미야타 세츠코宮田節子, 〈조선민중의 중일전쟁관—'유언비어'를 통해서〉, 宮田節子, 李熒娘 옮김, 《朝鮮民衆과 〈皇民化〉政策》, 一潮閣, 1997, 27쪽.

[3] 朝鮮總督府 編, 《朝鮮法令輯覽 下卷》 第15輯, 帝國地方行政學會朝鮮本部, 1938, 316쪽.

[4] 趙允旋, 〈朝鮮後期 綱常犯罪의 양상과 法的 대응책〉, 《법사학연구》 34, 한국법사학회, 2006; 윤석호, 〈조선 후기 殿牌作變 연구〉, 《한국민족문화》 58, 부산대학교 한국민족문화연구소, 2016 참조.

[5] 이상 渡辺治, 《(渡辺治著作集 第1卷)天皇制国家의 専制의 構造》, 旬報社, 2021, 17~119쪽. 한편 최근 표현의 자유를 억압할 소지가 커서 폐지되는 추세이긴 하지만, 세계 각국

에서 '국가원수모독죄'를 두는 이유는 국가원수를 보호함으로써 국가의 명예, 안전과 이익을 지키려는 것이다. 이때 '국가원수'는 대부분 선출된 권력자로서 직무와 권한에서 국가를 대표하는 존재이므로 천황과 다르다. 현재 '국가원수모독죄'는 원수 개인이 아니라 국가를 보호하려는 조치이다. 구상진, 〈형법 각칙 제1장에 대한 개정 시안〉, 《서울法學》 22권 3호, 서울시립대학교 법학연구소, 2015 참조. 굳이 말하자면 입헌군주제의 '군주'에 관한 모독죄와 천황에 관한 불경죄가 유사하다고 할 수 있다.

6 林善助, 《支那事変下に於ける不穏動動と其の対策に就て》, 司法省刑事局, 1941(社会問題資料研究会, 《社會問題資料叢書 1》, 東洋文化社, 1978), 9~10쪽.

7 渡辺治, 《渡辺治著作集 第1卷》天皇制国家の専制的構造》, 78쪽.

8 高等法院檢査局思想部, 《大東亞戰爭勃發後二於ケル特殊犯罪調: 造言飛語及不敬事件》, 1943. 5, 234~235쪽(정병욱·김연옥 편역, 《일제침탈사 자료총서 60) 유언비어 (1) —아시아태평양전쟁 발발과 '불온 언동'》, 동북아역사재단, 2021, 339쪽). 당시 '창씨' 또는 '창씨개명'된 조선인의 이름은 한자를 한글 음으로 표기하고 한자를 병기했다. 본명이 파악된 경우는 부기했다(이하 동일).

9 小股憲明, 《明治期における不敬事件の研究》, 思文閣出版, 2010, 272~276쪽.

10 小股憲明, 《明治期における不敬事件の研究》, 275쪽.

11 光州地方法院全州支廳, 〈1914년 刑公 제405호 判決: 崔斗榮〉, 1914. 10. 8; 大邱覆審法院, 〈1914년 刑控 제425호 判決: 崔斗榮〉, 1914. 10. 30. 보안법(법률 제2호, 1907. 7. 27. 공포) 제7조는 "정치에 관한 불온한 언동 등으로 치안을 방해한 자는 2년 이하의 징역에 처한다"는 규정이다.

12 朝鮮軍參謀部, 《昭和十四年前半期 朝鮮思想運動概況》, 1939. 8(宮田節子 編, 《朝鮮思想關係資料集 6: 朝鮮思想運動概況》, 不二出版, 1991, 184쪽). 이하 《朝鮮思想運動概況》의 인용 쪽수는 편집본의 쪽수이다.

13 조소연도 많은 불경 사건 자료를 모았고 여러 통계도 이용하나, 경찰서, 검사국, 법원 각 단계의 구분 없이 사용한다. 조소연, 〈전시체제기(1937~1945년) 조선총독부의 '불경죄' 처벌과 운용〉 참조.

14 渡辺治, 《渡辺治著作集 第1卷》天皇制国家の専制的構造》, 5~6쪽, 171~368쪽, 384쪽.

15 高等法院檢事局編, 《朝鮮刑事政策資料-昭和十六年度版》, 1941, 138쪽; 高等法院檢事

局編, 《朝鮮刑事政策資料－昭和十七年度版》, 1942, 88쪽.

16 高等法院檢事局, 〈昭和十九年に於ける半島思想情勢〉, 《朝鮮檢察要報》 13, 1945. 3, 19쪽.

17 林善助, 《支那事變下に於ける不穩言動と其の對策に就て》, 161쪽.

18 정병욱, 〈전시기(1937~1945) 경성지방법원 검사국 사건기록과 '사상'사건의 추이〉, 《한국민족운동사연구》 83, 한국민족운동사학회, 2015, 237~244쪽.

19 渡辺治, 《渡辺治著作集 第1卷》天皇制国家の專制的構造》, 242~264쪽.

20 조소연, 〈전시체제기(1937~1945년) 조선총독부의 '불경죄' 처벌과 운용〉, 55쪽. 조소연은 일제강점기 불경 사건을 도입기(1912~), 안정기(1925~), 폭발기(1937~1945)로 시기 구분하면서 '안정기'의 기점을 조선신궁이 설립되는 1925년으로 잡았다. 그런데 실제 1920년대 후반 조선의 불경 사건에는 직접 조선신궁과 관련된 사건이 많지 않다.

21 뒤의 주 59 참조.

22 朝鮮軍參謀部, 《昭和十四年後半期 朝鮮思想運動槪況》, 1940. 2, 257쪽.

23 朝鮮軍參謀部, 《昭和十四年後半期 朝鮮思想運動槪況》, 256쪽.

24 朝鮮軍參謀部, 《昭和十五年前半期 朝鮮思想運動槪況》, 1940. 8, 311쪽.

25 高等法院檢査局思想部, 《大東亞戰爭勃發後ニ於ケル特殊犯罪調: 保安法違反事件及內地等ニ於ケル各種言論事犯》, 1943. 8, 107쪽(정병욱·김연옥 편역, 《(일제침탈사 자료총서 60) 유언비어 (1)—아시아태평양전쟁 발발과 '불온 언동'》, 465쪽).

26 高等法院檢査局思想部, 《大東亞戰爭勃發後ニ於ケル特殊犯罪調: 造言飛語及不敬事件》, 201쪽(정병욱·김연옥 편역, 《(일제침탈사 자료총서 60) 유언비어 (1)—아시아태평양전쟁 발발과 '불온 언동'》, 297쪽).

27 高等法院檢査局思想部, 《大東亞戰爭勃發後ニ於ケル特殊犯罪調: 造言飛語及不敬事件》, 209~210쪽(정병욱·김연옥 편역, 《(일제침탈사 자료총서 60) 유언비어 (1)—아시아태평양전쟁 발발과 '불온 언동'》, 308~309쪽). 이외에 같은 자료 206~207쪽을 보면 소변을 마친 남자의 생식기를 천황의 서명 날인[御名御璽]에 비유했다가 징역 6개월의 처분을 받은 전라북도 토목 조수助手 진택수의 사례도 있다.

28 朝鮮軍參謀部, 《昭和十四年後半期 朝鮮思想運動槪況》, 256쪽.

29 高等法院檢査局思想部, 《大東亞戰爭勃發後ニ於ケル特殊犯罪調: 造言飛語及不敬事件》,

214~215쪽(정병욱·김연옥 편역, 《(일제침탈사 자료총서 60) 유언비어 (1)—아시아태평양전쟁 발발과 '불온 언동'》, 315쪽). 원자료에 복자伏字로 처리되었다.

30 小股憲明, 《明治期における不敬事件の硏究》, 296쪽.

31 孫晋泰, 〈朝鮮辱說考〉, 《신생》 4-1, 1931(孫晋泰, 《孫晋泰先生全集 6》, 太學社, 1981, 395쪽).

32 멀리사 모어, 서정아 옮김, 《Holy shit: 욕설, 악담, 상소리가 만들어낸 세계》, 글항아리, 2018, 411쪽.

33 小股憲明, 《明治期における不敬事件の硏究》, 331쪽.

34 〈總督과 圖書課長을 不敬罪로 告訴提起〉, 《조선일보》 1927년 7월 8일, 2면.

35 高等法院檢査局思想部, 《大東亞戰爭勃發後ニ於ケル特殊犯罪調: 造言飛語及不敬事件》, 228~229쪽(정병욱·김연옥 편역, 《(일제침탈사 자료총서 60) 유언비어 (1)—아시아태평양전쟁 발발과 '불온 언동'》, 332~333쪽).

36 조선시대 전패작변의 많은 경우가 민이 관(수령)을 공격하는 형태로 이뤄졌다. 이것도 조선 사회가 전패가 지니는 국왕의 표상을 공유했기 때문에 가능하였다. 윤석호, 〈조선 후기 殿牌作變 연구〉, 25쪽.

37 문준영, 《법원과 검찰의 탄생: 사법의 역사로 읽는 대한민국》, 역사비평사, 2010, 595~598쪽.

38 高等法院檢事局編, 《次席檢事主意事項集—昭和十八年版》, 1943, 100쪽.

39 高等法院檢事局編, 《朝鮮刑事政策資料—昭和十六年度版》, 1941, 50쪽; 大邱覆審法院檢事局編, 《檢察事務報告等一覽》, 1944. 3, 38쪽.

40 당시 자료에 자주 반복되는데, 한 예로 1941년 이와키岩城 함흥지방법원검사장의 훈시를 들 수 있다(高等法院檢事局編, 《朝鮮刑事政策資料—昭和十六年度版》, 137~138쪽).

41 정병욱, 〈전시기(1937~1945) 경성지방법원 검사국 사건기록과 '사상' 사건의 추이〉, 247~248쪽.

42 朝鮮郡參謀部, 《昭和十五年前半期 朝鮮思想運動槪況》, 311쪽; 京畿道警察部長, 〈不穩落書發見ニ關スル件〉, 京城地方檢事局 思想係, 《(昭和十四年) 思想ニ關スル情報》, 1940. 6. 29; 〈不敬落書事件檢擧ニ關スル件〉, 京城地方檢事局 思想係, 《(昭和十四年) 思想ニ關スル情報》, 1940. 7. 6. 그의 이름은 자료에 따라 이인재李仁宰 또는 이완녕李完寧으로 달리

기록되었다.

43 高等法院檢查局思想部, 《大東亞戰爭勃發後ニ於ケル特殊犯罪調: 造言飛語及不敬事件》, 61~62쪽, 213쪽(정병욱·김연옥 편역, 《(일제침탈사 자료총서 60) 유언비어 (1)—아시아태평양전쟁 발발과 '불온 언동'》, 117~118쪽, 313쪽).

44 高等法院檢查局思想部, 《大東亞戰爭勃發後ニ於ケル特殊犯罪調: 造言飛語及不敬事件》, 154쪽(정병욱·김연옥 편역, 《(일제침탈사 자료총서 60) 유언비어 (1)—아시아태평양전쟁 발발과 '불온 언동'》, 240쪽).

45 京城覆審法院刑事第一部, 〈1942년 刑控 제178호 判決: 崔景三〉, 1942. 5. 29.

46 이상 신기성 사건은 高等法院檢查局思想部, 《大東亞戰爭勃發後ニ於ケル特殊犯罪調: 造言飛語及不敬事件》, 330쪽; 京城覆審法院刑事第一部, 〈1942년 刑控 제551호 判決: 平山基成〉, 1943. 1. 19; 下北警察官駐在所 江原道巡查 香山正毅(→ 淮陽警察署長 江原道警部 岡田忠), 〈民情內查狀況報告〉, 국사편찬위원회 편, 《경성지방법원 형사사건기록. 524》, 1942. 7. 21.

47 1943년 4월 모리우라 후지오森浦藤郎 고등법원 검사는 재판소 및 검사국 감독관에서 다음과 같이 말했다. "민정의 사찰, 내정內偵에 종사하는 등의 경우에 사법경찰관리가 그 신자들에게 고의로 종교 문답을 해서 그들이 불경 언사를 감히 드러내게 하여 그들을 검거한 것이 아닌지 추측하게 한 사례가 있었습니다. 이러한 수단과 방법을 사용하여 불경사범을 적발·검거하는 것은 헛되이 국민을 속인다는 비난을 피할 수 없는 부분이 있으므로 사상의 선도 및 단속에도 영향을 주는 부분이 심대함을 고려하여 이 점을 충분히 유의하시기 바랍니다"(高等法院檢事局編, 《朝鮮刑事政策資料—昭和18年度版》, 1943, 61~62쪽(정병욱·김연옥 편역, 《(일제침탈사 자료총서 60) 유언비어 (1)—아시아태평양전쟁 발발과 '불온 언동'》, 515~516쪽).

48 朝鮮警察協會, 《(1943년 2月 末 現在)朝鮮警察職員錄》, 1943. 5, 247~248쪽. 이 자료를 소개한 한국학중앙연구원 장신 교수, 자료를 열람시켜준 식민지역사박물관에 감사드린다.

49 下北警察官駐在所 江原道巡查 香山正毅(→ 淮陽警察署長 江原道警部 岡田忠), 〈民情內查狀況報告〉 참조.

50 高等法院檢查局思想部, 《大東亞戰爭勃發後ニ於ケル特殊犯罪調: 造言飛語及不敬事件》, 177쪽, 214쪽(정병욱·김연옥 편역, 《(일제침탈사 자료총서 60) 유언비어 (1)—아시아태평양

전쟁 발발과 '불온 언동'》, 266~267쪽, 314~315쪽).

51 高等法院檢査局思想部,《大東亞戰爭勃發後ニ於ケル特殊犯罪調: 造言飛語及不敬事件》, 152쪽(정병욱·김연옥 편역,《(일제침탈사 자료총서 60) 유언비어 (1)—아시아태평양전쟁 발발과 '불온 언동'》, 237~238쪽).

52 高等法院檢査局思想部,《大東亞戰爭勃發後ニ於ケル特殊犯罪調: 造言飛語及不敬事件》, 67쪽(정병욱·김연옥 편역,《(일제침탈사 자료총서 60) 유언비어 (1)—아시아태평양전쟁 발발과 '불온 언동'》, 124~125쪽).

53 高等法院檢査局思想部,《大東亞戰爭勃發後ニ於ケル特殊犯罪調: 造言飛語及不敬事件》, 29쪽(정병욱·김연옥 편역,《(일제침탈사 자료총서 60) 유언비어 (1)—아시아태평양전쟁 발발과 '불온 언동'》, 73쪽).

54 중국 랴오둥반도遼東半島 남쪽 지역으로 1905년 러일전쟁의 결과로 일본이 조차하였으며, 1932년 설립된 만주국이 그 조차권을 이어받았다.

55 朝鮮郡參謀部,《昭和十五年前半期 朝鮮思想運動槪況》, 310쪽; 朝鮮軍參謀部,《昭和十四年前半期 朝鮮思想運動槪況》, 184쪽.

56 高等法院檢査局思想部,《大東亞戰爭勃發後ニ於ケル特殊犯罪調: 造言飛語及不敬事件》, 231쪽(정병욱·김연옥 편역,《(일제침탈사 자료총서 60) 유언비어 (1)—아시아태평양전쟁 발발과 '불온 언동'》, 335쪽).

57 이상 村山智順, 노성환 옮김,《朝鮮의 鬼神》, 民音社, 1990, 235~243쪽.

58 村山智順, 노성환 옮김,《朝鮮의 鬼神》, 245쪽.

59 황대신궁皇大神宮은 일본 천황가의 시조신始祖神인 아마테라스 오미카미天照大神를 모신 이세신궁伊勢神宮의 정궁正宮이다. '신궁대마'는 이 신사에서 배포하는 신찰神札, 일종의 부적이다. 식민지 조선에서 신궁대마 배포에 관해서는 문혜진,〈1930~1945년 신궁대마의 배포와 가정제사〉,《한국문화인류학》48권 1호, 한국문화인류학회, 2015 참조.

60 日本內務省 警保局 保安課,《特高月報》1938. 4, 91~92쪽.

61 村山智順, 노성환 옮김,《朝鮮의 鬼神》, 460~463쪽.

62 야스마루 요시오, 박진우 옮김,《근대천황상의 형성》, 논형, 2008, 229~231쪽; 박진우,《근대 일본 형성기의 국가와 민중—근대 천황상의 형성과 민중》, J&C, 2004, 90~99쪽.

63 高等法院檢査局思想部,《大東亞戰爭勃發後ニ於ケル特殊犯罪調: 造言飛語及不敬事件》,

227쪽(정병욱·김연옥 편역, 《(일제침탈사 자료총서 60) 유언비어 (1)—아시아태평양전쟁 발발과 '불온 언동'》, 331쪽). 이 외에 투서 사례는 같은 자료 218~219쪽, 222쪽, 238~239쪽 참조.

64 조선군참모부朝鮮軍參謀部는 김영배 사건을 불경 사건으로 분류했다. 朝鮮軍參謀部, 《昭和十四年後半期 朝鮮思想運動槪況》, 256쪽.

65 이상 김영배 사건에 관해서는 정병욱, 〈자소작농 김영배, '미친 생각'이 뱃속에서 나온다〉, 《식민지 불온열전》, 역사비평사, 2013, 87~138쪽, 특히 투서에 관해서는 128~133쪽 참조.

66 알프 뤼트케, 송충기 옮김, 《알프 뤼트케의 일상사 연구와 '아집Eigensinn': 직선을 벗어나 구불구불 가기》, 역사비평사, 2020, 122~138쪽의 3장 〈밀고—애정에서 우러난 정치〉 참조.

67 동조, 동일시, 내면화의 구분에 관해서는 정병욱, 〈조선식산은행원, 식민지를 살다〉, 《역사비평》 78, 역사비평사, 2007, 350~353쪽, 356쪽 참조.

68 宮田節子, 〈조선민중의 중일전쟁관—'유언비어'를 통해서〉, 27쪽.

69 데틀레프 포이케르트, 김학이 옮김, 《나치 시대의 일상사》, 개마고원, 2003, 91~92쪽. 이에 앞서 그는 민중의 불평불만을 이렇게 보았다. "불평불만은 아무런 결과를 낳지 못했다. 그것은 저항 행위로 연결되지 않았던 것이다……거의 모든 주민집단이 체제에 대한 비판의 행렬에 가담했지만, 그들은 진정으로 저항적인 하나의 전체로 결집하지 않았다. 그들은 서로 고립된 채 수동적 태도에 함몰되거나 특수 이익에 갇혀 있었던 것이다"(89쪽).

70 高等法院檢查局思想部, 《大東亞戰爭勃發後ニ於ケル特殊犯罪調: 造言飛語及不敬事件》, 202~203쪽, 218쪽, 237~238쪽(정병욱·김연옥 편역, 《(일제침탈사 자료총서 60) 유언비어 (1)—아시아태평양전쟁 발발과 '불온 언동'》, 299쪽, 320쪽, 343쪽); 全州地方法院, 〈1943년 刑公 제253호 判決: 孔本福順〉, 1943. 4. 9.

71 京城覆審法院刑事第一部, 〈1940年 刑控 제393호 判決: 香原泰煥〉, 1940. 12. 3; 下北警察官駐在所 江原道巡查 香山正毅(→ 淮陽警察署長 江原道警部 岡田忠), 〈民情內查狀況報告〉 참조.

72 高等法院檢事局, 《朝鮮檢察要報》, 1944. 3~1945. 5(독립기념관 한국독립운동사연구소,

《(번역) 朝鮮檢察要報》, 2021), 237~238쪽, 320~322쪽, 324~326쪽, 660~661쪽, 711쪽, 902쪽(인용 쪽수는 번역본의 쪽수이다); 高等法院檢事局 編, 〈伊藤憲郎釜山地方法院檢事正の管內狀況報告〉, 《朝鮮刑事政策資料—昭和18年度版》, 102~109쪽(정병욱·김연옥 편역, 《일제침탈사 자료총서 60) 유언비어 (1)—아시아태평양전쟁 발발과 '불온 언동'》, 536~541쪽).

73 마쓰다 토시히코松田利彦, 이종민·이형식·김현 옮김, 《일본의 조선 식민지 지배와 경찰: 1905~1945》, 경인문화사, 2020, 595~596쪽. 또 도노무라 마사루外村大는 재일조선인의 역사를 쓰면서 민중은 "어떤 종류의 이념을 확고하게 유지하는 것이 아니라, 생계를 유지해나가는 것을 기본으로 설정하고 있는 존재"라고 보았다. 도노무라 마사루, 신유원·김인덕 옮김, 《재일조선인 사회의 역사학적 연구》, 논형, 2010, 334쪽.

74 알프 뤼트케, 송충기 옮김, 《알프 뤼트케의 일상사 연구와 '아집Eigensinn': 직선을 벗어나 구불구불 가기》, 16~18쪽.

4. 속 빈 아담, 속 찬 이브 【이유재】

1 이 글은 다음 책의 7장을 보완, 수정하여 재구성한 것을 밝힌다. You Jae Lee, *Koloniale Zivilgemeinschaft. Alltag und Lebensweise der Christen in Korea*(1894~1954)(Campus Verlag, 2017), pp. 185~227. 초안을 비판적으로 읽고 귀한 지적을 해준 조현범 교수와 정병욱 교수께 감사드린다.

2 〈Aus der Benediktiner-Mission in Korea schreibt Bischof Bonifazius Sauer[1926]〉: *Archiv Missionsbenediktinerinnen von Tutzingen* (AMT Tutzing). 해당 자료는 툿찡 베네딕도 수녀회 툿찡 수녀원 문서고에 소장된 것으로, 이하 동 문서고 자료는 AMT로 표기함.

3 "Aus dem Vortrag von Missionsbischof P. Bonifazius Sauer, O.S.B., in der 'Missionsvereinigung katholischer Frauen und Jungfrauen', München, am 6. Februar 1928", *Missionsecho* 7, H. 8, 1928, p.140f.

4 〈Aus der Benediktiner-Mission in Korea schreibt Bischof Bonifazius Sauer [1926]〉, AMT.

5 Karl Massinger, "Frauenlos im Heidentum", *Missionsblätter*, Vol. 21, 1916~1917, pp.

204~207.

[6] Frederick J. Heuser Jr., "Woman's Work for Woman, Cultural Change, and the Foreign Missionary Movement", *The Journal of Presbyterian History*, Vol. 75, No. 2, 1997, pp. 119~130.

[7] Leslie A. Flemming, "Introduction: Studying Women Missionaries in Asia", Leslie A. Flemming ed., *Women's Work for Women: Missionaries and Social Change in Asia*(N.Y.: Routledge, 2019), pp. 1~10.

[8] 강선미, 《한국의 근대 초기 페미니즘 연구: 서양 여선교사와 조선 여성들은 어떻게 만났을까》, 푸른사상, 2005, 188~208쪽.

[9] Hyaeweol Choi, *Gender and Mission Encounters in Korea: New Women, Old Ways*(Berkeley: University of California Press, 2009), pp. 178~179.

[10] Hyaeweol Choi ed., *New Women in Colonial Korea: A Sourcebook*(N.Y.: Routledge, 2013), pp. 7~8.

[11] 김경일, 《여성의 근대, 근대의 여성: 20세기 전반기 신여성과 근대성》, 푸른역사, 2004, 44쪽. 기독교 젠더담론을 이중적 식민화의 일맥으로 비판하는 입장도 있다. 하희정, 〈식민시대 기독교 젠더담론 구성과 한국교회의 대응—1920~1930년대를 중심으로〉, 《한국교회사학회지》 39, 한국교회사학회, 2014, 93~138쪽, 131쪽.

[12] 김수진, 《신여성, 근대의 과잉: 식민지 조선의 신여성 담론과 젠더정치, 1920~1934》, 소명출판, 2009, 456쪽.

[13] 신영숙, 〈일제시기 가톨릭 여성의 신앙 생활과 사회적 역할〉, 《이화사학연구》 30, 이화사학연구소, 2003, 411~432쪽; 강영옥, 〈일제시대 가톨릭 여성운동—1910~1930년을 중심으로〉, 《종교연구》 41, 한국종교학회, 2005, 1~35쪽.

[14] "Besuch in der Armenapotheke von Wonsan, Korea", *Missionsecho* 12, H. 3-4, 1933, p. 30.

[15] "Aus dem Vortrag von Missionsbischof P. Bonifazius Sauer, O.S.B., in der 'Missionsvereinigung katholischer Frauen und Jungfrauen', München, am 6. Februar 1928", *Missionsecho* 7, H. 8, 1928, pp. 140~141.

[16] 〈Annalen des Priorats Taegu〉, 1926, p. 33, 툿찡 베네딕도 수녀회 대구수녀원 문서고(이

하 *AMT Taegu*).

17 "막달레나 무로와의 인터뷰", 1984. 10, 4쪽, *AMT Taegu*.

18 이정순 엮음, 《원산수녀원사》, 포교성베네딕도수도회, 1988, 127~132쪽.

19 〈Annalen des Priorats Taegu〉, 1941. 6. 22, p. 188, *AMT Taegu*.

20 이정순 엮음, 《원산수녀원사》, 80~81쪽.

21 이정순 엮음, 《원산수녀원사》, 461쪽.

22 Schw. M. Gertrud Link O.S.B., "Koreanische Sitten. Brief aus Korea", Wonsan, Korea, *Missionsecho* 17, 1983, pp. 104~112; Arnulf Schleicher, "Religiöse und soziale Verhältnisse in Wonsan in ihrer Beziehung zur Mission", *Missionsblätter* 29, 1935, pp. 170~173, 216~219.

23 Schw. M. Othmara Ammann O.S.B., "Unter dem Banner der Gottesmutter," *Missionsecho* 16, 1937, pp. 89~91.

24 Arnulf Schleicher, "Religiöse und soziale Verhältnisse in Wonsan in ihrer Beziehung zur Mission", *Missionsblätter* 29, 1935, pp. 170~173, 216~219; Chrysostoma Schmid, "Wonsaner Schulgeschichte am Harmonium", *Missionsblätter* 29, 1935, p. 174.

25 Schwester M. Flammina O.S.B., "Einladung zum Besuch unsrer, Frauenschule," Wonsan, *Missionsecho* 13, H. 7-8, 1934, p. 85.

26 Schw. M. Gertrud Link O.S.B., "Tauftag", Wonsan, Korea, *Missionsecho* 17, 1938, p. 66.

27 "Aus dem Missionstagebuch von Wonsan, Korea", *Missionsecho* 8, H. 10, 1929, p. 206f.

28 〈Annalen des Priorats Taegu〉, 1926, p. 35f, *AMT Taegu*.

29 Schwester Thiathildis, "Meine ersten Eindrücke in Korea", *Missionsecho* 8, H. 2, 1929, pp. 212~217.

30 "Aus dem Missionstagebuch von Wonsan, Korea", p. 206f.; "Missionsbilder", *Missionsblätter* 34, 1930, pp. 17~21.

31 *Chronik des St. 'Immaculata Convents'*, Wonsan, Korea (1.April~15. Okt. 1936); "Missionsbilder", pp. 17~21.

32 놀랍게도 요하네스 마르Johannes Mahr는 반대의 결론에 도달한다: "한국 여성을 이러한 속박으로부터 해방시키는 일에 가톨릭교회의 세례 규정과 혼인 규정도 한몫했음을 이 기록은 아울러 보여주고 있다." 요하네스 마르, 왜관수도원 옮김, 《芬道通史:

오틸리아 연합회 한국 진출 100주년 기념》, 분도출판사, 2009, 404쪽.
33 〈Brief aus Wonsan [1926]〉, *AMT*.
34 이정순 엮음, 《원산수녀원사》, 481~482쪽.
35 Schwester Chrysostoma O.S.B., "Von unsern Missionserlebnissen", Wonsan, *Missionsecho* 6, H. 7, 1927, pp. 126~127.
36 〈Ein kleiner Bericht über die Verhältnisse in Korea [1926]〉, *AMT*.
37 박오틸리아와의 인터뷰, 2006. 9. 29.
38 "Nach Korea", *Missionsecho* 7, H. 1, 1928, pp. 12~13.
39 Von Mutter Priorin Mathilde, O.S.B., "Emsiges Arbeiten in Wonsan, Korea", *Missionsecho* 8, H. 2, 1929, p. 31.
40 임마리아, 〈자필회고록〉, 1974~1975, 15~16쪽, *AMT Taegu*.
41 임마리아, 〈자필회고록〉, 15~16쪽.
42 임마리아, 〈자필회고록〉, 2쪽.
43 임마리아, 〈자필회고록〉, 29~30쪽.
44 임마리아, 〈자필회고록〉, 30쪽.
45 임마리아, 〈자필회고록〉, 24~25쪽.
46 임마리아, 〈자필회고록〉, 25쪽.
47 임마리아, 〈자필회고록〉, 26쪽.
48 베르트비나 체자Bertwina Caesar와의 인터뷰, 2006. 6. 29.
49 채후밀리타스와의 인터뷰, 2006. 9. 29.
50 〈Brief von Schw. M. Mathilde am 14. Juni 1927 von Wonsan〉, *AMT*.
51 이정순 엮음, 《원산수녀원사》, 145쪽.
52 "Von unsern Postulantinnen und Kandidatinnen", *Missionsecho* 9, H. 4, 1930, p. 103f.
53 이정순 엮음, 《원산수녀원사》, 146쪽.
54 〈이모니카 수녀의 수기〉, 1985. 3. 27, 2쪽, *AMT Taegu*.
55 Gertrud Link, Mein Weg mit Gott: Erlebnisse einer Missionarin auf fünf Kontinenten(St. Ottilien: Eos-Verlag, 1998), pp. 60~61.

56 이정순 엮음, 《원산수녀원사》, 108쪽.

57 임마리아, 〈자필회고록〉, 34쪽.

58 〈오알퐁사의 자서전〉, 1984, 1쪽, AMT Taegu.

59 이정순 엮음, 《원산수녀원사》, 108쪽; Gertrud Link, Mein Weg mit Gott: Erlebnisse einer Missionarin auf fünf Kontinenten, p. 289; 〈이모니카 수녀의 수기〉, 2쪽.

60 임마리아, 〈자필회고록〉, 46~7쪽.

61 "Nach Korea", *Missionsecho* 7, H. 1, 1928, pp. 12~13.

62 Jong-rye Gratia Song, "Listening with the Heart to the Echo of Silenced Voices: History and Spirituality of Korean Catholic Women. Historical/Cultural Insights, Religious Influences, and Feminist Institutions", Ph. D. Dissertation(Weston Jesuit School of Theology, Cambridge, 2002), p. 84.

63 강영옥, 〈한국 가톨릭 여성운동의 흐름—가톨릭 전래시기부터 1910년까지〉, 근현대한국가톨릭연구단, 《한국 근·현대 100년 속의 가톨릭교회 (상)》, 가톨릭출판사, 2003, 353~387쪽.

64 임마리아, 〈자필회고록〉, 4쪽.

65 르장드르, 이영춘 옮김, 《회장직분》, 가톨릭출판사, 1999, 40~41쪽.

66 Cyrillus Wehrmeister, *Die Benediktinermissionäre von St. Ottilien*(EOS-Verlag: St. Ottilien, 1939), p. 112.

67 유영복 할머니 자료에는 7개의 공책이 있다. 2개의 글은 원고지에 썼고, 하나는 1998년 다이어리 달력이고, 하나는 링노트, 3개는 일반 공책이다. 그 안에는 자서전적 이야기와 신학적 사고와 설교 또는 교리수업 원고도 포함되어 있다. 많은 내용은 반복되기도 하는데 어떤 서술도 원고로 완료되지는 않은 상태에서 모두 메모와 미완성 작품으로 남았다. 나는 이 귀중한 자료를 제공해준 유영복 할머니의 아들 정돈안토니오 씨께 깊은 감사를 표한다. 정돈안토니오 씨를 소개시켜준 최기영 교수에게도 감사를 표한다. 이 자료들은 〈유영복 자료〉로 인용하겠다.

68 〈유영복 자료〉 1.

69 본인의 개종에 대해서는 1955년에 이미 자세한 글을 출간했다. 유영복, 〈일두다체는 불가능〉, 《프로테스탄트에서 가톨릭에로—18인의 개종실기》, 경향잡지사, 1955, 7~22쪽.

70 〈유영복 자료〉 2.
71 조은일, 〈15일 선종한 유영복 할머니. 60여 년 동안 복음전화, 사랑을 실천하는 데 헌신〉, 《평화신문》 2001년 3월 25일; 김승오, 〈어느 할머니〉, 《원주교구주보》 1992년 10월 4일; 박정은, 〈전교할머니 유영복씨〉, 《가톨릭신문》 1988년 10월 30일.
72 〈유영복 자료〉 7.
73 〈유영복 자료〉 3.
74 〈유영복 자료〉 3.
75 〈유영복 자료〉 3.
76 〈유영복 자료〉 3.
77 〈유영복 자료〉 3.
78 회고와 설교를 중심으로 하는 〈유영복 자료〉 4, 5 그리고 6을 보면 여성신학적으로 특별히 눈에 띄는 것은 없다.

5. 1950~60년대 '풍기문란' 단속과 여학생, 일탈과 저항 [소현숙]

1 1933년 7월 경기도 학무과가 주관하여 조직한 경성보도연맹은 "학교와 각 가정의 연락을 긴밀히 하여 청소년을 보호 선도하고 사회를 정리 정화시키는 것"을 목표로 삼고 활동하였다. 최규진, 《일제의 식민교육과 학생의 나날들》, 서해문집, 2018, 311~312쪽.
2 권명아, 《음란과 혁명―풍기문란의 계보와 정념의 정치학》, 책세상, 2013.
3 〈말이 아닌 학생풍기〉, 《조선일보》 1954년 8월 18일, 2면.
4 〈四百―萬五千餘名 全國各級校學生數〉, 《조선일보》 1958년 1월 5일 3면.
5 허윤, 〈1960년대 불량소녀의 지형학〉, 《대중서사연구》 20권 2호, 대중서사학회, 2014.
6 한국에서 의무교육제도는 1948년 헌법과 1949년 〈교육법〉, 그리고 1952년 〈교육법시행령〉의 제정·공포로 확립되었다. 대한민국 헌법에서는 "모든 국민은 능력에 따라 균등하게 교육을 받을 권리를 가진다"고 명시하였고, 교육법에서는 보다 구체적으로 "모든 국민은 6년의 초등교육을 받을 권리가 있"으며, "국가와 지방공공단체는 전항의 초등교육을 위하여 필요한 학교를 설치 경영하여야 하며 학령아동의 친권자 또는 후견인은 그 보

호하는 아동에게 초등교육을 받게 할 의무가 있다"고 하였으며, 교육법시행령을 통해 취학아동의 입학 관련 절차들을 밝혀 놓았다. 한국전쟁으로 그 실행이 지연된 의무교육은 1954~59년 의무교육완성 6개년 계획을 통해 진척되어 1950년대 말 취학률 96퍼센트를 달성하였다.

[7] 조경원·이배용, 〈해방 이후 여성교육정책의 변화와 여성의 사회진출 양상—미군정기 (1945)~제1공화국시기(1960)〉,《한국교육사학》, 한국교육사학회, 22권 2호, 2000; 김혜수, 〈1950년대 한국 여성의 지위와 현모양처론〉,《역사문화연구》12, 한국외국어대학교 역사문화연구소, 2000; 이임하, 〈1950년대 여성교육에서의 성차별과 현모양처 이데올로기〉,《동방학지》122, 연세대학교 국학연구원, 2003; 김은경, 〈1950년대 여학교 교육을 통해 본 '현모양처'론의 특징〉,《한국가정과교육학회지》19, 한국가정과교육학회, 2007.

[8] 김은경, 〈1950년대 가족론과 여성〉숙명여대 대학원 박사학위 논문, 2007, 93~95쪽.

[9] 이임하, 〈1950년대 여성교육에서의 성차별과 현모양처 이데올로기〉; 김은경, 〈1950년대 여학교 교육을 통해 본 '현모양처'론의 특징〉.

[10] 이명실, 〈젠더화된 교육정책—해방 이후 학교 교육의 군사화를 중심으로〉,《아시아여성연구》44권 1호, 숙명여자대학교 아시아여성연구소, 2005, 169~183쪽.

[11] 이임하, 〈1950년대 여성교육에서의 성차별과 현모양처 이데올로기〉; 김은경, 〈1950년대 여학교 교육을 통해 본 '현모양처'론의 특징〉.

[12] 양정60년사발간위원회·이천양정여자중고등학교 총동문회 엮음,《養貞六十年史》, 양정60년사발간위원회, 2006, 68~102쪽.

[13] 양정60년사발간위원회·이천양정여자중고등학교 총동문회 엮음,《養貞六十年史》, 498~594쪽.

[14] 〈學生風紀문제를 얘기하는 座談會(2)〉,《동아일보》1955년 07월 20일 4면; 〈學生犯罪增加와 그 對策〉,《조선일보》1956년 10월 27일, 1면; 〈敎員은 〈師道魂〉發揮하라 10個月에 學生犯罪千餘건〉,《조선일보》1956년 11월 20일 2면 등.

[15] 권순영, 〈학생범죄에 대한 관견〉,《경향신문》, 1956년 12월 17일, 4면.

[16] 〈不良學生들을 團束〉,《조선일보》1956년 11월 7일 2면; 〈學生犯罪와 道義敎育〉,《조선일보》1957년 7월 5일, 1면.

17 이동헌, 〈1950년대 국민화 담론 연구―'道義'교육을 중심으로〉, 《동아시아문화연구》 43, 한양대학교 동아시아문화연구소, 2008, 187쪽.
18 김우영, 〈1950년대 도의교육의 개념과 성격〉, 《교육문제연구》 22권 2호, 전북대학교 교육문제연구소, 2016, 17~22쪽.
19 학생과, 〈학생생활지도 강화에 관한 건〉, 《훈육관계서류철》, 1956.
20 학생과, 〈학생관찰표 사용실시의 건〉, 《훈육관계서류철》, 1956.
21 학생과, 〈불량학생 단속에 관한 건〉, 《훈육관계서류철》, 1956.
22 학생과, 〈동기방학 중 학부형에게 보내는 서간문에 관한 건〉, 《훈육관계서류철》, 1956.
23 생활지도부, 〈여름방학 학생가정방문 계획 실시의 건〉, 《생활지도관계서류철》, 1959.
24 학생과, 〈임시가정방문계획 실시에 관한 건〉, 《훈육에 관한 서류철》, 1954.
25 학생과, 〈학생 풍기 엄중 단속의 건〉, 《훈육에 관한 서류철》, 1954.
26 학생과, 〈중고등학교 훈육주임 회의 개최에 관한 건〉; 〈중고등학교 훈육주임회의 결과 보고之건〉; 〈이리읍 남녀중고등학교 훈육주임회의 참석의 건〉; 〈이리읍 남녀중고등학교 훈육주임회의 결과보고에 관한 건〉, 《훈육관계서류철》, 1956.
27 〈朝鮮將來는 學生의 것 三千萬의 期待도 크다〉, 《경향신문》 1947년 1월 8일, 2면.
28 학생과, 〈중학교 고등학교 훈육주임회의 서류〉, 《훈육관계서류철》, 1956.
29 학생과, 〈불량학생 단속에 관한 건〉, 《훈육관계서류철》, 1956.
30 생활지도부, 〈학생교외생활지도위원회의 기능 촉구에 대한 일〉, 《생활지도관계서류철》, 1959.
31 이천양정여자중고등학교 생활지도부, 〈중등학교 생활지도주임회의서류〉, 《생활지도관계서류철》, 1957.
32 이천양정여자중고등학교 생활지도부, 〈학생풍기정화강조주간 행사보고에 관한 건〉, 《생활지도관계서류철》, 1957.
33 〈이천읍 중고등학교 생활지도부장회의 보고에 관한 건〉, 《생활지도관계서류철》, 1957.
34 〈중고등학교 생활지도주임회의 제출서류에 관한 건〉, 《생활지도관계서류철》, 1957.
35 〈청소년 풍기 순화기간 설정에 따르는 특별지시〉, 《지도관계서류철》, 1964.
36 연정은, 〈감시에서 동원으로, 동원에서 규율로―1950년대 학도호국단을 중심으로〉, 《역사연구》 14, 역사학연구소, 2004, 223~228쪽.

37 학생과, 〈학생의 選擧運動 關與 團束에 關한 件〉, 《훈육에 관한 서류철》, 1954.
38 생활지도부, 〈학원사고 단속에 관한 건〉, 《생활지도관계서류철》, 1959.
39 생활지도부, 〈학생의 언동 단속에 대한 일〉, 《생활지도관계서류철》, 1959.
40 이천양정여자중고등학교, 〈학생 폭력 파괴행위 엄단에 대한 일〉; 〈학원정상화를 위한 긴급 조치의 건〉, 《생활지도관계서류철》, 1960.
41 이천양정여자중고등학교, 〈학생 생활 선도에 대한 일〉, 《생활지도관계서류철》, 1960.
42 지도계, 〈도교육청 지시(별도의 제목이 없음)〉, 《지도부관계서류철》, 1964.
43 지도계, 〈학원정화조치〉; 〈학생지도 강화 및 학원질서 확립〉, 《지도부관계서류철》, 1964.
44 유은지, 〈1950년대 한국 고등학생들의 집단정체성에 대한 연구〉, 《한국교육문제연구》 38권 1호, 중앙대학교 한국교육문제연구소, 2020, 100쪽.
45 박선영, 〈1950년대 말~1960년대 초 극장의 영화 상영관행〉, 《한국극예술연구》 56, 한국극예술학회, 2017.
46 〈영화는 어떻게 보일 것인가 어린 학생들의 오락지도〉, 《동아일보》 1959년 3월 3일, 4면.
47 학생과, 〈학생 등 연소자의 극장 출입 단속 강화의 건〉, 《훈육관계서류철》, 1956.
48 이천양정여자중고등학교 생활지도부, 〈이천읍 중고등학교 생활지도부장회의 보고에 관한 건〉, 《생활지도관계서류철》, 1957.
49 생활지도부, 〈문교부 추천영화 視覽 의뢰의 건〉, 《생활지도관계서류철》, 1959.
50 이천양정여자중고등학교 생활지도부, 〈정학처분에 관한 건〉, 《생활지도관계서류철》, 1957.
51 한국영화데이터베이스(www.kmdb.or.kr/db/kor/detail/movie/K/00285).
52 생활지도부, 〈기율위반 학생 조사에 관한 일〉, 《생활지도관계서류철》, 1959.
53 한국영화데이터베이스(KMDB)(www.kmdb.or.kr/db/kor/detail/movie/K/00448).
54 〈女性國樂의 眞隨 "眞慶"이 씨-즌을 裝飾하는 豪華版新作舞台公演(광고)〉, 《동아일보》 1959년 9월 15일, 4면.
55 한국영화데이터베이스(KMDB)(https://www.kmdb.or.kr/db/kor/detail/movie/K/00386).
56 한국영화데이터베이스(KMDB)(https://www.kmdb.or.kr/db/kor/detail/movie/K/00431).
57 한국영화데이터베이스(KMDB)(https://www.kmdb.or.kr/db/kor/detail/movie/K/00456).
58 한국영화데이터베이스(KMDB)(https://www.kmdb.or.kr/db/kor/detail/movie/K/00457).

59 〈학생들에 영화 구경 강요〉, 《조선일보》 1959년 7월 12일, 6면.
60 〈《學生入場可》映畵 속의 犯罪毒素〉, 《동아일보》 1965년 8월 28일, 6면.
61 지도계, 〈교칙 위반 학생 처벌의 관한 일〉, 《지도부관계서류철》, 1964.
62 학생과, 〈근신처분에 관한 건〉, 《훈육관계서류철》, 1956.
63 학생과, 〈무기정학처분에 관한 건〉, 《훈육관계서류철》, 1956.
64 지도계, 〈교칙위반(풍기문란) 학생 처벌에 관한 일〉, 《지도부관계서류철》, 1964.
65 생활지도부, 〈여름방학 생활지도계획에 관한 건〉, 《생활지도관계서류철》, 1959.
66 양정여자고등학교, 〈고등학교에 있어서의 남녀공학제 실시에 관한 의견서 제출의 건〉, 《교무관계서류철》, 1953.
67 지도계, 〈교칙위반 학생 처벌에 관한 일〉, 《지도부관계서류철》, 1964.
68 학생과, 〈무기정학 학생 등교에 관한 건〉, 《훈육관계서류철》, 1956.
69 학생과, 〈근신처분 해제에 관한 건〉, 《훈육관계서류철》, 1956.
70 생활지도부, 〈의남매의 인연을 맺은 학생 보고에 관한 일〉, 《생활지도관계서류철》, 1959.
71 생활지도부, 〈생활지도계획서〉, 《생활지도관계서류철》, 1959.
72 이명실, 〈젠더화된 교육정책―해방 이후 학교 교육의 군사화를 중심으로〉, 181쪽.
73 문교부, 〈도의교육의 확립, 1955년 시정업적보고〉, 《도의교육》 창간호, 1956, 194쪽(이임하, 〈1950년대 여성교육에서의 성차별과 현모양처 이데올로기〉, 321쪽 재인용).
74 이천양정여자중고등학교 생활지도부, 〈생활지도관 개관에 관한 건〉, 《생활지도관계서류철》, 1957.
75 이천양정여자중고등학교 생활지도부, 〈하기휴가중 교외생활 지도계획에 관한 건〉, 《생활지도관계서류철》, 1957.
76 백합사, 〈지도일지〉, 1960. 5. 19, 《백합사 지도일지》, 1960; 〈지도일지〉, 1964. 4. 17, 《백합사 지도일지》, 1964.
77 고3 오인숙, 〈모교를 떠나면서〉, 《청포도》 5, 1959~1960.
78 남문희, 〈한 가지 특기를 살려주세요〉, 《학원》, 1962. 12.
79 윤형주, 〈교외생활에 협력해 주십시오〉, 《학원》, 1962. 12.
80 장수경, 〈1960년대 학생독자의 소통욕망과 잡지―《학원》을 중심으로〉, 《아동청소년문

학연구》 24, 한국아동청소년문학학회, 2019, 21~22쪽.
81 한경자, 〈분주한 여름방학〉, 《청포도》 5, 1960.
82 이옥주, 〈학생의 변〉, 《여학생》, 1967. 11(허윤, 〈1960년대 불량소녀의 지형학〉, 125쪽에서 재인용).
83 〈맹휴계획한 여중생을 퇴학처분〉, 《마산일보》 1954년 7월 18일, 2면; 〈〈데레사〉女高盟休 先生 쫓아내려고〉, 《조선일보》 1957년 4월 19일, 2면; 〈성지여고에 맹휴 소동〉, 《마산일보》 1957월 12월 18일, 2면; 〈풍문여고 맹휴 계속〉, 《동아일보》 1958년 6월 8일, 5면; 〈억울한 교사, 진해여중 맹휴사건 후문〉, 《마산일보》 1959년 12월 13일, 2면; 〈진해여고 맹휴에 돌입〉, 《마산일보》 1960년 5월 12일, 2면 등.
84 〈진해여고 맹휴에 돌입 축첩교사 축출 등 요구 제시코〉, 《마산일보》 1960년 5월 12일, 2면.
85 채명, 〈학생의 변〉, 《여학생》 3권 11호, 1967. 11.
86 4·19혁명 다시 여중고생의 시위 참여에 대해서는 홍석률, 〈4월혁명과 여성〉, 민주화운동기념사업회 한국민주주의연구소 엮음, 《4월혁명의 주체들》, 역사비평사, 2020, 130~142쪽 참조.
87 알프 뤼트케 외 지음, 이동기 외 옮김, 2002, 《일상사란 무엇인가》 청년사, 21~23쪽. 뤼트케는 '전유'라는 개념을 다음과 같이 설명한다. "전유란 인간들이 놓여 있는 상황들 사이에서, 그 경계에서 균형을 잡으려는 시도입니다. 마르크스는 《루이 보나파르트의 브뤼메르 18일》에서 '인간은 자기 자신의 역사를 만든다. 그러나 자기 마음대로, 즉 자신이 선택한 상황하에서 만드는 것이 아니라 이미 존재하는, 주어진, 물려받은 상황하에서 만든다'라고 말했습니다. 이것이 바로 우리들이 고민해야 할 이중현실입니다. 살아가기 위해 주어진 것을 꾸려나가는 행동양식은 바로 이 이중현실과 결부되어 있습니다. 그러나 전유는 영웅과 같은 인물들에 의해 이루어지는 활동, 즉 이를테면 세계를 계획에 따라 부수어 새롭게 정돈시키는 활동 같은 것은 전혀 아니지요"(알프 뤼트케 외 지음, 위의 책, 463쪽. 마르크스 인용 부분의 번역은 《칼 맑스 프리드리히 엥겔스 저작선집》 제2권, 박종철출판사, 287쪽을 참고).

6. 두 마을 이야기 【안승택】

[1] 로제 샤르띠에, 백인호 옮김, 《프랑스혁명의 문화적 기원》, 일월서각, 1998, 14~23쪽.
[2] 한스 메딕, 〈"나룻배의 선교사들": 사회사에 대한 도전인 인류학적 인식 방법들〉, 알프레 뤼트케 외, 이동기 외 옮김, 《일상사란 무엇인가》, 청년사, 2002, 71쪽.
[3] 같은 글, 97~98쪽.
[4] 안병직, 〈'일상의 역사'란 무엇인가〉, 안병직 외, 《오늘의 역사학》, 한겨레신문사, 1998, 28쪽.
[5] 같은 글, 35쪽.
[6] 일상사의 주제에 대한 이 서술은 이 책 편집자의 이 글에 대한 논평에서 얻은 것이다.
[7] 안승택, 《식민지 조선의 근대 농법과 재래 농법: 환경과 기술의 역사인류학》, 신구문화사, 2009, 17~18쪽.
[8] 이 내용은 필자가 작성한 두 편의 논문인 〈폭력의 거처: 한 현대농촌일기에 나타난 난폭한 농민들과 촌락공동체 그리고 국가〉, 《지역사회연구》 21권 1호, 한국지역사학회, 2013; 〈농민의 풍우風雨 인식에 나타나는 지식의 혼종성: 《평택 대곡일기》(1959~1979)를 중심으로〉, 《비교문화연구》 21권 2호, 서울대학교 비교문화연구소, 2015에서 일부를 추리고 자료를 추가해 재구성한 것이다. 재구성 과정에서 생략한 일기 원문과 논의는 논문 원본을 참조하기 바란다. 논문에 실린 것 외의 일기 원문을 확인하려면, 일기 텍스트를 입력한 후 해제를 달아 간행한 두 일기의 출판본을 참조할 수 있다. 지역문화연구소 엮음, 《평택일기로 본 농촌생활사(Ⅰ): 평택 대곡일기(1959~1973)》, 경기문화재단, 2007; 《평택일기로 본 농촌생활사(Ⅱ): 평택 대곡일기(1974~1990)》, 경기문화재단, 2008; 이정덕 외, 《창평일기》 1·2, 지식과교양, 2012. 이하 두 일기 및 기록자에 대한 정보는 필자도 편저자 일원으로 참여한 두 일기 출판본의 해제, 그 편저자들이 수행한 현장 연구 면담기록, 필자가 공동저자로 참여한 다른 논문인 이성호·안승택, 〈1970~80년대 농촌사회의 금전거래와 신용체계의 변화: 《창평일기》를 중심으로〉, 《비교문화연구》 22권 1호, 서울대학교 비교문화연구소, 2016 등을 바탕으로 작성했다. 본래 두 일기는 한자를 노출해 기록되었는데, 이 글은 읽기의 편의를 위해 한자들을 모두 한글로 바꾸고, 내용 이해를 위해 필요하다고 생각되는 경우에만 한자를 병기했다.

[9] 지역문화연구소 엮음,《평택일기로 본 농촌생활사(Ⅰ): 평택 대곡일기(1959~1973)》, 29쪽.

[10] 조우지단은 조우지만 혹은 조우지지만이라고 쓰이기도 하는데, 이는 한자 표기가 없어 정확한 뜻을 확인하기 어렵다. 추정컨대 '早雨(之)止晩'이라면 조우지단과 유사한 뜻의 말이 되지 않을까 한다.

[11] 물론 바람이 암벽이나 건물 등 우뚝 솟은 장애물에 부딪혀 사방팔방으로 흩어질 수는 있다. 그러나 평택 고잔리는 그런 지형지물이나 건조물이 없다시피 한 환경이므로 이에 해당하지 않는다.

[12] 이런 기록이 매우 풍부하여 조만간 따로 다룰 기회를 만들려 하는데, 당장은 다음 기록만으로 충분할 것이다. "이래 동풍이 터젓는지 4일 재 동풍이 심이 불더니 새암이 다 마라 붓는다. 전일前日까지도 물모금이나 있던 논도 오늘은 틈이 가고 전일까지도 네려가던 앞논 들도 윗 두 매미는 마랐다. 아논은 틈이 간다. 콩은 꽃이 다 떠러진다. 꼬추는 마른다. 천하만물은 다 타고 사람까지 가므름이 네리였다. 잔디가 새발가케 타서 불이 붓는다(59. 8. 7)."

[13] "하로하로 지나가는 날씨을 보니 만이 가물개꾸나. 왜냐. 비방울 멧 방울 오고는 바람이 부러재키는 것을 보며 시절이 별로 좋치는 안으리라고 내다보고 있는다(76. 4. 22)."; "봄 돼며 바람은 샌 중은 누구나 다 알지만……오늘은 무선 바람이 그처름 쌔며 사람이 일을 할려고 해도 할 수가 업쓸 정도로 불고는 하는데, 이것을 볼 때에 금년에는 자신이 생각하기에는 가뭄이 심하지 않을까 극정이 앞쓰는구나(84. 3. 16)." 이정덕 외,《아포일기: 농민 권순덕의 삶과 기록》1·2, 전북대학교 출판문화원, 2014.

[14] "바람으로 울콩 모내기 한 곳 모판 모든 것이 바람에 잎이 다 말라버리는 것은 이때것 처음 받다. 일반 모을 요번에 바람 불 때 모내기한 사람은 모두가 하야게 말라버리쓰며……(80. 5. 29)." 이정덕 외,《아포일기: 농민 권순덕의 삶과 기록》1·2.

[15] 왕한석,《한국의 언어 민속지: 서편》, 교문사, 2009, 37쪽.

[16] 같은 책, 132쪽.

[17] 가령 다음과 같은 경우이다. "웃노리 하다가……싸움이 벌어저 수라장이 되엿다. 듯자하니 석양에 정구복이는 자기 손수 칼로 목을 찔어 병원에 입원햇다고(71. 8. 27)." 이 일기에 기록된 일부 인명과 지명은 원본을 입력해 출판본으로 만드는 과정에서 가명 처리

되었다. 이 글에서는 출판본에 사용된 가명을 따른다.

[18] 알프 뤼트케, 〈일상사란 무엇이며, 누가 이끌어가는가?〉, 알프 뤼트케 외, 이동기 외 옮김, 《일상사란 무엇인가》, 청년사, 2002, 38~39쪽.

[19] 알프 뤼트케, 앞의 글, 2002, 65쪽.

[20] 알프 뤼트케에 따르면, 1990년대 중반 독일 청소년을 대상으로 한 조사에서 아들이 부모님에게 가장 자주 받은 처벌 두 가지를 들라고 했을 때, 80퍼센트를 차지한 '가끔 따귀를 맞았다'라는 응답은 '텔레비전 시청 금지'의 60퍼센트보다 많았다. 40퍼센트는 여전히 가끔 호된 따귀를 맞고 있었다. 허리띠나 매로 맞은 사람은 8퍼센트에 불과했지만 '심한 매질을 받았다'라고 한 응답자는 30퍼센트에 달했다. 알프 뤼트케, 〈20세기 폭력과 일상〉, 알프 뤼트케, 송충기 옮김, 《알프 뤼트케의 일상사 연구와 '아집': 직선을 벗어나 구불구불 가기》, 역사비평사, 2020, 188~190쪽, 197쪽.

[21] 형식적이고도 의례적인 폭력의 문화화된 일상성에 대해 뤼트케는 다음과 같이 적고 있다. "일상적인 폭력이란 이런 것인가? 한쪽에서는 아마도 고통을 가하는 것이 습관화되고, 다른 쪽에는(현장 바로 여기에서!) 고통을 예상하는, 아니 더 정확하게 말하자면, 고통을 두려워하는 것 말이다. 고통을 가하는 것과 당하는 것, 이 둘의 차이가 그렇게 기본적이었다면(그리고 지금도 그렇다면), 그 따귀와 구타는 일종의 문화적 현상으로 파악될 수 있다.……가해자에게도 그렇지만 목격자와 '방관자'에게도 구타는 일상적인 격리 과정의 일부이다." 알프 뤼트케, 〈20세기 폭력과 일상〉, 183~184쪽. 여기에서 뤼트케가 말하는 '격리'란 바로 반 게넵Arnold van Gennep이 말한 바 통과의례의 첫 단계로서의 '격리'와 본성적으로 다르지 않을 것이다.

[22] 폭력의 연행성에 대한 다음과 같은 지적은 음미할 만하다. "폭력의 또 다른 특징은 그 연행적 성격에 있다. 관객이 없는 폭력도 여전히 사람을 죽음에 이르게 하겠지만, 사회적으로는 의미가 없다. 권력과 정당성을 무대화하는 일이기에 폭력 행위들은 효과적— 아마도 그 실제 물리적 결과로 인해 더욱더—일 수 있는 것이다." Ingo W. Schröder and Bettina E. Schmidt, "Introduction: violent imaginaries and violent practices," Bettina E. Schmidt and Ingo W. Schröder eds., *Anthropology of Violence and Conflict*(London: Routledge, 2001), pp. 5~6.

[23] 알프 뤼트케, 〈일상사란 무엇이며, 누가 이끌어가는가?〉, 19~23쪽.

²⁴ 〈알프 뤼트케 교수와의 인터뷰〉, 알프 뤼트케 외, 이동기 외 옮김, 《일상사란 무엇인가》, 청년사, 2002, 462~463쪽.

²⁵ 앙리 르페브르, 정기헌 옮김, 《리듬분석: 공간, 시간, 그리고 도시의 일상생활》, 갈무리, 2013, 58~77쪽.

²⁶ 같은 책, 86쪽, 178쪽.

²⁷ 같은 책, 115~116쪽.

²⁸ 알프 뤼트케, 〈20세기 폭력과 일상〉, 188~189쪽.

7. 정치종교로서의 새마을운동, 신앙고백의 편지 쓰기 【이상록】

¹ 〈박 대통령 유시, "정신개발에 앞장을"〉, 《경향신문》 1971년 7월 30일, 1면; 〈박 대통령, 지방장관회의서 유시 도시·농촌 소득격차 해소〉, 《매일경제신문》 1971년 7월 30일, 1면; 〈"정신개발로 사회혁신", 박 대통령 지방장관회의서 언명〉, 《동아일보》 1971년 7월 30일, 1면.

² 〈박 대통령, 5·16민족상 시상식서 강조 〈새마을〉은 민족약진운동〉, 《경향신문》 1972년 5월 16일, 1면.

³ 〈번영과 통일의 정초(1): 새마을운동〉, 《경향신문》 1972년 12월, 19일, 1면.

⁴ 에밀리오 젠틸레, 〈정치의 신성화〉, 임지현·김용우 엮음, 《대중독재 2: 정치종교와 헤게모니》, 책세상, 2005, 42쪽.

⁵ 〈새마을운동을 정신혁명화〉, 《동아일보》 1975년 11월 10일, 1면; 〈미 뉴스위크 보도, 새마을운동을 국민종교로, 박 대통령 엘리트 참여 추진〉, 《경향신문》 1975년 11월 11일, 1면.

⁶ 〈사설: 새마을운동의 성과와 방향〉, 《경향신문》 1975년 11월 12일, 2면.

⁷ "South Korea: Learning the Line", *Newsweek* 1975. 11. 17.

⁸ 노지승, 〈1920년대 초반, 편지 형식 소설의 의미: 사적 영역의 성립 및 근대적 개인의 탄생 그리고 편지 형식 소설과의 관련에 대하여〉, 《민족문학사연구》 20, 민족문학사학회·민족문학사연구소, 2002, 352~353쪽.

[9] 새마을운동중앙회에서 구축한 새마을운동아카이브(archives.saemaul.or.kr)에는 새마을운동지도자연수원 기록물과 새마을운동중앙회 소장 기록물 및 간행 자료, 개인 기증 자료 등 방대한 분량의 새마을운동 자료들이 DB로 구축되어 있다.

[10] 새마을운동중앙연수원은 이 같은 서신지도를 1975년까지 수시로 진행하다가, 1976년부터 제도화하여 본격적으로 시행하였다. 새마을운동중앙회 중앙연수원, 《새마을교육 40년사》, 2012, 222~223쪽.

[11] 박종민, 〈새마을운동의 정신적 지주: 김준 론〉, 이종범 엮음, 《전환시대의 행정가—한국형 지도자론》, 나남출판, 1994, 136쪽.

[12] 〈1974년 수료생서신 새마을지도자(제4기) 추○우〉, 1974. 6. 1, 새마을운동아카이브.

[13] 김준, 안인순(김준 부인), 〈(구술동영상) 새마을운동 증언기록〉, 새마을운동아카이브.

[14] 김준, 안인순(김준 부인), 〈(구술동영상) 새마을운동 증언기록〉.

[15] 김준, 〈향토개발을 위한 정신적 기초(심전개발)〉, 《혜경 김준 수상록: 은혜로 마음밭을 갈며》, 홍사단출판부, 1986, 217~222쪽.

[16] 〈곽정현 새마을운동 증언기록〉, 새마을운동아카이브.

[17] 김준, 〈새마을운동과 정신혁명〉, 《혜경 김준 수상록: 은혜로 마음밭을 갈며》, 225~227쪽.

[18] 김준, 〈일사일언: 농심〉, 《조선일보》 1975년 10월 8일, 5면.

[19] 김준, 〈말보다 땀흘리는 노력을〉, 《월간 새마을》 창간호, 1974. 5, 24쪽.

[20] 김준, 〈말보다 땀흘리는 노력을〉, 《월간 새마을》, 25쪽.

[21] 김준, 〈본위이도생本位而道生〉, 《새마을운동: 새마을지도자 연수원 통신교재》 제8호, 1977. 4.

[22] 김준, 〈본위이도생本位而道生〉; _____ , 〈큰 그릇 작은 그릇〉, 《월간 새마을》, 대한공론사, 1977.12.

[23] 김준, 〈창간사〉, 《(통신교재) 새마을운동》 창간호, 1974, 21~22쪽.

[24] 김준, 〈새마을운동과 교회의 역할〉, 《혜경 김준 수상록: 은혜로 마음밭을 갈며》, 247~248쪽.

[25] 김준, 〈새 술은 새 부대에〉, 《혜경 김준 수상록: 은혜로 마음밭을 갈며》, 258쪽.

[26] 김준, 〈삼세삼애三世三愛〉, 《월간 새마을》, 대한공론사, 1978. 3.

27 김준, 〈낮은 곳의 높은 자〉, 《월간 새마을》, 대한공론사, 1979. 3.
28 새마을운동중앙회 중앙연수원, 《새마을교육 40년사》, 101~102쪽.
29 김영미, 《그들의 새마을운동》, 푸른역사, 2009, 210~212쪽.
30 새마을운동중앙회 중앙연수원, 《새마을교육 40년사》, 452~465쪽.
31 〈맨발의 성심⋯⋯엄두섭 저〉, 《조선일보》 1978년 9월 20일, 5면.
32 《1973년 새마을교재원고(6) 새 역사의 창조 류달영》, 새마을운동아카이브.
33 《1973년 새마을교재원고(6) 10월 유신과 우리의 좌표 대통령특별보좌관 임방현》, 새마을운동아카이브.
34 〈수료 소감 요약 사회자도자반 제2기 1975. 8. 17~8. 23〉, 새마을운동아카이브.
35 《1973년 새마을교재원고(6) 이렇게 살 때가 아닌가, 가나안농군학교 교장 김용기》, 새마을운동아카이브.
36 김준, 〈말보다 땀흘리는 노력을〉, 《(월간) 새마을》 창간호, 1974.5, 25쪽.
37 김준, 〈말보다 땀흘리는 노력을〉, 25쪽.
38 이 책자에 등장하는 종교인들은 중앙 및 지자체 공무원교육원에서 실시했던 종교인새마을 교육 과정(2박 3일 또는 3박 4일)을 수료한 것으로 보인다.
39 이성배, 〈새마을운동은 새나라 새세계 창조운동이다〉, 내무부, 《종교와 새마을운동》, 1977, 98~103쪽.
40 방지각, 〈밀알의 희생정신으로 새마을운동에 참여하자〉, 내무부, 《종교와 새마을운동》, 125~126쪽.
41 배○○, 〈연수생활 감상록〉, 새마을지도자연수원, 《사회지도자 분임토의결과보고서(제17기(통산 제95기) 77. 6. 12~6. 18)》, 1977, 101쪽, 새마을운동아카이브.
42 〈[수료생 서신철] 1974년 새마을지도자반(제14기) 최○호〉, 새마을운동아카이브.
43 〈[수료생 서신철] 1974년 부녀지도자반(제11기) 김○주〉, 새마을운동아카이브.
44 〈[수료생 서신철] 1979년 새마을지도자반(제59기) 김○선〉, 새마을운동아카이브.
45 〈[수료생 서신철] 1979년 부녀지도자(제7기) 이○옥〉, 새마을운동아카이브.
46 〈1974년 수료생서신 새마을부녀지도자(제7기) 이○옥〉, 새마을운동아카이브.
47 〈1973년 수료생서신 새마을부녀지도자(제1기) 이○순〉, 새마을운동아카이브.
48 〈[수료생 서신철] 1974년 부녀지도자반(제1기) 허○선〉, 새마을운동아카이브.

49 〈[수료생 서신철] 1974년 부녀지도자반(제11기) 김ㅇ주〉, 새마을운동아카이브.
50 〈[수료생 서신철] 1974년 부녀지도자반(제11기) 김ㅇ주〉, 새마을운동아카이브.
51 〈[수료생 서신철] 1976년 부녀지도자반(제14기) 김ㅇ순〉, 새마을운동아카이브.
52 〈[수료생 서신철] 1974년 새마을부녀지도자 여ㅇ덕〉, 새마을운동아카이브.
53 〈[수료생 서신철] 1974년 부녀지도자반 정ㅇ자〉, 새마을운동아카이브.
54 〈[수료생서신철] 1978년 기타 김ㅇ기(부녀51기박ㅇ연의 남편)〉, 새마을운동아카이브.
55 〈[수료생서신철] 1977년 부녀지도자(제27기) 조ㅇ자〉, 새마을운동아카이브.
56 〈1974년 수료생서신 독농가(제2기) 지ㅇ암〉, 새마을운동아카이브.
57 1974년 3월 25일이 73년으로 원문에 잘못 기재된 것으로 보인다.
58 〈[수료생 서신철] 1974년 부녀지도자반(제1기) 김ㅇ자〉, 새마을운동아카이브.
59 〈[수료생 서신철] 1974년 부녀지도자반(제1기) 김ㅇ자〉, 새마을운동아카이브.
60 〈[수료생 서신철] 1974년 부녀지도자반(제3기) 오ㅇ순〉, 새마을운동아카이브.
62 〈[수료생 서신철] 1976년 기타 권ㅇ형〉, 새마을운동아카이브.
62 〈새마을지도자 대회〉, 《동아일보》 1974년 12월 18일, 1면.
63 〈[수료생 서신철] 1974년 새마을지도자반(제24기) 홍ㅇ운〉, 새마을운동아카이브.
64 〈[수료생 서신철] 표지 1977년 부녀지도자(제15기) 서ㅇ녀〉, 새마을운동아카이브.
65 경북 경산군 새마을지도자 최ㅇ석은 새마을지도자들의 사기 진작을 위해 면장, 농협장, 농협 단위조합장 임명 시 임명권자가 새마을지도자협의회의 추천을 받아 임명할 것을 김준 원장에게 제안하기도 했다. 〈[수료생 서신철] 1976년 새마을지도자(제28기) 최ㅇ석〉, 새마을운동아카이브.
66 〈[수료생 서신철] 1976년 새마을지도자반(제38기) 김ㅇ덕〉, 새마을운동아카이브.
67 〈[수료생 서신철] 1975년 부녀지도자반(제12기) 김ㅇ순〉, 새마을운동아카이브.
68 〈[수료생 서신철] 1976년 기타 김ㅇ종(ㅇㅇㅇ)〉, 새마을운동아카이브.
69 〈'새마을'은 부락민이 나태해지지 않게 분위기 조성이 중요(5월)〉, 새마을지도자연수원, 《새마을로 가는 길》, 1975, 27~28쪽.
70 〈[수료생 서신철] 1975년 부녀지도자반(제3기) 황ㅇ애〉, 새마을운동아카이브.
71 〈[수료생 서신철] 1976년 새마을지도자반(제36기) 박ㅇ준〉, 새마을운동아카이브.
72 〈새마을지도자대회〉, 《경향신문》 1973년 11월 22일, 7면.

73 〈[수료생 서신철] 1974년 새마을지도자반(제4기) 이○달〉, 새마을운동아카이브.
74 〈1979년 수료생서신 새마을지도자(제11기) 우○식〉, 새마을운동아카이브.
75 〈[수료생 서신철] 1977년 부녀지도자반(제5기) 차○자〉, 새마을운동아카이브.
76 〈1974년 수료생서신 새마을지도자(제4기) 추○우〉, 1974.6.1.
77 이용기, 〈'유신이념의 실천도장', 1970년대 새마을운동〉, 오유석 엮음, 《박정희 시대의 새마을운동: 근대화, 전통 그리고 주체》, 한울아카데미, 2014.
78 〈[수료생 서신철] 1979년 부녀지도자(제74기) 정○필〉, 새마을운동아카이브.
79 〈[수료생 서신철] 1979년 부녀지도자(제7기) 이○옥〉.
80 〈[수료생 서신철] 1977년 부녀지도자반(제24기) 김○화〉, 새마을운동아카이브.
81 〈[수료생 서신철] 1979년 새마을지도자(제75기) 박○식〉, 새마을운동아카이브.
82 서정범, 〈애인의 밥〉, 《월간 새마을》 1976.7, 36~37쪽.

8. 불운한 아이들 [주윤정]

1 Gertrude Himmelfarb, *The Idea of Poverty: England in the Early Industrial Age*(New York: Knopt, 1984), pp. 160~161.
2 "자휼전칙字恤典則", 한국민족문화대백과사전(encykorea.aks.ac.kr/Article/E0048122 검색일: 2023. 1).
3 이관후, 〈블라인드 채용은 정의로운가?: 메리토크라시와 운평등주의적 검토〉, 《현대정치연구》 12권 3호, 서강대학교 현대정치연구소, 2019.
4 알프 뤼트케, 송충기 옮김, 《알프 뤼트케의 일상사 연구와 '아집Eigensinn'—직선을 벗어나 구불구불 가기》, 역사비평사, 2020.
5 한종선·전규찬·박래군, 《살아남은 아이: 우리는 어떻게 공모자가 되었나》 개정판, 문주, 2013.
6 김아람, 〈5·16 군정기 사회정책: 아동복지와 '부랑아' 대책의 성격〉, 《역사와 현실》 82, 한국역사연구회, 2011; 소현숙, 〈식민지시기 "불량소년" 담론의 형성〉, 《사회와 역사》 107, 한국사회사학회, 2015; 유해정, 〈부랑인 수용소와 사회적 고통: 피해생존자들의

경험을 중심으로〉, 《기억과 전망》 39, 민주화운동기념사업회, 2018; 곽귀병, 〈총체적 기관 안에서 나타나는 폭력의 미시사회학〉, 《민주주의와 인권》 18권 2호, 전남대학교 5·18연구소, 2019; 유진 외, 《과거사 청산을 위한 국가폭력 연구(Ⅱ)—1970년 대 보안처분제도의 형성과 부랑인 단속을 중심으로》, 한국형사정책연구원, 2020; 서울대학교 사회학과 형제복지원연구팀 엮음, 《절멸과 갱생 사이: 형제복지원의 사회학》, 서울대학교출판문화원, 2021.

[7] Megan R. Gunnar, Brie M. Reid. "Early Deprivation Revisited: Contemporary Studies of the Impact on Young Children of Institutional Care", *Annual Review of Developmental Psychology*, Vol. 1, 2019.

[8] 박이순, 〈일본고대국가 民의 '浮浪'·'逃亡' 문제〉, 《일본문화연구》 26, 동아시아일본학회, 2008; 예지숙, 〈일제하 부랑자의 탄생과 그 특징—1910년대를 중심으로〉, 《한국사연구》 164, 한국사연구회, 2014.

[9] 明琓植, 〈부랑자와 사회정책〉, 《새벽》, 1955. 5.

[10] 김원규, 〈거리의 부랑아를 어떻게 할 것인가〉, 《새벽》, 1955. 5.

[11] 김춘삼, 《거지왕 김춘삼》, 열림원, 1991, 50쪽.

[12] 황송환 인터뷰, 2014(이하 필자가 1980년대 부랑인·장애인 관리체계와 형제복지원 사건 관련자를 대상으로 한 2014년 인터뷰 내용은 국사편찬위원회 전자사료관 사료계열 COH011_03 참조).

[13] 허정오 인터뷰, 2014.

[14] 황송환 인터뷰, 2014.

[15] 이길로, 〈부랑인 선도제도의 운용과 개선책〉, 부산대학교 대학원 행정학과 석사학위 논문, 1986, 31쪽.

[16] 법제처, 《각국의 보안처분제도》, 1975; 이승호, 〈우리 나라 보안처분의 역사적 전개〉, 《刑事政策》 7, 한국형사정책학회, 1995.

[17] "선감학원", 한국향토문화전자대전(www.grandculture.net/korea/search).

[18] 국가인권위원회, 《한센인인권실태조사》, 2005.

[19] 제임스 스콧, 전상인 옮김, 《국가처럼 보기: 왜 국가는 계획에 실패하는가》, 에코리브르, 2010.

[20] 한종선 인터뷰, 2014.

21 한종선 인터뷰, 2014.
22 김영욱, 《형제복지원: 생지옥의 낮과 밤》, 청사청년문고, 1988.
23 박순이 인터뷰, 2014.
24 조극훈, 〈미셸 푸코M. Foucault의 권력이론과 감옥담론〉, 《교정담론》 15권 3호, 아시아 교정포럼, 2022.
25 형제복지원 입소자 인터뷰 기반으로 보면, 70년대와 80년대의 입소자들의 배경이 상당히 다른 것을 알 수 있다.
26 형제복지원 내부 문서.
27 허정오 인터뷰, 2014.
28 허정오 인터뷰, 2014.
29 허정오 인터뷰, 2014.
30 허정오 인터뷰, 2014.
31 허정오 인터뷰, 2014.
32 허정오 인터뷰, 2014.
33 한종선 인터뷰, 2014.
34 동아대학교 산학협력단, 《형제복지원 사건 피해자 실태조사》, 2019, 370~420쪽.
35 허정오 인터뷰, 2014.

9. 은각사에 그어진 38선 【이타가키 류타】

1 이상의 기술은 《교토신문京都新聞》 1962년 11월 7일 자 석간 및 11월 8일 자 기사를 토대로 함. 본고는 이미 발표된 졸고 〈銀閣寺の38度線: 日韓会談期京都の民族学校と地域社会(은각사의 38도선: 일한회담 시기 교토의 민족학교와 지역 사회)〉, 오타 오사무太田修 엮음, 《同志社コリア研究叢書 4: 植民地主義, 冷戦から考える日韓関係(도시샤 코리아 연구총서 4: 식민지주의, 냉전을 통해 보는 일한관계)》, 도시샤 코리아센터, 2021을 수정한 것이다. 기존 원고에서는 부감적·도식적으로 기술한 부분이 많으나 본고에서는 액터들의 언행을 부각시켜 일상사에 초점을 맞춰 고쳐 썼다. 또한 기존 원고는 이 주제를 처음으로

다룬 논문이었기 때문에 가능한 한 많은 자료를 제시했으나 본고에서는 자료의 많은 부분을 생략하고 읽기 쉽도록 서술하는 방식을 채택했다.

2 교토한국중학을 설치한 법인이 교토한국학원이다. 1963년에는 고등학교를 병설하였으므로 총칭으로 교토한국학원으로 한다.

3 여기서 말하는 교차점으로서의 지역 사회라는 사고방식과, 이러한 개별적이고 구체적인 관계의 연쇄를 서술함으로써 '냉전'과 같은 보다 '큰' 역사를 비판적으로 그려내려는 학문사적 입장에 대해서는 졸고 〈비판적 코리아 연구를 위하여: 식민주의와 냉전의 사고에 저항하여〉, 《역사비평》 132, 역사비평사, 2020를 참조.

4 《解放新聞》 1955. 6. 18.

5 토지등기부 기록을 보면 당시 구입한 산림은 1만 3,368평이었고 수지명세서에 의하면 토지 대금은 315만 엔이다. 1평당 236엔 정도의 저렴한 토지였다. 〈京都朝鮮高校建設基金収支明細書 1954. 8~1957. 10. 1〉, 조선대학교 조선문제연구센터 소장 자료(이하 동 소장처 자료는 '조선문제연구센터 자료'로 표기함).

6 이타가키 류타 엮음, 《朝鮮学校と銀閣寺: 京都朝鮮中高級学校と地域社会との関係をめぐって》, 도시샤대학 사회학부 사회학과 사회조사 보고서, 2019, 74~75쪽.

7 조련, 민전, 조총련 시대를 통틀어 활동가로서 활약해온 임춘기(1924~2019) 씨가 필자에게 보내온 문장(2017년 10월 20일)에 따르면, "교토에서의 노선 전환은 큰 어려움을 겪었습니다. 교토 지방은 노선 전환 반대가 우세인 지역 중 하나였습니다. 반대가 95퍼센트 정도였으니 압도적 다수파"였다고 한다.

8 〈京都중고등학교 건설사업보고 및 교사건축을 완성하기 위하여〉, 1957. 3. 31, 조선문제연구센터 자료.

9 〈京都朝鮮高校建設基金収支明細書 1954. 8~1957. 10. 1〉, 조선문제연구센터 자료에 쓰인 지출 명세서에는 '도로용 토지 교섭 외'로 분류된 '접대비'가 포함되어 있다.

10 《朝鮮民報》 1958. 4. 8.

11 《解放新聞》 1955. 10. 4.

12 교-도조선중고급학교 건설위원회, 〈교-도 조선 중고급학교 건설사업보고〉, 1958. 5. 17, 조선문제연구센터 자료.

13 《朝鮮民報》 1958. 4. 12.

14 예를 들면 1957년도 교토조선중고급학교 수입을 보면 '조국교육비'가 수업료 수입의 1.4배에 달하는 것을 알 수 있다. 〈在日本朝鮮人京都府教育会第二次定期大会報告書〉, 1958. 4. 20, 조선문제연구센터 자료.

15 현재 교토국제학원이 소장하고 있는 작성자 불명의 등사판 자료《京都韓国学園建設問題》는 1964년에 문제의 경위를 정리한 내부 자료로서 많은 정보가 포함되어 있다. 그리고 한국학원이 정리한《開校27周年記念誌 마늘》창간호(1974)에도 귀중한 정보가 있다. 이하 두 자료를 참조할 때는 자료철 제목과 페이지 수만 표기한다.

16 《民主新聞》1958. 8. 20.《民主新聞》은 재일본대한민국거류민단 중앙총본부 기관지로 그 후로는《韓國新聞》, 또 그 후에는《民団新聞》으로 이어진다. 다음 기사도 참고했다.《경향신문》1958년 8월 6일.

17 《民主新聞》1960. 1. 19.

18 《民主新聞》1960. 11. 16, 11. 23;《동아일보》1960년 11월 12일.

19 《경향신문》1961년 5월 11일.

20 《民主新聞》1961. 10. 15.

21 《韓國新聞》1962. 3. 21.

22 《開校27周年記念誌 마늘》, 32쪽.

23 교토한국학원,《長く遠い道:京都韓国学園本多山新校舎建設の歴史》, 교토한국중·고등학교, 1997, 4쪽.

24 교토한국학원,〈高等學校認可申請書〉, 문교부 보통교육국 교육행정과,《경도한국고등학교 설립인정》, 1965, 국가기록원 소장 자료, 관리번호 BA0230291, 12쪽 중 '學校沿革' 부분 참조;《韓國新聞》1962. 1. 24.

25 《京都韓国学園建設問題》, 8쪽.

26 《京都韓国学園建設問題》, 5쪽.

27 《京都韓国学園建設問題》, 10쪽.

28 《京都新聞》1962. 8. 10.

29 《京都新聞》1962. 8. 12 석간.

30 《京都新聞》1962. 8. 13.

31 《京都新聞》1962. 8. 13 석간.

32 《京都韓国学園建設問題》, 10~11쪽.

33 《京都新聞》1962. 8. 14 석간.

34 《京都新聞》1962. 8. 14.

35 《京都新聞》1962. 8. 15.

36 《京都韓国学園建設問題》, 11쪽.

37 《京都新聞》1962. 11. 2.

38 《京都韓国学園建設問題》, 6쪽.

39 《京都韓国学園建設問題》, 12쪽.

40 《京都韓国学園建設問題》, 12쪽.

41 교토 시회, 《昭和37年第8回 京都市会(定例会)議事録》제2호, 1962. 11. 10, 99쪽.

42 교토시시정사편찬위원회 엮음, 《京都市市政史 第2巻 市政の展開》교토시, 2012, 51~53쪽.

43 吉澤文寿, 《戦後日韓関係: 国交正常化交渉をめぐって》, クレイン, 2005, 제8장.

44 《京都民報》1962. 10. 21.

45 교토 부의회, 《昭和37年12月 京都府議会定例会会議録》제2호, 1962. 11. 10, 98쪽.

46 《京都新聞》1962. 11. 11.

47 《京都新聞》1962. 11. 12 석간.

48 《開校27周年記念誌 마늘》, 23~24쪽.

49 그 후 시의회 정기회의에서 불채택이 결정되었다; 교토 시회, 《昭和37年第9回 京都市会(定例会)会議録》제1호, 1962. 11. 26, 10쪽.

50 《京都新聞》1962. 11. 15.

51 《京都新聞》1962. 12. 6 석간.

52 《京都韓国学園建設問題》, 13쪽.

53 《京都新聞》1962. 12. 9.

54 《京都新聞》1962. 12. 9. 석간; 《京都新聞》1962. 12. 10.

55 《京都韓国学園建設問題》, 13쪽.

56 《京都新聞》1962. 12. 10 석간.

57 《京都韓国学園建設問題》, 14쪽.

58 교토 부의회, 《昭和37年12月 京都府議会定例会会議録》 제2호, 1962. 12. 12; 교토 부의회, 《昭和37年12月 京都府議会定例会会議録》 제3호, 1962. 12. 13.

59 교토부의회사편찬위원회 엮음, 《京都府議会史(昭和三十年~昭和三十八年)》, 교토 부의회, 1973, 858쪽. 연설 내용을 들여다보면 방청하던 지역 주민 중에 하세가와 에이지로도 있었음을 알 수 있다.

60 《京都民報》 1962. 12. 21.

61 《京都新聞》 1962. 12. 13; 《京都新聞》 12. 22.

62 《京都韓国学園建設問題》, 15쪽.

63 《京都新聞》 1963. 2. 16 석간.

64 《開校27周年記念誌 마늘》, 22쪽.

65 교토한국중·고등학교, 《開校40周年記念誌 마늘》, 1987, 25쪽.

66 《京都韓国学園建設問題》, 18쪽.

67 《京都新聞》 1963. 6. 16 석간.

68 《京都新聞》 1963. 7. 15.

69 《京都新聞》 1963. 7. 25.

70 《京都韓国学園建設問題》, 19쪽.

71 《アカハタ》 1963. 7. 29. 《京都民報》 1963. 8. 1에도 같은 취지의 기사가 게재되어 있다.

72 졸고 〈日韓会談反対運動と植民地支配責任論〉, 《思想》 2010년 1월호.

73 佐藤勝巳 〈"日朝中三国人民連帯の歴史と理論"への私の意見(1)〉, 《朝鮮研究》 90, 1969, 9~10쪽.

74 《京都韓国学園建設問題》, 19~20쪽.

75 교토한국중·고등학교, 《開校40周年記念誌 마늘》 26, 1987, 84~85쪽.

76 《京都韓国学園建設問題》, 20쪽.

77 《京都韓国学園建設問題》, 24~25쪽.

78 《京都韓国学園建設問題》, 25쪽.

79 《朝日新聞》 1964. 2. 15 석간. 그리고 김현철의 일본 방문에 대해서는 《경향신문》 1964년 2월 14일; 《경향신문》, 1964년 2월 17일 참조.

80 《京都韓国学園建設問題》, 26~27쪽.

81 《京都新聞》 1964. 2. 19.
82 《開校27周年記念誌 마늘》, 24쪽.
83 교토한국학원, 《長く遠い道: 京都韓国学園本多山新校舍建設の歷史》, 4쪽.
84 교토한국학원, 《開校50周年記念誌 보자기》, 1997 게재된 졸업앨범을 보면, 1966~1970년 졸업생들은 체육대회를 '은각사 운동장'에서 실시했음을 알 수 있다.
85 《동아일보》 1965년 5월 1일. 당시 사진이 국가기록원 문서로 공개되어 있다(공보처 홍보국 사진담당관, 《정일권 국무총리 경도한국중고교사친회 교육시찰단 접견》, 1965, 국가기록원 소장 자료, 관리번호: CET0049597 등).
86 《동아일보》 1965년 5월 15일.
87 문교부 보통교육국 교육행정과, 《경도한국고등학교 설립인정》, 1965, 국가기록원 소장 자료.
88 《開校27周年記念誌 마늘》, 24~25쪽, 32~33쪽.
89 《開校27周年記念誌 마늘》, 25쪽.
90 《京都韓国学園建設問題》, 22쪽.
91 이러한 일련의 상황에 대해서는 Ryuta Itagaki, "The Anatomy of Korea-phobia in Japan," *Japanese Studies*, Vol.35, No.1, 2015을 참조.
92 《京都新聞》 1962. 12. 27.

초출 일람

01. 16세기 유연 사건과 가족 갈등: 권내현, 《유유의 귀향, 조선의 상속》, 너머북스, 2021.
02. 조선 후기 사대부가 여성의 법 활동: 김경숙, 〈17~18세기 초 사대부가 여성의 친소親訴·친송親訟 활동—영광 영월 신씨가 고문서를 중심으로〉, 《여성과 역사》 35, 한국여성사학회, 2021.
03. 속 빈 아담, 속 찬 이브: 한국 탈/식민지기 가톨릭 여자 선교: You Jae Lee, Koloniale Zivilgemeinschaft. Alltag und Lebensweise der Christen in Korea(1894~1954), Campus Verlag, 2017.
04. 일제강점기 불경 사건과 행위자들: 정병욱, 〈일제강점기 불경(不敬) 사건과 행위자들〉, 《역사와 현실》 130, 한국역사연구회, 2023. 12.
05. 1950~60년대 '풍기문란' 단속과 여학생, 일탈과 저항: 소현숙, 〈1950~60년대 '풍기 단속'과 여학생〉, 《한국사연구》 200, 한국사연구회, 2023.
06. 두 마을 이야기: 1960~70년대 농촌의 일상생활 속 자연적·사회적 사건: 안승택, 〈폭력의 거처: 한 현대농촌일기에 나타난 난폭한 농민들과 촌락공동체 그리고 국가〉, 《지역사회연구》 21권 1호, 한국지역사학회, 2013; _____ , 〈농민의 풍우風雨 인식에 나타나는 지식의 혼종성: 《평택 대곡일기》(1959~1979)를 중심으로〉, 《비교문화연구》 21권 2호, 서울대학교 비교문화연구소, 2015.

07. 정치종교로서의 새마을운동, 신앙고백의 편지 쓰기: 새로 집필.
08. 불운한 아이들: 새로 집필.
09. 은각사에 그어진 38선: 2차 세계대전 이후 교토의 민족학교와 지역 사회: 이타가키 류타, 〈은각사의 38도선: 일한회담 시기 교토의 민족학교와 지역 사회〉, 오타 오사무 엮음, 《도시샤 코리아 연구 총서 4: 식민지주의, 냉전을 통해 보는 일한관계》, 도시샤 코리아센터, 2021(원제: 板垣竜太, 〈銀閣寺の38度線: 日韓会談期京都の民族学校と地域社会〉, 太田修 編, 《同志社コリア研究叢書4: 植民地主義, 冷戦から考える日韓関係》, 同志社コリア研究センター, 2021).

• 2019~24년 일상사 워크숍 개요

제1회 일상사 워크숍: 2019. 9. 20, 고려대학교 민족문화연구원

주제: 일상사의 현황과 과제

참석자: 권내현(고려대), 김영미(국민대), 소현숙(한국여성인권진흥원), 이상록(국사편찬위원회), 이송순(고려대), 이용기(한국교원대), 이유재(독일 튀빙겐대), 이타가키 류타板垣竜太(일본 도시샤대), 정병욱(고려대), 주윤정(서울대)

(2020년은 코로나19 팬데믹 때문에 모임이 성사되지 못함)

제2회 일상사 워크숍: 2021. 8. 18~20, 온라인

권내현, 〈유유, 유연 사건과 두 개의 해석〉

김경숙, 〈규범과 일상 사이에 선 사대부가 여성의 청원 활동: 조선 후기 영월 신씨가 고문서를 중심으로〉

김영미, 〈1945~50년 인민공화국(북한) 주민으로 살아간다는 것〉

소현숙, 〈1950~60년대 '풍기문란' 단속과 여학생 규율〉

안승택, 〈두 마을 이야기: 1960~80년대 농촌 일기에서 자연적·사회적 사건과 일상생활〉

이상록, 〈1970년대 새마을지도자연수원 수료생 서신을 통해 본 새마을운동의 일상 정치〉

이유재, 〈파독광부 구술사〉

이타가키 류타, 〈전후 교토의 민족교육과 지역 사회: 은각사의 38도선〉

정병욱, 〈전시기(1937~45) 유언비어의 세계〉

주윤정, 〈부랑아와 불운: 형제복지원 어린이들의 시설 경험〉

제3회 일상사 워크숍: 2022. 7. 31~8. 1, 튀빙겐대학교 한국학과

권내현, 〈16세기 유연 사건과 가족 갈등〉

김경숙, 〈조선 후기 사대부가 여성의 친소親訴 활동과 법생활〉

소현숙, 〈일제하 중등학교 여학생에 대한 규율과 통제, 일탈과 저항〉

이송순, 〈식민지 조선 농촌의 '머슴' 살이—전통과 근대의 하이브리드 생존기〉

이유재, 〈속 빈 아담과 속 찬 이브: 식민지기 가톨릭 여성 선교〉

이타가키 류타, 〈은각사에 그어진 38선: 2차 세계대전 이후 교토의 민족학교와 지역 사회〉

정병욱, 〈민중과 일상: 연구 현황과 과제〉

주윤정, 〈불운한 아이들: 형제복지원의 부랑아와 고아〉

제4회 일상사 워크숍: 2023. 7. 31~8. 1, 튀빙겐대학교 한국학과

권내현, 〈강상綱常과 역모, 노비 첩의 남편 고발〉

홀리 스티븐즈Holly Stephens, 〈한국 근대의 일상 자산: 금융, 소, 그리고 변화하는 소유 개념〉

이송순, 〈일제하 조선인 학생의 일상과 자아 인식(1923~33): '조선인 소년'에서 '식민지근대 청년'으로의 성장통〉

정병욱, 〈전시기(1937~45) 식민지 조선에서 '불경不敬' 사건의 향방向方〉

김세림, 〈동정과 혐오 사이에서: 광부의 '막장 인생' 서사 다시 읽기〉

이유재, 〈이주와 능력주의—독일 한인 노동이주를 중심으로〉

이타가키 류타, 〈경계인의 민족교육: 경제학도 유인호의 월경과 교토의 조선인 교육운동(1949~51)〉

주윤정, 〈사라진 고리마을의 느린 재난: 바다, 미역, 해녀 그리고 원전의 기억〉

제5회 일상사 워크숍: 2024. 7. 12~7. 13, 에딘버러대학교

홀리 스티븐즈, 〈20세기 초 한국에서 소와 금융〉
권내현, 〈17세기 조선의 대기근과 노비의 삶〉
김경숙, 〈조선 후기 상한常漢의 투장偸葬과 일상화된 버티기〉
이송순, 〈일제 식민지하 조선인 하급관료의 일상과 현실 자각─순응과 불온의 이중주〉
오웬 밀러Owen Miler, 〈소련 점령기(1945~1948) 흥남비료공장의 경영자, 기술자, 근로자의 관계〉
이타가키 류타, 〈난민 유학생의 생활과 투쟁: 경제학도 유인호의 교토〉
허나실, 〈외국 소, 국산 우유: 냉전 시대 한국의 낙농산업〉
권혁은, 〈이웃 속의 간첩: 1970년대 거동수상자 명명과 도시민의 신고 공동체〉
정병욱, 〈K와 그의 시대: 20세기 횡단의 역사와 유산〉
이유재, 〈부모님의 나라에서: 독일 한인 2세의 한국에서 일하기와 살아가기〉
바니 틸랜드Bonnie Tilland, 〈나아가다, 글로벌 청년!: 역사적 관점에서 본 한국의 자원봉사 문화〉

• 찾아보기

ㄱ~ㄹ

가산호관佳山鎬官 111
강상죄綱常罪 28, 29, 39, 48, 88
강원도 강릉 103
강원도 정선 115
강원도 회양 108
격리 319~321, 323, 324, 329, 331
《경국대전》 52, 62, 70, 72, 77, 78
경기도 고양 100, 260
경기도 안성 118
경상남도 밀양 90
경상북도 고령 100
경상북도 안동 100
계몽인 227
고령 신씨 214
공전병택共田丙澤(본명 황점택黃點澤) 104, 120
곽선희 268
광촌조웅廣村照雄 90
교외생활지도반 179, 180
교토부 248, 367, 372, 374, 391
교토시 352, 360~362, 367, 369, 370, 380~383
교토조선중고급학교(조선학교, 조선중고, 교토중고, 교토조선중고) 13, 345~348, 350~353, 358, 360, 367, 372, 373, 388, 389, 390~392
교토한국중학(교토한국중학교, 한국중학, 교토한국학원, 한국학원) 344~347, 349, 355, 357, 358, 360~362, 364~384, 388~391
권순덕 221
권순영 173
〈그 밤이 다시 오면〉 188, 191
〈기약 없는 이별〉 188~191
긴카쿠지마에쵸 347, 362, 365, 366, 369
긴카쿠지쵸 347, 350, 351, 353, 361~366, 369, 379
김계봉金啓鳳 108
김동욱 170
김래성 188
김묵 192
김수용 192
김승호 192
김영배 117~120
김용기 268, 269
김장환 268
김종식 293, 294
김준 253~261, 263, 264, 268, 270, 273, 275, 277, 279~287, 289, 291, 292, 296, 298~301, 303~305
김지미 188, 385

김진균 188
김촌윤근金村允根 111
김춘삼 110
김충이金忠易 100
김치열 271
김해 67~69, 71~73, 75
김해 향교 68, 69, 71
김현옥 267
김형석 267
〈나는 고발한다〉 189, 190, 192
나이순羅伊順 116
남덕우 267
남원일부南原一夫(본명 진기천晉基千) 102, 119
남천중학교 179
눈썹이 68, 71
《뉴스위크》 252
니나가와 토라조(니나가와) 366
다이몬지보존회(보존회) 353, 360~362, 364, 365, 374~376, 379
다카야마 기조(다카야마) 359, 367, 368, 374, 376, 377
단턴, 로버트Robert Darnton 211
대천천일大川天一 111
덕원 150
도금봉 192
도망노비 56, 67~69, 80
도의 교육 174, 181
독농가연수원 260
동광원 259, 268, 270
동맹휴학 167, 182, 203
뤼트케, 알프 6~9, 122, 206, 227, 233, 241, 242, 244, 246, 247
류달영 267
류영모 259, 260
르페브르, 앙리 8, 214, 244, 245

ㅁ~ㅅ

마산 성지여고 184
만주국 안산鞍山 102
'매일의 일상' 212
매일학교 170
맹휴 182, 203
메딕, 한스Hans Medick 211, 212
모어, 멀리사 104
미나미 지로南次郎 101
미야기 고우죠宮城浩藏 91
미야타 세츠코 121
〈미와 힘의 제전〉 187
민본종식閔本宗植(본명 민종식閔宗植) 112
민속지식 218
민주공화당 258
박정희 6, 181, 250~252, 260, 263, 268, 269, 285, 291, 293~296, 303, 304, 320, 358, 368, 378, 379, 381, 388
박종홍 267
박진환 267
방지각 271
백씨 20, 24, 26, 27, 28, 31~37, 43, 44, 47
백합사 171, 172, 198
별급別給 21~23, 29, 45, 79
보아소나드, 구스타프 89, 91
보안 처분 312, 319, 320, 332
복혜숙 192
부랑 310, 314, 315, 323, 324
부산 114, 156, 166, 184, 191, 221, 271, 290, 317, 324, 325
부산 혜화여고 184
불운 341
〈사랑의 탑〉 188~190

사리원 평화여관 111, 112, 120
사림 38, 39, 44, 48
사소한 폭력 233, 247
사우어, 보니파치우스Bonifatius Sauer 130
4·19혁명 166, 167, 183, 184, 203, 204, 357
삭녕최씨 215
산송 55, 56, 58, 67, 80
삼성추국三省推鞫 28
〈삼인의 신부〉 190, 192
3·15부정선거 183, 203
상속 11, 18, 19, 28, 30, 36, 45, 46, 48, 49, 55~57
상언·격쟁 67, 72~75, 80
새마을지도자연수원 12, 252, 257, 273, 280, 287, 300, 302
샤르띠에, 로제Roger Chartier 211, 246
서산 유씨 53, 55
서원상도西原相道 114, 116
서정범 304
선우휘 267
손진태 103
수용시설 311, 329
슈토 유헤이首藤雄平 104
승중자承重子 30, 34, 36
스미스, 리차드 M. 252
신경균 192
신권식 214, 216~219, 221, 227, 229, 230, 231
신성중辛聖中 59, 60, 61, 65
신수롱 59
신숙주 214
신시갑辛始甲 54~57, 79, 80
신용백辛龍伯 76, 80
신응망辛應望 54~57

신정수 처 유씨 55, 56, 64, 70, 73
신정수辛鼎受 53~58, 64, 70, 73, 80
신천익 69, 71
심륭沈墭 25, 31, 43, 44, 46
심통원沈通源 28

ㅇ

아집 8, 9, 13, 122, 206, 311, 330, 341
《아포일기》 220, 221
〈애모〉 191, 192
양송암楊松岩 99
양정여자중고등학교 170,171, 197
어린이 13, 138, 163, 308~310, 312, 324, 330, 334, 335, 338
〈언약〉 188~190
엄두섭 268
영월 신씨 53
오마타 노리아키小股憲明 91, 103, 104
오사카 358
무라야마 지쥰村山智順 115
오위맹吳緯孟 102
옥강황玉岡晃 118
와타나베 오사무渡辺治 88, 89, 93, 99
왕한석 221
원산 130, 136, 137, 139, 144~146, 148~151, 154, 156, 160
〈원한의 성〉 187
《월파유고》 225
유시걸柳時杰 100
유연柳渊 18~49
《유연전柳淵傳》 19, 20, 42~44
유예원柳禮源 20~24, 30, 35, 36, 38, 45,

46, 49
유유柳遊 18, 25, 40, 41, 42, 49
육영수 295
윤국형尹國馨 39
윤성범 270
윤회봉사輪廻奉祀 30
응징폭력 222, 226, 233, 235~240
의무교육제도 166, 168, 173
이규호 267
이득환 215
이만흥 187
이문건李文健 21~23, 38
이봉린 112
《이생송원록李生訟冤錄》 19, 42, 43, 46
이성배 271
이완용 91
이인제 108
이재성李宰城 100
이재유 98
이지 24, 25, 38, 42~48
이지현李址鉉 100
이학신 103
이현필 259, 268
일본공산당 349, 366, 378
일본사회당 349
임방현 268
《임실 창평일기》 214, 215, 217, 222, 224, 233, 239
임희룡林熙龍 100
입후 54, 55, 67, 76, 77, 79, 80

ㅈ~ㅎ

전라남도 영암 60, 105
전라북도 부안 91
전라북도 임실 102, 119, 214, 215, 245
전준傳準 69~71
젠틸레, 에밀리오 251
정엄鄭淹 39
정인세 259
조선총련(조총련) 319, 352, 353, 356, 357, 387, 389
조용기 268
종법宗法 30, 35
'지루한 반복' 211, 242
진주 진해여고 203
채응규 24~28, 31~33, 37, 40~44, 47
천리연구회天理研究會 93
〈청춘극장〉 188, 191
총부冢婦 34~36, 48
최경삼崔景三 109
최내우 215, 225, 226
최두영崔斗榮 91
춘수 24, 26, 27~29, 31, 40, 42~45
친소親訴·친송親訟 53, 57, 69
토착지식 218, 219, 221, 229, 230, 232, 233, 243
툿찡 130, 132~134, 136, 137, 150
평산기성平山基成(본명 신기성申基成) 108~111
평산풍영平山豐永 108, 109
평안남도 중화 100, 101
《평택 대곡일기》 214, 216~219, 227, 229, 231
포이케르트, 데틀레프Detlev Peukert 121
하르쉬, 마틸데Mathilde Harsch 136, 142

하야시 겐스케林善助 97
하항河沆 46
학도호국단 176
풍기정화 강조 주간 181
학생교외생활지도위원회 179
〈학원 정화조치〉 184
한국민단(민단) 381, 387~389
《한국의 언어 민속지》 221
한일협상 반대운동 167, 204
한일회담 184, 349, 368, 374, 378, 381

한일회담 반대시위 368, 378, 381, 388
함경북도 명천 99
함석헌 259, 260
향산정의香山正毅 108~111
허성열 268
형망제급 33, 34, 36
홍성기 188
황정순 192
황해도 사리원 111
훈육주임회의 179

작은 사람들의 일상사

2025년 4월 16일 초판 1쇄 발행
2025년 6월 16일 초판 2쇄 발행
글쓴이   권내현 외 8인
기   획   정병욱 이유재
펴낸이   박혜숙
디자인   이보용 김진
펴낸곳   도서출판 푸른역사
 우) 03044 서울시 종로구 자하문로8길 13
 전화: 02)720-8921(편집부) 02)720-8920(영업부)
 팩스: 02)720-9887
 전자우편: 2013history@naver.com
 등록: 1997년 2월 14일 제13-483호
ⓒ 권내현 외 8인, 2025
ISBN 979-11-5612-292-0 93900

· 잘못 만들어진 책은 교환해드립니다.